Kohlhammer
Urban-
Taschenbücher

Band 4

Eberhard Otto

Ägypten

Der Weg des Pharaonenreiches

Fünfte Auflage

Verlag W. Kohlhammer
Stuttgart Berlin Köln Mainz

Meiner Frau

in Dankbarkeit gewidmet

CIP-Kurztitelaufnahme der Deutschen Bibliothek

Otto, Eberhard:

Ägypten: der Weg d. Pharaonenreiches/Eberhard Otto – 5. Aufl.
Stuttgart, Berlin, Köln, Mainz: Kohlhammer, 1979.
(Urban-Taschenbücher; Bd. 4)
ISBN 3-17-005160-1

Fünfte Auflage 1979

Stuttgart Berlin Köln Mainz
Verlagsort: Stuttgart
Umschlag: hace
Gesamtherstellung: W. Kohlhammer GmbH
Grafischer Großbetrieb Stuttgart
Printed in Germany

VORWORT

Wenn man versucht, die dreitausendjährige Geschichte des Pharaonenreiches darzustellen, so ist ein Wort über die Quellenlage angebracht. Die Zeugnisse dieses geschichtlichen Werdens verteilen sich – abgesehen von allen Zufälligkeiten der Erhaltung und Überlieferung – durchaus ungleichmäßig auf die Denkmälergruppen. Schriftliche Quellen aus den ersten Jahrhunderten, die dem Neolithikum folgen, sind spärlich gegenüber den folgenden Zeiten, nicht weil weniger erhalten, sondern weil weniger geschrieben worden ist. Aber auch in Epochen, aus denen wir schriftliches und inschriftliches Material reichlich haben, ist dieses durchaus ungleich: Es gibt Zeiten, in denen der Anteil eigentlich historischer Texte reich ist, andere, in denen der Bezug auf historisches Geschehen gering ist. Unter „historisches Geschehen" ist dabei politische Geschichte verstanden. Ihr geben die Quellen also durchaus nicht gleichmäßig Raum und drücken dadurch wohl aus, daß in den Augen des Ägypters Geschichte mehr umfaßt als das Geschehen auf politischem Gebiet. Dieser Anschauung sollten wir folgen, zumal sie in der modernen Geschichtsschreibung gegenüber früheren Jahrzehnten sich ebenfalls durchsetzt. Innerhalb der Ägyptologie im besonderen ist die Gefahr zu meiden, die Geschichte der Dynastien und der Könige in ihnen zu hoch zu bewerten. Wir haben in ihr ein willkommenes Skelett für das Geschehen in der Zeit, aber noch nicht das Geschehen selbst. Ich glaube, wir dienen deshalb dem Verständnis des Geschichtlichen, wenn wir als seine Quellen nicht nur historische Texte ansehen; denn Geschichte drückt sich ebenso in Kunstwerken aus oder in der Literatur oder überhaupt im sich wandelnden Stil der Lebenshaltung.

Damit führt eine Vergegenwärtigung der Quellenlage zu der Einsicht, daß „Geschichte" ein komplexer Begriff ist, dessen Teilgebiete „politische Geschichte", „Verwaltungsgeschichte", „Kulturgeschichte" usw. zwar durchaus als Forschungsgebiete ihre Berechtigung haben, aber nur die Bedeutung von Sektoren, von Ausschnitten aus einem Ganzen, das notwendig sie alle umfaßt und als Ganzes mehr ist als die Summe seiner Teile.

Das Ganze des geschichtlichen Werdens darzustellen, ist das Ziel des Buches. So muß in ihm auch von Schrifterfindung und Sprache, von religiösen Erlebnissen und von literarischen Werken die Rede sein. Dies geschieht nicht nur, um einen Überblick über die Leistungen einzelner Epochen zu geben, sondern mehr noch aus der Überzeugung, daß sich die historische Eigenart einer Zeit eigentümlicher in Kunstwerken, in einer religiösen Form oder einem literarischen Stil ausdrücken kann, als in der Geschichte der herrschenden Dynastie oder der Politik. Aus diesem Grunde ist der Text auch nach Möglichkeit von Darstellungen der Dynastiegeschichte — Königsfolge, Genealogie usw. —, soweit sich darin nicht etwas für das Wesen der Zeit Charakteristisches ausdrückt, entlastet. Die lückenlose Gliederung der ägyptischen Geschichte in eine kontinuierliche Folge von Dynastien ist ein praktisches chronologisches Skelett, aber noch nicht Geschichte. Um dem Leser einen möglichst zeitsparenden Überblick über dieses Skelett zu geben, sind Dynastienfolge und wichtigste Genealogien am Ende als Übersichtstafeln zusammengestellt.

Der Versuch, ägyptische Geschichte in diesem, die Vielheit der Lebensgebiete berücksichtigendem Sinne darzustellen, erhält eine weitere Rechtfertigung vom Gegenstand selbst her: Ich meine das Geschichtsbewußtsein des Ägypters selbst. Auch ihm erschöpft sich Geschichte nicht in Königslisten und Annalen. Vielmehr könnte man sagen, daß für ihn geschichtliches Handeln jeweils die der Zeit angemessene Verwirklichung der alles umfassenden Weltordnung ist; somit schließt es sowohl politisches Handeln ein wie einzelne kulturelle Taten, die Aufrichtung einer sozialen Ordnung wie die Lebensführung nach bestimmten Grundgesetzen. Da diese Weltordnung — ägyptisch Maat — aber keine in Einzelgesetzen feststehende Ordnung ist, sondern ein dem Weltganzen innewohnender Begriff, erlaubt sie, ja fordert sie eine immer neue und damit geschichtlich veränderliche Verwirklichung. Und da sie andererseits die gesamte Welt umfaßt, verhindert sie im Bewußtsein des Ägypters das Auseinanderfallen der Geschichte in Teilgebiete. Es ist in diesem Zusammenhang noch auf etwas anderes hinzuweisen, nämlich die Aussagefähigkeit der Sprache. Wenn im primärsprachlichen Bestand Ausdrücke für Staat, Volk (im politischen Sinn), Stand usw. fehlen, so sagt das natürlich etwas Entscheidendes über die vorgegebene Begriffswelt aus. Die wachsende geschichtliche Erfahrung schafft sich dann durch terminologische Festlegung allgemeiner Begriffe oder sprachliche Neubildungen oder auch Übernahme von Fremdwörtern die notwendige Begriffswelt. Von allen diesen Möglichkeiten macht auch das Ägyptische Gebrauch und zeigt damit den Willen des Ägypters an, das Geschichtliche sprachlich und begrifflich zu bewältigen.

Seit dem ersten Erscheinen des Buches ist der damalige Herausgeber der Reihe, Professor Dr. Fritz Ernst (Heidelberg), verstorben. Ihm und dem Verlag bin ich zu Dank verpflichtet; gaben sie mir doch den Anlaß, den Versuch einer einerseits möglichst umfassenden, andererseits begrenzten Darstellung der ägyptischen Geschichte zu wagen. Vielen Kollegen und Mitarbeitern habe ich für förderliche Gespräche und Ratschläge zu danken, den Herren Wolfgang Helck (Hamburg) und Siegfried Schott (Göttingen) auch für die Überlassung von Aufnahmen. Wenn das Buch nun in einer 4. Auflage erscheint, so bin ich mir bewußt, daß dieser Versuch einer Darstellung nur eine Möglichkeit unter mehreren sein kann; wenn er aber dem Leser zu einem lebendigen Bild des Gegenstandes verhilft und ihm darüber hinaus das Wesen des Historischen, an einem Beispiel gezeigt, näherbringt, so hat er sein Ziel erreicht.

Heidelberg-Mülben, Herbst 1965

EBERHARD OTTO

INHALTSVERZEICHNIS

I. GRUNDLAGEN UND ANFÄNGE

1. Land, Volk, Sprache

Zu den primär bestimmenden Faktoren eines Volkes und seiner Kultur gehört das Land, in dem sie sich entwickeln. Die Beschaffenheit des Bodens, die für ihn geeignete Bebauungsart und seine Erträgnisse, das Klima und der Rhythmus der Jahreszeiten, die Begrenztheit oder Grenzenlosigkeit des Raumes bestimmen den wirtschaftlichen und staatlichen Aufbau, Rhythmus und weitgehend auch das Temperament des Lebens, die Enge oder Weite, den nach innen oder nach außen gerichteten Charakter der Bewohner. In hohem Maße hat diese allgemeine und selbstverständliche Feststellung Geltung für Ägypten, das Land am unteren Nil, in gleicher Weise für das alte Reich der Pharaonen wie für das moderne Land. Die ausgeprägte Eigenart der altägyptischen Kultur, deren Existenz dem wissenschaftlichen Denken des Abendlandes von den Zeiten Herodots bis zur Gegenwart immer wieder neu gedeuteter Gegenstand des historischen Erkenntniswillens gewesen ist, konnte ausschließlich aus den Gegebenheiten des ägyptischen Lebensraumes erwachsen.

Welches sind die grundlegenden Eigenheiten des ägyptischen Raumes?[1]

Man kann von einer natürlichen Dreiteilung des Landes sprechen: Das oberägyptische schmale Niltal; das breite Delta und die in ihrer Struktur sehr verschiedenen westlichen und östlichen Wüstengebiete mit den zugehörigen Oasen. Diese natürliche Gliederung bedingt einmal das Mißverhältnis zwischen anbaufähigem Boden und Wüsten, sodann die relative Isoliertheit der Niltalbewohner und ihre notwendig intensive Wirtschaftsform, wie ihre ebenso notwendige staats- und gesellschaftsbildende Lebensform (heute beträgt der anbaufähige Boden etwa nur $^1/_{30}$ der Gesamtoberfläche, d. h. 35 000 qkm; darauf leben [1951] fast 20 Millionen Menschen). Absolute Zahlen über die Bevölkerungsdichte fehlen für das gesamte alte Ägypten und lassen sich auch nicht (etwa durch Angaben der wehrfähigen Bevölkerung) indirekt mit einiger Sicherheit erschließen; ebenso wissen wir nichts über die zahlenmäßige Größe der berühmten Städte wie Memphis oder Theben. Selbstverständlich betrug die Bevölkerungsdichte nur einen Bruchteil der heutigen, die erst im Verlauf des 19. Jahrhunderts ihre rapide Steigerung erfahren hat (seit 1900 fast verdoppelt!). Aber sie war offenbar seit Beginn der geschichtlichen Zeit groß genug, um stetig fortschreitende Intensivierung zu fordern und jede geschichtlich bedingte Epoche staatlicher Anarchie zu einer lebensgefährdenden Krise für jeden einzelnen zu machen. Das Grundproblem des ägyptischen Raumes ist die Wasserwirtschaft: Bewässerung trocken liegenden Bodens in Oberägypten, der nicht von der jährlichen Nilüberschwemmung erreicht wird, bedeutet Gewinn neuen Lebensraumes; dieser Prozeß der inneren Kolonisation dauert offenbar bis über das Ende des AR hinaus, bis zu welcher Zeit wir von der Gründung „neuer Orte" hören. Landgewinn durch Entwässerung heißt das Problem im Delta und im Fayûm. Letztere Landschaft ist erst im MR unter Amenemhet III. planmäßig und endgültig kolonisiert worden. In den nördlichen Randgebieten des Delta setzt sich die Landgewinnung offenbar bis ins NR fort.

Die natürliche Verschiedenheit zwischen Ober- und Unterägypten ist nie und in keiner Weise vergessen worden. Der Pharao ist „König von Ober- und Unterägypten"; das Reich selbst wird genannt „Die beiden Länder". Im Geschichtsbild des Ägypters ist der historische Staat aus dem Zusammenschluß zweier Reiche entstanden: Eine Zeremonie der Thronbesteigung wird als „Vereinigung der beiden Länder" bezeichnet, also als eine Wiederholung der staatsgründenden Tat des ersten Königs Menes (s. u. S. 41). Solange Ägypten in seiner natürlichen Isoliertheit verharren konnte, d. h. bis zum Ende des MR, befindet sich die Hauptstadt am natürlichen Schwerpunkt des Landes, zwischen Fayûm und Deltaspitze, und trägt Bezeichnungen wie „Leben der beiden Länder", „Waage der beiden Länder", „Beherrscher der beiden Länder". Das anfängliche Zurückverwiesensein auf einen isolierten, scharf begrenzten Raum, der organisierte Arbeit forderte, aber große Entwicklungsmöglichkeiten bot, förderte die Pflege der beiden Hauptzweige der Landwirtschaft: Viehzucht und Ackerbau. Beide Wirtschaftsformen lassen sich, direkt oder indirekt, seit dem Neolithikum nachweisen. In vorgeschichtlicher Zeit scheint das Schwergewicht der Viehzucht außerhalb des eigentlichen Niltals in den (noch steppenartigen?) Randgebieten gelegen zu haben, und Viehzucht treibende Stämme (Rinderzucht) mögen, jahreszeitlich gezwungen, ihre Herden ins Delta getrieben haben, in dem sie mit fortschreitender Austrocknung der Wüstengebiete seßhaft wurden. In historischer Zeit ist weiterhin dieser Landesteil bevorzugtes Weideland geblieben, auch für Herden, die in Tempel- oder Staatsbesitz oberägyptischen Eigentümern gehörten. Als wichtigste Kulturtiere der alten Zeit sind zu nennen verschiedene Rinderarten, Schafe (seit 12. Dyn. Fettschwanzschaf), Esel, Ziegen, Schweine (s. u. S. 18), auch Antilopen und Steinböcke.

Es fehlt im AR offenbar noch die Katze; Jagdhunde sind seit vorgeschichtlicher Zeit bezeugt. Unter dem Geflügel nehmen den ersten Platz ein Gänse und Enten; das Haushuhn kommt erst im NR in den Gesichtskreis des Ägypters. — Die Anfänge der Bodenbebauung reichen in die typologisch ältesten Schichten zurück. Angebaut werden vor allem Gerste und Emmer (triticum dicoccum), ferner Gemüse, Zwiebeln, Ölpflanzen; Olivenöl ist selten und wird importiert. Flachs und Leinen sind bekannt; dagegen fehlt die Baumwolle. Wein wird zugleich angebaut und importiert. Über die Form der Wirtschaft wissen wir aus vorgeschichtlicher Zeit wenig. Vielleicht ist sie als Hackbau zu bezeichnen; der erste Pflug (als Schriftzeichen) begegnet am Ende der 2. Dynastie.

Die riesigen Wüstengebiete im Osten und Westen haben verschiedene Bedeutung für Ägypten. Die durch sie bedingte Isolierung scheint erst in geschichtlicher Zeit voll eingetreten zu sein. Im Neolithikum und dem frühen Chalkäolithikum herrscht offenbar eine größere Gemeinsamkeit in kultureller und volksmäßiger Hinsicht zwischen Ägypten und der Libyschen Wüste. Das Gebiet mag noch regenreicher gewesen sein und der Grundwasserspiegel höher gelegen haben, so daß die spätere Wüste steppenartigen Charakter trug. Felsbilder gleichen Stils verbinden das Niltal mit dem Westen über die „Große Oase" (el Charge) bis zu dem Gebirgssockel des Gilf Kebir und Gebel Uwenat. Als Beutegut aus den „libyschen" Feldzügen, deren Schauplatz der westliche Deltarand zu sein scheint, werden bis tief ins AR Herden (Rinder und Kleinvieh) in großen Mengen, auch Olivenöl genannt. Mit fortschreitender Austrocknung zur Wüste leben sich Niltal und westliches Gebiet auseinander. Von dieser Entwicklung mag das Eindringen von Viehzüchterstämmen ins Delta, Fayûm und in die Oasen (die Oase Farafra heißt ägyptisch „Rinderland") bedingt sein, und sie haben dem entstehenden ägyptischen Volk etwas von ihrer Lebensweise, Wirtschaftsform und Denkart mitgegeben. Dem Ägypter historischer Zeit ist die westliche Wüste vor allem Jagdgebiet; und natürlich unterhält er ständigen Verkehr zu den nächstgelegenen Oasen (el Charge, el Dachle, Bahrie; Siwa scheint bis in die Spätzeit außerhalb des Gesichtskreises Ägyptens geblieben zu sein). Sie sind gleichsam ein Außenposten des Reiches und werden von Ägypten aus verwaltet.

Ganz anders ist die Bedeutung des östlichen Wüstengebirges. Da ist zunächst die Karawanenstraße, die von Koptos (Kuft) ausgehend das Gebirge im Wadi Hammâmât durchschneidet und bei Kosseir ans Rote Meer stoßend das Niltal und das Rote Meer auf kürzeste Entfernung verbindet. Nach Ausweis der hier und in den anliegenden Wadis gefundenen Felsbilder hat diese Straße seit vorgeschichtlicher Zeit eine große Rolle gespielt. Sodann beruht die Wichtigkeit der östlichen Gebiete auf ihren Bodenschätzen: Gold (Wadi Alaki), Halbedelsteine, Kupfer. Ersterem verdankte Ägypten seinen Reichtum und seine wirtschaftliche (später auch politische) Überlegenheit über die Staaten Vorderasiens im 2. Jahrtausend. Letzteres wurde aus den Kupferminen auf der Sinaihalbinsel seit der 1. Dyn. (Wadi Maghâra, später Sarbût el Châdim) gewonnen und sicherte Ägyptens technische und militärische Überlegenheit bis zu Beginn der Eisenzeit in Vorderasien (um 1200 v. Chr.). Im Zusammenhang damit sind die wichtigsten Steinvorkommen zu nennen, von denen das Material zu Grab- und Tempelbau und der Steinplastik stammt: Kalkstein (überall, am besten bei Turra gegenüber Memphis), roter Sandstein (Gebel el Ahmar bei Kairo), Alabaster (Hatnub in Oberägypten), Granit (Assuan), metamorphischer Schiefer, Granit, Diorit (Wadi Hammâmât), um nur die wichtigsten zu nennen.

Die Stromschnellen des 1. Kataraktes bildeten allezeit eine natürliche Grenze nach Süden. Doch dürfte nach Ausweis der Bodenfunde die Bevölkerung Unternubiens (noch keine Neger) ursprünglich den Ägyptern zumindest engstens verwandt gewesen sein, wenn ihre kulturelle Entwicklung auch schon in der Vorgeschichte hinter der des eigentlichen Ägypten zurückbleibt. In historischer Zeit besteht ständiger Verkehr teils durch Karawanenhandel, teils in Form von Razzien mit dem unternubischen Niltal und den südwestlichen Oasen (Kurkur, Selima). Die Produkte, um die es hier ging, waren Vieh, Gold, Elfenbein, Straußenfedern. Zudem machten die Ägypter hier ihre ersten Versuche und Erfahrungen kolonisatorischer Beherrschung.

Das ist die gegebene Vielseitigkeit des ägyptischen Lebensraumes: Das schmale, unendlich langgestreckte Niltal, dessen Ertragsfähigkeit von der jeweiligen gemeinschaftlichen Arbeit abhängt; das breite, an Wasser und Sumpf reiche Delta; die westliche Wüste mit ihren reichen Oasen und das östliche Gebirge, das den ältesten Handelsweg zum Roten Meer und den Weihrauchländern umschließt. Aus der Lage dieser Landesteile zueinander ergeben sich die natürlichen Schwerpunkte der Kultur, zwei Zentren, in denen die jeweils dominierenden Kräfte zusammenstoßen. Das ist einmal (für die späte Vorgeschichte und früheste geschichtliche Zeit) die Gegend des späteren 5. bis 8. oberägyptischen Gaues, von Kus im Süden bis Abydos im Norden. Hier münden von Osten das Wadi Hammâmât und Wadi Kene; von hier gehen die kürzesten Karawanenwege zu den westlichen Oasen (el Charge; die Eisenbahn, die heute diese Oase mit dem Niltal verbindet, zweigt nördlich Farschut, also in derselben Gegend, von der Niltalstrecke ab). Wir haben gleichsam ein Achsenkreuz des wesentlich nordsüdlich gerichteten Niltals und einer ost-westlichen Karawanenweglinie. Nicht zufällig liegen hier die ausgedehnten spätvorgeschichtlichen Friedhöfe und Siedlungen von Negade und Ballas (Ombos) und die alte Residenz mit dem Königsfriedhof von Abydos und Thinis. Als sich Ägypten in der Epoche seines Geschichtlichwerdens (Reichsgründungszeit) von den unmittelbaren, stammesverwandten Anwohnern isoliert, verschiebt sich der Schwerpunkt der nun allein das Niltal erfüllenden Kultur nach Norden an die Nahtstelle zwischen Ober- und Unterägypten in den Landstrich zwischen Fayûmeingang (Herakleopolis) im Süden und Abu Roâsch im Norden. Hier liegt Memphis, die Hauptstadt des AR, und die Pyramidenstädte ziehen sich von Lischt bis Abu Roâsch hin; hier liegt, ebenfalls nicht zufällig, die moderne Hauptstadt Kairo.

Zugleich zeichnet dieser Lebensraum aber auch schon die Grundlinien des staatlichen und wirtschaftlichen Lebens Ägyptens vor: Hier konnte sich nur ein straff zentralistischer Staat auf längere Sicht behaupten. Zu seinen wesentlichen Aufgaben mußte die Verteilung der von Natur ungleich verteilten Güter gehören. Er konnte aber bei der isolierten Lage des Landes und seiner unbezweifelbaren Überlegenheit über die kulturell zurückgebliebenen Nachbarn auf größere Aufwendungen und Anstrengungen zur Sicherung des Raumes verzichten; eine ägyptische „Außenpolitik" gibt es bis zur Mitte des 2. Jts. v. Chr. überhaupt nicht. Hingegen mußte er es sich angelegen sein lassen, die Landesprodukte zu ergänzen, sei es um einen wirklichen Bedarf zu befriedigen (wie den nach Bauholz, das seit alters vom Libanon importiert wird, Kupfer vom Sinai), sei es, um den gesteigerten Bedürfnissen der verfeinerten Kultur Rechnung zu tragen (Silber, Halbedelsteine aus Asien, Weihrauch, Myrrhen von der Somaliküste [Punt], Elfenbein, Straußenfedern, Tanzzwerge aus Afrika).

Und schließlich haben wir in der Eigenart des Raumes einen der ersten Faktoren des geistigen Wesens Ägyptens, seiner Denkart und seines Temperamentes, zu sehen. In ihm wurzelt zum guten Teil das Gefühl für Sicherheit, Überlegenheit und Selbstgerechtigkeit. Der zivilisatorische und zum Kompromiß geneigte Charakter der ägyptischen Kultur dürfte ebenfalls durch die Eigenart des Lebensraumes zumindest gefördert worden sein. Nicht Macht und Gewalt, sondern Klugheit, Organisationstalent und

Duldsamkeit können allein die in sich so verschiedenen, aber einander glücklich ergänzenden und aufeinander angewiesenen Teile im Gleichgewicht halten und ihre Möglichkeiten zu fruchtbarer, kulturschöpferischer Tätigkeit entfalten. Weiterhin erfahren kennzeichnende Grundvorstellungen des ägyptischen Denkens in diesem Raum spürbare Begünstigung: Die Idee vom Totenreich im Westen hat für den Ägypter ihren Ursprung nicht nur in der Analogie zum Untergangspunkt der Sonne, sondern findet ihre sinnfällige Bestätigung in dem großen Reich des Todes, als das sich die westliche Wüste dem zivilisierten Ägypter mit allen Schrecken des Unbekannten und Unbegrenzten darbot. Die Vorstellung von der Periodizität der Zeit, nach der das Geschichtsbild des Ägypters geformt ist, findet ihre Faßlichkeit im Rhythmus des Steigens und Fallens des Niles. Und schließlich hat das „dualistische Denken", die Erfassung der Welt in einander ergänzenden Paarbegriffen (s. u. S. 54), einen festen Halt in der so überzeugend symmetrischen Gestaltung des Raumes. Stets sind es Paare, die das Ganze bilden: Ober- und Unterägypten stellen zusammen das ganze Land dar; ebenso aber auch „die beiden Ufer", als die man Ägypten bezeichnet. Gewiß ist weder die Idee vom westlichen Totenreich, noch die von der Periodizität der Zeit, noch die von der Dualität der Erscheinungen ausschließlich ägyptischem Denken eigen. Aber auf Grund der Gestaltung des Lebensraumes finden diese Ideen und Denkformen hier besonders faßliche, einprägsame und beherrschende Ausdrucksformen.

Spuren von der Anwesenheit des Menschen im Niltal und an seinen Rändern, im Fayûm und in der Libyschen Wüste reichen hinauf bis in die Altsteinzeit[2]. Ob freilich menschliche Skelettreste, wie sie in Ägypten zahlreich gefunden sind, schon dieser alten Zeit zuzurechnen sind, ist höchst zweifelhaft. Jedenfalls genügen sie nicht, um sichere Aussagen über die Rassezugehörigkeit und den körperlichen Typ dieser ältesten Niltalbewohner zu machen. Erst im Neolithikum und den chalkäolithischen Kulturen bis in die frühgeschichtliche Zeit mehren sich die Funde in den verschiedenen Grabungen, die sich in eine relative chronologische Ordnung zueinander bringen lassen und deren anthropologisches Material sich in Richtung auf die historische Zeit mehrt. Bei manchen Unsicherheitsfaktoren im einzelnen läßt sich über den somatischen Typ der vorgeschichtlichen Ägypter jedenfalls sagen, daß er nicht einem einzigen Rassetyp zugehört. Das bestätigen auch die spätvorgeschichtlichen und frühgeschichtlichen Darstellungen, die natürlich zur Bestimmung herangezogen werden müssen. Neben verschiedenen Mischtypen sind vor allem drei rassische Bestandteile zu unterscheiden. Mit Unterschieden im einzelnen stehen an erster Stelle die Vertreter der sogenannten Mittelmeerrasse (besonders zahlreich und überwiegend in den Privatgräbern, die die ältesten Königsgräber von Abydos umgeben), eine kleinwüchsige, dunkelhaarige, feingliedrige Rasse. Etwas schwächer an Zahl sind die Angehörigen der Cromagnoiden und der Negroiden (aber keine Neger). Zahlenmäßig gering, so daß sie als eigentlicher Bestandteil der ägyptischen Bevölkerung kaum genannt werden können, aber gerade wegen ihres Auftretens zu einem geschichtlich entscheidenden Zeitpunkt, sind die Vertreter einer kurzschädligen Rasse, die sich ebenfalls vor allem in der Umgebung der abydenischen Königsgräber fanden. Möglicherweise haben wir in ihnen einen greifbaren Hinweis auf die um diese Zeit nachweisbare Berührung mit Mesopotamien. Zur Kennzeichnung der ägyptischen Kultur ist es dabei wichtig, daß man keinen dieser rassischen Bestandteile als absolut zahlenmäßig dominierend bezeichnen kann. Ihr Anteil an den verschiedenen vor- und frühgeschichtlichen „Kulturen“ ist prozentual verschieden; jedoch — soweit unsere gegenwärtigen Kenntnisse reichen — ist es nicht so, daß wir einen Kulturkreis unterscheiden könnten, der ausschließlich etwa der Mittelmeerrasse zuzurechnen sei, gegenüber anderen, deren Träger einheitlich einen anderen Typ repräsentierten. Das Zusammenwachsen der unterscheidbaren Typen ist mindestens seit der Zeit, in der sich spezifisch ägyptische vorgeschichtliche Kulturen archäologisch nachweisen lassen, also dem späten Neolithikum, so fortgeschritten, daß wir als den Träger auch der vorgeschichtlichen ägyptischen Kultur eine rassisch gemischte Bevölkerung bezeichnen müssen.

Über die Sprache der vorgeschichtlichen Zeit wissen wir unmittelbar natürlich nichts. Erst seit Beginn der geschichtlichen Zeit liegen schriftliche Zeugnisse vor, wenn auch anfangs noch sparsam. Sie zeigen jedenfalls die hauptsächlichen Kennzeichen der historischen ägyptischen Sprache. Ihr Verhältnis zu anderen Sprachen oder Sprachgruppen ist noch nicht befriedigend fixiert. Unleugbar besteht eine Verwandtschaft sowohl zu dem semitischen wie zu dem hamitischen Sprachstamm. Doch ist diese Verwandtschaft nach keiner Seite so eng, daß man das Ägyptische heute schon als Zweig der einen oder anderen Gruppe ansprechen könnte, zumal sprachliches Vergleichsmaterial ähnlich hohen Alters auf afrikanischer Seite völlig fehlt. Die Elemente, die besonders in der Verbal- und Nominalbildung, aber auch in der Flexion das Ägyptische charakterisieren, finden sich zum guten Teil auch in den genannten Gruppen. Aber ihre Verwendung scheint im Ägyptischen oft weitaus altertümlicher. Mit allen Vorbehalten möchte man annehmen, daß das Ägyptische sich zu einem nicht bestimmbaren Zeitpunkt von der gemeinsam hamitisch-semitischen Ausgangsbasis getrennt hat. Daher verfügt es über einige Züge hoher Altertümlichkeit. In sprachlicher Isolierung hat es dann eine Eigenentwicklung durchgemacht, die relativ früh zu Erscheinungen sprachlicher Zersetzung führte (Verlust von Flexionsformen; Verwendung von Hilfsverben). Das sprachliche Verwandtschaftsverhältnis ist besonders auch deshalb schwer zu bestimmen, weil offenbar zu Beginn der geschichtlichen Zeit ein in seinem Ausmaß nicht festlegbarer Zustrom semitischer Elemente erfolgte, zu der Urverwandtschaft also ein sekundäres Eindringen hinzukam. Am deutlichsten zeigt er sich lexikalisch, während sein Einfluß auf Formenschatz und Syntax noch ganz unsicher ist. Im Verlauf der geschichtlichen Zeit sind natürlich sowohl von den afrikanischen Nachbarn wie von den semitischen Völkern immer wieder neue Elemente eingeströmt, die sich z. T. deutlich als Fremdwörter erkennen lassen. Ob es innerhalb des Ägyptischen anfänglich Dialekte gegeben hat, läßt sich nicht mit Sicherheit sagen; das größte Hindernis zur Erkenntnis der ägyptischen Sprache ist die eigentümliche Schrift (s. u. S. 34). Manches könnte darauf hinweisen, daß schon früh ein Dialektunterschied zwischen Ober- und Unterägypten bestand. Aus späterer Zeit haben wir sichere Anzeichen dafür. Und das Koptische, die jüngste Form des Ägyptischen aus christlicher Zeit, liegt uns überhaupt nur in Formen von Dialekten und Dialektmischungen vor.

Die Betrachtung des Raumes, der rassischen Gegebenheiten und der sprachlichen Eigenart des ältesten Ägypten läßt als Ergebnis die wichtigsten Voraussetzungen deutlich werden, unter denen die ägyptische Kultur sich bildete. Erst im Laufe der nicht gezählten Zeiträume zwischen Paläolithikum und geschichtlicher Zeit entsteht der geschichtliche Lebensraum des alten Ägypten, das rings natürlich begrenzte Niltal, das in sich Landschaften verschiedenen Charakters und verschiedener Anbaufähigkeit einschließt. Es erfordert zwangsläufig den organisierten Zusammenschluß der besiedelnden Bevölkerung. Diese wiederum setzt sich zusammen aus heterogenen Elementen mit verschiedener Lebensform (Jäger, Viehzüchter, Bauern, s. u. S. 42), von denen ein jedes seine Anschauungen, Gewohnheiten, Kulturgüter mitbringt. Rassisch bildet diese Bevölkerung ebensowenig eine Einheit. Nach ihrer sprachlichen Eigenart stellt sie offenbar einen selbständigen Zweig der großen hamitisch-semitischen Sprachgruppe dar. Auf eine Formel gebracht bedeutet das: Das Grundproblem der ägyptischen Geschichte ist es, das organisierte, fruchtbare Zusammenleben eines in sich reich differenzierten Volkes zu ermöglichen in einem allseitig natürlich begrenzten Raum, dessen Boden intensive Bearbeitung erforderte und dessen Lage gegen Bedrohung von außen weitgehend abschirmt. Damit ist freilich über die ägyptische Kultur selbst noch nichts ausgesagt; nur ihr Rahmen wird dadurch bestimmt. Und es erhellt eindeutig, daß an den Anfängen der ägyptischen Kultur Notwendigkeit, Arbeit und Disziplin stehen.

2. *Vorgeschichtliche Kulturen*

Zwar ist das Niltal mit den anliegenden Gebieten seit dem Paläolithikum von Menschen bewohnt gewesen; aber die ältesten, durch Detail faßbaren Kulturen, die wir wirklich als Vorstufen der historischen ägyptischen Kultur betrachten können, reichen nur bis ins späte Neolithikum hinauf (Merimde-Beni Salâme, am Rand des Fayûm, bei el Omari und Maasara in der weiteren Umgebung von Kairo, Wadi esch-Schêch und Mostagedda in Oberägypten) [1]. Fundplätze neolithischer Kulturen sind auch in der libyschen Wüste entdeckt worden. Es wird abgelöst durch das Chalkäolithikum, eine Schicht, die neben dem polierten Stein auch schon das Kupfer kennt und die in Ägypten von der Vorgeschichte (etwa 5000 v.Chr.) bis tief in die geschichtliche Zeit hinein andauert, etwa bis zum Ende des 3. Jts. Allerdings begegnet sporadisch schon Bronze (sicher in der 4. Dyn.; doch ist die Legierung von Kupfer und Zinn bestimmt nicht ägyptische Erfindung, da das Land kein Zinn besitzt; als Heimat der Technik ist wohl Asien zu betrachten), selbst Eisen (sehr vereinzelt und anfänglich wohl nur Meteoreisen). Erst im Verlauf des 2. Jts. wird der Gebrauch von Bronze allgemein (vielleicht mit importiertem Zinn in Ägypten selbst hergestellt), und erst gegen Ende dieses Jahrtausends tauchen häufiger eiserne Waffen (aus Kleinasien) auf, und die Umwälzung, die dieses Metall in politischer und wirtschaftlicher Hinsicht hervorrief, traf Ägypten schwer und erschütterte (neben anderen Gründen) seine Vormachtstellung in Vorderasien endgültig (s. u. S. 179).

Die ägyptischen vorgeschichtlichen Kulturen gehören also dem Neolithikum und dem Chalkäolithikum an. Ihre Fundplätze liegen über ganz Ägypten verstreut, wobei allerdings das eigentliche Delta wegen seiner Bodenfeuchtigkeit als Fundort wesentlich ausfällt. Nun ist freilich der innere Zusammenhang dieser einzelnen Kulturen durchaus nicht sicher. Es ist keineswegs so, daß wir in chronologischer Reihenfolge die eine der anderen folgen lassen dürfen; in vielen Fällen ist mit einem zeitlichen Nebeneinander zu rechnen, vor allem dann, wenn sich diese Kulturen geographisch nicht überschneiden. Nur dort, wo sich Zeugnisse verschiedener Kulturen an *einem* Ort gefunden haben und eine einigermaßen klare Schichtung im Boden erkennen lassen, läßt sich eine relative Chronologie aufstellen. So muß die Frage nach dem Verhältnis bestimmter Kulturen auf ägyptischem Boden zueinander in vielen Fällen heute noch offen bleiben. Die allgemeine Entwicklungstendenz dürfte die sein, daß von einer älteren Vielheit lokal begrenzter und stärker differenzierter Kulturen der Weg zur Vereinheitlichung führt, zu einer Einheit, die die Elemente der voraufgehenden Stufen zum guten Teil aufnimmt und schließlich ohne Bruch in das Einheitsreich der historischen Zeit einmündet.

Eine neolithische Kultur von hoher Altertümlichkeit, die zugleich in vorbildlicher Art durch die Akademie der Wissenschaften zu Wien und das Stockholmer Museum ausgegraben und veröffentlicht ist, hat ihren Namen von dem Ort Merimde-Beni Salâme am westlichen Deltarand. Hier haben sich Reste von ovalen Hütten gefunden, deren Wände aus Lehmpatzen gefügt und deren Boden geglättet und mittels eines eingelassenen Tongefäßes trockengehalten wurde. Außerdem gab es leichte Hütten aus Rohrgeflecht. Steingeräte (Hacken, Messer, Sägen), Waffen (Pfeilspitzen, birnenförmige Keulenköpfe) und Tongefäße (wie die gesamte vorgeschichtliche Keramik ohne Töpferscheibe hergestellt, schwarz, rot, schwarz gefleckt auf rot, poliert oder rauh, selten dekoriert, z. B. Fischgrätenmuster), Steinperlen und Ringe aus Knochen oder Elfenbein bezeichnen die materiellen Reste dieser Kultur. Darüber hinaus geben einige Funde wichtige Hinweise: Schon hier hat sich aus gebranntem Ton eine noch rohe menschliche Figur gefunden, sowie ein Stierkopf und eine kleine Barke. Damit wird nicht allein die Tatsache plastischer Gestaltung in dieser frühen Zeit belegt, sondern die dargestellten Objekte verbinden, ohne daß man sie allzu scharf interpretieren darf, diese frühe Kultur mit späteren: Stierköpfe, als Amulett oder Dekorationsform, gehören zu den ägyptischen Motiven schlechthin und dürfen wohl in losen Zusammenhang mit den historischen Stierkulten gebracht werden. Schiffe verschiedenen Typs stellen geradezu ein Leitmotiv der spätesten vorgeschichtlichen Kultur dar, und in historischer Zeit finden wir sie ebenso wieder als Grabbeigaben, im täglichen Leben wie im Kult. Erhaltene Körner in Merimde-Beni Salâme beweisen den Anbau von Emmer. Unter den Haustieren fanden sich Rinder, Schafe, Ziegen, Hunde und Schweine. Letzteres ist bedeutsam: Das Schwein galt im historischen Ägypten als kultisch unrein (wurde aber nachgewiesenermaßen in Herden gehalten und gegessen), und Schweineknochen sind m. W. auf vorgeschichtlichen oberägyptischen Fundplätzen nicht mit Sicherheit nachgewiesen. Wohl aber kommen sie reichlich auf einer ausgedehnten, vorgeschichtlichen Siedlung bei Ma'âdi (bei Kairo), also im unterägyptischen Raum zutage, einer Siedlung, die auch durch andere Einzelheiten trotz ihres zeitlich nicht genau bestimmbaren Abstandes jener neolithischen Kultur von Merimde-Beni Salâme verwandter erscheint als den zeitlich näherliegenden oberägyptischen. Kennzeichnend für Merimde-Beni Salâme ist ferner die Existenz von Getreidesilos (bis 2,60 m Durchmesser, also Vorratswirtschaft) und die Art der Bestattung. Die Gräber, in denen die Leichen in Hockerstellung lagen, u. zw. in der Regel auf der rechten Seite mit Blick nach Osten, finden sich in der Siedlung, ja bisweilen unmittelbar unter den Behausungen. Sie erhalten deshalb keine eigentlichen Beigaben (der Tote bleibt ja bei den Lebenden), außer hin und wieder ein paar Getreidekörnern. Offenbar sind auf diese Weise nur Frauen und Kinder bestattet worden; Skelette von männlichen Erwachsenen haben sich anscheinend nicht gefunden. Diese Eigenart verbindet die Kultur von Merimde-Beni Salâme mit einer el Omari genannten, ebenfalls neolithischen Kultur. Ihr Gebiet liegt nördlich Heluan (bei Kairo) und sie weist auch sonst Züge auf, die auf eine Verwandtschaft mit der Kultur von Merimde-Beni Salâme deuten.

Was für ein Bild ergeben diese sparsamen Andeutungen von einer Kultur, die offenbar über die lange Zeitspanne vom Neolithikum bis zur spät-vorgeschichtlichen Zeit, vielleicht in lokalen Abwandlungen, einen nicht genau begrenzbaren Teil der unterägyptischen Landeshälfte einnahm? Wir dürfen wohl mit Sicherheit von einer seßhaften, Ackerbau treibenden Bevölkerung sprechen, die in engster Verbindung mit ihren Toten lebte. Ein guter Teil der bäuerlichen Elemente der ägyptischen Kultur wird diesem Kreis zuzurechnen sein: Der Wohnhausgedanke im Grabbau[2], Vorratswirtschaft, das Wohnen in festen geschlossenen Siedlungen. Weiterhin wird man, wenn auch mit Vorbehalten, manches aus der geistigen Eigenart des historischen Ägypten auf diesen Kreis zurückführen dürfen: Die Bodenständigkeit des Volkes (bis tief in historische Zeit ist dem Ägypter das Ausland das Elend gewesen), das Beharrungsvermögen in ererbten Formen; aus der religiösen Sphäre vielleicht einen Teil der Tiergötter (z. B. die späteren heiligen Stiere Apis und Mnevis als Herdentiere, das „göttliche Kalb" im 12. unterägyptischen Gau) und den echt bäuerlichen Gedanken der vegetabilischen Auferstehung, wie er sich später in Osiris personifiziert. Der auf der bäuerlichen Beobachtung der Nilschwelle beruhende ägyptische Kalender mit seinen die bäuerlichen Verrichtungen bezeichnenden Jahreszeiten (s. u. S. 37) ist zweifellos aus dieser Schicht erwachsen.

Ganz anders wird das Bild, wenn wir nach Oberägypten blicken. Obwohl auf Grund der Bodenbeschaffenheit hier die Fundumstände anders und weitaus günstiger liegen, kann dieser zufällige Unterschied allein keineswegs die Verschiedenheit des Bildes erklären. Es ist kein Zufall, wenn sich in Oberägypten vorgeschichtliche Kulturen mit größeren Unterschieden untereinander und von den unterägyptischen und der des Fayûm finden, die zumeist eine geringere lokale Ausdehnung besitzen. Ihre chronologische Reihenfolge liegt ziemlich fest durch die Schichtung der ihnen zugehörigen Objekte an verschiedenen Orten, besonders deutlich in Hemamie (südlich Assiut) sichtbar.

Freilich sind die oberägyptischen Kulturen wohl etwas jünger als die unterägyptischen, so daß ein unmittelbarer Vergleich schwierig ist. Eine der ältesten hat ihren Namen nach dem Ort Deir Tasa und ihr Zentrum um Mostagedda. Unter zahlreichen anderen Gefäßformen wird sie charakterisiert durch den sogenannten „Tulpenbecher", ein hohes zylindrisches Gefäß mit weit ausgebogenem Rand, oft geometrisch dekoriert mit eingeritzten und weiß ausgefüllten Mustern. Auch hier begegnet Ackerbau (Weizen und Gerste). Zum ersten Male taucht hier ein Gegenstand auf, der sich in wechselnden Formen in allen oberägyptischen Kulturen wiederfindet und besonders gegen Ende der vorgeschichtlichen Zeit durch seinen Reliefschmuck zu einem der aufschlußreichsten Objekte für uns wird: die Schminkpalette. Es handelt sich dabei um flache, in dieser frühen Zeit rechteckige Tafeln aus verschiedenem Gestein (in Tasa: Schiefer, Kalkstein, Alabaster), auf denen die Schminkfarbe angerieben wurde. Von ihnen sind in Tasa 5 Stück in Gräbern gefunden worden. Und damit treffen wir auf den aufschlußreichsten Unterschied zu den unterägyptischen Kulturen: die Bestattungsart. In Oberägypten herrscht grundsätzlich Friedhofsbestattung. Die Leichen, auch hier Hocker, in Ziegenfelle oder Matten eingehüllt, liegen auf der linken Seite und blicken nach Westen. Das verbindet bereits diese früheste oberägyptische Kultur mit dem historischen Totenkult. Dort im Westen liegt das unermeßliche Totenreich, in dem auch die Sonne zur Ruhe geht. Noch Jahrtausende später, wenn von der Siedlung im Niltal der Sohn zum Grabe des Vaters am Wüstenrand hinaufsteigt, um ihm das Speiseopfer zu bringen, ruft er ihn an: „Erhebe dich von deiner linken Seite und setze dich auf deine rechte Seite!" Der Tote soll sich vom Westen abkehren und dem Lande der Lebenden zuwenden. Die Bestattung auf dem Friedhof, abgelegen vom heimischen Dorf, bedingt aber auch die Beigabe von Speisen und Gerät. Auch hier in Tasa finden sich regelmäßig in den Gräbern Tongefäße, Steinwerkzeuge, Schmuck und Gebrauchsgeräte. Nicht zufällig wird es sein, daß in zwei Kindergräbern die Leichen Federn im Haar trugen. Dieser altertümliche Schmuck wird noch mehrfach gerade in der Vor- und Frühgeschichte begegnen und gehört zu den Hinweisen auf kulturelle und volksmäßige Zusammengehörigkeit mit den Nachbarn der Wüsten und den später noch Federschmuck tragenden Libyern.

Wenig südlich von Tasa liegt der Ort Badâri, der einer wohl etwas jüngeren Kultur ihren Namen gegeben hat. Das Ausdehnungsgebiet reicht nördlich nicht über Badâri hinaus; doch sind Gegenstände dieser Kultur an mehreren südlich gelegenen Orten Oberägyptens unter jüngeren Gegenständen gefunden worden, ebenso in Nubien, in der südlichen libyschen und der Ostwüste. Die Bestattungsart ist grundsätzlich die gleiche wie in Tasa, ebenso der Reichtum an Grabbeigaben. In der Keramik ist eine rot polierte Ware mit schwarz geschmauchtem Rand charakteristisch; dekorierte Ware ist selten. Zu den verarbeiteten Rohstoffen (Ton, Holz, Stein, Elfenbein) kommt als erstes Metall Kupfer, aus dem Perlen hergestellt werden; sie finden sich auch aus emailliertem Speckstein. Neu sind Beispiele plastischer Gestaltung: Und zwar finden sich Tierfiguren als Verzierung von Gegenständen (Elfenbeinkämme, Löffel), als Gefäß (Nilpferd), außerdem rundplastische Menschenfiguren. Es handelt sich um mehrere Frauenfiguren recht verschiedenen Typs. Sie sind grundsätzlich nackt, haben die Glieder vom Körper gelöst und geben viel Detail (Gesicht, Geschlechtsmerkmale). Ein anderer idolartiger Typ gibt den Körper halb flach wieder, verzichtet auf Extremitäten, deutet den Kopf nur an, läßt aber ebenfalls die Geschlechtsmerkmale und Spuren von Tatauierung erkennen.

Im selben Raum, aus dem Funde der Badâri-Kultur im Niltal stammen, folgt eine andere Kultur, die entweder als „I. Kultur" oder Negade I oder heute meist als Amratien (nach dem Fundort el Amrah bei Abydos) bezeichnet wird. Ihr Stamm- und Verbreitungsgebiet ist also wieder das südliche Oberägypten mit Ausläufern nach Nubien und ins Wadi Hammâmât (durch Felsbilder gesichert). Die Keramik dieser Kultur ist reichhaltiger nach Form und Dekor als die der früheren. Wie in vielen vorgeschichtlichen Schichten stellt sie wegen ihrer Häufigkeit, ihrem Erhaltungszustand und der Kontinuität ihrer Entwicklung ein wichtiges Mittel zur Datierung der Fundplätze und Gräber dar. Manches ist in der Keramik des Amratien aus älteren Schichten übernommen und weiterentwickelt, manches ist neu. Eine dunkle Ware mit eingeritzten und weiß gefärbten Ornamenten begegnete schon in Tasa und hat nah Verwandtes, das in Nubien bis in geschichtliche Zeit fortdauert. Auch die rotpolierte Ware mit schwarzem Rand ist nicht neu. Dagegen tritt jetzt eine rotpolierte Ware mit gelblichweißer Bemalung (daher „weißfigurig") auf, die nicht nur als Dekorationsprinzip dieser Kultur charakterisiert, sondern durch die dargestellten Themen etwas über ihr Wesen aussagt. Die Formen sind vielfältig; auch hier begegnen Gefäße in Tiergestalt, daneben sogenannte „Zwillingsgefäße" (zwei gleichförmige Gefäße, die miteinander verbunden sind). Henkel sind wie in der gesamten ägyptischen Keramik nicht üblich. Doch sind manche Krüge beiderseits mit Schnurösen zum Aufhängen versehen, eine Methode, die wohl von Steingefäßen übernommen ist.

An Gefäßen und Gebrauchsgegenständen (Elfenbeinnadeln und -kämmen, Paletten) findet sich öfter als früher halbplastischer figürlicher Schmuck (Tier- und Menschenköpfe). Vielfältiger ist auch die Plastik: Männer- und Frauenfiguren, bisweilen mit idolartiger Vereinfachung der Körperformen. Merkwürdig sind kniende oder sitzende Frauenfiguren mit übertrieben dickem Gesäß und Oberschenkeln und einem vogelartig spitzen Gesicht; reich tatauierte Figuren; stehende nackte Frauen mit erhobenen Armen (Tanz? Gebet?). Gerade die Vielfältigkeit und Ausgeprägtheit der Typen gibt uns das Gefühl, vor einer Welt zu stehen, zu deren Verständnis uns der Schlüssel fehlt. Offenbar drücken diese Figuren in ihrer bedeutungsvollen Formung etwas dem Menschen der Zeit Verständliches und Wichtiges aus: Es sind Chiffren für Begriffe oder Gedanken oder Vorstellungen, vorwiegend wohl religiösen Inhalts, die wir nicht auflösen können, weil uns der Zugang zum Weltbild dieser Menschen fehlt.

Auch in der Kultur des Amratien herrscht Friedhofsbestattung. Doch zeigen die Gräber manchen charakteristischen Unterschied zu den früheren, nicht im Sinne einer bloßen Weiterentwicklung, sondern als Ausdruck einer veränderten Auffassung von der Welt der Toten. Da ist zunächst die Tatsache, daß öfters mehrere Leichen in einem Grab beigesetzt sind. Zwei Möglichkeiten können zur Erklärung herangezogen werden: Es könnte sich entweder um Mitglieder einer Familie handeln; oder aber es könnten Sklaven und Sklavinnen sein, die beim Begräbnis des Herrn erschlagen wurden, um ihm im Tod zu folgen. Für beides lassen sich aus späterer Zeit Parallelen bringen. Merkwürdig schwierig zu erklären ist die mehrfach beobachtete Sitte, das Skelett des Toten unzusammenhängend zu bestatten oder gar einzelne Glieder fehlen zu lassen. (Nach den Grabungsberichten handelt es sich dabei nicht um eine später etwa bei Plünderung des Grabes verursachte Veränderung.) Die vorgebrachten Erklärungsversuche (u. a. Kannibalismus) finden in der späteren Totenliteratur und dem historischen Totenkult keine Stütze. Die Beigabe von Geräten und Waffen ist reichhaltiger als früher, auch findet sich die Mitbestattung von Tieren (Hund, Gazelle). Das und manches andere weist auf den Lebensstil der Bevölkerung. Offensichtlich haben wir es mit einer Kultur zu tun, in der neben dem Ackerbau die Jagd noch eine hervorragende Rolle spielte. Da ist zunächst die Menge und Vielfältigkeit der Waffen zu nennen: Speer- und Pfeilspitzen (darunter auch querschneidige), Knochenharpunen und Keulen, deren kennzeichnende Form „Tellerkeule“ genannt wird: Ein konischer, nach oben ausladender Kopf mit tellerartigem Rand. Die formenreiche Keramik und die Anfänge der Plastik beginnen über das, was den Menschen beschäftigt, auszusagen: Es ist die Jagd und die Welt der Tiere. Da ist eine berühmte Schale, in deren Innerem ein Jäger mit Pfeil und Bogen und seinen vier Jagdhunden gezeichnet ist. Er trägt langes Haar und als deutlich gekennzeichnetes Kleidungsstück die sog. Phallustasche, ein kupfernes Futteral des Gliedes, das an einem Gürtel befestigt ist. Auch eine dieser Kultur zugehörige Tonfigur läßt die Tasche deutlich erkennen. Andere Gefäße zeigen Reihen von Gazellen, Hunde, Rinder, harpunierte Nilpferde. Ein hoher Becher trägt auf dem Rand die rundplastischen Gestalten von Elefanten. Tonplastiken von Tieren zeigen Rind, Schaf, Nilpferd, Schildkröte. Nun kommt zur Deutung dieser Kultur noch eine selbständige Fundgruppe hinzu: Felsbilder, die Hans Alexander Winkler[3] in den Jahren vor dem Krieg in der östlichen und westlichen Wüste gesammelt und in mehreren Bänden vorbildlich veröffentlicht hat. In Thema und Stil stimmt die von Winkler als „Autochthonous Mountain-Dwellers“ bezeichnete Gruppe bisweilen verblüffend mit Materialien aus dem Niltal überein. Das Felsbild eines harpunierten Nilpferdes entspricht z. B. in allen Einzelheiten einer Zeichnung auf einem Gefäß aus Mahasna. Gewiß ist die Einteilung, Zuordnung und Ausdeutung von Felsbildern immer eine Aufgabe, die nur mit großer Zurückhaltung in Angriff genommen werden darf; aber der zuverlässigen Methode von Winklers Bearbeitung verdanken wir es, daß wir etwas über die räumliche Ausdehnung der Niltalkultur in dieser Schicht aussagen können, was Wesentliches zu ihrer Kennzeichnung beiträgt. Es zeigt sich nämlich, daß für diese ältere vorgeschichtliche Periode ein weiträumiger Kreis untereinander mehr oder weniger nah verwandter Jägerkulturen anzusetzen ist, der sich vom Arabischen Gebirge zwischen Nil und Rotem Meer über das oberägyptische Niltal nach den libyschen Oasen bis zum Gebirgsmassiv des Gebel Uwenât (an der heutigen ägyptisch-libyschen Grenze, südöstlich von Kufra) hinzog. Die als Amratien bezeichnete Kultur im Niltal scheint nur ein Glied in einer Kette verwandter Kulturen zu sein. In diesem Rahmen betrachtet wird es auch sinnvoll, daß sich das Zentrum dieser Kultur an dem Punkt des Niltals befindet, wo es durch die ost-westlichen Karawanenwege und Wadis wie in einem Achsenkreuz mit den benachbarten Wüsten und Gebirgen engstens verbunden ist.

In größerem Maße als früher wird (gehämmertes) Kupfer verwendet. Schmuckstücke, Waffen (Klingen, Harpunen, Pfeilspitzen), Nadeln finden sich aus Kupfer hergestellt. Gold, meist in Form von Perlen, begegnet ebenfalls. Diese Metalle sind in Ägypten bzw. den unmittelbar anstoßenden Landschaften vorhanden. Dagegen haben sich in Negâde und Mahasna auch Silbergegenstände gefunden (ein Krugdeckel, Perlen), deren Material wahrscheinlich nicht ägyptisch ist, sondern wohl aus Asien stammt. Obsidian, Lapislazuli, Muscheln weisen auf die Randgebiete des Roten Meeres, vielleicht Abessinien und Kleinasien als Herkunftsgebiete. Alle diese Dinge sind nicht so zahlreich und bestimmend, daß sie den Gedanken an außerägyptische Herkunft des Amratien nahelegen könnten. Sie zeigen aber deutlich, daß diese Kultur sich keineswegs in absoluter Abgeschlossenheit entwickelt hat. Wenn es richtig ist, sie als lokale Sonderform eines größeren Kreises von miteinander verwandten und in Verbindung stehenden Kulturen aufzufassen, dann nimmt es nicht Wunder, Formen, Gegenstände und Materialien oft weit von ihrem natürlichen Herkunftsort entfernt anzutreffen.

Das Amratien wird im südlichen Oberägypten abgelöst durch eine Negâde II oder Gerzeen genannte Kultur, der dann Negâde III folgt; diese Kulturabfolge bedeutet zugleich eine schrittweise Erweiterung nach Norden. Negâde III umfaßt schließlich die Deltaspitze und die Deltaränder und mündet ohne Bruch in die geschichtliche Zeit. Im Gegensatz zum Amratien haben sich ausgedehnte Friedhöfe des Gerzeen auch im nördlichen Oberägypten gefunden: Gerze, Harâge, Abusir el Melek, im Fayûm Wadfa. Ob es sich auch über das Delta erstreckte und wie sein Verhältnis zur oben genannten Kultur von Ma'âdi war, ist nicht bekannt. Sein Entstehungsgebiet scheint ebenfalls im mittleren Oberägypten zu suchen zu sein, und von hier erstreckte es sich nach Süden über Gesamtoberägypten und hat ebenfalls Ausläufer in Unternubien. Ebenso ist es im Wadi Hammâmât nachgewiesen, und ein ihm zugehöriges Grab hat sich an der Küste des Roten Meeres bei Ras Samadi gefunden. Nun ist es allerdings keineswegs so, daß mit dieser Kultur sich etwas absolut Neues und Fremdes unverbunden über das Alte legte. Waffen wie die birnenförmige Keule, Geräte wie Schminkpaletten, Keramikarten (schwarzrandig, rotpoliert) verbinden diese jüngere Kultur mit der älteren. Daneben gibt es freilich genug des Neuen: In der Keramik ist typisch der sog. „Wellenhenkel", beiderseitige wellenförmige Griffstücke, die auf dem Wege von der Gebrauchsform bis zur Verkümmerung zum Ornament eine relative Datierung der Stücke gestatten. Reicher und in den Formen vervollkommnet sind Gefäße in Tierform. Zu den aufschlußreichsten Gegenständen gehört die rot bemalte Keramik, die nicht nur in der Technik, sondern auch in den dargestellten Themen gegenüber der weiß gemalten etwas Neues bringt; Gefäße beider Techniken zusammen haben sich in einem Grab in Negâde gefunden. Kann man als Hauptthema der älteren Keramik Jagdleben nennen, so tritt hier vorherrschend das Schiff auf, und zwar Schiffe verschiedenen Typs. Dieses Thema verbindet wiederum die Kultur des Niltals mit Felsbildern in den Randgebieten und im Wadi Hammâmât, die Winkler als Gruppe „Early Nile-Valley Dwellers" bezeichnet. Außerdem begegnet auch das Motiv der Frauen mit emporgehobenen Armen, das aus der Plastik des Amratien bekannt ist. Andere Gefäße sind ornamental verziert: Dreiecke, Netzmuster, Spiralen. In manchen Fällen wird durch Bemalung ein Steingefäß nachgeahmt, wobei auch die Form des Gefäßes das fremde Material nachzuahmen sucht. Die Steingefäße selbst erreichen eine bemerkenswerte Vollendung, was Schönheit der Form und Beherrschung des Materials anlangt (oft Hartstein: Serpentin, Diorit, Breccien, Basalt). Auch in der Ornamentierung der Paletten geht man weit über Früheres hinaus: Das ganze Stück kann Tierform annehmen (z. B. Fisch, Widder) oder mit Tierköpfen gekrönt sein. Außerdem aber beginnt man, die Stücke mit Relief zu versehen. Da findet sich eine Straußenjagd, Reihung von Tieren (Störche, Rinder), ein mit Sternen geschmücktes Bukranion. In der späten Phase des Gerzeen entwickeln sich diese zunächst dekorativen Darstellungen zu Erzählungen. Es wird ein bestimmter Vorgang im Bild festgehalten: Eine Löwenjagd, Kampfszenen, Schiffskampf. So werden diese Paletten zu den ältesten Trägern historischer Darstellungen, wenn man darunter die Fixierung eines einmaligen, bestimmten Ereignisses versteht.

Siedlung und Friedhof sind auch im Gerzeen getrennt. Ihre Ausdehnung ist oft erstaunlich groß. Die in Hemamie und anderswo gefundenen runden oder ovalen Hütten erinnern an Merimde – Beni Salâme. Ein Hausmodell aus Ton (aus el Amrah) zeigt einen rechteckigen Bau mit leicht geböschten Wänden; auf der Breitseite (nicht in der Mitte) befindet sich ein rechteckiger Eingang mit Türsturz und Rundbalken über der Tür als Träger des Mattenverschlusses. Zwei kleine hochgelegene Fenster durchbrechen die Rückwand. Die Bestattungsart unterscheidet sich von der des Amratien einmal durch technische Vervollkommnung (die Gruben nehmen allmählich gleichmäßig rechteckige Formen an), dann weist sie aber auch manches Neue auf. In den rechteckigen Gräbern ist bisweilen eine Abteilung für Grabbeigaben abgetrennt. Die Leichen waren anfänglich noch selten, später gar nicht mehr in Felle eingehüllt, sondern in Matten oder Leinen. Verstümmelung des Skeletts kommt auch in Gerze selbst vor. Reste von Holzsärgen haben sich schon an verschiedenen Orten gefunden. Die Lage der Leichen ist unterschiedlich. Die Blickrichtung nach Westen, das Übliche in den alten oberägyptischen Kulturen, kommt zwar auch auf Friedhöfen des Gerzeen vor; doch überwiegt bei weitem die Blickrichtung nach Osten, und zwar sowohl auf Friedhöfen des Ost- wie des Westufers; das Ziel ist also nicht immer das Niltal als die Welt der Lebenden, sondern vielleicht der Osten als Aufgangspunkt der Sonne. Dieselbe Blickrichtung war schon in den Gräbern von Merimde-Beni Salâme beobachtet worden.

In ihrem Gesamtcharakter hebt sich die jüngere Kultur in entscheidenden Punkten von allen älteren ab. Sie umfaßt als erste offensichtlich das gesamte Niltal und mündet unmittelbar in den geschichtlichen Einheitsstaat ein. Ihre Gebundenheit an das Stromtal drückt sich am sinnfälligsten in der Fülle der Schiffsdarstellungen aus, denen gegenüber die Elemente der älteren Jägerzeit zurücktreten. Die Deutung dieser zahlreichen Schiffe ist schwierig. Die Tatsache, daß das Schiff damals wie in allen folgenden Zeiten auf dem Nil, seinen Seitenarmen und Kanälen das wichtigste Verkehrsmittel darstellte, kann kaum genügen, um sein Auftreten auch auf den vom Nil weit abliegenden Felsbildern befriedigend zu erklären (Abb. 1). Man möchte vermuten, daß ihnen auch ein bestimmter religiöser oder kultischer Sinn innewohnte, und denkt an spätere Vorstellungen, nach denen auch der Sonnengott im Schiff den Himmel überquert, wobei der Tote ihn zu begleiten wünscht, und an die kultische Gepflogenheit, bei Götterfesten die Götterbilder in Ausfahrt und Prozession zu Schiff zu fahren oder zu tragen. Zumeist sind diese vorgeschichtlichen Schiffe mit Emblemen geschmückt, die vielleicht apotropäischen Charakter haben. Da begegnen Pfeile, Speere, Harpunen, Menschenarme, Stiergehörn, Tiere wie Vögel (Falke?), Elefant, die Sonnenscheibe (?) und manches Symbol, dessen Deutung uns unbekannt ist. Ähnliche Embleme wie hier, auf eine Standarte gestellt, kennen wir später als Machtzeichen, die den König bei seinem Erscheinen begleiten, und als Wappenzeichen der meisten historischen ägyptischen Gaue. In diesen drei Verwendungen unterscheiden sich aber die Standarten bezüglich des Objektes, das sie tragen, zu sehr, als daß man etwa die Schiffsstandarten schon als Gaustandarten erklären könnte. Wir haben aber bereits hier eine Manifestation und Darstellung numinoser Macht, die sich — wenn auch in anderer Bedeutung — bis in historische Zeit verfolgen läßt. Bei den Schiffen selbst lassen sich zwei Typen unterscheiden, lange, flache Boote mit Reihen von Rudern und kajütenartigen Aufbauten, und andere, deren Bug und Heck fast senkrecht in die Höhe gezogen ist. Dieser letztere Typ hat eine eng verwandte Form in Mesopotamien und gehört zu den Gegenständen, die eine lange und noch nicht abgeschlossene wissenschaftliche Debatte über das Verhältnis zwischen Ägypten und Mesopotamien in der späteren Vorgeschichte ausgelöst haben.

Wichtig ist die Ausdehnung, die die jüngste Phase der vorgeschichtlichen Kultur, Negade III, erfahren hat. Nach Norden ist sie bis in die Gegend von Memphis faßbar; das bedeutet, daß sich die oberägyptische Kultur auch über Unterägypten legt. Im Süden überschreitet sie den 2. Katarakt. Damit aber wird von archäologischer Seite das ägyptische Geschichtsbild in einem allgemeinen Sinn bestätigt, nämlich daß „Oberägypten" die „Reichseinigung" vollzogen habe, und es sind zugleich die Grenzen des historischen Raumes erreicht.

Die Wendung zum Geschichtsbewußtsein, die die Wende von der vorgeschichtlichen zur geschichtlichen Zeit bezeichnet, kann man geradezu an den mit Relief geschmückten Paletten ablesen, denen sich Darstellungen der Flachkunst auf anderen Gegenständen engstens anschließen (Messergriff vom Gebel el Arak aus Flußpferdbein, Elfenbeintäfelchen, Grabmalereien bei Kom el Ahmar [Hierakonpolis]). Zu den typologisch älteren gehören Darstellungen von Tieren, oft friesartig gereiht (Löwen, Steinböcke, Rinder, Störche). Ihnen schließen sich an die sog. Prunkpaletten, d. h. Schminkpaletten, deren Größe und reiche Verzierung den täglichen Gebrauch ausschließen; vielleicht haben wir es mit Weihegaben an Götter zum Gebrauch im Tempelkult zu tun. Ihre lang-ovale Form mit einer kreisförmigen, plastisch abgesetzten Vertiefung in der Mitte zum Verreiben der Schminke trägt von sich aus ein Ordnungsprinzip in die Darstellungen hinein. Ein berühmtes Beispiel ist eine Palette aus Hierakonpolis (Abb. 2). Zwei halbplastische Füchse umrahmen beiderseits das Feld. Der Mittelring auf der Vorderseite („Napfseite“) wird symmetrisch von zwei Fabelwesen, Panthern mit Schlangenhälsen, umrahmt und als Mitte betont. Dazwischen und darunter ist die Fläche ausgefüllt mit Tieren der Wüste, Fuchs, Stier, Strauß, Hunde, Gazellen, Steinböcke, bisweilen miteinander kämpfend, jede Figur unter Vermeidung von Überschneidungen klar für sich gezeichnet. Die Rückseite ist lückenlos gefüllt mit einem Gewimmel von Tieren und Fabelwesen, von denen zwei besonders genannt werden müssen: Eine Art Greif, ein vierfüßiges Tier mit Vogelkopf und kammartigen Flügeln auf dem Rücken. Und ein schakalköpfiger Mensch mit Tierschwanz, Phallustasche und Gürtel, der eine lange Flöte bläst (Dämon? Zauberer?). Dieses Stück mag für mehrere stehen und die magische Welt der beseelten Naturmächte kennzeichnen.

Andere Paletten führen nun unmittelbar an das Geschichtliche heran. Sie wollen im Bild (und bald schon unterstützt von den ersten Schriftzeichen) ein einmaliges bestimmtes Ereignis festhalten, nicht mehr Zeugnis sein von der geschichtslosen, unveränderlichen Welt der Mächte. Da ist die Darstellung einer bestimmten Löwenjagd: Jäger mit Pfeil und Bogen, Speer, Wurfholz und Doppelaxt, in kurzem Schurz mit Tierschwanz gekleidet, angeführt von zwei Standartenträgern (Falkenstandarte), jagen Löwen. Beigefügte Zeichen (Doppelstier und sog. unterägyptische Kapelle) sollen, auch wenn wir sie nicht mit Sicherheit zu deuten vermögen, den Ort bezeichnen, wo das Ereignis stattfand. Zahlreich sind Darstellungen von Kämpfen: Städte, durch einen Mauerring wiedergegeben mit eingeschriebenem Namen, werden von Königsmächten (Löwe, Falke, Skorpion u. a. m.) zerhackt oder vom Königsstier mit den Hörnern eingestoßen; Gefangene werden von den Standartenmächten, denen handelnd Arme anwachsen, gefesselt fortgeführt; Löwen fressen an den Körpern der Gefallenen und Geier lassen sich auf sie nieder. Das Geschehen wird klar erkenntlich ausgedrückt; mit Hilfe der ersten Schriftzeichen gelingt es, nicht Darstellbares (Namen) zu fixieren. Und die in allen historischen Darstellungen beibehaltene Symbolik (Stier = König, Standarte = Königsmächte u. a. m.) vermag auch das Hintergründig-Unaussprechliche bildlich zu gestalten.

In den Kreis dieser Denkmäler gehört ein berühmtes Stück: Die flußpferdbeinernen Griffschalen eines Feuersteinmessers aus Gebel el Arak. Auf der einen Seite ist über Tierdarstellungen eine zweifellos „unägyptische" Gruppe angebracht: Ein Mann im langen Rock mit turbanähnlicher Kopfbedeckung hält rechts und links zwei aufgerichtete Löwen. Auf der Rückseite sind Kampfszenen dargestellt, darunter ein Schiffskampf, offenbar zwischen den beiden genannten Schiffstypen, den flachen mondsichelförmigen Boten und jenen hochbordigen, hier besonders fremdartig wirkenden Kähnen. Das führt zu der Frage, welche vermutlich „fremden" Elemente wir überhaupt in dieser entscheidenden Phase der ägyptischen Vorgeschichte nachweisen können, woher sie stammen und welche Rolle sie mutmaßlich innerhalb der ägyptischen Kultur gespielt haben [4]. Zunächst läßt sich sagen, daß sie erst den späteren Epochen der Vorgeschichte bis zum Beginn der geschichtlichen Zeit angehören und daß als ihr Herkunftsland eindeutig Mesopotamien anzusehen ist; nur die Wellenhenkelgefäße weisen auf einen Zusammenhang mit Palästina. Schwieriger ist der Umfang der mesopotamischen Elemente festzulegen.

Zweifellos nichtägyptischen Ursprungs ist jene heraldische Löwengruppe auf dem Messergriff von Gebel el Arak, die auch in dem Grab von Hierakonpolis wiederkehrt, was zusammen mit dem Material (Flußpferdbein) die Herstellung des Stückes in Ägypten sichert. Die Gruppe selbst aber stellt ein häufiges Motiv der Djemdet-Nasr-Kultur Mesopotamiens dar. Dorthin weisen auch die Schiffe. Umstritten ist die Frage, ob die Siegelzylinder, die bisweilen bei Leichen mit einer Schnur um den Hals getragen wurden, ebenfalls mesopotamischen Ursprungs sind; daß bei ihnen bald die Beschriftung im Gegensatz zur bildlichen Darstellung überwiegt, unterscheidet sie grundsätzlich von den mesopotamischen Stücken. Ob man so naheliegende Motive wie die Reihung von Tieren (auf Täfelchen und Paletten) oder die symmetrische Einfassung der Schminknäpfchen auf Paletten durch Schlangenhälse als fremd bezeichnen soll, weil sie auch in Mesopotamien vorkommen, bleibe dahingestellt. Schwer ist es, die Bedeutung des Fremden für Ägypten abzuwägen. Es scheint sicher, daß eine unmittelbare Berührung mit Sumer stattgefunden hat, bei der Ägypten der empfangende Teil war (Ägyptisches hat sich in Mesopotamien nicht gefunden). Es wäre sicher übertrieben, von einer „Invasion" der Sumerer zu sprechen; aber die Begegnung scheint doch auf ägyptischem Boden stattgefunden zu haben. Dafür kommen zwei Gegenden in Frage: der Landweg über die Sinai-Halbinsel ins Delta und der Seeweg durchs Rote Meer nach Kosseir und weiter durch das Wadi Hammâmât nach Oberägypten. Die Meinungen in der Wissenschaft sind geteilt; mir ist die Annahme wahrscheinlicher, daß der südliche Weg über See in Frage kommt. Mesopotamische Elemente finden sich in den *ober*ägyptischen Fundplätzen des Gerzeen; der Schiffstyp sagt etwas über das den Ägyptern Auffallende der Fremden aus: Die Felsbilder im Wadi Hammâmât, auch wenn sie sich nur auf der Ägypten zugewendeten Seite des Wadis finden, beweisen zumindest, daß dieser Karawanenweg schon damals lebhaft begangen war (Abb. 1). Technisch ist der Seeweg auch deshalb mit relativ primitiven Mitteln zu bewältigen, als die regelmäßigen Monsune sich noch im Roten Meer auswirken. Aber diese Berührung mit etwas Fremdem und im Augenblick zweifellos kulturell Überlegenem darf nicht überschätzt werden. Die Vorstellung, die Sumerer hätten den Ägyptern ihre Kultur gebracht, ist bestimmt falsch; alle eindeutig sumerischen Elemente verschwinden in Ägypten mit Beginn der geschichtlichen Zeit rasch und keines hat die Form der ägyptischen Kultur nachhaltig beeinflußt. Die Bedeutung wird vielmehr darin liegen, daß Ägypten in dem entscheidendsten Moment seiner historischen Entwicklung, wo innere Reife nur eines geringen Anstoßes bedurfte, um zur schöpferischen Tat sich zu entfalten, daß gerade da eine schicksalhafte Begegnung mit Anderem, Überlegenem erfolgt, an dem sich der eigene Formwille und das Seinerselbst-Bewußtwerden Ägyptens entzündet.

Es ist bei allem Materialreichtum und seiner Vielseitigkeit nicht möglich, eine „Geschichte" der ägyptischen Vorgeschichte zu schreiben. Wir wissen nicht, welche Organisations- oder Staatsform hinter den einzelnen „Kulturen" steht. Wir wissen nichts über das gesellschaftliche und religiöse Leben, nicht einmal, ob „Götter" in einem einigermaßen präzisen Sinn existieren. Wir wissen nicht, welche historischen Ereignisse die Ablösung der Kulturen bedingten und sich aus ihrer gegenseitigen Berührung ergaben. Wir können allerdings zwei Grundformen der menschlichen Gesellschaftsbildung überhaupt in spärlichen, aber deutlichen Anzeichen erkennen, die nicht das historische Geschehen der vorgeschichtlichen Entwicklung im einzelnen zu ersetzen vermögen, wohl aber seine Dynamik deutlich werden lassen. Es handelt sich um die Kulturformen des seßhaften Bauerntums und des jagenden oder Vieh züchtenden Nomadentums. Gewiß verkörpert unter den uns bekannten Kulturen keine mehr den theoretisch reinen Typ des einen oder anderen. Aber deutlich sind die unterägyptischen Kulturen stärker vom Bauerntum, die oberägyptischen vom Nomaden- und Jägertum bestimmt: Siedlungsbestattung und Friedhofsbestattung, vegetabilische Auferstehung und Totenreich im Westen, Mutterrecht und Häuptlingsrecht, Verfemung von Wüstentieren und Verfemung von Haustieren, das sind einige Anzeichen, die uns teils aus den vorgeschichtlichen Kulturen selbst, teils aus Erinnerungen der historischen Zeit gerade noch erkennbar sind.

Und wir können darüber hinaus einige Grundelemente der ägyptischen Kultur und des ägyptischen Staates erkennen, die gleichsam ihr Temperament bestimmen[5]: Es sind vor allem zwei Faktoren, von denen schon hin und wieder die Rede war. Einmal ist da zu nennen die sich aus der Natur des Landes ergebende Isoliertheit, die sich mit fortschreitender Wüstenbildung verstärkt. Von ihr bedingt wird das tiefe Gefühl der Lebenssicherheit, das in der erarbeiteten Fruchtbarkeit des Bodens verstärkt wird. Bis weit ins zweite Jahrtausend hat Ägypten keine ernsthafte Bedrohung von außen kennengelernt. Und es ist auf der anderen Seite der „zivilisatorische" Charakter der ägyptischen Kultur zu nennen, jene Bereitschaft zum Kompromiß, die Duldsamkeit, deren Ergebnis Formenreichtum und Vielseitigkeit auf allen Gebieten ist. Erwachsen aus der Vielgliedrigkeit des Lebensraumes und der damit zusammenhängenden Vielartigkeit der Bevölkerungsteile, tritt dieses Kennzeichen zum ersten Male in der Einheitlichkeit im großen und dem Abwechslungsreichtum im kleinen der spätvorgeschichtlichen Kultur in Erscheinung.

II. THINITENZEIT UND ALTES REICH

1. Die Reichseinigung bis zur Zeit Djosers

Nach ägyptischer Tradition hat ein König Menes „die beiden Länder" vereinigt und damit in einer einmaligen Tat den historischen Staat geschaffen. Er steht als erster Herrscher mit dem Titel „König von Oberägypten und König von Unterägypten" vor einer langen Reihe von Pharaonen, deren Namen und Regierungsjahre uns in einem Papyrus in Turin (Turiner Königspapyrus) nicht lückenlos erhalten sind[1]. Mit ihm beginnt die 1. Dynastie. Eine abweichende Überlieferung ist auf dem sogenannten Palermostein (s. S. 40) erhalten. Nach ihr haben vor der 1. Dynastie bereits „Könige" geherrscht, von denen eine Reihe mittels der Symbolik ihrer Kronen (Titel oder andere Angaben sind für sie nicht aufgezeichnet) als Könige über Unterägypten, eine folgende als Könige über Ober- und Unterägypten gekennzeichnet ist. Nach einer Geschichte Ägyptens, die der Ägypter Manetho aus Sebennytos im Delta unter Ptolemäus II. schrieb und die im Original nicht erhalten ist[2], teilen wir die Pharaonenzeit in „Dynastien", d. h. Herrscherhäuser, deren man von Menes bis zu dem letzten vor Alexander dem Großen herrschenden König 30 zählt. Diese Einteilung wird im Grund ägyptisch sein. Denn auch im Turiner Königspapyrus, der unter Ramses II. geschrieben ist, werden die aufgezählten Herrscher in Gruppen zusammengefaßt, wenn auch diese Einteilung sich nicht in Einzelheiten mit der von Manetho gebrauchten deckt. Wir fassen darüber hinaus mehrere Dynastien zusammen: die 1. und 2. Dynastie als Thinitenzeit, die 3.—6. Dynastie als AR, 11.—13. als MR, 18.—20. als NR, mit den dazwischenliegenden „Zwischenzeiten", 1. Zwischenzeit oder Herakleopolitenzeit = Dynastie 7—10 und 2. Zwischenzeit oder Hyksoszeit = Dynastie 14—17 (im einzelnen siehe Zeittafel S. 256 ff.).

Zur Frage danach, was es eigentlich mit der sogenannten „Reichseinigung" auf sich habe, was geschichtlich vorgegangen sei und in welchem Sinn das Ereignis zugleich den Schritt von der Vorgeschichte in die Geschichte bezeichne, stehen drei Quellengruppen unterschiedlichen Wertes zur Verfügung: der rein archäologisch-vorgeschichtliche Befund, das aus späterer Zeit überlieferte ägyptische Geschichtsbild und die zeitgenössischen inschriftlichen und archäologischen Zeugnisse. Der im vorhergehenden Kapitel geschilderte archäologische Befund rechtfertigt die ägyptische Auffassung, die „Reichseinigung" sei eine von Oberägypten ausgehende Einigung der beiden Landeshälften. Die Ausbreitung der Negadekulturen nach Norden bis zu ihrer Ausdehnung über die Deltaspitze und -ränder wäre das archäologische Bild[3]. Es kann aber nichts aussagen über die geschichtlichen Kräfte, die dahinter stehen, und über die politischen Formen, in denen die Ereignisse sich abspielten. Zeitgenössisch überlieferte Königsnamen auf Siegelabrollungen, Topfmarken und Paletten (s. S. 27) haben uns die Namen von mehreren Königen bewahrt, deren Lesung freilich nicht immer sicher ist[4]: Ka/Sechen, Skorpion, Narmer, Horus Aha, von denen erst der letzte wahrscheinlich mit „Menes" identisch ist. Dieser Befund wiederum stützt die ägyptische Überlieferung, daß bereits vor Menes Könige über ganz Ägypten geherrscht haben. Damit entpuppt sich der Begriff „Reichseinigung" als zusammenfassende Kennzeichnung einer geschichtlichen Periode und nicht eines einmaligen punktuellen Ereignisses. Und schließlich umfaßt diese Periode nicht nur einen geschichtlichen Vorgang, sondern einen kulturellen Schritt: Der Übergang von der Vorgeschichte in die Geschichte drückt sich auch aus in der Erfindung der Schrift und des Kalenders, Erfindungen, die innerlich zusammengehören und beide die Schaffung des organisierten Staates und der durch den Stil des Ägyptischen ausgezeichneten Hochkultur ermöglichen.

Nach unserer heutigen Kenntnis der zeitgenössischen Denkmäler können wir nicht mehr annehmen, daß sich das komplizierte ägyptische Schriftsystem in langen Jahrhunderten von einer unbeholfenen Bilderschrift bis zum Zeichenreichtum der historischen Schrift entwickelt hat, sondern müssen uns mit der Tatsache abfinden, daß in dem verhältnismäßig kurzen Zeitraum von zwei oder drei Generationen die Möglichkeit entdeckt und verwirklicht worden ist, Wörter und Laute in zwar bildhaften, aber einen Lautkomplex wiedergebenden Zeichen niederzulegen[5]. Gewiß kennen wir Beispiele einer symbolhaften „Bilderschrift", und die ägyptische Schrift hat niemals auf die Möglichkeit verzichtet, einen Gegenstand durch sein Bild in der Schrift auszudrücken. Aber wir haben gleichzeitig neben derartig symbolhaften Gruppen, zum Teil auf dem gleichen Denkmal, den Beweis dafür, daß man den Lautwert vom Bildwert löste, also den entscheidenden Schritt zur Abstraktion des Lautes vom sinnhaften Bild vollzogen hatte.

Wie das ganze Problem gelagert ist, mag statt vieler Worte ein Beispiel lehren: die Palette eines Königs Narmer, der in die Reichseinigungszeit gehört (Abb. 3). Die schildförmige Palette, gekrönt von zwei halbplastischen Köpfen einer Kuhgöttin, zwischen denen der Name des Königs steht, verbindet als Denkmalform Vorgeschichte und geschichtliche Zeit. Auf der Napfseite erkennen wir ein altes Motiv wieder: den durch die verschlungenen Hälse zweier Fabeltiere gebildeten Schminknapf; sie werden aber jetzt „gebändigt" durch den Menschen. Das unterste Feld wird durch eine symbolische historische Darstellung eingenommen: Der Königsstier zertritt einem Gegner das Rückgrat und zertrümmert mit seinen Hörnern den Mauerring einer wehrhaften Siedlung. Der obere Bildstreifen kommt dem näher, was wir „historische Darstellung" zu nennen gewöhnt sind: Der König triumphiert über seine Gegner. Nun als Mensch schreitet er auf die Leichen der Gefallenen zu, denen säuberlich der Kopf zwischen die Füße gelegt ist. Vor ihm werden vier Standarten getragen, Symbole, in denen sich seine göttliche Mächtigkeit ausdrückt und die zu „Göttern" geworden ihren Schutz ihm angedeihen lassen: zwei Falken, ein stehender Schakal (der später „der Wege-Öffner" Upuaut heißt) und ein nicht sicher gedeuteter kissenartiger Wulst. Vor und hinter ihm schreiten zwei „Diener", deren einer ein Schreibzeug und deren anderer einen Krug und die königlichen Sandalen trägt. Damit ist, soweit das dem Bild möglich ist, ein historisches Ereignis dargestellt, ein geschichtliches Denkmal geschaffen. Aber den einmal geweckten historischen Sinn befriedigt die mangelnde Eindeutigkeit noch nicht: Im Bilde kann nicht gesagt werden, wie der König heißt, wer ihn begleitet, welches seine Gegner waren. Erst diese Angaben machen den vollen Denkmalswert aus. Hier tritt (durchaus zweckbedingt) die Schrift helfend hinzu. Der Name des Königs wird hinzugeschrieben und die Titel seiner Begleiter, das Land seiner Feinde. Und diese Dinge können nicht durch Gegenstände gemalt, sondern müssen durch Zeichen ausgedrückt werden, denen ein bestimmter, dem der Sprache Kundigen verständlicher Lautwert innewohnt. Den Namen des Königs (um nur dieses Beispiel zu nehmen) lesen wir Nar-mer; er wird mit zwei übereinanderstehenden Zeichen geschrieben, dem Fisch nar und dem Meißel mer. Beide „Bilder" haben ihren Sinn verloren und stehen zum Ausdruck der Laute, die in ihren Sachbezeichnungen gegeben sind, nun aber zur Wiedergabe dieser Laute oder Lautfolgen in anderen Wortverbindungen gebraucht werden können. Dabei wird die Abstraktion von Lautwerten und ihre Übertragbarkeit auf andere Wörter dadurch erleichtert, daß die Vokale vollkommen unberücksichtigt bleiben und nur die Folge von Konsonanten ausgedrückt wird. Als Parallele können wir uns vorstellen, daß wir ein „Tor" malten, um die Konsonantenfolge t bis r schriftlich zu fixieren und dieses Zeichen nun in allen Fällen benutzten, wo diese Konsonantenfolge vorkommt, ohne Rücksicht zu nehmen auf die sie begleitenden Vokale, also t—r = Tor, Tür, Tier, Teer usw., aber auch in *t*reten, *t*rug o. ä. Bei Wörtern, die nur aus einem Konsonanten + Vokal bestehen, gewinnen die Ägypter (und zwar ebenfalls schon zu Beginn der Schriftzeit) zwangsläufig Zeichen, die nur einen Konsonanten bedeuten, d. h. Buchstabenzeichen, und der nächste uns logisch erscheinende Schritt wäre der gewesen, den Ballast von Mehrkonsonantenzeichen fallen zu lassen, womit ein reines konsonantisches Alphabet gefunden wäre. Obwohl diese Möglichkeit den Ägyptern bewußt gewesen sein muß (denn sie machen von ihr beim Schreiben grammatischer Silben, Endungen usw. Gebrauch), ziehen sie diese uns so wichtig erscheinende Konsequenz nicht, mit der freilich auch der gesamte religiös-symbolische Gehalt der Schriftzeichen, der „Gottesworte", wie die Ägypter sie nennen, und ihre bildhafte Lebendigkeit, die die Ägypter stets ganz real empfunden haben, verlorengegangen wäre.

Doch zurück zum Denkmal des Narmer: Das große Mittelfeld der Rückseite trägt ebenfalls Denkmalcharakter. Der König (hier mit der hohen zylindrischen Krone, die der Ägypter die „weiße" oder „oberägyptische" nennt) packt einen in die Knie gebrochenen Gegner beim Schopf und erhebt mit der Rechten die (birnenförmige) Keule, um ihm den Schädel einzuschlagen. Dieses Triumphschema lebt weiter in allen Epochen der Geschichte. Damit ist zwar das Ereignis an sich genügend charakterisiert; aber ergänzend um des „Historischen" willen tritt wieder die Schrift hinzu. Zuoberst, zwischen den Kuhköpfen, der Name des Königs: Narmer. Über dem kleingezeichneten Sandalenträger steht sein Titel (vielleicht: „Diener des Horus" = König?) und neben dem Kopf des Feindes vielleicht sein Name. Der leere Raum über dem Kopf des Niedergeschlagenen ist schön ausgefüllt mit einer aus Symbolen gefügten Gruppe, die der der Sprache Kundige „lesen" kann, der Uneingeweihte kann sie „deuten"; sie steht genau auf der Grenze zwischen Bild und Schrift: Der Falke (= Horus = König) packt am Strick den Kopf eines Gefangenen. Der Kopf wächst aus einem wulstartigen Gegenstand, dem Bild und Schriftzeichen „Land". Aus dem „Land" wachsen sechs Pflanzenstengel; dürfen wir sie als Papyrusstengel auffassen, deren Bild den Landesnamen „Unterägypten" bezeichnet? Die Gruppe ist noch keine Schrift in dem Sinne, als ein bestimmtes syntaktisches Gefüge (Satz) lautlich eindeutig dem Kenner der Sprache (und nur diesem) lesbar wird; sie ist es aber insofern, als sie den Inhalt eines Satzes, einen beschriebenen Vorgang, graphisch wiedergibt.

Das, was an diesem Denkmal deutlich gemacht werden soll, ist dies: Wir haben hier nebeneinander formelhaft gefügte Darstellung (König den Feind niederschlagend), symbolische Bildgruppe

(Falke mit Gefangenenkopf) und phonetisch zu lesende bildhafte Zeichen (Namen, Titel). In gewissem Sinn ist die ägyptische Schrift hierbei stehengeblieben. Auch die spätesten Schriftdenkmäler verzichten nicht auf „Wortzeichen", d. h., sie malen ein Haus, wenn sie das Wort „Haus" meinen; man muß es aber nicht tun, denn die Schrift verfügt über hinreichende phonetische Zeichen, um jeden Lautzusammenhang „schreiben" zu können. In der Form der einzelnen Zeichen bleibt ihre Bildhaftigkeit stets gewahrt (Hieroglyphen). Im praktischen Gebrauch mit Pinsel und Farbe (auf Ton, Papyrus, Leder, glatte Steinsplitter) werden die Formen kursiver; es entsteht eine „Handschrift" (Hieratisch), der aber dasselbe Zeichensystem zugrunde liegt wie den Hieroglyphen. Das Verhältnis zwischen Hieratisch und Hieroglyphisch ist also durchaus vergleichbar dem zwischen unseren geschriebenen und gedruckten Buchstaben. Es leuchtet ein, daß man theoretisch eine Entwicklung vom „Bild zum Buchstaben" annehmen könnte, in der ein allmählicher Übergang vom Gegenstand zum Laut erkennbar sein müßte. Einer solchen Annahme widersprechen die Denkmäler selbst, die den Vorgang als eine kurzfristige Periode der „Entdeckung" der Schriftmöglichkeit erscheinen lassen. Man hat den Gedanken ausgesprochen, die Schaffung der ägyptischen Schrift stehe im Zusammenhang mit der sumerischen Schrift und sei also jenen „fremden" Elementen zuzurechnen, die oben (S. 27) kurz erwähnt wurden. Es scheint, daß die sumerische Schrift älter als die ägyptische ist, und darum kann ihre Kenntnis nach dem oben Gesagten in Ägypten vorausgesetzt werden. Aber auch hier ist das Verhältnis so, daß die Ägypter nichts fertig „übernommen" haben. Das Gemeinsame besteht nur im allgemeinen Charakter: Beiden Schriften liegen Bilder zugrunde; aber die sumerische Schrift führt zu einer Silbenschrift (konsonantinische Silbe + Vokal), die ägyptische zu verschiedenwertigen Zeichen (Wortzeichen, Ein- und Mehrkonsonantenzeichen, aber stets ohne Vokal), und etwa in einzelnen Zeichenformen läßt sich keinerlei Gemeinsamkeit feststellen. Hingegen liegt es durchaus im Bereich des Möglichen, daß die Vorstellung von der Möglichkeit, das gesprochene Wort zu „schreiben", durch die Kenntnis des Schreibens bei den Sumerern angeregt worden ist. Dadurch würde die auffällig kurze „Entwicklung" der ägyptischen Schrift erklärt, ebenso ihre absolut selbständigen Zeichenformen im einzelnen und ihre gleicherweise selbständige Weiterentwicklung zur gemischten Wortzeichen- und Lautzeichenschrift. Das Entscheidende an dieser „Anregung", falls sie überhaupt stattgefunden hat, ist wiederum nicht die Tatsache als solche, sondern daß sie auf fruchtbaren Boden fiel, daß der aufnehmende Teil bereit war, die Anregung nicht spielerisch zu entwerten, sondern die in ihr liegende Möglichkeit sofort zu erkennen und zu einem Instrument des Geschichtlichen zu machen, das offenbar einem im gleichen Augenblick gefühlten Bedürfnis entsprach.

Denn vom Begriff des Geschichtlichen ist die Notwendigkeit schriftlicher Überlieferung nicht zu trennen. Geschichtlich leben heißt, des Geschehens in der Zeit, seiner Einmaligkeit und Vergänglichkeit sich bewußt werden. Um dieses Einmalige und Vergängliche zu bewahren, dazu dient die Schrift. Es ist wahrscheinlich, daß ihr in Ägypten wie anderswo ein Bewahren (etwa von Genealogien und rhythmisch geformter Spruchweisheit) im Gedächtnis vorausging. Nun aber ist es erst möglich, ein bestimmtes Ereignis mit allen wichtig erscheinenden Einzelheiten schriftlich aufzuzeichnen und vor der Vergänglichkeit zu bewahren. So ermöglicht erst die Schrift eine kontinuierliche Geschichtsüberlieferung, und das scheint auch die früheste Forderung gewesen zu sein, die der Ägypter an dieses Mittel der Verewigung stellte: Seit der 1. Dynastie können wir in der Residenz geführte Annalen nachweisen (s. u. S. 39).

Faßt man die Bedeutung der Schrift in diesem Sinne auf, und nach ihrem frühen Gebrauch darf man es in Ägypten durchaus, so leuchtet es ein, daß sie in einem engen Verhältnis zur Jahreszählung und zum Kalender steht[6].

Wann der Kalender, d. h. die Gliederung des Jahres, in Ägypten aufkam, ist ganz unsicher; die 1. Dynastie kannte ihn bereits. Die ihm zugrunde liegenden Beobachtungen mögen im einzelnen wesentlich älter sein. Er basiert auf der Beobachtung, daß die Nilüberschwemmung regelmäßig wiederkehrt und daß die dazwischenliegende Zeitspanne rund 365 Tage beträgt; das Mittel ergibt sich aus einer Beobachtung über rund 50 Jahre. Zur Präzisierung dieses in jedem Einzelfalle ungenauen Ereignisses (der Nilüberschwemmung) dienen zwei astronomische Beobachtungen, die des Mondes und die des Hundsternes (Sirius, äg. Sothis). Der Sirius ist nach Ablauf von 365 Tagen nach langer Unsichtbarkeit als heller Stern zum ersten Male wieder vor Sonnenaufgang sichtbar (heliakischer Frühaufgang), und die Regelmäßigkeit dieser Erscheinung, die etwa zu Beginn der immer schwankenden Nilüberschwemmung stattfand, führte den Ägypter dazu, den vorher zu berechnenden Aufgang des Sirius als kalendarischen Neujahrstag und „Bringer der Überschwemmung“ anzusehen. (Nachweisbar seit dem AR, Pyr. 965.) So ergibt sich das auf der Beobachtung der Nilüberschwemmung aufbauende, durch Gestirnbeobachtung präzisierte 365tägige ägyptische Jahr. In sich wird das Jahr durch (ursprüngliche) Mondmonate geteilt, die allerdings zu dem Zeitpunkt, wo wir sie kennenlernen, schon zu 30tägigen Normalmonaten schematisiert erscheinen. So bleibt es fraglich, ob neben dem Niljahr einmal ein reines Mondjahr von 354 Tagen existiert hat, das möglicherweise durch einen Schaltmonat jenem koordiniert wurde. In historischer Zeit ist die Gliederung des Jahres klar und übersichtlich: Der Ägypter unterscheidet drei Jahreszeiten, die ihre Bezeichnung von den sie kennzeichnenden Zuständen des landwirtschaftlichen Jahres tragen: die Überschwemmung, das Herauskommen (der Saat) und der Wassermangel. Jede Jahreszeit umfaßt vier Monate zu dreißig Tagen. Am Ende (in älterer Zeit am Anfang) des Jahres werden fünf überzählige Tage, die sogenannten Epagomenen (äg. „die auf dem Jahre Befindlichen") hinzugefügt, so daß die Gesamtsumme 365 ergibt. Dieses „bürgerliche Jahr" ist nun freilich gegenüber dem Sonnenjahr um ein Viertel Tag zu kurz, eine Differenz, die sich zwar erst nach geraumer Zeit praktisch auswirkt, die aber verursacht, daß das bürgerliche Jahr im Verlauf von 1460 Jahren ($= 4 \times 365$) einmal durch das gesamte Sonnenjahr hindurchläuft und der Aufgang des Sirius, das „Hervorgehen der Sothis", erst dann wieder auf den ersten Tag des bürgerlichen Jahres fällt. Diese Unstimmigkeit seines Jahres ist dem Ägypter natürlich zum Bewußtsein gekommen und er hätte sie durch eine einfache Schaltung beseitigen können. Es gehört zu den für uns schwer verständlichen Tatsachen, daß er es nicht getan hat.

Wie gesagt, mögen die Einzelbeobachtungen, die diesem komplizierten Kalender zugrunde liegen, wesentlich älter sein als der Beginn der geschichtlichen Zeit. Sie enthalten auch kein irgendwie „geschichtliches" Element im Sinne einer historischen Zeitgliederung, sondern weisen ausschließlich (das aber eindeutig) auf die jahreszeitlichen Notwendigkeiten eines Bauernvolkes hin. Dieses 365tägigen bäuerlichen Kalenders bedient sich nun aber der erwachte geschichtliche Sinn und fügt als neues und rein historisches Element die „Jahreszählung" hinzu. Er erfordert eine Scheidung und Zählung der historisch einmaligen Zeiteinheiten, die im Bäuerlichen die ununterscheidbare Wiederkehr des in sich Gleichen bedeuten. Eine Jahreszählung von einem festen Zeitpunkt an (etwa wie die Zählung „nach Christi Geburt" oder „ab urbe condita") hat es in Ägypten nie gegeben, und selbst die Zählung nach reinen Königsjahren ist eine verhältnismäßig späte Errungenschaft (MR). Der erste Versuch, die Jahre zu scheiden, führt dazu, sie nach dem Ereignis, das sie auszeichnete, (nachträglich) zu benennen. Wir kennen aus der 1. Dynastie Jahresnamen wie „Schlagen der Nubier", „Eröffnung des Tempels xyz", „Erscheinen des Königs" u. a. m. Zu einer ziffernmäßigen Zählung führen periodisch wiederkehrende Ereignisse (etwa Feste). Von ihnen hat eines, seit der 1. Dynastie regelmäßig aufgezeichnet, die Grundlage für die Jahreszählung des AR abgegeben, das zuerst als „Horusdienst (zu Schiff)", bald verbunden mit dem „1. Mal (2., 3. Mal usw.) der Zählung" aller zwei Jahre erscheint. Was damit gemeint ist, wird deutlich, wenn es heißt „Zählung des Goldes und der Äcker" oder „Zählung der Rinder und des Kleinviehs". Es handelt sich also um eine in der Regel zweijährlich durchgeführte Steuerveranlagung, und der alte feierliche Ausdruck „Horusdienst" dürfte besagen, daß ursprünglich der König (= Horus) selbst das Land durchfuhr, um die Kontrolle über seine Erträgnisse in eigener Gegenwart vornehmen zu lassen. Aus diesen Zählungen hat sich dann die Datierungsweise des AR entwickelt, wo es in der Regel lautet: „Jahr des 1. Males (der Zählung) — Jahr nach dem 1. Mal" usw. Für chronologische Berechnungen sind derartige Angaben mit Vorsicht zu verwerten: Nicht nur haben wir ja keineswegs für jeden König die Male seiner Zählungen vollständig erhalten; wir wissen überdies von mehreren Fällen (unter König Snefru in der 4. Dynastie und vielleicht unter Phiops II. in der 6. Dynastie), daß ausnahmsweise auch in unmittelbar aufeinanderfolgenden Jahren Zählungen stattfinden konnten.

Kehren wir zum Ausgangspunkt der Überlegung zurück: Die Schrift als die Möglichkeit, historisches Geschehen unvergänglich zu fixieren, und die Zeitrechnung bedingen einander, so daß man sich nicht eines ohne das andere vorstellen kann. Beides sind nicht Einfälle, die beiläufig und spielerisch gemacht worden sind, sondern es sind wahrhafte Entdeckungen, die genau zu dem Zeitpunkt dem menschlichen Geist gelangen, als er ihrer bedurfte. Wie eng Schrift und Kalender in Ägypten zusammenhängen, wird durch die Denkmäler bewiesen; denn die früheste Verwendung der Schrift dient der chronologischen Aufzeichnung historischen Geschehens. Die ersten Ansätze auf Einzeldenkmälern waren genannt. Es kommen nun seit dem König Aha die sogenannten „Jahrestäfelchen" hinzu, die Zeugnis von der Annalistik ablegen, von der uns seit der 1. Dynastie eine Abschrift auf dem Palermostein erhalten ist. Die Jahrestäfelchen (aus Holz oder Elfenbein) enthalten die Beschriftung „Jahr", den Namen des Königs, kurze Nennungen einiger das Jahr bezeichnender Ereignisse, dazu Stoff- und Herkunftsangaben von Produkten, zu deren Etikettierung sie gehören (z. B. „Bestes libysches Olivenöl“). Diese umständliche und oft recht ausführliche Datierung des „Jahrgangs“ setzt die regelmäßige Registrierung der Jahresbezeichnungen am königlichen Hofe in Form von fortlaufenden Annalen voraus. Von ihnen ist uns eine Abschrift (leider bruchstückhaft) erhalten auf einer Steinplatte im Museum von Palermo (sogenannter „Palermostein“, zu dem später vier Bruchstücke in Kairo kamen, und ein Bruchstück in Oxford)[7]. In der 5. Dynastie sind auf diesen Stein die Jahresannalen seit der 1. Dynastie in Reihen geordnet zusammengeschrieben. Wäre der Stein nicht auf allen Seiten abgebrochen, so hätten wir in ihm die denkbar zuverlässigste authentische Quelle für die Chronologie des AR bis zur 5. Dynastie. Aber auch in seinem jetzigen Zustand stellt er eine historische Quelle ersten Ranges dar und läßt uns die Entwicklung der Schrift und der Annalistik in diesem Zeitraum deutlich erkennen. Die Tatsache allein, daß die Jahresfelder immer größer werden und die festgehaltenen Ereignisse immer ausführlicher, stellt bildhaft vor Augen, wie sich aus einer zunächst zweckbedingten Jahresbenennung die ägyptische Form der Geschichtsschreibung, die Annalistik, entwickelt hat; eine zusammenhängende Geschichtsdarstellung hat es nicht gegeben. Der Inhalt der Aufzeichnungen legt Zeugnis von dem ab, was dem Ägypter als das Wesentliche seiner geschichtlichen Existenz erschien; die Aufzeichnungen betreffen keineswegs vorwiegend Feldzüge und Beuteerwerb, sondern es werden kulturelle und wirtschaftliche Leistungen und Einrichtungen auf diese Weise dem Vergessenwerden entrissen: Tempelbauten, Anlagen von Teichen und Kanälen, Stiftungen für Götter und ihre Tempel, Herstellen von Götter- und Königsstatuen, Abhalten von Festen und dergleichen mehr.

Auf den ägyptischen Kalender, die Datumsangaben und die Königslisten gründen sich unsere chronologischen Berechnungen. Bei der Lückenhaftigkeit und dem Fehlen astronomischer Daten in der frühen Zeit beruht die Chronologie des dritten Jahrtausends, d. h. der Thinitenzeit und des AR, teilweise auf Schätzungen. Immerhin geben Einzelangaben gewisse Grenzen, die ein allzu großes Schwanken der Zeitansätze unmöglich machen. So enthält der Turiner Königspapyrus eine Summenangabe der Jahre von Menes bis zu einem König Ibi am Ende des AR, der uns durch seine Pyramide bekannt ist. Diese Zeitspanne soll 955 Jahre betragen. Da sie offenbar durch Addition von Einzelregierungen gewonnen ist und „Nebendynastien“, soweit wir sehen, ausgeschaltet sind, muß man sie berücksichtigen, solange man ihre mögliche Fehlerquelle nicht nachweisen kann. Für die Thinitenzeit allein sind in diesem Papyrus 18 Könige überliefert, ebenso bei Manetho; nach Denkmälern kennen wir 17 Königsnamen. Einige von ihnen müssen mehrere Jahrzehnte geherrscht haben; das entspricht sowohl den Einzelangaben des Königspapyrus wie den Denkmälern, die für mehrere die Feier des Sedfestes, einer dreißigjährigen Regierungserneuerung, bezeugen. Ein weiteres Mittel zur chronologischen Fixierung können Synchronismen mit der mesopotamischen Geschichte darstellen. Für die Frühgeschichte ergeben auch sie nur einen ungefähren Anhaltspunkt (Gleichzeitigkeit des späten Gerzeen mit der Kultur von Djemdet Nasr). Man wird unter Berücksichtigung aller Faktoren den Beginn der geschichtlichen Zeit in Ägypten (Menes) kaum wesentlich vom Jahre 3000 v. Chr. entfernen können, eine runde Zahl, die natürlich Schwankungen nach oben und unten erlaubt. Die Thinitenzeit wird kaum weniger als etwa 250 Jahre betragen haben (im einzelnen siehe Zeittafel).

Diese Dinge mußten mit einer gewissen Ausführlichkeit dargestellt werden, weil sie Grundsätzliches über die Eigenart der ägyptischen Kultur aussagen. Wenn der Ägypter selbst als den seine geschichtliche Existenz begründenden Akt die „Vereinigung der beiden Länder" ansah, also eine politische Tat, so haben wir doch das Recht, auch die Seite zu betonen, die uns für die Geschichte Ägyptens wichtig erscheint, die Wendung vom Vorgeschichtlichen zum Geschichtlichen, die nicht so sehr ein einseitig politisches, als vielmehr ein allgemein kulturelles und letztlich menschliches Ereignis zu sein scheint: die Geburt des geschichtlichen Menschen, der sich seiner einmaligen Existenz bewußt ist und sie in einer bestimmten Lebensform ausdrücken will. Trotzdem bezeichnet die Reichsgründung natürlich auch einen politischen Akt, wenn auch die abkürzende Zuschreibung an einen einzigen Namen „Menes" auf eine einzelne Tat „Vereinigen der beiden Länder" eine personifizierende Formelhaftigkeit der geschichtlichen Erinnerung ist, für die sich allenthalben Beispiele finden lassen.

Wie stellt sich nun die „Reichseinigung" nach den überkommenen Denkmälern dar? Vor „Menes" hat es nach der geschichtlichen Erinnerung der Ägypter bereits „Könige" gegeben, die z. T. nur über einen Teil des Landes, z. T. über ganz Ägypten geherrscht haben. Die Dauer dieser vorthinitischen Herrscher läßt sich nicht abschätzen. Bereits die ersten namentlich überlieferten Könige haben nach dem Fundort ihrer Denkmäler über ganz Ägypten geherrscht; seit dem König Horus Aha haben wir „Jahrestäfelchen" und dürfen also die ihnen zugrunde liegenden kulturellen Errungenschaften voraussetzen. Die Denkmäler von der späteren Vorgeschichte bis zu König Narmer, dem Vorgänger des Aha, erzählen im Bild vorwiegend von Kämpfen. Als Gegner erscheinen Orte, Landschaften und Symbole Unterägyptens, während die Kennzeichnung des immer sieghaften Königs „oberägyptisch" ist. Nach der Tradition sollen diese Könige aus Thinis in Oberägypten stammen (daher Thinitenzeit), und Gräber der Könige der 1. und teilweise der 2. Dynastie haben sich in dem benachbarten Abydos gefunden. Vielleicht lag der Begräbnisplatz (und die Residenz?) der Könige vor Ka/Sechen in Hierakonpolis. Aber die bildlichen Zeugnisse lassen noch mehr erkennen: Die siegende Königsmacht stellt sich als ganz andersartiges Wesen dar als die Unterlegenen. Sie erscheint nicht nur als Mensch, sondern auch als tierische Macht, als Stier, Löwe, (Horus)falke u. a. m. Es begleiten sie nicht nur Hofbeamte (Sandalenträger, Kämmerer), sondern die ebenfalls vorwiegend Tiermächte verkörpernden Standarten (Schakal, Falke, andere Vögel). Als Gegner erscheint kein König oder Häuptling, sondern anonyme Lebende, Erschlagene oder allenfalls als Tierform aufgehängte Kiebitze und vor allem gern zerstörte Siedlungen. Die um die Herrschaft ringenden Gegner sind offenbar nicht nur ungleich an Macht, sondern vor allem ungleich an Art. Es scheint doch so, daß hier mit den lakonischen Mitteln frühgeschichtlicher Ausdrucksmöglichkeiten dargestellt werden soll: Es kämpft eine wilde, „unzivilisierte", den magischen Mächten der Wüste noch nahestehende Macht gegen eine schwächere, zivilisierte, seßhafte Bevölkerung. Müssen wir hier nicht eine letzte und endgültige Auseinandersetzung jener beiden Elemente sehen, die ihre Existenz schon in den vorgeschichtlichen Kulturen andeuteten, des jagenden Nomadentums und des seßhaften Bauerntums? Freilich nicht in dem Sinne, daß damals frei schweifende Nomadenstämme aus der Wüste ins Niltal einbrachen und die Niltalbewohner unterjochten; sondern in der Art, daß auf Grund ihrer landschaftlichen Gestaltung die dem Nomadentum in Lebenshaltung und Anschauung noch näherstehende oberägyptische Landeshälfte nun endgültig die Herrschaft über die ackerbautreibenden Teile des Landes (vor allem, aber nicht ausschließlich in Unterägypten) gewaltsam antritt; dabei kann die geographische Abteilung der beiden Teile keineswegs klar und eindeutig gewesen sein. Die Landeshälften stellen vielmehr natürliche Schwerpunkte, Ausgangs- und Rückzugsgebiete der beiden verschieden strukturierten Gegner dar. Die Formulierung „Oberägypten unterwirft Unterägypten" bedeutet dann eine ähnliche formelhafte Abkürzung des wirklichen Geschehens, wie es die-

„Vereinigung der beiden Länder" durch „Menes" war. Im Grunde haben wir also nicht einen Kampf von Land gegen Land oder gar Reich gegen Reich, sondern die kriegerische Überlagerung einer Schicht durch eine andere.

Schwer zu beurteilen ist ein semitisch-vorderasiatischer Anteil an dem Verschmelzungsprozeß der Reichseinigungszeit und der Ausgleichsepoche der Thinitenzeit, um so schwerer, als eine Urverwandtschaft zwischen Semiten und Ägyptern bestand, auf die ohne weiteres allgemeine kulturelle oder sprachliche Verwandtschaft zurückgeführt werden kann. Zudem lehrt die Archäologie der Vorgeschichte, daß wohl ständig Verbindungen zwischen Ägypten und dem palästinensisch-syrischen Raum bestanden haben, und der Weg führte natürlich vom Ostdelta über die Sinaihalbinsel. Darüber hinaus aber muß ein aktueller Anteil semitischer Elemente an der Frühgeschichte angenommen werden. Es bestehen historisch zwei Möglichkeiten: Entweder war das östliche Delta von semitischen Stämmen besiedelt (wie das westliche starke Verbindungen zu libyschen aufweist) und diese wurden im Verlauf der „Reichseinigung" in das ägyptische Reich einbezogen, bei dessen kultureller Prägung sie Spuren hinterließen. Oder es handelt sich um das Eindringen semitischer Wanderstämme um die Zeit der Reichseinigung. Sollte letzteres der Fall sein, so möchte man in ihnen westliche Ausläufer einer von Arabien ausgehenden Wanderbewegung sehen, deren östliche Ausläufer als „Akkader" später das sumerische Mesopotamien beherrschten. Unleugbar ist die Beteiligung eines einen semitischen Dialekt sprechenden Volksstammes an der Entstehung der ägyptischen Schrift. Die drei Schriftzeichen für „Auge", „Ohr" und „Hand" haben Lautwerte, die den gemeinsemitischen Namen dieser Körperteile entsprechen. Ihre ägyptischen Namen aber lauten ganz anders. Daraus muß geschlossen werden, daß mindestens in der 1. Dynastie ein Teil des Volkes noch einen semitischen Dialekt sprach. Aber die genaue Umgrenzbarkeit dieses semitischen Anteils zeigt ebenso deutlich, daß man die Schriftentdeckung als ganzes ihm nicht zuschreiben darf. Außerdem können einige Einzelheiten der historischen ägyptischen Sprache dem gleichen Bevölkerungsteil zugeschrieben werden.

Das Große und für die ägyptische Kultur schlechthin Entscheidende an dieser „Vereinigung" ist die Tatsache, daß die unterlegene Schicht keineswegs ausgerottet oder im strengen Sinne auch nur unterjocht wurde, sondern daß von Anfang an das Ziel Ausgleich und Verschmelzung zweier Schichten und ihrer kulturellen Eigenarten hieß. Der König (seit Narmer) trägt bald die sogenannte oberägyptische, bald die sogenannte unterägyptische Krone; er ist nicht nur der siegreiche Horusfalke von Oberägypten, sondern nennt sich auch „die beiden Herren" oder (als Verkörperung weiblicher Herrschaftsgottheiten) „die beiden Herrinnen". Der Doppelkönigstitel, den wir traditionsgemäß als „König von Ober- und Unterägypten" wiedergeben, findet sich seit dem König Den in der Mitte der 1. Dynastie. Ob die Vorstellung von diesem Doppelkönigtum auch eine Doppelbestattung des Königs herbeigeführt hat, ist sehr unsicher. Die Gräber der Könige der 1. Dynastie bei Abydos sind seit dem vorigen Jahrhundert bekannt. Nun ist neuerdings in Saqqara, also bei der späteren Hauptstadt Memphis, ein archaischer Friedhof freigelegt worden mit großen, in Reihen geordneten Grabanlagen aus der 1. Dynastie. Die Gräber gehören einem anderen Typ an als die abydenischen; sie setzen die bäuerliche Tradition des „Wohnhausgrabes" (Grab als Wohnhaus des Toten) fort. Als Einzelheit sei dazu erwähnt, daß ein Grab der 2. Dynastie in Saqqara in Verwirklichung dieses Grabgedankens auch Abort und Baderaum enthielt. Die Größe der Saqqara-Gräber und der Fund weniger Gegenstände mit Königsnamen der 1. Dynastie legte die Auffassung nahe, es handle sich teilweise um Gräber dieser Könige, von denen andererseits schon Gräber in Oberägypten bekannt waren, wobei natürlich eines ein Scheingrab darstellen müßte. An sich würde der Gedanke an zwei Gräber für einen Toten in den ägyptischen Anschauungen vom Wesen des Verstorbenen und einer Vielzahl seiner Existenzformen eine Stütze finden; Kenotaphe als Mal und mögliche Wohnstätte einer Seelenform sind belegbar. Trotzdem sind wahrscheinlich die Saqqara-Gräber als Grabmale hoher Funktionäre der Könige der 1. Dynastie zu deuten, was zumindest bei einem von ihnen mit Sicherheit feststeht.

Auffällig ist die Rolle, die nach Ausweis ihrer Denkmäler zwei Königinnen spielen, Neith-Hotep, die Gemahlin des Aha, und Merit-Neith, die Gemahlin des Den (?), die ein den Königsgräbern gleichartiges Grab in Abydos besitzt. Beide Namen sind mit dem der Göttin Neith, einer Waffengöttin (ursprünglich wohl ein Waffenfetisch) gebildet, die auch sonst in der Thinitenzeit häufig genannt wird. Nach ägyptischer Tradition soll die Göttin aus der Deltastadt Sais stammen und man hat daher mehrfach die Vermutung ausgesprochen, es handele sich bei diesen Königinnen um unterägyptische Prinzessinnen, die um des Ausgleichs der Länderteile willen als „große kgl. Gemahlin", wie der Titel später lautet, neben dem „Horus" auf dem Throne saßen. Wie dem auch sei, eines wird jedenfalls deutlich: Die exponierte Stellung der Frau, speziell der Königin, in Ägypten, die in dynastischen Verhältnissen für die Legitimität der Thronfolge ebenso entscheidend war wie die Abstammung vom König selbst. Deshalb garantiert die reinste Legitimität nur die königliche Geschwisterehe. In privaten Verhältnissen ist für den Nachweis von Erbansprüchen auf Ämter oder Besitz oft die Abstammung von mütterlicher Seite von ausschlaggebender Bedeutung. Man möchte den Tatbestand dahingehend deuten, daß die historischen ägyptischen Rechtsverhältnisse eine noch erkennbare mutterrechtliche Komponente enthalten.

Aus der Thinitenzeit sind uns eine große Fülle von Siegelabrollungen von Beamtensiegeln mit ihren Namen und Titeln erhalten[8]. Sie bieten wichtige Hinweise auf die Verwaltung des Landes. Ob der König selbst noch Chef der Zentralregierung war oder schon das spätere Amt des Vezirs bestand, ist fraglich. Der „Siegelbewahrer des unterägyptischen Königs" ist seit der 1. Dynastie belegt; wir haben in ihm einen hohen Beamten der Zentralregierung zu sehen, der, mit dem königlichen Siegel beliehen, die Landeseinkünfte, importierte Güter und ihre Gewinnung verwaltete. Andere Funktionen lassen erkennen, daß das Verwaltungssystem (wie theoretisch auch später noch) kein selbständiger, für sich arbeitender Apparat gewesen ist, sondern von Männern ausgeübt wurde, die im Sinne einer fallweisen Beauftragung wechselnde Tätigkeiten ausübten und ihre soziale Stellung im Sinne eines Hofranges einnahmen. Wenn wir später (3. und 4. Dynastie) die hohen Würdenträger des Staates näher kennenlernen, bekleiden in der Regel königliche Prinzen die höchsten Staatsämter. Man wird sich die „Regierung" der Thinitenzeit als eine patriarchalische Staatsleitung vorzustellen haben, an deren Spitze der König ursprünglich persönlich stand (eine alte Bezeichnung für „König" hängt sprachlich mit dem Wort „Vater" zusammen, während für das Abstraktum „Staat" die ägyptische Sprache überhaupt kein Wort kennt), der durch seine Söhne, Neffen, Enkel das Land im Sinne eines Familienbesitzes verwaltete. Mit fortschreitender räumlicher Vergrößerung und sachlicher Verbreiterung wird es notwendig, auch Männer nichtköniglicher Abkunft mit einem Teil ursprünglich königlicher Macht zu bekleiden. Daß es Ämter oder Funktionen gegeben hat, die aus der unterägyptischen bäuerlichen Sphäre stammen, ist wahrscheinlich. Der „Siegelbewahrer des unterägyptischen Königs" gehört zweifellos dazu, ebenso ein gleichfalls seit der 1. Dynastie belegter Titel, den wir wahrscheinlich richtig als „Gräber des Kanals" übersetzen. Es handelt sich dabei um ein regionales Amt, dem von einem Ort aus die Verwaltung eines begrenzten Bezirks untersteht. Der Träger dieses Amtes ist wohl als Vorläufer der späteren „Gaufürsten" zu betrachten. Damit kommen wir zu einem für die Verwaltung des Landes grundlegenden Begriff: die Gaue. Nach den erhaltenen Listen der Spätzeit war damals Ägypten in 42 Gaue eingeteilt. Heute wissen wir, daß diese Zahl erst im Laufe der Zeit durch Teilung älterer größerer Bezirke oder durch innere Kolonisation erreicht wurde. Die Grundlagen dieser Landeseinteilung gehen wohl in die Thinitenzeit zurück (der erste Gaufürst mit dem Titel „Herrscher" ist in der 3. Dynastie belegt; eine Prozession von Gauen kennen wir seit König Snefru der 4. Dynastie). Die Benennung der Gaue ist unterschiedlich und sagt etwas über die Ungleichheit ihrer Entstehung aus. Teils tragen sie eine alte Königsmacht als Zeichen (zahlreiche „Falkengaue"), teils andere Numina („Hasengau", „Gazellengau"), teils geographische Bezeichnungen („nubischer Gau", „Ostgau"), teils werden sie nach Städten benannt („Gau der Weißen Mauern" = Memphis). So verschieden scheint auch ihre Entstehung zu sein, die in der 3. Dynastie einen vorläufigen Abschluß fand. Offenbar erwies es sich unter den Thinitenkönigen als notwendig, das schwer übersehbare Land in Distrikte einzuteilen. Dabei benutzte man z. T. schon bestehende örtliche Einheiten, teils faßte man Siedlungen zu solchen zusammen und sie wurden durch Verleihung einer Königsmacht gleichsam stellvertretend beherrscht, teils schuf man sie (an den Randgebieten des Landes) neu.

Die Idee dieser Einteilung (und vielleicht auch der Terminus „Gau") scheint unterägyptisch, d. h. bäuerlich zu sein. Der Ägypter selbst stellt bisweilen die „Gaue Unterägyptens" den „Städten Oberägyptens" gegenüber, um das ganze Land zu bezeichnen. Die Übersetzung ist mißverständlich, weil wir mit dem Begriff „Stadt" eine bestimmte Rechtsvorstellung verbinden. Daß der „Gau" als bäuerlich unterägyptisch galt, leuchtet ein. Der Gegenbegriff wird verständlich, wenn wir an Stelle von „Stadt" „Pfalz" sagen: Der oberägyptisch-nomadische Landesteil wird charakterisiert durch die ursprünglich wechselnde Residenz des „Häuptlings". Solche Pfalzen scheint es in Hierakonpolis und Abydos gegeben zu haben; Memphis als Gründung der Reichseinigungszeit dürfte den gleichen Charakter gehabt haben und ebenso das von den Unterägyptern übernommene Buto im Delta. Natürlich mag es solche Pfalzen noch mehrere gegeben haben, vorzüglich an Orten, die später den Anspruch erheben, uralte Residenzen gewesen zu sein. Der Terminus haftet noch lange an königlichen Gründungen (z. B. werden die wechselnden Pyramidenstädte des AR als ewige Residenzen so genannt), und erst nach dem AR kommt er den Gauhauptstädten zu. Nun erst dürfen wir „Stadt" sagen als Bezeichnung einer Ortschaft, von der aus der umliegende Landkreis („Gau") mit Dörfern und Siedlungen verwaltet (und zeitweise beherrscht) worden ist und die offenbar verwaltungsrechtlich eine hervorgehobene Stellung einnahm.

Über Einzelereignisse aus der Thinitenzeit sind wir denkbar schlecht unterrichtet. Und doch muß sie eine Epoche energischer Kräftezusammenfassung und kluger Planung gewesen sein, in der sich „das Ägyptische" auf allen Gebieten — Staats- und Verwaltungsform, Kunst und Religion — seine nun über Jahrhunderte geltende Formung und Begrenzung schuf. Auch die auswärtigen Beziehungen haben damals die Form angenommen, die sie bis zum Ende des AR behielten: Von (natürlich siegreichen) Feldzügen gegen Libyer und Nubier hören wir öfter. Einzelfunde beweisen die Ausdehnung des Expeditonswesens und Handels nach Süden und Norden. Im Sudan treffen wir ein Siegesrelief des Königs Djer bei Buhen (2. Katarakt), und Siegelabrollungen der Zeit sind bei Toschke (nördlich Abu Simbel) gefunden worden. Auf dem Karawanenweg zwischen Edfu und dem Roten Meer nennt ein Graffito den Namen des Königs „Schlange". Ägyptische Keramik und der Name des Königs Narmer haben sich bei Tell Gat (zwischen Askalon und Hebron) gefunden [9]. In Byblos an der syrischen Küste sind ägyptische Gegenstände der Thinitenzeit mehrfach gefunden worden; auf einem Steingefäß begegnet hier der Name des Königs Chasechemui (2. Dynastie). Es mag sein, daß bereits das Bauholz für die Königsgräber der 1. Dynastie über diesen Hafen vom Libanon stammte, woher Ägypten in allen Epochen seinen Bedarf an Bauholz deckte. Im Lande selbst hören wir aus den lakonischen Angaben der Jahrestäfelchen und des Palermosteines von Festen und Tempelbauten, Stiftungen, Königsbesuchen usw. Aber diese Angaben können nicht darüber hinwegtäuschen, daß es an inneren Spannungen, Auseinandersetzungen, sicher sogar inneren Kämpfen nicht gefehlt hat, die die errungene Einheit mehrfach gefährdet haben mögen, auch wenn wir im Einzelfall nicht in der Lage sind, ihre unmittelbaren Ursachen und die jeweils gegeneinanderstehenden Kräfte klar zu erkennen. Auch das ist typisch ägyptisch, daß die offizielle Geschichtsschreibung von dynastischen Kämpfen und Thronwirren nichts wahrhaben will. Am Ende der 1. Dynastie scheint sich dergleichen ereignet zu haben, und zwar scheint es, als sei der König Semerchet als Usurpator auf den Thron gekommen. Denn er hat auf den Denkmälern den Namen seines Vorgängers Adjib und dessen Mutter Merit-Neith ausgehackt, was wiederum sein Nachfolger Ka mit dem Namen des Semerchet tat. Es ist das ein in der ägyptischen Geschichte mehrfach geübter Brauch, einen Menschen oder ein Ereignis wahrhaft aus der Erinnerung zu streichen; das Gedächtnis an den Namen eines Mannes stellte eine unentbehrliche Form der Unsterblichkeit dar. Ebenso hat das Ende der 2. Dynastie schwer durchschaubare Wirren gebracht. Die in zeitgenössischen Denkmälern erhaltenen Namen lassen sich mit den aus den Königslisten bekannten weder nach Zahl noch nach Namensform in Übereinstimmung bringen. Die Symbolik der Darstellungen und die Auswahl der Königsgötter weist auf Kämpfe hin, die hier nun offenbar wirklich zwischen einem ober- und einem unterägyptischen Reich ausgebrochen sind. Eine Statue des Königs Chasechem, der entweder der Vorgänger des Chasechemui gewesen oder vielleicht mit ihm identisch ist, zeigt auf dem Sockel in einprägsamer Weise einen Sieg über Unterägypter: Ähnlich wie auf der Narmerpalette liegen die Leichen der Gefallenen in grotesker Haltung nebeneinander und die Beischrift nennt eine übertrieben hohe Zahl von unterägyptischen „Aufrührern".

Es ist schwer, Rechenschaft abzulegen von der geistigen Leistung der Thinitenzeit. Noch liegen keine längeren authentischen Texte vor, die von den Göttern Mythen erzählen, die uns die Festrituale schildern und die vom wissenschaftlichen und technischen Denken berichteten. Gewiß mag vieles, das im AR niedergeschrieben wurde, in seinen Wurzeln in die Thinitenzeit hinabreichen. Aber es fehlt ein sicheres Kriterium dessen, was wirklich „alt" ist und was etwa zur Zeit der Niederschrift umgeformt, erweitert, erneuert ist. Gewiß haben wir Namen und Darstellungen von Göttern und Festen erhalten: Das sog. Sedfest, eine Art Regierungserneuerung nach 30 Jahren, ist seit der 1. Dynastie bezeugt. Ptah, der memphitische Schöpfungsgott, der heilige Apisstier als Verkörperung der Herdenfruchtbarkeit, die Waffengöttin Neith, der kriegerische Wolfsgott Upuaut, der Totenschakal Anubis, der königliche Falke Horus, der Wüstengott Seth, der zugleich der Mörder des Osiris ist, der Sonnengott Re und viele andere werden genannt oder dargestellt. Aber dürfen wir den religiösen Gehalt, den eine spätere Zeit in ihnen empfand, und die mythische Formung ihrer Schicksale, in der das kosmische Denken sich ausdrückte, im einzelnen mit Sicherheit in die Thinitenzeit verlegen? Was dürfen wir von den Anfängen der medizinischen Wissenschaft, der Feldmeßkunst, der Astronomie dieser frühen Zeit im einzelnen zuschreiben, auch wenn ägyptische Tradition den Anspruch erhebt? Sicherer scheint es, erst noch einen Blick auf die mächtige Herrschergestalt des Mannes zu werfen, der die Frühgeschichte der Thinitenzeit mit dem eigentlichen AR und der Pyramidenzeit verbindet und der in der Erinnerung der Ägypter gleichwertig neben dem Reichsgründer Menes steht, auf den König Djoser, dessen Name eine kurze Epoche der Zusammenfassung und Überleitung bezeichnet.

Zwischen Chasechemui, dem letzten (oberägyptischen) König der 2. Dynastie, und Djoser, dem ersten und bedeutendsten König der wohl ziemlich kurzen 3. Dynastie, steht die Gestalt einer Frau, der Königin und Königsmutter Ni-maat-Hap, die sicher die Mutter des Djoser und die Frau oder Tochter des Chasechemui gewesen ist. Unter Djoser ist offenbar die endgültige Verlagerung der Residenz nach Norden, nach Memphis erfolgt, wo er sich in der sog. Stufenpyramide von Saqqara mit dem umliegenden Tempelbezirk den ersten monumentalen Steinbau Ägyptens schuf. Deshalb schreibt mit einer gewissen Richtigkeit die Überlieferung seiner Zeit die „Erfindung" des Steinbaus zu. Der ägyptische Staat scheint unter ihm die für das AR gültige äußere Form erhalten zu haben; in seiner Zeit ist der bisher älteste „Gaufürst" und (wahrscheinlich) der älteste „Vezir" bezeugt. Noch manches andere führt die spätere Überlieferung auf ihn zurück. Neben ihm steht ein Mann, dessen Name bis in die Ptolemäerzeit berühmt gewesen ist, Imhotep (griech. Imuthes), dem die Ägypter der Spätzeit als einem Weisen der Vorzeit göttliche Ehren erwiesen und den auch die Griechen als Heilgott und Genossen des Asklepios verehrten[10]. Erst 1926 kam eine zeitgenössische Inschrift zutage, die seine historische Existenz mit den Titeln eines Hohenpriesters von Heliopolis und Oberbaumeisters des Königs Djoser nachwies. So haben wir wohl in ihm den unmittelbaren Schöpfer des gewaltigen Grabmonuments des Königs zu sehen, das gleichnishaft für die Bedeutung der Epoche steht. Fast 60 m hoch erhebt sich in sechs Stufen der Bau inmitten eines rechteckigen Bezirks, den eine in Vorsprünge und Nischen gegliederte Mauer umschließt. Ein unauffälliger Eingang führt in der SO-Ecke in die Anlage, der wie alle Einzelgebäude in der Gesamtanlage nicht in Erscheinung trat. An der Nordseite der Pyramide befand sich der Totentempel mit der in einem geschlossenen Raum aufgestellten Sitzstatue des Königs (Abb. 4). In einen langen, bis zu den Knöcheln reichenden Mantel gehüllt, sitzt der König auf einem blockhaften Sessel mit niedriger Rücklehne. Die linke Hand liegt ausgestreckt auf dem Oberschenkel, die rechte zur Faust geballt vor der Brust. Das Kopftuch über der langen Perücke schließt das Gesicht zugleich ein und ab. Die bewußte Vermeidung aller nicht rechtwinkligen Achsen, die Beziehungslosigkeit gegenüber einem Betrachter, die Monumentalität bei mäßiger Größe (etwa lebensgroß) kennzeichnen dieses frühklassische Kunstwerk. In der gewaltigen Anlage begegnet das Problem der Doppelbestattung auf engem Raum. Neben der Stufenpyramide mit ihren unterirdischen Schächten und Kammern befindet sich ein zweites Grab über der Südseite der Umfassungsmauer. Es gehört einem anderen Grabtyp an (wahrscheinlich sog. Hausgrab) und verfügt ebenfalls über unterirdische Bestattungsanlagen, an deren Zuweisung an Djoser die Reliefs und Inschriften keinen Zweifel lassen. Die Idee des Zusammenfügens charakterisiert die gesamte Anlage[11]: Außer den beiden Gräbern und den zum Totenkult gehörigen Kapellen, Opferstätten und Magazinen sind eine Reihe von Gebäuden eingefügt, deren Auftreten im Zusammenhang mit einer Grabanlage und deren architektonische Gestaltung etwas Einzigartiges darstellt: Kurz gesagt haben wir ein riesiges Modell der königlichen Residenz, eine Verewigung in Stein gewaltigen Ausmaßes, daß der tote Herrscher nun wahrhaft inmitten seines mit ihm ins Jenseits verlegten Königshofes ruht. Da findet sich das sog. Königszelt, Kapellen der Landesgötter, Magazine u. a. m. Ist diese konsequente und gigantische Symbolik überwältigend, so ist es die Ausführung der Idee nicht weniger: Alle die Bauten ahmen in Stein den jeweiligen Baustoff der Wirklichkeit nach. Da sind steinerne Decken scheinbar aus Balken gefügt; zierliche kannelierte Holzträger sind in Stein nachgeahmt (Abb. 5); eine offenstehende Tür ist steinern erstarrt; geflochtene und lehmverputzte Zwischenwände sind sorgsam skulpiert. Dem Bauforscher gelang es, nach diesen Modellen die Bauten Zug um Zug in ihr ursprüngliches Material zurückzuübersetzen. Die Kenntnis des Djoserdenkmals erst ließ die künstlerische Leistung der späteren Pyramidenzeit recht verstehen. Die monumentalen, geradlinigen, sparsamen Formen der 4. Dynastie stellen also nicht einen genialen, frühzeitlichen Ausdruck in Stein dar, sondern setzen Bewußtheit, Erfahrung und Experiment voraus. Es scheint übrigens, als sei der Djoserbau nicht so einmalig, wie er bisher schien. Vor wenigen Jahren ist südlich des Djoserbaus eine ähnliche, unvollendete Anlage gefunden worden, die von Sechemchet, einem bisher unbekannten Nachfolger des Djoser, stammt.

Ein die gesamte ägyptische Architektur kennzeichnender Gedanke läßt sich von dem gewaltigen Werk Djosers ablesen, der grundsätzlich für alle Kultbauten Geltung hat: Gesamtanlage wie Einzelformen eines kultischen Baus werden nicht von einer künstlerischen, sondern einer kultischen Idee bestimmt. Die Größe und Anordnung der Räume, ihre Gestaltung im einzelnen und ihre

Ausschmückung unterliegen den Erfordernissen des Kultes, dem sie dienen. Von dem natürlichen Beharren in einer einmal geschaffenen Tradition abgesehen, ziehen Veränderungen im Kult Veränderungen in der Tempelarchitektur nach sich. Das zeigen z. B. auch deutlich die immer variierenden Formen der Pyramidentempel des AR. Ein ägyptischer Tempel ist primär nicht ein Organismus mit einer künstlerischen Eigengesetzlichkeit (wie etwa der griechische Tempel), sondern er bleibt jeweils seinem Zweck untergeordnet.

Von einem anderen Denkmal des Königs Djoser sind Reste erhalten, die zwar nicht eine Rekonstruktion des Bauwerks gestatten, aber — es sind Reste eines Relieffrieses von einem Schrein in Heliopolis — einen sicheren terminus ante quem für eine der bekanntesten Erscheinungen der ägyptischen Theologie geben, nämlich die sog. Neunheit von Heliopolis, und damit für alle geistige Erfahrung, die hinter ihr steht. Über die Entstehung der namen- und gestaltenreichen ägyptischen Götterwelt wissen wir im einzelnen wenig Sicheres und sind gezwungen, Rückschlüsse zu ziehen und uns Analogien zu bedienen. Man wird von einem recht allgemeinen Animismus ausgehen dürfen, der auf dem Erlebnis von Mächten basiert. Träger dieser Mächte können ebenso Tiere wie Menschen, Pflanzen und Steine, Himmelskörper wie Himmelskräfte (Licht, Dunkelheit, Sturm), Kräfte der Erde und des Wassers, mächtige Gegenstände (Zepter, Waffen) und Bauwerke (Gräber, Pyramiden) sein. Das, was diese sehr allgemeine Erscheinung für Ägypten charakterisiert und was auch in der entwickelten ägyptischen Religion nie ganz verlorenging, ist die immer lösbare Gebundenheit von Gestalt und Macht. Eine Macht kann fallweise verschiedenen Gestalten einwohnen. Beispielsweise kann die Macht der Fruchtbarkeit bald im Korn oder einer anderen Pflanze, bald im Nil oder einem Niltier (etwa Krokodil), bald in der lebenspendenden Kraft der Sonnenstrahlen erlebt werden. Und andererseits kann eine Gestalt fallweise als Träger verschiedenartiger Mächtigkeit dienen. Das Krokodil, einerseits Erscheinungsform der Macht „Fruchtbarkeit", trägt andererseits auch alle zerstörerische Macht als gefährliches Raubtier. Der Falke als augenscharfer, hochfliegender Raubvogel trägt die Macht „Himmel"; sein ausgespanntes Flügelpaar umspannt die Höhe über der Erde, und die großen Gestirne Sonne und Mond gelten als seine Augen. Andererseits ist er als altes oberägyptisches Häuptlingssymbol Erscheinungsform des Königs und der Königsmacht schlechthin. Er bleibt daneben das Raubtier, das seine Beute schlägt und zerreißt. Und außerdem hat er, eben als Form des jeweiligen Königs, dessen Rolle als Sohn des Osiris übernommen. Auf dieser Stufe sprechen wir noch nicht von „Göttern", sondern „Mächten" oder „Numina". Die lockere Zusammenfügung von Gestalt und Macht, ihre immer nur fallweise Bindung, verleiht den ägyptischen Numina (und weiterhin auch den Göttern) etwas von dem, was die vergleichende Religionswissenschaft „Augenblicksgötter" nennt. Diese Erscheinung ist die Grundlage des sog. Synkretismus, der in Ägypten nicht als eine spezielle Erscheinung der Spätzeit, sondern als eine typische Erscheinung auch der Frühzeit bewertet werden muß.

Diese kurz geschilderte Stufe der „Mächte" wird in der Thinitenzeit überwunden: Aus Numina werden Götter. Die Wandlung drückt sich äußerlich in der Vermenschlichung der Gestalt, innerlich in der Mythenbildung aus [1]. Die Welt der Mächte wird mit den Vorstellungen des Menschlichen durchtränkt; sie denken, planen, sprechen und handeln als Menschen, und dementsprechend bildet sich auch ihre Erscheinung nach dem Bild des Menschen um. Freilich ist dieser Schritt in Ägypten nicht konsequent durchgeführt. Auch menschengestaltige Götter behalten als fallweise mögliche Erscheinungsform noch die des Tieres, der Pflanze o. a. bei oder es entstehen die für Ägypten typischen Mischformen. Aber niemals ist eine Erscheinungsform endgültig oder zwingend. Jeder Gott hat eine Vielheit von Möglichkeiten des Gestaltwerdens. Im ganzen ist aber dieser Prozeß der Vermenschlichung eine Notwendigkeit in der Entwicklung religiösen Denkens: „... der psychische Anthropomorphismus ist mit menschlichem Vorstellen und Denken gegeben. Wer ihn aufgeben wollte, müßte von Gott schweigen. Denn jede Rede ist menschlich und bildet menschliche Gestalt" (v. d. Leeuw, Phänomenologie S. 157). Nun erst kann von „Göttern" erzählt werden, von ihren Schicksalen, ihrem Wollen und Wirken. Nun erst ist der Grund für Religiosität gelegt; der Mensch kann sich vertrauend oder fordernd oder beschwörend an ein Wesen verwandter Art wenden. Diese geistige Leistung wird in der Thinitenzeit vollzogen.

Und noch eine andere, Ägypten kennzeichnende Erscheinung dürfen wir dieser auf allen Gebieten schöpferischen Zeit zuschreiben: die schematisierende Herausbildung der „Ortsgötter" und „Götterkreise". Die ungeheure Vielheit der Numina, die sich bald am reinen Machterlebnis, bald an einer bestimmten lokalen Begegnung mit einer mächtigen Erscheinung entzündet, wird mit einer Stabilisierung der staatlichen und territorialen Ordnung ebenfalls „geordnet". Natürlich lokal gebundene Mächte vereinen sich in ihrem „Gau" zu einer — meist recht äußerlich verbundenen —

Göttergesellschaft, häufig in Form einer Götterfamilie. So, um nur ein Beispiel zu nennen, bilden in Memphis der Schöpfer- und Bildnergott Ptah (stets anthropomorph dargestellt), eine benachbarte Löwengöttin Sachmet „die Mächtige" und die Lotusblüte Nefertem, „der vollständig Schöne" (vielleicht eine numinose Gestaltung des Salböls aus dem Königskult) die „Triade" von Memphis als Vater, Mutter und Sohn. In dieser Lokalisierung der Mächte verbindet sich echtes Lokalgut (manche Erscheinungen sind von vornherein topographisch gebunden, Löwen, heilige Steine, Pflanzen) mit nicht gebundenen Machterlebnissen. Möglich wird diese Entwicklung nur durch die oben skizzierte Lösbarkeit von Macht und Gestalt. Hier liegen die Wurzeln zu dem späteren religiösen Mosaik: Die Gaue Ägyptens repräsentieren dann jeweils eine Vielheit von lokalen Gottheiten, die in Familien oder Götterkreisen zusammengeschlossen dem „Stadtgott" folgen, wie die Vielheit der Gaue unter der zentralen Leitung des Königs steht. Die schöpferische Kraft der Reichsgründung greift ebenso schöpferisch und formend in die Welt der Götter ein.

Die Weltordnung selbst, die sich in Aufbau und Gliederung des Staates äußert, wo sie die Stellung des einzelnen und seine Funktion in ihm bestimmt, die aber auch die Ordnung des Kosmos und der Götterwelt schuf und derzufolge Kult und Ritus durchgeführt werden und die späterhin auch das Ethos, das Gut und Böse bestimmt, ist göttlicher Natur, die Maat. Wir müssen das Wort verschieden übersetzen als Weltordnung, Gerechtigkeit, Wahrheit, Korrektheit.

Gewaltig ist die Leistung der Frühgeschichte, die sich nicht in der Schaffung eines politischen Staates oder Reiches erschöpft, sondern wahrhaft eine Welt schafft, einen Kosmos, und alle Bezirke menschlicher Existenz und menschlichen Denkens durchdringt. Ein Maßstab für diese Leistung sind die kosmogonischen Mythen, die vom Bild einer dumpfen Entstehung des Alls bis zum Gleichnis eines bewußten Schöpfungsaktes den Weg von der Vorgeschichte bis zum AR uns noch einmal abschreiten lassen und deshalb als Erscheinungen des „Geschichtlichen" auch hier kurz erzählt werden müssen. Freilich darf die Frage nach der Datierung dieser Schöpfungen nicht vereinfacht werden. Die uns vorliegenden schriftlichen Fixierungen sind in jedem Falle jünger als die Thinitenzeit. Und auch dann, wenn Elemente der Lehren durch einzelne Götternamen oder Gestalten schon so früh bezeugt sind, gewährleisten diese Bezeugungen noch keineswegs das gleiche Alter für ihre religiösen Gehalte, für die Gedankenwelt, zu deren Ausdruck sie später dienen. Wenn sie trotzdem hier zusammenhängend vorgelegt werden, so geschieht das um des besseren Verständnisses willen und um darzulegen, wie ägyptisches Denken — sich geschichtlich wandelnd — in Weltdeutungslehren sich ausdrückt.

Eine der frühesten Lehren von der Entstehung der Welt, die noch ganz in dem unpersönlichen Bezirk der Mächte wurzelt, haben wir in der sog. „Urgötterlehre von Hermopolis". Eine präexistente Vierheit von Urmächten umschreibt die Vorstellung des Chaos: Nun, der Urozean, der „Vater der Götter", wie eine spätere Zeit ihn nennt; Huh, die Endlosigkeit; Kuk, die Dunkelheit; und (nicht immer einheitlich) Verborgenheit oder Weglosigkeit. Es sind deutlich die Vorstellungen, die den Eigenschaften des hellen, begrenzten, festen Kosmos entgegenstehen. Schon ein Eindringen anthropomorpher Vorstellungen bedeutet es, wenn sich diese anonymen Kräfte in weibliche und männliche Paare aufspalten, womit eine Achtheit entsteht. Freilich haben diese vier Paare noch nicht Menschengestalt, sondern sie werden als Schlangen und Frösche dargestellt; aber diese Formung bedeutet schon einen Schritt zur Gestaltwerdung. Auf dem Urhügel haben sie das Ur-Ei geschaffen, aus dem der Urvogel aufstieg. Das alles sind sehr altertümliche Bilder, denen man kaum die Bezeichnung „Welterschaffung" beilegen kann; es ist eine elementare Weltentstehung. Das erlebte Vorbild ist deutlich: Es ist der alljährliche Vorgang, wenn aus der Nilüberschwemmung der erste Hügel emportaucht, in dessen Dschungel die Sumpfvögel brüten. Daß die elementaren Urwesen in Geschlechter aufgespalten werden, daß das entstehende erste Wesen bald ein Vogel, bald ein Gott auf einer Pflanze, bald die Sonne selbst sein soll, zeigt das Einwirken spekulativen Denkens, das die bestehende Welt mit ihren wesentlichen Erscheinungen an dieses dumpfe vormythische Bild anknüpfen möchte.

Eine typologisch jüngere Lehre, von der man sagen kann, daß sie die klassische Formung der ägyptischen Weltentstehungslehren darstelle, gilt dem Ägypter als heliopolitanische Leistung. Wieder steht ein zweigeschlechtlicher Urgott am Anfang (alle Urgötter sind androgyn), Atum, dessen unübersetzbarer Name zugleich das „All" und das „Nichts" bedeutet. Er kann als Käfer, Schlange, Hügel erscheinen, alles Bildbegriffe des Urzeitlichen. Anthropomorphisiert schafft er durch Selbstbefruchtung aus sich heraus das erste „Paar", womit noch deutlicher die Entstehung der Dualität, der Paarheit, als das eigentliche Weltschöpfungsmoment hervorgehoben wird. Anders als in anderen Ländern kennt der Ägypter keinen „Urmenschen", von dem alle Generationen ihren Ausgang genommen haben, sondern immer nur ein erstes Paar. Die Vorstellung ist so deutlich ausgeprägt, daß man, will man etwas in die chaotische Urzeit zurückverlegen, formulieren kann: „ehe zwei Dinge in diesem Land existierten", d. h., ehe es eine Dualität der Erscheinungen als Signum des erschaffenen Kosmos gab. Das von Atum erzeugte Paar heißt Schu und Tefnut, der Luftraum (eigentlich das Trockene) und die Feuchte, die der Gott ausgehustet bzw. ausgespien hat. Es sind die Elemente, aus denen sich die Welt aufbaut. Himmel (die Göttin Nut) und Erde (der Gott Geb; beide Namen sind wohl ursprünglich Dingbezeichnungen, deren natürliches Geschlecht — Erde männlich, Himmel weiblich — dem der meisten anderen Völker entgegengesetzt ist) werden durch Schu geschieden, was ganz bildhaft vorgestellt wird: Schu steht über dem am Boden liegenden Geb und hält mit erhobenen Armen die wie einen Bogen gespannte Nut über ihm empor. Diese fünf Götter bilden den Kern der heliopolitanischen Neunheit. Summarisch werden die anderen Götter als „Kinder der Nut" bezeichnet.

Aus einem ganz anderen geistigen Bezirk stammen die vier Gottheiten, die den heliopolitanischen Kreis zur Neunheit auffüllen und genealogisch gesehen als jüngste Generation auf Geb und Nut folgen. Es sind zwei Paare: Osiris und Isis, Seth und Nephthys. Es ist hier nicht der Ort, auf die sehr problematische Entstehung der Osirismythe einzugehen. Nur wenige Sätze sollen das hervorheben, was in historischer Hinsicht für die Einfügung des Osiriskreises in den heliopolitanischen Kreis bedeutungsvoll ist. Daß die noch vormythische, unpersönliche Vorstellung von dem Auferstehungssymbol des sterbenden und wieder wachsenden Saatkornes wenigstens in Andeutungen sich auf einen sehr alten bäuerlichen Kulturkreis im Delta zurückführen läßt, war oben gesagt. Sie findet eine personifizierte, mythische Ausprägung in der Gestalt des Osiris: „Ich lebe, ich sterbe, ich bin Osiris . . . Ich lebe, ich wachse als Korn(gott) . . . Geb (die Erde) hat mich verborgen. Ich lebe, ich sterbe, ich bin die Gerste; nicht vergehe ich", lautet ein Totenspruch. Die Ideenverbindung Korn—Osiris und der Gedanke einer mystischen Gottesnachfolge wird deutlich. Das mythische Denken zieht die göttliche Natur in den Bezirk des Menschlichen, will über sie etwas aussagen; und aus der allgemeinen anonymen Vorstellung entsteht der Mythus vom Gott Osiris, dessen einzelne Entstehungsstufen schwer zu verfolgen sind. In seiner ausgeprägten Form wird erzählt, der König Osiris, der noch bei Plutarch als Bringer des Ackerbaus gilt, wird von seinem Bruder Seth ermordet und zerstückelt. Isis als klagende Gattin sammelt die verstreuten Gottesglieder und setzt sie bei. Auf geheimnisvolle Weise empfängt sie aus dem toten Leib den Sohn, Horus, den sie verborgen aufzieht, bis er herangewachsen ist, den Mörder seines Vaters und eigenen Onkel überwindet und das Erbe des Osiris, die Herrschaft über Ägypten, antritt. Osiris selbst herrscht nun im Totenreich. Das ist nur das Skelett der variantenreichen Erzählung; aber es zeigt deutlich die historische Bedeutung der einprägsamsten und menschlichsten ägyptischen Mythe. Sie liegt in der genialen Verbindung von Staatsdogma und Auferstehungsglauben, in der sich der nach Ausgleich strebende Geist der Reichseinigungszeit offenbart. Mit der Mythologisierung des natur-symbolischen Vorgangs werden die wohlbekannten Gestalten der Königsgötter eingeflochten: Isis dürfte ursprünglich ein königlicher Thronsitz gewesen sein (Thron = Mutter). Das Paar Horus und Seth kennen wir, und zwar als ein streitendes Götterpaar, ursprünglicher, tierhafter Gestalt, aus der frühgeschichtlichen Königssymbolik. Damit ist die Mythe zugleich aktualisiert: Denn jeder lebende König ist ja Horus, welcher Name und Gestalt zugleich den alten Falken-Himmelsgott und den Osirissohn vereint. Und so ist jeder verstorbene König Osiris, der Herrscher im Jenseits. Der Streit zwischen Horus und Seth ist der mythologisierte Streit aus der dualistischen Landesauffassung, der aber immer und immer wieder neu zur „Vereinigung der beiden Länder" führt, wie sie in der Thronbesteigung jedes Königs wiederholt wird.

Wie diese Mythe als Ausdruck und zur Rechtfertigung der geschichtlichen Existenz dienen kann, zeigt ein merkwürdiger Text, der unter dem Namen „Denkmal memphitischer Theologie" bekannt ist[12]. Wann der Text in der uns vorliegenden Gestalt verfaßt ist, läßt sich schwer sagen. Die erhaltene Niederschrift stammt aus der 25. Dynastie, als man ihn auf einer von Würmern zerfressenen Handschrift fand und um seiner Wichtigkeit willen auf eine Granitplatte übertrug. Der Text setzt sich aus zwei Teilen zusammen, die der letzte Bearbeiter, Hermann Junker, als „Götterlehre" und „politische Lehre von Memphis" bezeichnet. Ob beide Teile gleichzeitig verfaßt worden sind, scheint mir zweifelhaft. Der als „politische Lehre" bezeichnete Teil enthält eine mythische Rechtfertigung für die Stellung der Stadt Memphis als Residenz und mag etwa in die Zeit Djosers fallen. Noch sind die Nachklänge der Wirren am Ende der 2. Dynastie zu spüren. Aber sie sind überwunden, das Reich ist wieder geeint, und ein einziger König thront rechtmäßig in der memphitischen Königsburg. Den Beweis für die innere Richtigkeit dieser historischen Tatsache liefert die Mythe: Hier in Memphis entscheidet Geb, „der Fürst der Götter", den Streit zwischen Horus und Seth um das Erbe des Osiris. Er trennt das streitende Paar: Seth soll nach Oberägypten gehen, in das Land, in dem er geboren ist; Horus nach Unterägypten, wo sein Vater Osiris ertrunken ist. Das bedeutet: Der Dualismus der streitenden Götter soll dem Dualismus der beiden Länder koordiniert werden, ein immer wiederholter Versuch in der ägyptischen Theologie, der niemals geglückt ist. Aber Geb bereut sogleich seinen Entschluß; denn Horus ist ja der rechtmäßige Erbe (und zugleich der historische gegenwärtige König). So widerruft er und Horus allein bekommt das ungeteilte Reich zugewiesen, womit der tatsächliche historische Zustand auf mythischem Wege hergestellt ist. Osiris wird hier in Memphis bestattet (d. h. der tote König) und die Königsburg, die Residenz des lebenden Königs, hier gebaut. Gewiß sind diese Dinge in Wirklichkeit noch viel hintergründiger und beziehungsreicher; aber sie sollen hier in kurzer Form als Beispiel dafür stehen, wie sich am Abschluß der formenden Epoche geschichtliches Denken in mythischer Form ausdrückt.

Im zweiten Teil des Textes, der „Götterlehre von Memphis", erfahren auch die oben angedeuteten Kosmogonien eine letzte Vergeistigung, ebenfalls als Abschluß einer geistesgeschichtlichen Entwicklung, die der des geschichtlichen Denkens entspricht. Freilich ist es bei diesen Dingen noch schwerer, einen einigermaßen sicheren Termin ihrer Entstehung zu geben. Die Gotteslehre stellt den memphitischen anthropomorphen Gott Ptah in den Urgrund der Dinge, und zwar in dem Sinne, daß eine Achtheit von Gottheiten, darunter das Urgötterpaar (männlicher und weiblicher) „Urozean Nun", „in ihm Gestalt gewonnen habe". Das bedeutet, daß er die Wirkungsmacht dieser Gottheiten verkörpere. Die eigentlichen Schöpfungskräfte sind „Herz" und „Zunge", nun also geistige Schöpfungskräfte, die als „Denken" oder „Erkennen" und schöpferischer „Ausspruch" die Welt und alle Dinge in die Existenz bringen. Denn — so erklärt der Text — Herz und Zunge sind die Organe, denen die Herrschaft in jedem Körper zukommt. Über der „Entstehung" der Welt nach der Urgötterlehre und ihrer „Erzeugung" durch Atum steht nun ihre „Erschaffung" durch Ptah. Nun werden durch das Gotteswort alle Kräfte erschaffen, die den Kosmos existent erhalten, die „Götterneunheit" selbst, Speise, Nahrung und Opfer. Aber ebenso hat Ptah die „Städte" und „Gaue" gegründet, ebenso die Rechtsordnung der Welt, die Maat, wenn auch dieses Wort hier nicht gebraucht wird. „So wird auch Leben gegeben dem Friedfertigen und Tod gegeben dem Frevler." Und als letzte Erkenntnis wird klar die Höhe der göttlichen Schöpfungsmacht über den Geschöpfen, zu denen auch die Götter gehören, formuliert: „Er schuf die Götter ... er setzte die Götter auf ihre Kulturstätten . . . er machte ihren Leib so, wie sie wünschten. So traten die Götter ein in ihren Leib aus allerlei Holz, allerlei Mineral, allerlei Ton und allerlei anderen Dingen, die auf ihm (dem Schöpfergott) wachsen, in denen sie Gestalt angenommen haben."

Das „Denkmal memphitischer Theologie" kann und muß zugleich als Zeugnis des wissenschaftlichen Denkens seiner Zeit verstanden werden. Ein von mythischen Formen und bildhaften Vorstellungen gelöstes rein rationalistisches Denken gibt es im alten Ägypten nicht. Es bleibt einerseits stets an diese Ausdrucksformen gebunden, wie es andererseits ebenso unlösbar zweckgebunden bleibt. Es gibt eine ägyptische Mathematik; aber sie löst keine Probleme um ihrer selbst willen, sondern Aufgaben, die innerhalb der Feldmeßkunst, der Baukunst, der Berechnung von Stoffen und Mengen liegen. Es gibt eine Astronomie; aber sie sucht die zur Kalender- und Stundenberechnung notwendigen Beobachtungen und erklärt sie mit mythischen Vorstellungen. Das gleiche gilt für die Medizin, für deren praktische Kenntnisse die Ägypter ja noch in der Antike bekannt waren. Wieweit die in den medizinischen Papyri niedergelegten vorwiegend sehr sachlichen und klugen Beobachtungen und Behandlungsmethoden auf die Thinitenzeit zurückgehen, wie die Tradition es oft will, bleibt im einzelnen fraglich. Aber eine Formulierung des Denkmals memphitischer Theologie wie die folgende ist unmittelbares Zeugnis naturwissenschaftlichen Denkens: „Das Sehen der Augen, das Hören der Ohren, das Luftholen der Nase, sie erstatten dem Herzen Meldung. Es ist es, das jede Erkenntnis entstehen läßt; die Zunge ist es, die wiederholt, was vom Herzen erdacht wird." Hier liegt eine ganz sachliche Beobachtung am Menschen vor, die per analogiam auf jede Kreatur übertragen wird. Daraus wird der logische Schluß gezogen, daß folglich auch beim Schöpfergott diese Organe als die eigentlich die Schöpfung bewirkenden Kräfte angesehen werden müssen. Als Erfahrungsgebiet zur Beobachtung physiologischer Zusammenhänge stand den ägyptischen Ärzten bis zu einem gewissen Grade die bei der Mumifikation geübte Leichenöffnung zur Verfügung. Allerdings handelte es sich dabei ausschließlich um tote Körper, und das Gewerbe der Leichenöffner (Taricheuten) galt als „unrein" (im Gegensatz zu dem des Balsamierungspriesters = „Umwickler"). Die Anfänge der Mumifizierung gehen zweifellos in die Thinitenzeit zurück, und zwar das Einwickeln und Balsamieren, während das Ausnehmen der Leiche und das Beisetzen der inneren Teile in Kästen (später Eingeweidekrüge = Kanopen) zuerst eindeutig bei der Königin Hetepheres, der Mutter des Cheops, bezeugt ist[13].

Naturgemäß können nur wenige Hauptzüge und diese in tunlicher Kürze nachgezogen werden, um die geistige Leistung der schöpferischen Epoche von Menes bis an die Schwelle des AR zu umreißen. Der Grundriß des „Ägyptischen" schlechthin ist festgelegt worden, auf dem sich nun alles Folgende und zuerst die machtvolle, geschlossene und harmonische Pyramidenzeit aufbaut. Es sind die Grenzen gezogen worden, innerhalb deren sich das Ägyptische entwickeln kann und deren Einhalten als Prüfstein kultureller Echtheit oder Entfremdung genommen werden kann. Der Weg bis hierher ist gewiß nicht einfach und geradlinig verlaufen: Undeutlich lassen sich Spuren von Spannungen und Auseinandersetzungen, von Auswahl und Umformung erkennen. Zuerst ist auf die Formung des Staates als eines zentralistischen, patriarchalischen Organismus hinzuweisen, in dem die divergierenden Kräfte der Vorzeit und der geographischen Vielfältigkeit gebändigt und für Jahrhunderte zu einer höheren Einheit zusammengefaßt sind. Dieser Staat ist sich seiner geschichtlichen Existenz bewußt, von der er in einer pragmatischen, kontinuierlichen (aber nicht irgendwie auf ein Ziel ausgerichteten) Geschichtsschreibung Zeugnis ablegt. In ihm ist das Leben des einzelnen wie das der Gesamtheit in einem der Natur des Landes und seiner Vergangenheit entsprechenden hierarchischen Aufbau fest eingefügt und die Sicherheit ihrer Existenz gewährleistet. Die äußeren Ausdrucksmittel, die Schrift und der Stil, haben ihre „ägyptische" und in ihren Grundzügen nicht mehr veränderliche Form gefunden. Wie ein Symbol für die Festigung der Zustände steht das Grabmonument Djosers, die steingewordene Verewigung der Residenz und des Königtums, am Ende der Epoche; ihre Kunstformen beschließen eine Entwicklung und leiten über wenige Zwischenglieder zu den monumentalen Ausdrucksformen der Pyramidenzeit über. Die hier ausgedrückte Idee einer ewigen Totenstadt lebt weiter in den Pyramidenstädten des AR. Das Denken über die Welt erfaßt in mythischen Formen, unter denen sich uraltes, zeitloses Gut bewahrt hat, das Jetzt und Hier, die geschichtliche Gegenwart, als das Ergebnis unmittelbar wirkender göttlicher Macht, deren sichtbare Träger König und Götter sind.

2. Die Pyramidenzeit (4./5. Dynastie)

Die Verbindung zwischen der 3. und 4. Dynastie wird wiederum durch eine Frau hergestellt, die Königin Hetepheres, deren Mann (unbekannter Herkunft) als erster König der 4. Dynastie gezählt wird, Snefru. Sie war wahrscheinlich die Tochter des letzten, wenig bekannten Königs der 3. Dynastie und mit Snefru zusammen die Stammutter des Geschlechtes der Pyramidenerbauer, Cheops, Chephren und Mykerinos [1]. Ihr Grab wurde 1925 gefunden und erlangte durch die Schönheit und vollendete Technik der in ihm gefundenen Möbel (zierliche Holzmöbel mit Einlegearbeit) Ruhm. Snefru hat etwa 24 Jahre geherrscht, und über die Ereignisse seiner Regierungszeit haben wir einige Einzelangaben. Nach Nubien hat er einen Feldzug unternommen und gegen Libyer gekämpft; beide Expeditionen brachten reiche Beute heim. Im Wadi Maghâra ist sein Name bezeugt, und in der dortigen Bergwerksgegend wurde er später im MR als eine Art Schutzpatron verehrt. In diesem Falle (wie früher bei Imhotep) treffen wir eine interessante Erscheinung im religiösen Leben der Ägypter: Die Vergöttlichung historischer Persönlichkeiten um einer für übermenschlich erachteten Leistung willen, und zwar um Leistungen willen, in denen sich die vorbildliche Verwirklichung eines Kulturideals darstellt. Die Träger solcher Leistungen werden in den Augen der Nachwelt den Göttern gleich erachtet, und nach den vorliegenden Zeugnissen würden Bezeichnungen wie „Heilige", „Heroen" u. ä. unzutreffend sein; denn es läßt sich nirgends erkennen, daß sie eine irgendwie geringere Geltung hätten als andere Götter. Ihre Entwicklung zu religiösen Mächten nimmt deutlich im Glauben derer ihren Ausgang, die ihrer bedürfen (wie der im wilden Sinai arbeitende Expeditionsleiter der stärkenden Hilfe des erfolgreichen uralten Königs Snefru bedarf) oder die in ihnen ein nachahmenswertes Beispiel sehen (wie die Gelehrten des NR in dem über die Jahrhunderte unvergessenen Imhotep). Erst wenn sie durch die Kraft der Gläubigen religiöse Mächte geworden sind, ordnet sie die Theologie in die vielgestaltige Götterwelt ein (etwa wie Imhotep, der zum Sohn des memphitischen Gottes Ptah erklärt wird). Wir werden für diese Form der Vergöttlichung am Ende des AR lehrreiche Beispiele kennenlernen. — Aus späteren Quellen (6. Dynastie) hören wir von Snefru, daß er offenbar in Fortsetzung eines unter Djoser begonnenen Werkes die von Natur offene Nordostgrenze des Deltas gesichert hat. Man kennt dort einen „Distrikt des Neb-maat (= Snefru)" und ein „Tor des Imhotep". — In der Entwicklung der Pyramidenform, nach welcher einzigartigen Denkmalsform die Zeit mit Recht ihren Namen hat, führen Snefrus Denkmäler unmittelbar zur klassischen Form der großen Pyramiden von Gize (S. 285). Seinem Vorgänger und Schwiegervater Huni wird die Pyramide von Medum (Nähe des Fayûmeingangs) zugeschrieben, die sich noch in zwei steilen Stufen erhebt und die Snefru wahrscheinlich vollendet hat. Von ihm selbst sind wiederum zwei Gräber bekannt, beide in Pyramidenform, bei Dahschur gelegen: Die Knickpyramide, die sich dadurch auszeichnet, daß der Böschungswinkel der oberen Hälfte flacher ist als an der Basis, und die sog. „rote Pyramide", in der sich zum ersten Male die reine Pyramidenform darstellt; ihre Höhe beträgt knapp 100 m (gegenüber der Cheopspyramide mit rund 150 m). Das Problem des Doppelgrabes tritt uns also auch hier nochmals monumental entgegen. Mit ihm hängt zweifellos auch die schwer erklärbare Tatsache zusammen, daß sich bisweilen (z. B. bei der Knickpyramide, aber auch bei Pyramiden von Königinnen) eine kleinere Nebenpyramide findet, die in irgendeinem Sinne zum Totenkult des Königs gehört haben muß. Mit den klassischen Pyramiden verbindet die Anlage des Snefru die Gliederung in einen „Taltortempel", der gleichsam als Eingang bis hinab zur Fruchtlandgrenze vorgeschoben ist, den „Aufweg", der zur Pyramidenanlage selbst hinaufführt, und die Pyramide mit unmittelbar angrenzenden Kultbauten. Die neuerdings von der ägyptischen Regierung unternommenen Ausgrabungen an den Anlagen des Snefru versprechen, auf manches Problem des königlichen Totenkultes, aber auch der Kunst und Verwaltungsgeschichte neues Licht zu werfen. Es sind bereits jetzt Statuen des Königs und Reste von Reliefdarstellungen zutage gekommen, aus denen sich Zeremonialdarstellungen und geographische Angaben über die Stiftungsgüter (s. u. S. 63 f.) zusammensetzen lassen[2].

Aufbau und Organisation des Staates zeigen nun deutlicher die Grundzüge, die oben schon kurz angedeutet waren: Die hohen Stellungen und verantwortungsvollen Zentralämter sind vorwiegend von Angehörigen des Königshauses besetzt. Der Vezir Nefermaat, dessen Grab in Medum bekannt ist, war ein Sohn des Snefru; und in den nun aufstellbaren Genealogien des Beamtentums läßt sich das Netz verwandtschaftlicher Beziehungen während der ganzen Zeit nachziehen. Im Aufbau des Verwaltungssystems besteht eine auf Erfahrung beruhende Ausgeglichenheit zwischen Ämtern der Zentralregierung in der Residenz und denen der Provinzialverwaltung in den Landesteilen. Die Stellung des einzelnen wird dabei nicht durch einen festen Amtstitel bezeichnet, sondern durch Aufsummierung vieler Titel, die die in seiner Hand liegenden Machtbefugnisse einzeln aufführen und einen Blick in das geschichtliche Werden des Amtes gestatten. So wird die zentrale und allen Einzelämtern vorgesetzte Stellung des Vezirs dadurch ausgedrückt, daß er in einer langen Titelreihe als „Vorsteher" der einzelnen Ressorts und Archive bezeichnet wird; das erstreckt sich von der Rechtsprechung bis zur Ackerverwaltung unter Einschluß der Kontrolle der Besitzverhältnisse und des Vermessungswesens. Hinzu kommen Hof- und Priestertitel, die man nicht schlechthin als „Ehrentitel" auffassen darf, sondern in denen durch Bestimmung des Hofranges (gleichsam der räumlichen Nähe bei der Majestät des Großen Gottes) und des priesterlichen Geweihtseins die geistige Qualifikation zur amtlichen Machtfülle ausgedrückt wird. Denn noch gibt es keinen säkularisierten Staat; und „Macht", mag sie sich in priesterlicher oder staatlicher und rechtlicher Macht darstellen, ist ein unteilbarer Begriff religiösen Gepräges und vorbehalten letztlich dem Gottkönig.

Über die Einrichtung der Provinzialverwaltung sind wir durch Biographien (z. B. der eines Meten[3]) verhältnismäßig gut unterrichtet. Zwei Dinge von grundsätzlicher Wichtigkeit werden deutlich: Die Provinzialverwaltung liegt in der Hand fallweise beauftragter Beamter (also keiner Gaufürsten). Sie ist erwachsen aus lokal verschiedenen territorialen Institutionen, die nun schematisch als Verwaltungssystem über das Land gleichmäßig verteilt sind. Deshalb finden wir auch hier eine Häufung von Titeln, die besagt, daß die (ursprünglich lokal unterschiedlichen) Funktionen nun in der Hand eines Beauftragten liegen, der sie als Beamter ausübt. Dieser Beamte ist versetzbar und hat sein Amt nacheinander in verschiedenen Gauen ausgeübt. Er läßt sich aber bei der Hauptstadt begraben, kehrt also dorthin zurück, woher seine Macht stammt.

Die Quellen der Zeit, so lückenhaft sie sein mögen, lassen uns das Bestehen einer wirtschaftlichen Einrichtung erkennen, die für den Aufbau des gesamten AR ungemein charakteristisch ist, wenn wir ihre Stellung im gesamten Wirtschaftsleben auch nur schwer eingliedern können, weil uns für andere Gebiete das Material weitgehend fehlt. Das ist die Einrichtung der Totenstiftung. Um das Fortbestehen des Bestatteten zu sichern, müssen ihm — womöglich in „ewiger Dauer" — Opfer dargebracht werden, in erster Linie natürlich Speise- und Trankopfer. Um aber diese Opfer auch ganz real beschaffen zu können, bedarf es in der reinen Naturalwirtschaft eines Vermögens, d. h. eines Besitzes an Feld und Feldarbeitern, über die der Verstorbene frei verfügen kann. Dieser Besitz an Grund und Boden kann erheblich ausgedehnt sein, wie z. B. bei Meten, wo mehrere Güter in verschiedenen Teilen des Landes dazugehören. Als Verwalter der Stiftung tritt in der Regel die Familie (gern unter Leitung der hinterbliebenen Ehefrau) ein, bisweilen unter der kultischen (nicht vermögensrechtlichen) Leitung eines angestellten Totenpriesters. Die Mitglieder der Totenstiftung sind letzten Endes natürlich auch ihre Nutznießer. Juristische Kontrakte verpflichten die Mitglieder zu genau aufgezeichneten Dienstverrichtungen und sichern ihnen die Nutznießung (aber nur diese) des unteilbaren Besitzes zu. Grundsätzlich gleich, nur in größerem Ausmaß, verhält es sich mit den Stiftungen für die Pyramidenstädte. Das hier für den Königstotenkult angestellte Personal (Priester, Angestellte, Handwerker aller Grade) wird erhalten durch zur königlichen Totenstiftung gehörigen Landbesitz, der natürlich ebensowenig bei der Pyramide liegt wie die privaten Stiftungsgüter beim Grab. Die Verwaltung der Stiftung und die Arbeitsstätten ihrer Angestellten liegen aber bei der Pyramide und werden als „Pyramidenstadt" bezeichnet, wobei der gleiche Terminus verwendet wird, für den wir oben die Übersetzung „Pfalz" gebrauchten.

Aus diesem Rechtsverhältnis ergeben sich für die Wirtschaftsgeschichte des AR zwei Fragen: Wie ist das Verhältnis der zur Totenstiftung gehörigen Ländereien zu Grundbesitz überhaupt? Bereits in der 4. Dynastie lernen wir königliche Dekrete kennen (z. B. des Königs Schepseskaf für die Pyramide des Mykerinos), in denen durch königlichen Erlaß festgesetzt wird, daß die zur Pyramidenstadt (später auch zu Göttertempeln) gehörigen Priester und Angestellten von gewissen Abgaben und Leistungen befreit sein sollen. Danach scheint ihre rechtliche Stellung im Hinblick auf Staatsleistungen, auf die wir mit einer gewissen Berechtigung den Ausdruck „Steuern" anwenden können, vor der der übrigen Bevölkerung hervorgehoben zu sein. Wieweit die zu Pyramidenstädten gehörigen Ländereien von Naturalabgaben befreit waren, wissen wir nicht. Ausführlichere Angaben über Leistungs- und Abgabewesen machen dann die Dekrete der 6. Dynastie.

Schwieriger und wichtiger ist die Frage, wieweit und in welchem Sinn die privaten Stiftungsgüter als Privatbesitz an Grund und Boden betrachtet werden dürfen. Durch die Meten-Inschrift erfahren wir, daß Land durch Erbschaft wie durch Kauf (allerdings offenbar nur von einer besonderen Klasse von Landeigentümern, die als „Königsbauern" bezeichnet werden) erworben werden kann. Es scheint so, als wäre diese sehr genau begrenzte Art des Landbesitzes, die sich aus einer älteren Form der königlichen Gnadengabe (denn theoretisch ist der König der einzige Eigentümer des Bodens) mit dem ausdrücklichen Zweck der Verwendung im Totenkult entwickelt haben dürfte, während des AR die einzige Form des privaten Grundbesitzes. Und das führt weiterhin zu der wichtigen Frage, wieweit die Bevölkerung überhaupt „frei" im staatsrechtlichen Sinn gewesen ist. Deutlich wird aus den Texten, daß wir verschiedene Bevölkerungsklassen zu unterscheiden haben; aber unsere Übersetzungen „Sklaven", „Hörige", „Bauern", „Pächter" usw. sind traditionell und sagen nichts über die rechtliche Stellung der einzelnen aus. Offenbar sind nur verschiedene Grade von Abhängigkeit anzunehmen in einem durch und durch organisierten Staatswesen, an dessen Spitze der König steht und das sich in unzähligen Abstufungen nach unten verbreitert bis zu den landbebauenden, viehweidenden und Steinbruchsarbeiten verrichtenden Schichten. Wir haben keinen Anlaß, etwa nach „freien Bauern" oder „Handwerkern" zu suchen. Sondern das Ausüben eines Berufes geschieht in unmittelbarer Abhängigkeit vom Auftraggeber. Damit scheidet natürlich der Begriff „Handel" im strengen Sinne aus (selbst ein Wort für „Kaufmann" ist erst im NR belegt). Allerdings können Gegenstände, Bauten und in Grenzen auch Grundbesitz „verkauft", d. h. vertauscht werden. Als Rechnungswert hat man mindestens seit der 5. Dynastie einen Wertmesser, wahrscheinlich in Metall, gehabt, auf den der Wert der zu tauschenden Gegenstände umgerechnet wird. Wir haben eine Urkunde über den Kauf eines Hauses[4], dessen Wert mit 10 Schat-Einheiten angegeben wird; als Gegenwert entsprechen zwei Stück Gewebe zu je drei Schat und eine Lagerstätte zu vier Schat. Das hier verwendete Wort dürfte identisch sein mit einem im NR verwendeten Rechnungswert, der einem Gewicht von $7^1/_2$ Gramm Gold entspricht. Ob dieser Goldwert für die Schat des AR schon anzunehmen ist, wissen wir nicht. Gemünztes Gold hat es in der Pharaonenzeit nicht gegeben. Der gesellschaftliche Aufbau wird beherrscht vom Begriff des „Beamten", d. h., jede Tätigkeit wird in Beauftragung durch eine Stelle, sei es des Palastes, eines Tempels, einer Pyramidenstadt, einer Totenstiftung, einer königlichen Domäne usw. ausgeübt. Dieser scheinbaren „Unfreiheit", die allerdings im dritten Jahrtausend v. Chr. nicht als solche empfunden werden konnte, steht das Gefühl der Sicherheit, des Eingeordnetseins und des Umsorgtwerdens gegenüber. Denn der Geist, der diesen Staat erfüllte und ihn zu kulturellen Leistungen befähigte, war der einer erstaunlich hohen Menschlichkeit, gleichweit entfernt vom seelenlosen Nützlichkeitsprinzip wie von einer absoluten Ethik.

Die göttliche Natur des Pharao war noch unangezweifelt. Als „großer Gott" schlechthin steht er an der Spitze aller Kreatur. Und es spricht nur für die Unbegrenztheit seiner Göttlichkeit, wenn wir keine Priester der Person dieses Gottes kennen: War doch letztlich jede irdische Verrichtung auf den Dienst des „großen Gottes" bezogen. Diese Stellung bedeutet freilich nicht, daß er in schrankenloser Willkür herrscht, sondern daß er das größte Maß an Verantwortung trägt. Die Maat, die rechte Weltordnung, wird durch ihn Wirklichkeit, und zwar in einem das Menschliche weit übersteigenden Maße. Nicht nur hängt von ihm das Funktionieren des gesamten Staatsorganismus ab bis in seine letzten Verästelungen, sondern er trägt auch die Verantwortung für die Ordnung der kosmischen und natürlichen Mächte, von denen das Leben des Landes abhängt. Der Beginn seiner Regierung ist im Grunde eine Wiederholung und Erneuerung der Weltschöpfung, und deutlich sagt ein allerdings später Text, die Thronbesteigung des Pharao habe bewirkt, daß der Nil hoch stieg, daß die Tage lang und die Nächte in Stunden geordnet wurden und daß der Mond richtig kam [5]. Die uneingeschränkte Gottnatur des Pharao, und zwar ausschließlich für die Zeit des AR, wird, wie Hermann Junker schön gezeigt hat [6], auch durch die mit Königsnamen gebildeten Eigennamen bewiesen. Sie preisen die Mächtigkeit, Schöpfungskraft, Unvergänglichkeit, Fürsorge des Königs ebenso, wie sie das mit den Namen anderer Götter tun, und drücken das Hingegebensein an die Majestät des Herrschers wie an die eines anderen Gottes aus. Und nun teilt sich etwas von der königlichen Mächtigkeit und von seiner Verantwortungsfülle in abnehmendem Maße auch den in geringerem Grade Mächtigen mit. Die biographischen Inschriften des AR [7] wie die didaktischen Papyri lassen gerade in dieser Zeit stärker als später, wo die private Sphäre mehr in den Vordergrund tritt, den Wert der sozialen Tugenden erkennen. Daß man „dem Hungrigen Brot und dem Nackten Kleider gibt", ist allgemeine Forderung; auch daß man einen Untergebenen nicht denunziert habe und sich besonders der Witwen und Waisen angenommen habe, scheinen uns Versicherungen einer schönen und verständlichen Menschlichkeit. Mehrfach begegnet die Angabe, daß man sein Grab aus eigenen, rechtmäßig erworbenen Mitteln gebaut und die Arbeiter richtig entlohnt habe; darüber hinaus versichert ein Mann, er habe sie auch nicht mehr zur Arbeit gezwungen, als sie freiwillig leisten wollten, so daß sie froh und zufrieden waren. Daß derartigen Grundsätzen keine „Ethik" im strengen Sinne zugrunde liegt, darf nie übersehen werden. Wir haben sie vielmehr als eine Summe praktischer Erfahrungen zu verstehen, und das lehren auch die Anweisungen zum Verhalten gegenüber Vorgesetzten und Mächtigeren, wo Vorsicht und Klugheit am ehesten zum Erfolg führen, und etwa eine Versicherung wie die, man habe zwischen zwei Streitenden so gerichtet, daß beide zufrieden waren (und nicht so, daß einer Idee von der Gerechtigkeit Genüge geschah). Das ist im Grunde die gleiche Einstellung, die immer wieder nach einem Ausgleich im mythischen Kampf zwischen Horus und Seth sucht. Ohne den Fragenkreis, der sich an das Stichwort „Ethik des AR" anschließt, auch nur annähernd zu erschöpfen, sind die „ethischen" Grundsätze, soweit sie im öffentlichen Leben Geltung haben, etwa so zu charakterisieren, daß ihr Ziel nicht im Guten und Gerechten schlechthin liegt, sondern im Nützlichen und Erfolgversprechenden, welche Begriffe allerdings durch Erfahrung, Klugheit und soziales Verantwortungsgefühl eingeschränkt werden.

So etwa stellt sich der Staat dar, als dessen monumentalen Ausdruck wir mit Recht die schon von der Antike als Weltwunder betrachteten Pyramiden von Gize ansehen. Die Namen ihrer Erbauer, Cheops, Chephren und Mykerinos, sind früh von Legenden umsponnen worden; und wenn wir fragen, was wir an historischem Tatsachenmaterial über diese drei Generationen haben, so müssen wir gestehen, daß es erstaunlich wenig ist. Als Grund dafür ist nicht nur eine zufällige Lückenhaftigkeit der Überlieferung anzusehen, sondern stärker noch wirkt ein bewußtes Unterdrücken von Einzelheiten, das seinerseits bewirkt wird durch eine einmalige Monumentalisierung der Ausdrucksformen. Gerade die Quellen, die soeben begonnen hatten, über die Fülle des Lebens Aussagen zu machen, die Privatgräber mit ihren Darstellungen und Inschriften, werden weitgehend zum Schweigen gebracht. Der große Residenzfriedhof von Gize läßt eine bewußte und planmäßige Ausmerzung alles Einmaligen und Zufälligen erkennen um des großen monumentalen Gesamten willen. So wie die Pyramide selbst nun ihre einfachste Form gefunden hat, ebenso wird der Typ des Privatgrabes auf eine blockhafte, geradlinige Form beschränkt unter Verzicht auf dekorierte Wände auch im Inneren bis auf eine oder zwei für den Totenkult unerläßliche Nischen. Allerdings ist die Planmäßigkeit des Westfriedhofs an der Cheopspyramide nur scheinbar. Hier haben sich die Bauleiter mit ihren Stäben Gräber angelegt. Um ihre gewaltigen Mastaben gruppieren sich die kleineren ihrer Untergebenen. Und doch drückt sich eben auch in dieser nach und nach entstandenen Friedhofsanlage der Sinn für Unterordnung und Monumentalität aus. Planmäßig scheint hingegen die Anlage des heute weniger eindrucksvollen Ostfriedhofs gewesen zu sein. Allerdings ist diese Lebensform, zu der Jahrhunderte an Versuchen und Ausgleichsbestrebungen geführt haben, sozusagen nur für die Dauer eines Augenblicks in ihrer Reinheit zu erhalten gewesen. Jede geschichtliche Veränderung, sei es im Wirtschaftsgefüge des Staates, sei es in der Idee vom Königtum und der Götterwelt, sei es in der Auffassung vom Wesen des Menschen, mußte die Harmonie zum Wanken bringen, wenn anders nicht das, was für den Augenblick höchste Vollendung bedeutete, zu einem System der Gewalt und Vergewaltigung werden sollte.

Wenn Späteren, die ein anderes Bild vom Menschen hatten (etwa bei Herodot II 124), Cheops als Despot erschien, so steckt darin äußerlich ein Stück Wahrheit. Gewiß konnte die rein technische Seite dieser Monumentalität, die wir ja nur als sichtbaren Ausdruck für ein ganzes Staatswesen verstehen dürfen, nur unter geforderter Anspannung aller Kräfte erreicht werden. Und es wird richtig sein, namentlich in den Augen späterer Geschlechter, daß diese Anstrengungen keine auch nur im entferntesten gleichwertige Leistung für Göttertempel erlaubten. Aber wir wissen, daß letztlich diese Arbeitsleistung keine Versklavung des Volkes bedeutete, sondern ein ebenso großartiges System der staatlich organisierten und religiös fundierten Fürsorge dahinter stand. Es hat offenbar eine Art staatlicher Arbeitsverpflichtung bestanden, die vor allem die während der Überschwemmungsmonate brachliegenden Arbeitskräfte zu Bauvorhaben heranzog, zu einer Jahreszeit also, wo zugleich der Transport des Baumaterials, der in Ägypten immer zu Schiff erfolgte, am bequemsten durchzuführen war. Die Arbeitsleistung zu dieser Jahreszeit aber bedeutete, da sie gegen Entgelt erfolgte (Abrechnungen darüber sind erhalten), die wirtschaftliche Sicherstellung eines zahlenmäßig großen Teils der Bevölkerung.

Aber selbst hinter diesem scheinbar so geschlossenen Staatsbau stehen Spannungen, die sich für uns nur in Unsicherheiten der Königsfolge und zweifellos bedeutsamen Abwandlungen der Grabanlagen ausdrücken, ohne daß wir sie historisch zu präzisieren vermögen. Möglicherweise ist zwischen Snefru und Cheops noch ein König einzuschieben, dessen Name verloren ist und den die Königslisten jedenfalls nicht kennen. Zudem ist die Überlieferung über die Königsfolge der 4. Dynastie uneinheitlich; nach einem neueren Fund ist die Königsfolge der Dynastie ziemlich gesichert[8]. Auf Cheops folgte nicht unmittelbar sein Sohn Chephren, sondern ein älterer Bruder Rêdjedef, der sich weit im Norden bei Abu Roâsch eine Pyramide erbaute. Die beiden folgenden Könige, Hordjedef und Baufrê, sollen Brüder des Chephren gewesen sein; eine Mastaba des ersteren ist in Gize gefunden worden. Mykerinos herrschte als Sohn des Chephren; ihm wiederum folgte sein Sohn Schepseskaf, dessen bei Saqqara gelegenes Grabmal (die Mastaba el Fara'un) den alten Haustyp als Grabform wieder aufnimmt. Was steckt aber tatsächlich hinter diesen Erscheinungen, die wir als bedeutsame, symbolhafte Handlungen deuten möchten?

Wiederum steht am Ende der Dynastie und als Bindeglied zur 5. Dynastie eine Frau, Chentkaus, Tochter des Mykerinos und Schwester des Schepseskaf[9]. Sie führt selbst den Titel „König von Ober- und Unterägypten", dazu nennt sie sich „Tochter des Gottes" und „Mutter der Könige". Ihr Grab ist die seinerzeit viel besprochene „vierte Pyramide von Gize", in Wahrheit aber keine Pyramide, sondern ebenfalls ein Hausgrab wie das des Schepseskaf. Und diese Tatsache bestärkt in der Vermutung, daß sich in der Wahl der Grabform eine nicht nur architektonische Andersartigkeit ausdrückt, deren rechte Deutung, könnten wir sie finden, tiefere Klarheit über die innere Geschichte der Dynastie bringen würde. Name und Herkunft des Mannes der Chentkaus sind nicht bekannt; ihre Söhne dürften Userkaf und Sahurê sein, die ersten Könige der 5. Dynastie.

Hier setzt nun eine in mythischer Form erzählte Überlieferung ein, die auf uns wiederum nur mittelbar (als Glied einer Sammelerzählung von Märchen) gekommen ist und von der Herkunft der Könige der 5. Dynastie erzählt[10]. Daß historisches Denken sich in mythischer Form ausdrücken kann, hatten schon ältere Zeiten gelehrt. Und damals wie hier wird theologisches Denken sich dieser Form bedient haben, um einen existenten Zustand zugleich zu erklären und zu rechtfertigen. Dabei würden wir uns allerdings des rechten Verständnisses selbst berauben, wenn wir derartigen „Fiktionen" nicht Wahrheit und Glaubenswürdigkeit von seiten des Ägypters zubilligten. Geschichtliche Erscheinungen sind ihm stets Offenbarungen göttlicher Ordnung geblieben und können deshalb nur in der Sprache der Theologie vollwertig ausgedrückt werden.

In märchenhafter Form wird erzählt, daß König Cheops sich wahrsagen läßt und erfahren muß, nach drei Generationen käme ein neues Herrschergeschlecht auf den Thron, und diese Könige würden die Altäre mit Speisen versehen, die Getränketische gedeihen lassen und die Opfer groß machen. Sie sind vom Sonnengott Re leiblich gezeugt und von einer Priesterin des Re geboren. Es sollen drei Brüder sein, deren ältester Hoherpriester von Heliopolis werden soll. Die Geschichte ist soweit erhalten, daß wir noch von der wunderbaren Geburt der Kinder hören und von der Namengebung, die auf die historischen Königsnamen der 5. Dynastie deutlich anspielt. Wahrscheinlich wurde dann erzählt, wie die Kinder heranwuchsen, vielleicht auch, wie sie Nachstellungen durch Cheops entgingen und schließlich gemäß der Schicksalsbestimmung die Herrschaft antraten. Wir wissen von der 5. Dynastie genug, um in der Sprache des Märchens die historische Wahrheit zu erkennen.

Was die behauptete Gotteskindschaft anlangt, so faßt die Erzählung im Bilde eines einmaligen wunderbaren Geschehens eine Entwicklung zusammen, die offenbar weiter hinaufreicht. Der Sonnengott Re ist uns bereits aus der Thinitenzeit bekannt, und die Verehrung des mächtigen Tagesgestirns steht noch ohne irgendwelche Primatansprüche neben der Verehrung anderer Gestirne (Mond, Sterne). In der heliopolitanischen kosmogonischen Lehre (s. o. S. 54) spielt Re noch gar keine Rolle, ja er taucht überhaupt nicht in den ältesten Göttergeschlechtern auf. Eine engere Verbindung mit dem Königsdogma (von einzelnen Königsnamen, die mit dem Namen Re gebildet sind, abgesehen) läßt sich erstmalig bei Redjedef nachweisen, der als erster den später obligatorisch gewordenen Titel „Sohn des Re" führt[11]. Damit zeichnet sich ein grundsätzlich neuer Gedanke vom Wesen des Königs ab: Während die ältesten Königstitel und Epitheta die uneingeschränkte Identität des Herrschers mit dem Himmelsgott ausdrücken („Horus", „Großer Gott"), erfolgt hier eine Distanzierung von Gott, die wohl den entscheidenden Schritt in der Entwicklung des Königsdogmas darstellt, aber als Erscheinung geistesgeschichtlicher Art sich nicht so eindeutig auf einen Zeitpunkt festlegen läßt, wie das Märchen es tut. Gewiß bleibt auch jetzt noch der Abstand zwischen Mensch und König größer als der zwischen König und Gott, und all die alten Göttertitel und Epitheta (außer „großer Gott") werden vom König weitergeführt. Der Pharao ist zwar weiterhin göttlichen Ursprungs, aber das Vater-Sohn-Verhältnis legt dem König eine Verpflichtung auf gegenüber einem Wesen, das letzten Endes doch reinerer und höherer Natur ist als er selbst.

Daß dem König auch jetzt noch eine sehr handgreifliche magisch wirksame Mächtigkeit innewohnt, lehrt die aufschlußreiche Erzählung aus dem Grabe des Ra-wer in Gize[12]. Es geschieht ihm, als er sich bei einem Fest in unmittelbarer Nähe des Königs befindet, daß versehentlich eines der Zepter des Königs an seinen Fuß stößt. Diese Berührung hätte genügt, ihn auf der Stelle zu töten, wenn der König nicht sofort einen Heilswunsch ausgerufen hätte, der die Gefährlichkeit des Machtzeichens bannte. Mit der Höflichkeit des echten Monarchen bezeugt ihm der König, daß er ihm nach dieser überstandenen Gefahr, die beide offenbar magisch enger miteinander verbindet, um so lieber sei und trägt ihm auf, die Episode in seinem Grab zu verewigen. Und auch weiterhin wird wie beim Erscheinen der Götterbilder in Prozessionen beim Auftreten des Königs der Warnruf ausgestoßen: „Hüte dich, Erde! Es kommt der Gott!"

Das neue Verhältnis zwischen Gott und König bleibt aber trotzdem keineswegs eine theoretische Angelegenheit, sondern äußert sich auch sehr real. Zwar bauen auch die Könige der 5. Dynastie noch Pyramiden und Totentempel, die uns eine stufenweise Verfeinerung und Bereicherung des Architektur- und Reliefstils erkennen lassen. Aber die Ausmaße dieser Bauten sind geringer geworden. Denn neben ihnen steht als jeweils neue Leistung des Herrschers die Errichtung eines „Sonnenheiligtums", einer Tempelanlage neuen Charakters, in deren Errichtung jeder König (außer offenbar den beiden letzten der Dynastie, Asosi und Unas) eine Verpflichtung gegen seinen göttlichen Vater erfüllt. Das Sonnenheiligtum des Königs Ne-user-Rê ist vor dem ersten Weltkrieg von der Deutschen Orientgesellschaft freigelegt worden, und nach ihm können wir uns ein Bild vom Charakter dieser Anlage machen [13]. Den architektonischen und geistigen Mittelpunkt dieser Anlage bildet ein riesiger gemauerter Obelisk in einem offenen Hof. Er ist nicht eigentlich selbst das Kultobjekt, sondern man könnte sagen, er ist der Träger des Gottes, der Sitz, auf dem sich die Strahlen der Sonne als erstem Ruheplatz bei Sonnenaufgang niederlassen. Davor befindet sich ein offener Altar. Nach Analogie der Pyramidentempel ist auch das Sonnenheiligtum durch einen Aufweg mit einem Vortempel im Tal verbunden. Südlich neben dem Gesamtheiligtum befindet sich ein großes gemauertes Schiff, nun wohl als Nachbildung jener Barke zu verstehen, in der der Sonnengott den Himmel überquert.

Ein neuer Glaube hat eine neue kultische Form geschaffen. Aber (wie stets in Ägypten) beansprucht er keine Ausschließlichkeit. Im Sonnenheiligtum selbst werden auch andere Götter verehrt (z. B. die Himmelsgöttin Hathor) und der Totenkult der Könige behält seine Form äußerlich bei, wenn auch vielleicht mehr als der räumliche Umfang seiner Kultbauten vermindert wird. Aus den Angaben des Palermosteines wissen wir, daß beispielsweise Sahurê verschiedenen Göttern Stiftungen gemacht hat, etwa den Göttern von Heliopolis, der Geiergöttin Nechbet und der Schlange Uadjet, dem Re in verschiedenen Heiligtümern und der Hathor. Von Neferirkarê (es ist derselbe König, unter dem der Palermostein beschriftet und aufgestellt worden ist) kennen wir ein Schutzdekret für den Tempel von Abydos. Und doch würden wir der Erscheinung des Re-Glaubens nicht gerecht, wenn wir nur seinen dogmatischen Ausdruck in der Lehre vom Königtum und seinen kultischen als den eines zeitweilig stark hervortretenden Gottes neben anderen berücksichtigen. Tatsächlich drückt sich ein neuer Glaube und eine neue Art, die Welt anzuschauen, hier aus. Zeugnis von dem neuen Bild der Welt, die unter einem neuen Gott steht, sind die Reliefs im Sonnenheiligtum des Ne-user-Rê (Abb. 7) und die in den Privatgräbern wieder auftauchenden Darstellungen, die dann in der 6. Dynastie eine Blüte der künstlerischen Vollendung und thematischen Vielseitigkeit erleben (Abb. 9). Es ist die Vielfältigkeit und Buntheit der Welt, die neu erlebt und neu dargestellt wird. Das Leben des Einzelnen in seinen Hauptereignissen verdient nun, an den Wänden der reichen Grabkammern verewigt zu werden. Die Fülle seines Besitzes, die Äcker und Güter, das Leben und Treiben auf dem Feld und dem Hof, die für ihn ausgeführten Arbeiten der Handwerker, Spiele und Belustigungen, Jagd auf Vögel und Wassertiere im Sumpfdickicht, Fischfang und Bootsfahrt als Vergnügungen, das alles füllt mit wachsender Buntheit und Freude am Darstellen die Wände. Es ist nun freilich auch wieder nicht so, daß die „Darstellungen aus dem Leben" ohne jeglichen Vorläufer auftauchen; aus der Übergangszeit von der 3. zur 4. Dynastie haben wir Ansatzpunkte dazu, z. B. in Medum. Und es ist auch nicht so, daß schlechterdings alles darstellbar würde. Sondern es herrscht offensichtlich eine Auswahl (etwa Begräbnisdarstellungen sind äußerst selten) nach Themen und eine spürbare Beschränkung im Ausdruck des Individuellen. Das Dargestellte umschreibt nicht so sehr das Einmalige und Zufällige aus dem Leben eines bestimmten Grabinhabers (obwohl sich auch hierfür Fälle nachweisen lassen) als das für seine Schicht Typische. Es ist das Leben des Vornehmen, wie es verlaufen soll, und des Reichtums, wie er vorhanden sein soll; kurz, die um Einzelzüge bereicherte Darstellung eines gewünschten und zu fordernden Lebens. Ähnlich verhält es sich mit den in Gräbern aufgezeichneten Biographien; auch sie setzen sich aus typischen und persönlichen Teilen zusammen, wobei allerdings beim sprachlich ausgedrückten Lebensbericht gegenüber dem bildlich dargestellten das Persönliche überwiegt. Das neue Bild des Lebens umfaßt aber nun auch die Natur. Sie dient nicht nur als liebevoll gezeichnete Kulisse, vor der sich das Leben des Menschen abspielt (etwa bei Fischfang, Jagd u. dgl.). Das Leben der Tiere im Dickicht und im Wasser, das Wild der Wüste auf der Flucht vor dem Jäger, aber auch im feindlichen und friedlichen Zusammenleben, die Pflanzenwelt, die Vielheit ihrer Formen und ihre jahreszeitliche Wandelbarkeit, die ganze Fülle der belebten Natur findet gleicherweise einen Platz in den Darstellungen der Gräber wie in denen des

Sonnenheiligtums. Und wir dürfen, auch wenn die sprachliche Formulierung dieses Gedankens einer späteren Zeit vorbehalten blieb, seinen bildhaften Ausdruck umschreiben: Unter der Herrschaft des allumfassenden Sonnengottes lebt jegliche Kreatur nach ihrer Art und hat ein Recht auf ihr Leben.

Von der Größe und Weite der Welt legen nicht nur die Darstellungen in den Gräbern, sondern (soweit sie erhalten sind) auch die der königlichen Totentempel Zeugnis ab. Zur sachlichen Interpretation treten die lakonischen Notizen auf dem Palermostein hinzu. Berühmt sind die großen Reliefs aus dem Totentempel des Sahurê bei Abusir[14], wo u. a. die Rückkehr einer Flottenexpedition, die Registrierung der Beute und Gefangenen aus einem libyschen Feldzug des Königs dargestellt ist. Graffiti im Wadi Maghâra, an der Karawanenstraße nach Kosseir und in den nubischen Dioritbrüchen bestätigen die Angaben der Reliefs. Vielfältig sind offenbar damals die Beziehungen, die Ägypten mit Palästina-Syrien verbinden. Nach einer neuen Interpretation von P. Montet[15] ist im Sahurê-Tempel die Heimkehr einer ägyptischen Flotte dargestellt, die eine asiatische Prinzessin in den Harem des Pharao holte und nun unter Jubel der Bevölkerung und der einheimischen und fremden Schiffsbesatzung in der Residenz anlegt. Aber auch an kriegerischen Unternehmungen hat es nicht gefehlt. In einem Grab in Deschâscheh ist die Eroberung einer asiatischen Stadt, Nedia, deren Lage leider nicht bekannt ist, in aller Lebendigkeit dargestellt. Mit einem Rammbock ist eine Bresche in die Mauer geschlagen und die Ägypter schicken sich gerade an, mit Leitern und durch die Bresche die Stadt im letzten Sturm zu nehmen; und ihre sichtlich durch den Schreck verwirrten Verteidiger lassen am Ausgang des Kampfes keinen Zweifel. Ein anderes Bild, dessen historischer und künstlerischer Zusammenhang verloren gegangen ist, findet sich auf einem Block vom Aufweg der Unaspyramide: die realistische Darstellung eines verhungernden Beduinenstammes (Abb. 8). Hohlwangig, mit skelettartigen Armen und Beinen, sichtbaren Rippen hocken Männer und Frauen nackt am Boden, bemühen sich um einen Zusammengebrochenen, stützen sich gegenseitig und lassen die Gebärden des Klagens erkennen. Ein Bild, dessen unmittelbarer Realismus an frühgeschichtliche Schlachtfelddarstellungen erinnert. Auch nach Süden, nach Punt (wohl an der Somaliküste) sind während der 5. Dynastie mehrfach Expeditionen unternommen worden. Der Weg führte damals vom Sinai aus (später zu Land durchs Wadi Hammâmât) dann zu Schiff durch das Rote Meer. Aus Myrrhen, Edelhölzern, Gold und Sklaven besteht die wertvolle Beute, und als eine Besonderheit, deren eine anderhalb Jahrhunderte spätere Inschrift noch gedenkt[16], ist es dem „Siegelbewahrer" Bawerdjed unter König Asosi gelungen, einen im Kult auftretenden „Tanzzwerg" nach Ägypten zu bringen. Zwerge konnten im königlichen Haushalt im inneren Dienst Verwendung finden und sind bisweilen zu hohen Ehren aufgestiegen. Dabei handelt es sich wohl um pathologisch verkrüppelte Ägypter. Etwas anderes sind die Tanzzwerge, die vor allem im Kult eine Rolle spielen als „Gottestänzer" und ihrer Menschengleichheit und doch Andersartigkeit wegen die Scheu vor den Gottgehörigen erweckten. Möglicherweise handelt es sich um Angehörige kleinwüchsiger afrikanischer Stämme, die von weither bisweilen nach Ägypten gebracht wurden; das für sie gebrauchte Wort „Zwerg" ist möglicherweise nichtägyptischen Ursprungs. Diese spärlichen Einzelangaben ergeben freilich kein zusammenhängendes Bild von den „auswärtigen Beziehungen" der Zeit, von den Fortschritten gegenüber früheren Zeiten, von eventuellen Rückschlägen, von Zielen und Gegenseitigkeiten im einzelnen. Sie deuten nur eben an, bis zu welchem Umfang sich der Gesichtskreis der Ägypter geweitet hatte.

Am Ende der Dynastie taucht, wiederum nur schwer abschätzbares Anzeichen einer weitgreifenden geistigen Wende, in den Grabinschriften Privater eine Gottheit auf, die an sich schon lange vorher nachweisbar existiert hat, Osiris. Zwei Erscheinungen des ägyptischen Totenglaubens, die aber tatsächlich weit mehr sind als reine Jenseitsvorstellungen, erhalten unter dem Namen dieses Gottes ihre sozusagen klassische Prägung: die Idee vom Totengericht und die Geltung von Abydos als Zentrum des Osiriskults. In beiden Fällen werden ältere Institutionen aufgegriffen und umgedeutet und es zeichnen sich Entwicklungslinien hier ab, die zwar ihren Ausgangspunkt in der 5. Dynastie nehmen, ihren Abschluß aber sehr viel später erst finden.

Die Vorstellung, daß im Jenseits die Möglichkeit einer Rechtsprechung ebenso besteht wie im Diesseits, wurzelt im Staats- und Weltbild des hohen AR. Sie setzt ein Jenseitsbild voraus, das offenbar in seinen Grundzügen dem geschichtlichen Diesseitsbild entspricht. So wie hier die Existenz jedes einzelnen gesichert und geordnet in einem festgefügten sozialen Organismus begründet ist, so soll auch drüben das Weiterbestehen in einem gleicherweise festgefügten und geordneten Jenseits stattfinden. Dazu gehört aber auch die Möglichkeit, gegebenenfalls sein Recht vor einem ordentlichen Gerichtshof zu finden. Wo von einem Gericht im Jenseits jetzt die Rede ist, wird deutlich der Wunsch ausgedrückt, sich bei erlittener Schädigung Recht verschaffen zu können. „Wer dieses Grab verunreinigt . . ., mit dem werde ich mich richten lassen vor dem Großen Gotte", lautet eine häufige Schutzformel in den Gräbern. Das bedeutet offensichtlich, daß man auf ein gerecht entscheidendes Gericht im Jenseits hoffte, das man fallweise anrufen kann, wobei der als Richter genannte „Große Gott" ebensogut der tote König, wie der Sonnengott Re, wie Osiris sein kann. Erst allmählich (die Entwicklung ist uns im einzelnen nicht faßbar und scheint erst am Ende der Herakleopolitenzeit einen gewissen Abschluß gefunden zu haben) bildet sich daraus die Vorstellung von einem prüfenden Gericht, dem sich jeder unterziehen muß. Erst im NR scheint das Totengericht[17] jene bekannte, durchgeformte Gestalt gewonnen zu haben, die uns im Bild als das Wägen des Herzens vor Osiris und im Wort als eine litaneiförmige Versicherung, zahllose Vergehen nicht begangen zu haben (TB 125), so oft begegnet. Und erst in den letzten Jahrhunderten v. Chr. läßt sich nachweisen, daß im Einklang mit einer allgemeinen „Ethisierung der Religion" auch die Idee vom Totengericht in breiten Kreisen einen ethischen (und damit individuellen) Inhalt bekommt. Ihren Ausgangspunkt haben die Dinge letztlich im hohen AR; und es ist lehrreich, zu sehen, wie hier komplizierte Vorstellungen im Laufe von Jahrhunderten jeweils zeitgeschichtlich bedingt ihren Inhalt wandeln.

Wie oben angedeutet, entstammte die der Osirisgestalt zugrunde liegende religiöse Idee, die von der vegetativen Unsterblichkeit, einer kulturellen Schicht, die in reinster Form im Delta beheimatet war, und die Ausprägung der gestaltenreichen Osirismythe erfolgte unter dem unmittelbaren Eindruck der politischen und kulturellen Stabilisierung der Verhältnisse. Wie die Residenz Memphis Kultort dieses Götterkreises werden konnte, lehrt das „Denkmal memphitischer Theologie". Weiterhin aber verbreitet sich der Kult dieses Gottes, in dem zugleich Geschichtsbild und menschliche Unsterblichkeitshoffnung Gestalt gewonnen haben, über ganz Ägypten, und es ist kein Zufall, wenn in Abydos eines der größten Zentren seines Kultes sich entwickelt. Hier ist ein alter Friedhofsgott, der schakalgestaltige Chontamenti, „der Erste der Westlichen", zu Hause, mit dem zusammen Osiris gern angerufen wird, bis schließlich beide zu einer Gottheit Osiris-Chontamenti verschmelzen. Und hier liegen vor allem die Gräber der alten Könige der Thinitenzeit, ein heiliger Ort also, an dem der Kult des Gottes, der die Rolle eines Herrschers im Jenseits trägt, mit innerer Berechtigung anknüpfen kann. Wir sehen, daß später das Grab des Königs Djer als „Osirisgrab" galt und daß hier ein kultisches Spiel stattfand, in dem der Ritus des Triumphes des

Osiris die Form eines dramatischen Spiels annahm (sog. Osirismysterien). In das Spiel scheinen auch Riten aus dem alten thinitischen Königstotenkult Eingang gefunden zu haben. Die Anziehungskraft dieses religiösen Zentrums beginnt bereits im AR zu wirken. Später im MR kann man geradezu von einer Sitte sprechen, für sich, wenn schon kein Kenotaph, so doch eine Stele (als Stellvertretung für den Toten selbst) an der Prozessionsstraße des Gottes in Abydos aufzustellen.

Hinter den Gottesnamen Re und Osiris gewinnen in der 5. Dynastie zwei grundsätzlich verschiedene Glaubensrichtungen Gestalt, die offenbar ältere, uns nicht faßbare Erscheinungsformen gehabt haben und die in Zukunft in Krisenzeiten immer wieder gegeneinander stehen. Hier hat auch die sonst zur Vereinigung des scheinbar Widersprüchlichsten so bereite Theologie keinen wirkungsvollen Ausgleich finden können. Auf der einen Seite steht die Welt des Lichtes, der Kosmos unter der alles umfassenden, alles durchdringenden Herrschaft des Sonnengottes. Und auf der anderen tut sich wie ein dunkles Tor das Reich des Osiris auf, in dem trotz aller Auferstehungshoffnungen und trotz aller magischen Zurüstungen die Angst und Unsicherheit der Kreatur nicht beschwichtigt werden kann.

Dieser Gegensatz begegnet stellenweise mit einer für ägyptische Verhältnisse erstaunlichen Deutlichkeit in den Textsammlungen, die das königliche Totenritual enthalten und unter dem Namen Pyramidentexte bekannt sind[18]. Seit dem König Unas, dem letzten König der 5. Dynastie, taucht die Sitte auf, im Inneren der Pyramide religiöse Texte aufzuzeichnen, die offenbar als Sammlung von Sprüchen aufzufassen sind, die während der Bestattung rezitiert wurden. Zunächst bleibt die Sitte auf die königlichen Pyramiden beschränkt; in der zweiten Hälfte der 6. Dynastie dehnt sie sich auf die Pyramiden von Königinnen aus. Die jüngsten Texte finden sich bei dem König Ibi, den der Turiner Königspapyrus als letzten König des AR zählt.

Die in den Pyramiden aufgezeichneten Sammlungen entsprechen sich keineswegs, sondern sind jeweils neu zusammengestellt und lassen also die Entwicklung der mit dem Totenkult des Königs verknüpften Anschauungen vom Ende der 5. bis zum Ende des AR überhaupt erkennen. Die zeitlich jüngsten Texte (vor allem bei Ibi) gehen nach Form und Inhalt in die sog. Sargtexte über, deren älteste denen der Ibi-Texte fast gleichzeitig sind. Ihren Namen haben sie erhalten, weil sie auf Särgen aufgezeichnet sind. Im Gegensatz zu den Pyramidentexten stellen sie in der Hauptmenge keine Ritualtexte dar, sondern religiöse Texte, die dem Toten in mancherlei Beziehung nützlich sein sollen, und zwar sowohl dem königlichen Toten wie dem Privatmann (s. u. S. 102). Es ist hier nicht der Ort, auch nur in großen Zügen eine Analyse der Pyramidentexte zu geben. Ihr Inhalt stellt sich als ein Querschnitt durch das religiöse Spruchgut dar, das bei der Beisetzung des Königs rezitiert wurde und seine Herkunft aus ganz verschiedenen Quellen deutlich verrät: Zaubertexte und Opferrituale, Verklärungen und Krönungstexte, Götterhymnen und mythische Fragmente. Sie zeigen dadurch die verwirrende Vielfältigkeit der religiösen Erfahrungen und den fortgeschrittenen Synkretismus (s. o. S. 52) des priesterlichen Denkens. Bemerkenswert in unserem Zusammenhang ist die Tatsache an sich, daß man jetzt am Ende der an inneren Wandlungen so reichen Epoche beginnt, die Texte monumental aufzuzeichnen. Zweifellos sind Texte ähnlicher Art bei der Bestattung der früheren Könige ebenfalls rezitiert worden; aber ihre während der Rezitation freiwerdende Mächtigkeit genügte offenbar, um die erstrebte Vergöttlichung für alle Zeiten wirksam zu machen. Jetzt scheint sich ein leiser Zweifel an dieser Wirksamkeit zu regen und es scheint nützlicher und sicherer, sie in unzerstörbarer Form dem Toten selbst mit ins Grab zu geben. In dieser Richtung etwa wird man die Tatsache zu deuten haben, und damit dient sie uns wiederum als Hinweis auf die während der 5. Dynastie sich anbahnende und während der 6. Dynastie mit zunehmender Raschheit sich vollendende Wandlung und Auflösung des zentralisierten Kosmos, der in der 4. Dynastie seinen vollendetsten Ausdruck gefunden hatte.

Die Zeitspanne der 5. Dynastie wird nicht mehr als etwa 140 Jahre betragen haben. Aber die Wandlungen und Spannungen dieses Zeitraumes können nicht umfassend genug vorgestellt werden, auch wenn sie vorwiegend auf religionsgeschichtlichem und architektonischem Gebiet sichtbar werden. Aber hinter der Erbauung der Sonnenheiligtümer und ihrem plötzlichen Verschwinden, hinter dem Bilderreichtum der Privatgräber, hinter der Neuerung der Aufzeichnung von Pyramidentexten, ebenso hinter der halbmythischen Erzählung vom Ursprung der Dynastie wie hinter dem wachsenden Titelreichtum der Beamten stehen Wandlungen des gesamten Staatslebens, die sich naturgemäß bei einem im metaphysischen Sinne „totalen" Staate auf allen Lebensgebieten ausdrücken müssen. Ihr Kern scheint in einer Durchbrechung der zentralistischen, einseitig auf den Gottkönig bezogenen Ordnung zu bestehen zugunsten einer zunächst im Geistigen und Religiösen erlebten Erfahrung von der Bedeutung des Menschen.

3. Die Wende in der 6. Dynastie

In der 6. Dynastie, die etwas mehr als 160 Jahre geherrscht haben wird, läßt sich an zahlreichen Einzelpunkten zeigen, auf welche Weise der Staatsbau des AR zersplitterte und die erste und vielleicht in sich vollendetste Staatsschöpfung des alten Ägypten zu Ende ging. Es vollendet sich hier eine Entwicklung, die ihre deutlichen Vorläufer in der 5. Dynastie gehabt hat, ja vielleicht sogar bis in die zweite Hälfte der 4. Dynastie hinaufreicht, wo aber die Entwicklung noch nicht hätte sichtbar gemacht werden können, wenn wir nicht den weiteren Gang der Dinge in der 6. Dynastie kennten.

Ob die Dynastie, von deren ersten Königen Teti und Userkarê wenig bekannt ist, irgendwie mit der vorhergehenden verwandtschaftlich verbunden war, ist nicht mit Sicherheit auszumachen, wie überhaupt über ihre ersten Herrscher wenig bekannt ist. Kennzeichnendes über den genealogischen Zusammenhang erfahren wir erst aus der Zeit Phiops' I., dem seine beiden Söhne (von verschiedenen Frauen) Merenrê und Phiops II. folgen. Phiops I. heiratete zwei Schwestern, die Töchter eines „Grafen" in Abydos, dessen Sohn Djau dann im Staate eine große Rolle spielte. Merenrê scheint nach einer kurzen Regierung von 5 oder 6 Jahren gestorben zu sein und sein jüngerer Bruder bestieg als Phiops II. den Thron, im Alter von 6 Jahren. Nach der (durch Denkmäler nicht überprüfbaren) Überlieferung soll er 94 Jahre regiert haben und im Alter von 100 Jahren gestorben sein (der Tur. Königspapyrus gibt ihm über 90 Jahre, Manetho 100 Jahre). Danach scheint es noch ephemere Nachfolger gegeben zu haben, einen Merenrê II., und am Ende der Dynastie erscheint eine Königin Nitokris, deren jedenfalls kurze Regierungszeit in eine Epoche des offenen Zerfalls und der Wirren fiel; einen Königinnennamen Neith kennen wir als den einer der Frauen Phiops' II. Ob diese Nitokris das historische Vorbild der etwas sagenhaften Königin gleichen Namens bei Herodot (II 100) ist, läßt sich nicht ausmachen.

Das, was für die Geschichte der Zeit symptomatische Bedeutung hat, ist die genealogische Verbindung der Dynastie mit einem nicht-königlichen Geschlecht, und zwar in der Art, daß Frauen nicht-königlicher Herkunft nicht nur den offiziellen Königinnentitel tragen, sondern auch den der „Mutter des Königs von Ober- und Unterägypten", also genau die Stellung einnehmen, in der in früheren Zeiten legitime Prinzessinnen das königliche Blut über die in männlicher Linie ausgestorbene Dynastie hinaus als Legitimation eines neuen Herrschergeschlechtes weitertrugen. Die jetzige Umkehrung der Verhältnisse bedeutet, recht durchdacht, eine „Verweltlichung" des Königtums, die über die Herabminderung seiner Göttlichkeit in der 5. Dynastie hinausgeht. Woher jene abydenische Familie stammt, ist im einzelnen unbekannt. Chui, der Vater der beiden Königinnen, war vielleich mit einer Haremsfrau aus dem Harem des Königs Teti verheiratet, und das mag dem Rang seiner Töchter einen Schein von Legitimität gegeben haben. Sein Sohn Djau, der Schwager Phiops' I. und Onkel Phiops' II., bekleidete neben hohen Hof- und Priesterämtern das Amt eines Vezirs unter Phiops II., ließ sich aber in seiner Heimat Abydos bestatten. Damit treffen wir auf eine die Zeit bestens kennzeichnende Erscheinung: Wir lernen in der Mitte der 6. Dynastie Familien kennen, die über das fallweise Beamtetsein in einem Gau hinaus in der Provinz seßhaft werden und dort, örtliche Priester- und Beamtenstellungen auf sich vereinigend, territoriale ortsansässige Feudalfamilien werden; dem entspricht die alte Tendenz, die erworbene Stellung dem Sohn zu vererben. Damit wird der Grund gelegt für die bis ins MR nachweisbaren, zeitweise völlig unabhängigen „Gaufürstenfamilien" [1].

Diese Entwicklung muß schon in der 5. Dynastie eingesetzt haben und ihre Gefährlichkeit erkannt worden sein. Unter Asosi wurde ein neues Amt geschaffen, das des „Vorstehers von Oberägypten". Sein Sinn kann nur der gewesen sein, die langgestreckte und darum um so schwerer zu verwaltende Landeshälfte einem Sonderbeauftragten zu unterstellen, der der Tendenz zur Zersplitterung entgegenwirken sollte. Daß eine Institution nicht die Macht hatte, eine letztlich natürliche Entwicklung aufzuhalten, lehrt die innere Geschichte der 6. Dynastie. Die zentrifugalen Kräfte erweisen sich als stärker als die zusammenfassenden. Auch dieses einmal sinnvolle Amt wird fiktiv, d. h., wir kennen Fälle, wo mehrere „Vorsteher von Oberägypten" nebeneinander amtieren. Das Amt sinkt zum Rangtitel herab, der seinem Träger Ranggleichheit mit den höchsten Beamten der Zentralregierung zusichert, also letzten Endes nur die Machtansprüche territorialer Herren erhöht. Am Ende der 6. Dynastie kann sogar der Vezirtitel als reiner Rangtitel verliehen werden, und diese Erscheinung verdeutlicht den Verfall der Zentralgewalt am nachdrücklichsten.

Wir kennen aus dieser Zeit Einzelpersönlichkeiten genug (und das wird kein Zufall sein), um an Einzelbeispielen die das Reich zur Auflösung führende Tendenz zur Unabhängigkeit und Selbständigkeit zu verfolgen. Ein Blick auf ihre Lebensläufe, die sie selbst im Grab aufgezeichnet haben, läßt am besten die lebendigen

Kräfte erkennen, die hinter der schematisch gezeigten Entwicklung stehen und sie vorwärtstreiben.

Berühmt ist die biographische Inschrift des Uni, dessen Lebenszeit in die Regierungen des Teti, Phiops I. und Merenrê fällt[2]. Er begann seine Laufbahn in der Residenz, und zwar in der Verwaltung der königlichen Domänenpächter. Unter Phiops I. vereinigt er in seiner Hand das Amt eines Prophetenvorstehers in der Pyramidenstadt, eines Richters und eines „Vorstehers der königlichen Domänenpächter". Das letztere Amt, das offenbar am reichsten dotiert war und seinem Träger weite Machtbefugnisse verlieh, erwarb er sich, indem er vier Vorsteher, die in dem Amte waren, verdrängte. Der naive Stolz auf diese Leistung gehört durchaus in das Bild der Zeit. Es spricht sich hier recht handgreiflich das Selbstbewußtsein und der Leistungsstolz aus, der zusammen mit der wachsenden wirtschaftlichen Selbständigkeit (s. S. 82) zwar die gesteigerten Aufgaben bewältigte, aber andererseits ebenfalls zur Lockerung des Gesamtgefüges beitrug. Unter Phiops I. erhält Uni auf seine Bitte vom König die Teile seiner Grabausstattung geschenkt, die aus den königlichen Steinbrüchen von Turra auch damals noch nur vom Pharao selbst vergeben werden können. Vielfältig sind die Aufgaben, die Uni in seiner Stellung zu bewältigen hat, und sie lassen klar erkennen, wie wenig noch im Staatsaufbau des AR sachliche Ressorts getrennt waren. Einmal erhält er den heiklen Sonderauftrag, in einem Haremsprozeß gegen eine „königliche Gemahlin" das Verhör zu leiten, und zwar ohne daß der Vezir (als höchster Justizbeamter) oder ein anderer hoher Richter außer einem ranggleichen einfachen „Richter" zugegen war. Daß über Anlaß und Ausgang des Prozesses nichts bemerkt ist, auch der Name der angeschuldigten Königin verschwiegen wird, ist bei der Einstellung des Ägypters derartigen „geheimen" Dingen gegenüber selbstverständlich. Man kann sich eher wundern (und es ebenfalls als ein Zeichen der Zeit nehmen), daß der Prozeß überhaupt erwähnt wird. Mag dieser Fall als Sonderbeauftragung eines hohen Beamten, der das königliche Vertrauen genießt, sich mit der Stellung des Uni an sich vertragen, so kann die Weite seiner anderen Aufgaben nur Verwunderung erregen. Sie sind eindeutig kriegerischer Art, Feldzüge ins Land der „Sandbewohner", d. h. der Beduinen auf der Sinaihalbinsel, und ein Feldzug nach Südpalästina. Er betont ausdrücklich, daß ihm in seinem Amt als „Vorsteher der königlichen Domänenpächter" der Oberbefehl über das Heer übertragen worden sei, dessen Zusammensetzung die unkriegerische Art des Staates des AR bestens charakterisiert. Außer Ägyptern rekrutiert es sich aus mehreren nubischen und libyschen Stämmen (Temehu-Libyer). Die Befehlsgewalt liegt in Händen von Verwaltungsbeamten, darunter „Prophetenvorsteher", „Siegelbewahrer", „Vorsteher der Dolmetscher" usw. Wir finden keinen einzigen wirklich „militärischen" Titel. Man wird sich dieses Aufgebot und seine Führung ebenso vorzustellen haben wie eine Expedition etwa nach den Kupferminen des Sinai: Die je nach der Größe des Unternehmens beauftragten staatlichen Organisationen (Domänen-, Schatzhaus-, Tempelverwaltung usw.) ziehen mit ihren Untergebenen unter der Aufsicht eines fallweise Beauftragten ebenso in den Krieg wie zu jedem anderen staatlichen Unternehmen. Der Feldzug nach Palästina stellt trotzdem eine komplizierte Leistung dar: Ein kombinierter Feldzug, bei dem die Hälfte des Heeres zu Lande, die andere Hälfte zu Schiff nach einem Vorgebirge „Gazellennase" zieht, wo sich offenbar beide treffen. Die Schilderung des Feldzuges im Sinne einer militärischen Aktion wird nirgends gegeben, und das bleibt im Grunde so während der ganzen älteren Zeit. Daß die Unternehmungen jeweils zu einem vollen Erfolg führten, ist in der Berichterstattung der Ägypter selbstverständlich. Wenn etwas darüber hinaus mitgeteilt wird, so betriftt es rein organisatorische Dinge, wie etwa bei Uni die Versicherung, daß kein Streit in diesem bunt zusammengesetzten Aufgebot entstand und daß keine Plünderungen vorkamen, wenigstens solange sich das Heer auf ägyptischem Boden befand. Von etwaigen „politischen" Hintergründen des Palästina-Feldzuges hören wir kein Wort; und so bleiben alle Vermutungen, ob es sich etwa um eine ägyptische Reaktion auf einen Feldzug Naramsins von Akkad gegen Ägypten handelt, was chronologisch möglich ist, unbeweisbar.

Unter Merenrê wird Uni zum „Grafen und Vorsteher von Oberägypten" befördert. Er setzt ausdrücklich hinzu, daß sich das Amt von Elephantine bis Aproditopolis erstreckt habe, also tatsächlich das ganze Oberägypten ihm unterstand. An anderer Stelle nennt er sich „wirklicher Vorsteher von Oberägypten". Diese Beteuerungen zeigen recht deutlich, daß die Ausdehnung des Amtsbereiches über das gesamte obere Niltal eben nicht mehr selbstverständlich war. In dieser Stellung hat er mehrere Expeditionen nach Nubien (Diorit), Elephantine (Granit) und Hatnub in Mittelägypten (Alabaster) unternommen, um aus den Steinbrüchen das Material für die Pyramidenanlage des Königs zu holen. Als besondere Leistung seiner Amtstätigkeit erwähnt er, daß er alle Dinge, die für die Residenz besteuert werden, und alle Dienstleistungen, die für die Residenz gefordert werden, zweimal gezählt habe; das kann bedeuten, daß er den zweijährigen Turnus der „Zählungen"

(s. S. 39) zugunsten der Staatseinnahmen vorübergehend in einen alljährlichen verwandelt habe. Als er hochbetagt stirbt (er muß mindestens 70 Jahre alt geworden sein), läßt er sich, auch darin ganz Kind seiner Zeit, nicht in der Residenz, deren Beamter er doch war, bestatten, sondern fern in Oberägypten in Abydos.

Anders verlief die aus seinen Titeln erkennbare Laufbahn des Isi[3]. Er begann sie als Hofmann unter Asosi (5. Dynastie), stieg unter Unas als Beamter in der Zentralregierung empor und erreichte unter Teti das höchste Staatsamt, das des Vezirs, vielleicht allerdings nur als „Titularvezir" (s. S. 78). Danach ist nur noch eine letzte Erhöhung möglich, nämlich die zur Unabhängigkeit als Gaufürst. Diese Stellung erreicht Isi am Ende seines Lebens als Gaufürst von Edfu, wobei der räumlichen Entfernung von der Residenz auch das größere Maß an Selbständigkeit entspricht; dort läßt er sich auch begraben. Seine Titel als Gaufürst kennzeichnen den Unterschied der Stellung gegenüber früher. Wurde einstmals die Beamtenstellung des Gauverwalters durch Aufsummieren seiner Funktionen umschrieben, so drückt sich jetzt das zum Fürstentum werdende Amt in der Verleihung des Titels „Graf" und der Bezeichnung „Großes Oberhaupt des Gaues" aus. Isi verwaltet nicht nur seinen Gau, sondern er beherrscht ihn. Nach seinem Tode bemächtigt sich das ja immer noch religiös bestimmte Gefühl der Macht (auch des Staates) seiner Person: Er wird vergöttlicht. Die Gläubigen aus seinem Gau wallfahren zu seinem Grab, bringen Votivgaben dar und möchten sich durch Gebete seiner Hilfe im Jenseits ebenso versichern, wie sie ihrer hier auf Erden bedurften. Diese Art von Vergöttlichung von Privatpersonen, und zwar einer spontanen Vergöttlichung, läßt uns die Tiefe der dezentralisierten Kräfte im politisch-staatlichen wie im religiösen Sinne in vollem Umfang deutlich werden (s. S. 83).

Ähnlich ist der Weg, den Kar gegangen ist[4]. Unter Teti geboren, ist er am Hofe Phiops' I. erzogen worden und erhält unter ihm das Amt des „Vorstehers der königlichen Domänenpächter", das auch Uni bekleidete. Unter Merenrê rückt er ebenfalls in die Stellung eines Gaufürsten von Edfu auf mit dem Titel „Graf, großes Oberhaupt des Gaues"; dazu führt er unter anderen Titeln, die eine Vorrangstellung über die oberägyptischen Gaufürsten beanspruchen, auch den eines „Vorstehers von Oberägypten", allerdings ohne jene Zusätze, die bei Uni die wirkliche Ausübung des Amtes erkennen ließen. Es wird dabei kein Zufall sein, daß sich das fernste Ende des langgestreckten oberägyptischen Niltals zuerst selbständig machte. Dazu führte nicht nur die Lage am entferntesten von der Residenz, sondern auch die Besonderheit der Aufgaben, die hier zu lösen waren. Denn diesen Gaufürsten untersteht auch die Kontrolle über die „südliche Türöffnung“, d. h. die Überwachung der Südgrenze bei Elephantine und des zu dieser Zeit lebhaften Handelsverkehrs nach Unternubien und den südlichen Oasen. Das Amt erforderte also von sich aus eine besondere Selbständigkeit. Einige Sätze aus der Biographie des Kar wandeln in bezeichnender Weise die allgemeinen Lebensgrundsätze für seinen besonderen Fall ab und weisen zudem deutlich auf die wirtschaftliche Selbständigkeit, die auch jetzt noch an der „Totenstiftung“ hängt, ein Ausdruck, den wir mit einem gewissen Recht durch „Privatvermögen“ wiedergeben dürfen: Kar maß dem Hungrigen Gerste zu, soweit er in seinem Gau gefunden wurde, und zwar aus seiner Totenstiftung; zu wessen Lasten in seinem Gau ein Saatgutdarlehen stand, dem ersetzte er es ebenfalls aus seiner Totenstiftung. Auch die Versicherung, dem Hungrigen Brot und dem Nackten Kleider gegeben zu haben und die Alten begraben zu haben, erhalten jeweils den Zusatz: „soweit sie in meinem Gau gefunden wurden“ und „aus meiner Totenstiftung“. Man sieht aus diesen Beispielen zugleich, wieweit es dem Ägypter gelingt (und das trifft auch für spätere Zeiten zu), in die Formelhaftigkeit der biographischen Darstellungen zeitgeschichtlich bedingte Abwandlungen hineinzutragen.

Diese Beispiele mögen zeigen, wie in Einzelfällen sich die innere Entwicklung des Staates in der 6. Dynastie vollzog, und sie lassen stärker als die schematische Darstellung erkennen, daß diese Entwicklung im einzelnen neue positive Kräfte freimachte. Das Bewußtsein vom Wert der eigenen Leistung und die gewonnene Selbständigkeit steigern nicht nur die Leistungsfähigkeit, sondern haben vor allem auch in den Augen der Mitlebenden einen für uns schwer nachfühlbaren Eindruck hinterlassen. Die Stärke dieses Eindrucks wird u. a. zweifellos durch die Erstmaligkeit der Entwicklung bedingt, wie ja alle Erscheinungen des AR die Frische und Jugendlichkeit des Erstmaligen an sich tragen. Ihre Krönung erfährt die Einschätzung der Persönlichkeitsleistung in der Tatsache, daß einzelne dieser Persönlichkeiten göttlich verehrt wurden. Die Vergöttlichung der Person war uns schon begegnet bei Imhotep, dem Baumeister des Djoser, und bei König Snefru: In beiden Fällen hatte die über Jahrhunderte lebendige Erinnerung an die kulturschöpferisch Neues begründende Tat ihre Träger in den Augen einer späteren Welt mit göttlichem Nimbus umkleidet, ohne daß man darüber den menschlichen Ursprung dieser Persönlichkeiten vergessen hätte. Jetzt liegen die Dinge etwas anders. Isi, der genannte Gaufürst von Edfu, Kagemni, ein Vezir unter Teti, bei der Pyramide seines Königs bestattet, und Heka-ib, ein etwas späterer Gaufürst von Elephantine, sind unmittelbar nach ihrem Tod als Götter angebetet worden, wobei als natürliche Stätte der Verehrung das Grab gegolten hat; der Name des Kagemni dient (wie Götter- oder Königsnamen) zur Bildung von Personennamen (etwa „Gemni ist sein Schutz" u. ä.), und für Heka-ib wurde im MR auf der Insel Elephantine ein Heiligtum errichtet. Gemeinsam ist allen drei Fällen, daß sie zunächst am Grab als am „Haus der Ewigkeit" anschließen, von dem alle Wirkungskraft der Bestatteten ausstrahlt. Gemeinsam ist ihnen ebenfalls, daß die Verehrung unmittelbar nach dem Tod der Betreffenden einsetzt und daß sie sich nur über einen kleinen Kreis und über eine verhältnismäßig kurze Zeit erstreckt. Die irdische, persönliche und amtliche Wirkung der Person lebt im Glauben der Mitlebenden weiter und soll, das lehren die Anrufungen, in gleicher Weise hier und im Jenseits den unter ihrem Schutz Lebenden erhalten bleiben. Zu einem eigentlichen Kult, der eigene Formen gewonnen hätte und an dem eine eigene Priesterschaft teilgenommen hätte, ist es bei Isi und Kagemni nicht gekommen. Es sind — wenn man so will — „Augenblicksgötter", an deren gegenwärtiger und erfahrener Mächtigkeit sich ein Glaube entzündete; und er erlosch, ehe die Theologie sich mit ihnen auseinandersetzen konnte. Sie sind echte Erscheinungen des Volksglaubens geblieben, für dessen schöpferische Kraft sie Zeugnis ablegen. Diese Bildungsfähigkeit des religiösen Erlebens hat sich in Ägypten übrigens lange gehalten und späterhin werden Formen hervorgebracht, die ihrerseits als jeweils verschiedene zeitgeschichtliche Zeugnisse zu werten sind.

Findet der Begriff der Dezentralisierung, unter dem die Geschichte der 6. Dynastie zu betrachten ist, seinen nüchternsten Ausdruck in der Entwicklung der Verwaltung und seinen spirituellsten in Erscheinungen des religiösen Lebens, so ist nun noch auf ein drittes Gebiet einzugehen, die Wirtschaft. Es findet hier im Sinne einer Dezentralisierung ebenfalls eine folgenschwere Verschiebung statt. Oben war gezeigt, wie wir uns die Entstehung der Pyramidenstädte und Totenstiftungen als wirtschaftliche Institutionen vorzustellen haben. Zu ihnen treten als Wirtschaftseinheiten im Laufe des AR die Göttertempel in der Provinz. Die Entwicklung verläuft hier so, daß die mit fortschreitender Zeit sich natürlich vermehrenden Betriebe dieser Art (man denke allein an die mit jeder Generation wachsende Zahl von Pyramidenstädten!) zugleich an Umfang und Selbständigkeit zunehmen. Ersteres wird bewiesen durch die Wandlung des Begriffs „Totenstiftung" zu

„Privatvermögen", wie etwa in der Inschrift des Kar. Letzteres zeigt sich deutlich in den Immunitätsdekreten, nach denen Pyramidenstädte und Göttertempel von staatlichen Leistungen und Besteuerungen ausgenommen werden[5]. Was dabei in Gefahr geriet, ist nicht die Ertragsfähigkeit des Bodens oder die Arbeitsleistung im ganzen, sondern allein die Art ihrer Verwaltung: Die Lenkung entgleitet der Hand der Residenz. Solche Dekrete beginnen bereits in der 4. Dynastie (Schepseskaf), setzen sich über die 5. Dynastie hin fort und vermehren sich in der 6. Dynastie. Außer den alten Pyramidenstädten sind es vor allem Provinztempel in Abydos und Koptos, dann ebendort königliche Gedächtniskapellen, die durch derartige Dekrete ausgezeichnet wurden. So hat Phiops I. ein solches zum Schutz der beiden Pyramiden des Snefru erlassen, für eine Gründung also, die etwa 350 Jahre zurücklag. Empfänger des Erlasses, außer den Pyramiden selbst, wo sie auf Stelen geschrieben monumental veröffentlicht wurden, sind vor allem der Vezir, der Vorsteher der königlichen Bauarbeiten, der Domänenverwaltung u. a. m., also die Dienststellen, die für ihre Ressorts Arbeitsleistungen und Abgaben anfordern konnten. Die Leistungen, von denen die betreffenden Betriebe befreit sein sollen, werden im einzelnen aufgeführt und zeigen uns, bis zu welchen Verfeinerungen des Steuersystems man in der 6. Dynastie fortgeschritten war: Da sind Arbeitsleistungen für genau spezifizierte staatliche Bauarbeiten; da ist die Auflage, königliche Sendboten mit Gefolge aufzunehmen und weiterzuleiten; da ist die Beanspruchung von Tempelangestellten für Feldarbeiten; da ist die Besteuerung von Vieh, Leder, Wasserlöchern und Bäumen (letzteres wohl eine Art Meliorationssteuern). Der Tempelbetrieb wird aber auch ausdrücklich davor geschützt, etwa Fremde unter seine Angestellten aufnehmen und besolden zu müssen, die nicht ursprünglich zur Stiftung gehörten und unter Umständen bei ihnen ein Unterkommen und eine Anstellung suchten. Als besondere Belästigung werden hier schon die „befriedeten Nubier" genannt, d. h. Angehörige der nubischen Polizeitruppe und entlaufene Söldner, die entweder unrechtmäßig requirieren oder in den Tempeldienst (und seine Besoldung) aufgenommen werden wollen. Daß diese Dekrete als historische Quellen uns in mancher Hinsicht von äußerster Wichtigkeit sind, leuchtet ein. Sie weisen, zumal sie sich über das Ende der 6. Dynastie hinaus bis in die historisch recht undurchsichtige „Zwischenzeit" hinziehen, auf die jeweilige Verwaltungsstruktur durch Aufzählung der als Empfänger genannten Beamten und Dienststellen. Sie lassen zugleich die sich immer verfeinernde wirtschaftliche Durchdringung erkennen und die jeweiligen Mißstände, denen zu begegnen war. Ein so ausgeklügeltes Steuersystem, wie es im genannten Dekret Phiops' I. vorliegt, hat sich natürlich erst im Laufe der Zeit entwickelt; deshalb war es notwendig geworden, die unter einfacheren Verhältnissen errichteten Stiftungen ausdrücklich von den später hinzugekommenen Arten steuerlicher Erfassung auszunehmen. Deren Verfeinerung aber spricht eine beredte Sprache: Je mehr Besitz durch Zugehörigkeit zu Pyramidenstädten, Göttertempeln und privaten Totenstiftungen entzogen wurde, um so stärker mußte der verbleibende Teil zu Leistungen aller Art herangezogen werden; das ist eine ebenso natürliche wie primitive und letztlich unwirksame Reaktion. In diesen Zusammenhang gehört als aufklärende Einzelheit die Verdoppelung der Zählungen, die Uni unter Merenrê durchführte (s. S. 80). Man kann sich unschwer vorstellen, wie die Situation sich am Ende der 6. Dynastie herausgebildet hatte: Verarmung und übermäßige Beanspruchung des Bevölkerungsteils und der Ländereien, die vom Staat unmittelbar verwaltet wurden; demgegenüber vollständige wirtschaftliche Selbständigkeit und Unabhängigkeit der Pyramidenstädte usw. Diese Dinge haben wohl unmittelbar den „Zusammenbruch" nach der 6. Dynastie herbeigeführt und die katastrophale wirtschaftliche und gesellschaftliche Situation der ersten Zwischenzeit geschaffen.

Gern wüßten wir mehr über die auswärtigen Verhältnisse zu dieser Zeit. Obwohl uns auch hierfür besonders aus den biographischen Inschriften ein verhältnismäßig reiches Material zur Verfügung steht, ist es kaum möglich, ein wirkliches Bild der Verhältnisse zu gewinnen. Teils liegt es an unserer Unkenntnis topographischer Bezeichnungen, teils daran, daß der Ägypter keine politischen Zusammenhänge darstellt. Und letzten Endes fehlen entsprechende Quellen von der Gegenseite, die — den ägyptischen gegenübergestellt — erst die Möglichkeit ergäben, die Einzelfakten von beiden Seiten aus anzusehen. Die Feldzüge, die Uni gegen die Beduinen und gegen Palästina beschreibt, waren genannt. Wie weit sie mit wirklichen politischen Ereignissen in Zusammenhang stehen, etwa im Sinne einer Reaktion, bleibt im Ungewissen. Von ägyptischer Seite erscheinen sie als Beispiel der letztlich defensiven Haltung gegenüber Asien, die Ägypten bis ins NR hinein gewahrt hat. Es braucht nicht mehr vorzuliegen als eine, allerdings nachdrückliche, Säuberung (darauf weist die Stärke des Aufgebotes) der Bergwerksgebiete auf dem Sinai, die offenbar geraume Zeit vor Phiops I. nicht mehr aufgesucht worden waren. Es handelt sich dann um mehrere, rasch aufeinander folgende

Aktionen, die zum Ziele hatten, das Gebiet zu befrieden, mit einem weiträumigen Nachstoßen (der Palästina-Feldzug) zum Zwecke, auch für die Zukunft die bedrohliche Nachbarschaft der Nomaden im Zaum zu halten. Aber von einer aggressiven Politik im Sinne einer planmäßigen Ausweitung des ägyptischen Raumes nach Nordosten kann nicht die Rede sein. Die Handelsbeziehungen mit Byblos und die Expeditionen nach Punt scheinen (von einzelnen Zwischenfällen abgesehen, z. B. Niedermetzelung einer ägyptischen Expedition, auf die aber eine Strafexpedition folgt) im ganzen kontinuierlich verlaufen zu sein. Von irgendeiner Schwächung oder nachhaltigen Störung der ägyptischen Beziehungen ist jedenfalls zur Zeit der 6. Dynastie noch nichts festzustellen.

Etwas besser sind wir über die Ereignisse im Süden unterrichtet [6]. Nach neueren Ausgrabungen hat sich gezeigt, daß bereits seit der 4./5. Dynastie in Buhen am 2. Katarakt eine ägyptische Siedlung und wohl auch Festung gelegen hat. Die damit angezeigte Beherrschung des Niltales zwischen den beiden ersten Katarakten hatte wohl einmal die Sicherung der eigentlichen Grenze bei Elephantine zum Ziel, zum anderen die der Bergwerke und Steinbrüche in diesem Gebiet. Doch lag die Landesgrenze weiterhin bei Elephantine und man wird sich dort eine feste Grenzwache und Kontrolle vorzustellen haben, deren Hauptaufgabe die Überwachung des Grenzverkehrs aus Nubien nach Ägypten gewesen ist. Sodann aber gingen von hier aus die Karawanen und Expeditionen, deren Ziel vor allem das Land Jam gewesen ist, das südlich vom zweiten Katarakt gelegen haben dürfte. Die in Elephantine, Edfu, aber auch weiter nördlich stationierten Beamten, auch die „Vorsteher von Oberägypten" und „Vorsteher der Dolmetscher" führen gern Titel wie „Hüter des Geheimnisses der südlichen Türöffnung", womit auf die Überwachung des Grenzverkehrs angespielt wird. Die Expeditionen werden zumeist von „Vorstehern der Dolmetscher" und „königlichen Siegelbewahrern" (etwa Schatzmeister) geführt; aber auch Uni hat eine solche unternommen. Außer der Ausbeute der nubischen Dioritbrüche führte der Tauschhandel die Ägypter nach Süden. Importiert werden im AR vor allem Weihrauch, Eben- und Akazienholz, Öl, Felle, Elefantenzähne und außerdem Vieh. Soweit die Expeditionen auf dem Nil selbst vordringen, werden die Schiffe in Nubien oberhalb des ersten Kataraktes gebaut. Bis in die Zeit des Merenrê scheint sich der Handelsverkehr ungestört und friedlich abgespielt zu haben. Erst unter Phiops II. berichten die Inschriften des Herchuf und Sabni von Zusammenstößen mit Eingeborenenstämmen; dabei scheint es sich um eine regelrechte Koalition nubischer Stämme zu handeln. Möglicherweise richtet sie sich zunächst gar nicht gegen Ägypten, sondern stellte eine Abwehrmaßnahme gegen die weit südlich vordringenden Temehu-Libyer dar. Denn Herchuf wird durch die Unruhe der Stämme gezwungen, auf einer seiner Expeditionen nicht im Niltal, sondern den „Oasenweg" zu ziehen von Abydos nach el Charge und von hier nach Süden, den später Darb el Arba'in genannten Karawanenweg[7]. Er trifft den Häuptling von Jam, mit dem er Handel treiben will, nicht an, da er sich auf einem Kriegszug gegen die Temehu befindet, „bis zur westlichen Ecke des Himmels". Herchuf verfolgt ihn und es gelingt ihm, wieder ruhige Verhältnisse zu schaffen. Auf kriegerische Verwicklungen läßt auch der Bericht des Sabni schließen, der eine Expedition aus seiner Totenstiftung ausrüstet, um die Leiche seines Vaters zu holen, der offenbar mit einer früheren Expedition zusammen den Unruhen zum Opfer fiel und nicht, wie es der religiöse Wunsch jedes Ägypters damals war, in der Heimat bestattet werden konnte.

Im ganzen zeigt sich, daß am Ende des AR zwar hin und wieder Schwierigkeiten und einzelne kriegerische Zusammenstöße berichtet werden, daß aber von einer ernsthaften Bedrohung des Landes von irgendeiner Seite nicht die Rede sein kann. Diese Feststellung ist wichtig für die Beurteilung des Zusammenbruches, der sich am Ende der 6. Dynastie vollzieht: Er muß ausschließlich auf eine folgerichtige und in gewissem Sinne notwendige Entwicklung der inneren Verhältnisse zurückgeführt werden.

Um so wichtiger ist es, nochmals in wenigen Sätzen auf die Bildungs- und Verfallstendenzen dieser Kulturentwicklung hinzuweisen. Denn in ihnen allein liegt Aufstieg und Verfall einer Epoche begründet, deren legendär gewordener Ruhm und deren monumentale Denkmäler mehr als vier Jahrtausende überdauert haben und die im Gesamtablauf der ägyptischen Geschichte als die eigentlich schöpferische Zeit und zugleich die der reinsten Verwirklichung des „Ägyptischen" angesehen werden muß. Die Grundtendenzen der gesamten ägyptischen Geschichte, Zentralisation und Dezentralisation, deren Wurzeln tief in die geographischen, völkischen und vorgeschichtlichen Bedingungen hinabreichen, werden nach unruhigen und wechselvollen Jahrhunderten des Anlaufs für eine kurze Spanne Zeit ausgeglichen. Fast gleichzeitig aber beginnen die Kräfte der Dezentralisation kenntlich zu werden. Ihr Freiwerden wird letztlich bedingt durch einen Schritt aus dem magisch-überindividuellen Lebenszusammenhang in Richtung auf ein stufenweises Selbstbewußtwerden des Menschen. Die

Umstellung des Königsdogmas auf die Gottessohnschaft, das Offenkundigwerden zweier religiöser Tendenzen unter den Namen Re und Osiris, die verwaltungsmäßige Dezentralisierung und die damit verbundene Steigerung privater Initiative, die wirtschaftliche Verselbständigung von ursprünglich religiös gedachten und sozial bestimmenden Institutionen, das alles sind in gleicher Weise Symptome der Entwicklung. Auch wenn sie uns nicht unbedingt gleichzeitig sichtbar werden, wäre es nicht richtig, das eine oder andere als die eigentliche und einzige Ursache der Entwicklung zu bezeichnen. Sie bedingen einander und eines treibt das andere vorwärts. Alle zusammen führen das Land in eine echte Krise, die also alle Lebensgebiete gleichmäßig umfaßt. Wir bezeichnen sie nach einem zeitweiligen Herrschergeschlecht als Herakleopolitenzeit oder neutraler als erste Zwischenzeit.

III. DIE ERSTE ZWISCHENZEIT (HERAKLEOPOLITENZEIT)

Die Wege, die die Verhältnisse in der 6. Dynastie eingeschlagen hatten, führten zu einer erst allmählichen, dann sich beschleunigenden Zersetzung aller staatlichen, gesellschaftlichen und religiösen Bindungen[1]. Wenn nach dem Tode Phiops' II. sich de facto das Staatsgefüge aufgelöst hat, so ist sicher, daß als Ursachen hierfür keine äußeren Einwirkungen angeführt werden können; weder kann man von einer Erschöpfung des Staates und seiner Mittel durch ständige und weitgespannte kriegerische Unternehmungen sprechen, noch von einem von irgendeiner Seite gegen Ägypten geführten feindlichen Angriff, der den Zusammenbruch zur Folge gehabt hätte. Eher könnte man daran denken, daß das legendär hohe Greisenalter Phiops' II. den Gang der Ereignisse förderte; freilich hätte auch ein jüngerer energischer König den Zusammenbruch nicht vermeiden können, ohne eine „Revolution von oben" durchzuführen, d. h. eine grundsätzliche Neuformung des Staates unter Auswertung aller Erfahrungen der letzten Jahrhunderte. Das aber hätte ein Denken über den Staat und ein Wissen um die gegenseitige Bedingtheit von Staat, Religion und Gesellschaft vorausgesetzt, wie es im Alten Orient nicht vorstellbar ist. So liegt über dem Ende des AR etwas Schicksalhaft-Notwendiges, das ebenso zu einem absoluten Ende der altägyptischen Kultur hätte führen können, wie es eine Stufe zu einer neuen Verwirklichung ägyptischen Wesens werden konnte.

Der Eindruck, den der Verfall des für die Ewigkeit gedachten Reiches auf die Miterlebenden und die Späteren machte, ist ungeheuer. Die Krise ist wahrhaft total, indem sie in gleicher Weise die Wirtschaft wie die Religion, den Staatsaufbau wie die Gesellschaft, die Gesamtheit wie jeden Einzelnen betrifft. Wenn wir heute auch wissen, daß die Spanne vom Ende der 6. Dynastie bis zur erneuten „Reichseinigung" durch Mentuhotep etwa 200 Jahre betrug und daß von einer eigentlichen „Wirrenzeit" nur über etwa 40 Jahre gesprochen werden kann, so scheint die Auffassung des Ägypters, es handele sich hier um ein letztlich kosmisches Unglück mythischen Ausmaßes, eine Art Götterdämmerung, doch berechtigt; denn nicht nach der objektiven Länge der Zeit, sondern nach der subjektiv empfundenen Bedeutung muß ein historisches Ereignis gewertet werden.

Das Schicksal der Landesteile ist verschieden, ebenso die politischen und geistigen Formen, die sie in der Auseinandersetzung mit den Ereignissen entwickeln. Am wenigsten wissen wir über das Schicksal des Deltas. Mehrfach sprechen die Quellen davon, daß hier Asiaten eingedrungen seien; das wird richtig sein, und zwar in dem Sinne, daß das Nachlassen der Abwehrkräfte an der Nordost-Grenze die stets wachsamen Beduinenstämme in die lockende reiche Flußebene hat eindringen lassen. Klärlich ist aber ihr Einbruch in ägyptisches Kulturland nicht eine Ursache, sondern eine Folge des Versagens der staatlichen Macht gewesen. Um die Residenz Memphis, unter Einschluß des Gebietes von Abu Roâsch im Norden und Medum im Süden, also der Pyramidenstädte des AR, scheint der Zusammenbruch die extremsten Formen angenommen zu haben. Die hier für damalige Verhältnisse eng zusammengedrängte Bevölkerung (absolute Zahlen fehlen völlig) hing naturgemäß am stärksten von der regelmäßigen organisierten Zufuhr ab und ihre Unterbrechung bewirkte zwangsläufig Hunger, Aufstände, Plünderungen. Mit gebotener Zurückhaltung kann man den Charakter dieses Landesteiles und die Form, die der Zusammenbruch hier annahm, als „großstädtisch" bezeichnen. Das gesamte Oberägypten hingegen zerfällt in eine mehrfach wechselnde Zahl von „Fürstentümern", deren im einzelnen nicht immer bekannte Schicksale von der Tatkraft ihrer Fürsten und der Ernährungsgrundlage ihrer Bevölkerung abhängen. Denn als einer der unmittelbar die Lage bestimmenden Faktoren ist die mit der Zentralgewalt zerstörte Organisation der Güterverteilung anzusehen: Die Natur des Landes erforderte den von *einer* Stelle geleiteten Ausgleich seiner Erzeugnisse. Der empfindlich organisierte Staat des AR hatte diese Aufgabe gelöst und zugleich die Nachbargebiete als Importländer für Rohstoffe einbezogen; in seinem Aufbau lagen aber schon die Keime zum Zerfall. In dem Moment, wo das Gehirn dieses Organismus außer Kraft gesetzt wurde, mußten die Teile des Landes – oft in lebensunfähige Miniaturgebilde zersplittert – buchstäblicher Not und Mangel verfallen.

Über die Schicksale der letzten Herrscher der 6. Dynastie – Merenrê II. und Nitokris – ist historisch nichts bekannt, wenn man nicht in dem sagenhaften Bericht Herodots (II 100) einen Nachklang historischer Ereignisse sehen will. Merenrê sei ermordet worden und seine Schwester Nitokris habe die Mörder durch List in ihre Gewalt gebracht und sie bei einem Festmahl ertränkt; sie selbst habe sich dann getötet. So wenig es möglich ist, die Einzelheiten der Erzählung zu überprüfen, so sehr könnte doch das dunkle Ende einer Dynastie im Lauf der Jahrhunderte in ein derartiges Bild geprägt sein. Über die 7. Dynastie erzählt Manetho, daß sie aus 70 Königen bestanden habe, die 70 Tage regiert haben sollen; auch eine solche Nachricht kann einen historischen Kern enthalten, indem sie auf eine Reihe ephemerer Epigonen weist. In den ägyptischen Königslisten werden nach Phiops II. noch eine ganze Reihe von Königen genannt (darunter im Turiner Königspapyrus der König Ibi, dessen Pyramide bei Saqqara gefunden wurde), wobei die einzelnen Listen stark voneinander abweichen und die überlieferten Namen für uns in keiner Weise Gestalten werden. Immerhin ist an der Namensbildung dieser Könige zweierlei auffällig. Das ist einmal das häufige Vorkommen des Königsnamens Neferkarê, den als erster Phiops II. trug; darin drückt sich das Bekenntnis zur Nachfolge dieses Herrschers aus. Sodann fällt der Zusatz von Beinamen auf, die ihrer Bildung nach unköniglichen Charakters sind, wie Nebi, Schemai, Schendu u. a. m. Sichere Rückschlüsse auf die Herkunft ihrer Träger können allerdings noch nicht gezogen werden. Diese als 8. Dynastie gezählten Könige werden etwa 110 Jahre in Memphis regiert haben.

Der Zusammenbruch in der Residenz zeitigte Erscheinungen, die den Anschein einer „Revolution" erwecken. Offenbar hatten sich schon unter Phiops II. hier die Verhältnisse so verschärft, daß nun mit einem Schlag alle Nöte und Mängel offenkundig werden. Die Menschenmengen, die hier auf beschränktem Raum zusammengedrängt waren, müssen für damalige Verhältnisse enorm gewesen sein, und Reichtum und Armut müssen im krassen Gegensatz zueinander gestanden haben. Da war die Residenz selbst mit den um den Pharao gescharten Mengen von Höflingen, Palastbeamten, Haremsfrauen, Dienern, Sklaven; die Regierung mit ihren Büros und deren Angestellten und Schreibern; die Pyramidenstädte mit Scharen von Priestern aller Grade, Beamten, Handwerkern, Hörigen und Sklaven; dann die Göttertempel; dazu eine Armee von wirtschaftlich völlig abhängigen Arbeitern in den Nekropolen, den Pyramidenstädten und den dem memphitischen Gebiet gegenüberliegenden Steinbruchsgegenden. Dieser ganze vielfältig gegliederte Organismus mußte zusammenbrechen, wenn der häufige Thronwechsel die naturgemäß auf lange Sicht geplanten Arbeitsvorhaben jäh unterbrach, um neue in Angriff zu nehmen; er wird mit dem jeweils neuen persönlichen Gefolge und Günstlingen der Pharaonen auch eine stärkere Konzentration von Menschen herbeigeführt haben, anstatt ein Abnehmen der absoluten Bevölkerungszahlen zu bewirken. Zudem mußte ein Versagen der Staatsorganisation, eine Verzögerung der Lieferungen an Getreide, Öl, Stoffen (von Stein, Hölzern, Drogen usw. für die Werkstätten ganz zu schweigen) aus den Provinzen des Landes, aber auch aus den außerägyptischen Bezugsländern sofort an irgendeiner Stelle Mangel eintreten lassen. Die wirtschaftliche Umschichtung im Lande, das Hervortreten der Privatinitiative (sei es der Fürsten, sei es der Provinztempel, sei es der zahlreichen mit Privateigentum begabten Vornehmen) führte aber nicht nur eine Verzögerung herbei, sondern offenbar bewirkte sie schließlich ein völliges Versagen der Zufuhr. Wo diese Dinge das erste Mal ausgesprochen werden, hat die allgemeine Not bereits zum Umsturz geführt: „Das Land hat sich gedreht, wie die Töpferscheibe tut!" Sklaven und Besitzlose haben die Häuser der Vornehmen geplündert, und die einstigen Herren und Damen verrichten niederste Sklavenarbeit. Weder aus Oberägypten, noch aus Byblos, von Kreta, aus den Oasen, von nirgends treffen Lieferungen ein. Im benachbarten Delta hausen asiatische Beduinen, und wer das Feld bestellt, tut es bei der allgemeinen Unsicherheit mit der Waffe in der Hand. Familien rotten einander aus um des Hungers willen. Die Büros der Verwaltung, die früher für gerechte Verteilung sorgten, sind geplündert, die Akten zerrissen und weggeworfen. Sogar die Gräber sind geöffnet und die königlichen Mumien aus den Särgen gerissen. Wer es miterlebt hat, dem scheint, als flösse der Nil voll Blut, und schon die Neugeborenen begehren, die Welt wieder zu verlassen!

Wir verdanken diese Schilderung einem Literaturwerk, das unter dem Namen „Mahnworte eines Weisen" bekannt und auf einem in Leiden befindlichen Papyrus aufgezeichnet ist[2]. Es scheint beinahe so, als gäbe es „Literatur" erst seit dieser Zeit, sofern man darunter die freie künstlerische Formung eines Erlebnisses versteht. Gewiß hat es im AR ein religiöses Schrifttum, Biographien, didaktische Unterweisungen gegeben; aber eine Literatur im vollen Sinne des Wortes kennt erst das MR. Das hier behandelte Thema, die Schilderung der Notzeit, hat Schule gemacht. Wenn das genannte Werk auf dem Leidener Papyrus unter den erhaltenen Werken mit gleichem Thema dem auslösenden Erlebnis am nächsten stehen dürfte, so weisen andere auf eine Entstehungszeit hin, die von der Unmittelbarkeit wenig mehr spüren läßt. Eines von ihnen, die „Weissagungen des Neferti", benützt den literarischen Vorwurf der Schilderung der Notzeit, um in einer Weissagung kommender glücklicher Zeit unter König Amenemhet I. der 12. Dynastie zu münden, ist also zweifellos in der Regierungszeit dieses Königs verfaßt. Ein anderer beginnt sein Werk mit Klagen darüber, wie schwer es sei, neue Worte und Wendungen für wiederholt Gesagtes zu finden. Man sieht, wie sich hier eine naiv ausgedrückte Freude am literarischen

Schaffen entzündet; man spürt aber auch, wie gewaltig und erstmalig das Erlebnis gewesen sein muß, das über Jahrhunderte wirkend eine Literaturgattung hervorrufen konnte.

Die klassische Schilderung der Notzeit in den „Mahnworten" ersetzt für uns nicht nur die fehlenden eigentlich historischen Denkmäler aus der memphitischen Sphäre, sondern sie weist in ihrer künstlerischen Form deutlich auf das Nachleben der geistigen Überlieferung in der Residenz. Daß man die Dinge überhaupt so schildern konnte, setzt einen Grad des Wissens, Könnens und der „Bildung" voraus, wie er nur auf der geistigen Höhe der alten Residenz gedacht werden kann. In Oberägypten entwickeln sich nicht nur die Verhältnisse wirtschaftlich und politisch anders, sondern sie finden auch einen anderen dokumentarischen Niederschlag. Hier entwickelt sich, das Ideal der unabhängigen, aber verantwortungsbewußten Fürsten erfüllend, die Biographie zur ausdrucksvollen und gern übertreibenden Form der literarischen Gestaltung. Die Gaufürstentümer, die sich in der 6. Dynastie gebildet hatten, mögen in der Folgezeit ihren Umfang gewechselt haben, ohne daß bis zum Beginn des MR diese landschaftlich bedingte Eigenart Oberägyptens geschwunden wäre. Die Einstellung den Verhältnissen gegenüber geht aus mancherlei einprägsamen Formulierungen der oberägyptischen Inschriften dieser Zeit hervor. Der Ausdruck des hybriden Selbständigkeitsgefühls kann, wie bei einem Fürsten des 12. o. ä. Gaues, sich bis zur Beteuerung steigern, er habe nicht nur die Hungrigen gespeist, sondern sogar die Wölfe des Gebirges und die Raubvögel des Himmels mit den Abfällen seiner Herden gesättigt! Aus den begrenzten Ansätzen des AR entwickelt sich in der Zwischenzeit die Biographie zu ihrer Blüte, und zwar bereichert sich ebenso die Phraseologie, die die allgemeinen Lebensgrundsätze umschreibt, wie die Ausdrucksfähigkeit der erzählenden Teile. Deutlich zeigt sich, daß das, was einmal Aufgabe der Zentralregierung in Memphis gewesen war, jetzt Aufgabe der einzelnen territorialen Machthaber geworden ist: die Versorgung eines Distriktes und die Verteilung der Produkte [3]. Der Stolz auf Besitz (Boden und Vieh) und die Fähigkeit, ihn zu erwerben, werden immer wieder ausgedrückt. Die Verfasser der Biographien legen sich Beiworte wie „tüchtig", „erfolgreich", „tapfer" bei. Es erhöht aber den Stolz des Besitzenden, wenn er versichern kann, daß er damit die Not von seinem Gau ferngehalten habe, während der Nachbargau hungerte. Daher gehört zum Besitz auch der von Schiffen, mit denen Getreide herantransportiert werden konnte. „Ich brachte Getreide nach Hermonthis und Hefat (die Nachbarorte des Sprechenden), nachdem

Gebelên (die Heimatstadt) versorgt war, während Theben stromab und stromauf fuhr (um Getreide zu suchen). Niemals ließ ich Gebelên stromab und stromauf fahren nach einem anderen Gau." Solche Formulierungen zeigen zwar eine hohe Wertschätzung persönlicher Tatkraft und Verantwortlichkeit, aber auch die Kleinheit und Enge der Verhältnisse. (Die in der zitierten Inschrift genannten Orte Hermonthis und Theben liegen etwa 12 km voneinander entfernt!)

Ein treffliches Lebensbild dieser Zeit ist uns in den Inschriften eines Grabes bei Mo'alla erhalten (gegenüber Gebelên, etwa 30 km südlich Luxor), die Jacques Vandier in vorbildlicher Weise der Wissenschaft zugänglich gemacht hat[4].

Der Inhaber des Grabes hieß Anchtifi und apostrophiert sich immer wieder als „ein Mann, der nicht seinesgleichen hat". Zu Lebzeiten seines Vaters war er „General von Nechen" (3. o. ä. Gau) und erbte dann von ihm das Gaufürstenamt dort als „Großes Oberhaupt", dazu führte er Titel wie „Vorsteher der Dolmetscher, Vorsteher der Fremdländer, Prophetenvorsteher" u. a. m. Der „Horus" führte ihn dann auch in den südlich benachbarten Gau von Edfu, d. h., er vereinigte die Herrschaft über beide Gaue in seiner Hand. Aufschlußreich ist die anonyme Bezeichnung „Horus", mit der sicher der König gemeint ist. Das Verschweigen des Königsnamens ist eine Ausdrucksform, die uns sehr viel später wieder begegnet und dann gebraucht wird, wenn die Gestalt des nominell regierenden Pharao sich von dem geforderten Idealbild des Gottkönigs allzusehr unterscheidet. Anchtifi hat in seinen Gauen etwa die Rolle eines Condottiere gespielt, der mit seiner Mannschaft die umliegenden Gebiete (namentlich das nördlich anstoßende Gebiet des thebanischen Gaues, das über ein verhältnismäßig breites Fruchtland beiderseits des Nils verfügt) plünderte und brandschatzte, um sein Fürstentum zu versorgen. Wenn seine Truppe zufrieden war, dann lag das Land in Frieden; wenn sie aber gereizt wurde (er sagt sehr anschaulich: Wenn man auf den Schwanz trat wie einem Krokodil), dann verfiel der ganze Süden und Norden in angstvolles Zittern. Auch hier ist das Hauptproblem die Getreideversorgung. Seine Verteilung erstreckte sich angeblich südlich bis Wawat, einem nubischen Land nördlich des zweiten Kataraktes, und nach Norden bis Abydos (?). „Während der ganze Süden vor Hunger starb und jedermann seine Kinder aß, ließ ich nicht zu, daß ein Hungriger in diesem Gau starb!" Auch verteilte er Saatgutdarlehn und rühmt in immer neuen Ausdrücken seine Tätigkeit und seine Leistungen, die von keinem Vorfahren erreicht worden seien.

Eine solche Inschrift charakterisiert mit aller wünschbaren Deutlichkeit die Verhältnisse in Oberägypten: Ein schattenhaftes, nominelles Königtum und unabhängige Gaufürsten-Generäle, die mit eigenem Aufgebot herrschen und den nächsten Nachbarn schon als „Feind" betrachten. Ebenso bezeichnend für den hier herrschenden Menschentyp ist die originelle Sprache und die Maßlosigkeit der bildlichen Ausdrücke. Anchtifi war „ein Berg für Hefat und ein kühler Schatten für Hormerti"; er nennt sich „eine Kostbarkeit, der Herr von Kostbarkeiten; ein Apis, der Herr von Stieren; eine Hesat (Kuhgöttin), die Herrin der Kühe; ein Korngott, der Herr des Getreides; eine Webgöttin, die Herrin von Kleidern; ich sage das alles wahr und wahrhaftig!" Hier bildet sich ein bestimmter Stil heraus, der über die Folgezeit in der Literatur allgemein, aber speziell in der Biographie bis in die Spätzeit zu verfolgen ist. Aus den originellen Formulierungen der Notzeit entwickeln sich feste Phraseologien, die die Biographien anderer Zeiten stilistisch bereichern.

Aus dem umfassenden Zusammenbruch im Norden und der Zerrissenheit im Süden bilden sich zwei Schwerpunkte, zwei Kristallisationspunkte der Macht, die in ihrer Art offenbar grundsätzlich verschieden voneinander waren. Im Norden zählt man zwei Dynastien, die 9. und 10. Dynastie, in Herakleopolis, südlich vom Fayûmeingang gelegen. Im Süden gelingt es einem Fürstengeschlecht in Theben, stufenweise die Herrschaft über das südliche Oberägypten zu erringen.

Über die Herkunft und ältere Geschichte der 9. herakleopolitanischen Dynastie wissen wir praktisch nichts. Sie muß sich kurz nach dem Zusammenbruch der 6. Dynastie in Memphis selbständig gemacht haben. Warum ihr Gründer Achthoes I. noch bei Manetho als gottloser Mensch galt, der in Wahnsinn verfiel und von einem Krokodil gefressen wurde, ist völlig undurchsichtig. Der Turiner Königspapyrus schließt ihre Namen (und zwar fünfzehn Könige für beide Dynastien) unmittelbar an die der Schattenkönige nach dem AR an und gibt nach ihrem letzten König, der weniger als ein Jahr geherrscht hat, eine Summenzahl, macht hier also einen Einschnitt. Historische Nachrichten haben wir erst von den zwei vorletzten Königen der 10. Dynastie, Achthoes III. und Merikarê, in deren Zeit die Auseinandersetzung mit dem thebanischen Herrscherhaus fiel. Merikarês Grab scheint bei Memphis gelegen zu haben. Denkmäler beider Dynastien sind äußerst spärlich und genügen nicht einmal, um die in den Listen überlieferten Königsnamen zu kontrollieren, oder, da sie dort z. T. zerstört sind, zu ergänzen.

Dennoch besitzen wir zwei Denkmäler im weiteren Sinne, die ein eigenartiges Licht auf das herakleopolitanische Reich werfen und in Ermangelung anderer Quellen zu seiner Charakterisierung herangezogen werden müssen, auch wenn es sich bei ihnen um literarische Quellen handelt. Gewiß können wir ihnen nur in beschränktem Sinne Nachrichten über politisch-geschichtliche Ereignisse entnehmen; um so deutlicher sprechen sie für den Geist dieses episodenhaften Königtums. Sie schließen innerlich an die Themenstellung der „Mahnworte eines ägyptischen Weisen" an; ja, das jüngere von ihnen erscheint in einigen Partien als direkte Weiterführung und Beantwortung dort aufgeworfener Fragen. Beide Werke können als Zeugnisse für die Kontinuität der geistigen Entwicklung von der 6. Dynastie über die Zwischenzeit ins MR hinein nicht hoch genug gewertet werden und zeigen deutlich, daß diese Kontinuität von dem Teil des Landes (Memphis-Herakleopolis) gewahrt wurde, der in dem schließlichen Endkampf um die Herrschaft unterlegen war. Die beiden Werke sind bekannt unter dem Titel „Die Klagen des Bauern" und „Die Lehre für König Merikarê".

Die „Klagen des Bauern"[5] (in mehreren Abschriften erhalten) haben die Zeit Achthoes' II. als historischen Hintergrund und mit einer alltäglichen Fabel das Problem der Gerechtigkeit zum Gegenstand: Ein Bauer zieht mit seinen Erträgnissen nach Herakleopolis und wird unterwegs widerrechtlich von einem Gutsbeamten angehalten. Seine Waren werden ihm unter einem durchsichtigen Vorwand weggenommen. Den eigentlichen Inhalt des Werkes bilden neun Reden, die der Bauer vor einem Oberverwalter, dem Vorgesetzten des Gutsbeamten, hält, um zu seinem Recht zu kommen. Gegenstand aller Reden bildet die Gerechtigkeit, deren Notwendigkeit mit großer Kunst und spürbarer Freude am immer wechselnden Ausdruck dargelegt wird. Aber diese deutliche Freude an der Form darf nicht über den Ernst des Inhalts täuschen. Wenn uns auch manches gekünstelt und gesucht scheinen mag, so dürfen wir Mahnungen wie diese nicht überhören: „Die Maat (Gerechtigkeit und Wahrheit) dauert bis in Ewigkeit. Sie steigt mit dem, der sie ausübt, in die Unterwelt hinab. Wenn er beerdigt und bestattet ist, so vergeht doch nicht sein Name auf Erden. Denn man gedenkt seiner wegen des Guten. So will es die Ordnung des Gotteswortes." Gewiß, die Not in dem kleinen Königtum von Herakleopolis mag geringer gewesen sein als im landarmen Oberägypten. Aber auch hier wird man die Sorgen der Verfallszeit unmittelbar gespürt haben; es sind nicht nur „akademische" Reden, die gehalten werden. Sondern ein Werk wie die „Klagen des Bauern“ (und wieviel von verwandter Literatur mag uns verlorengegangen sein?) erwächst aus dem Nachdenken über den erlebten Zusammenbruch und seine Voraussetzungen. Es will eine Erkenntnis in schöner Sprache verbreiten, die Erkenntnis nämlich, daß das Gesamtwohl bis hinab zum unbedeutenden „Bauern“ von der bewußten und gewollten Verwirklichung der göttlichen Weltordnung abhängt, die jedem seine bestimmte Funktion im Aufbau des Ganzen mit bestimmten Aufgaben zugewiesen hat. Verantwortungsbewußtsein vor einer göttlichen Instanz, das ist die Lehre des Werkes und die Erkenntnis, der es dient.

Von diesem Geist der Verantwortung ist auch das andere Werk der Herakleopolitenzeit getragen, die „Lehre für König Merikarê“ [6]. Man kann es als ein Königstestament bezeichnen, daß Achthoes III. seinem Sohn übergibt. Es ist dabei für den Inhalt und Charakter der Lehre nicht entscheidend, daß sie offenbar erst nach dem Tode des alten Königs auf Veranlassung des Sohnes verfaßt ist; Beispiele für diese Art nachträglicher Beauftragung sind in Ägypten mehrfach anzutreffen, und zwar besonders dann, wenn der Vorgänger eines unnatürlichen Todes gestorben ist. Auch in dieser Lehre wird, und nun speziell für den König, das Einhalten der Maat an Einzelbeispielen empfohlen: Klugheit, Vorsicht, Gerechtigkeit, Einhalten der religiösen Vorschrift, das verleiht der Herrschaft Dauer und Sicherheit. Wieviel Nüchternheit bei aller ethischen Höhe hinter den Mahnungen steht, zeigt die oft zitierte Stelle, in der empfohlen wird, die königlichen Räte groß und reich zu machen; denn dann werden sie nicht parteiisch sein und Bestechungen annehmen. Zwei Gedanken aus diesem Werk seien hervorgehoben, die zeitgeschichtlich bedeutsam sind und den Geist der Herakleopoliten in seiner Einmaligkeit deutlich machen. In diesem Werk findet sich die früheste und klarste Formulierung über eine ethische Wertung des Totengerichts; sie gipfelt in den Worten: „Vertraue nicht auf die Länge der Jahre! Sie (die Richter) sehen die Lebenszeit als eine Stunde an. Der Mann bleibt nach dem Sterben übrig und seine Taten werden zu Haufen neben ihn gelegt!“ Nicht weniger klar und eindringlich ist eine Charakterisierung des Königtums, und zwar besonders im Hinblick auf seine Verantwortlichkeit. Unter Achthoes selbst geschah etwas Verbrecherisches: Bei den Kämpfen mit Theben wurde die abydenische Nekropole zerstört. „Es geschah als etwas, was ich getan habe, obwohl ich es erst erfuhr, als es geschehen war“, d. h., es geschah ohne Wissen des Königs, aber unter seiner Verantwortlichkeit. Die Vergeltung dafür habe ihn getroffen. Und er folgert deshalb: „Es nützt einem Mann nichts, wenn er wieder aufbauen will, was er zerstört hat, und vernichten will, was er aufgebaut hat, und verbessern will, was er gut gemacht hat ... Jeder Schlag wird mit seinesgleichen vergolten. Das ist die Aufeinanderfolge aller Taten." An einer geschehenen Tat läßt sich nachträglich nichts ändern; unerbittlich zieht sie ihre Folgen nach sich. Das alles sind erstaunliche Formulierungen am Ende des dritten Jahrtausends im Alten Orient. Wir dürfen sie freilich nicht als Allgemeingut ägyptischer Anschauungen von diesem Zeitpunkt an voraussetzen. Vielmehr ist die Höhe und Klarheit der Gedanken Erzeugnis eines kleinen Kreises, eines rechten Spätlings und Nachfolgers des machtvollen AR, der gleichsam das vollendete, was das AR als Möglichkeit in sich trug. Die Geschichte aber ging über dieses Königtum hinweg. Merikarê hatte noch einen Nachfolger auf dem Thron, der nur Monate herrschte, dann verschwand die herakleopolitanische Dynastie, und ein neues, vergleichsweise primitives Herrschergeschlecht, das der Mentuhotep aus Theben, baut das Reich neu mit sehr viel realeren und kraftvolleren Mitteln. Aber ausgesprochen waren die Gedanken einmal, und spätere Jahrhunderte haben hier wieder angeknüpft.

Auch über die politische Lage des herakleopolitanischen Reiches gibt die Lehre Auskunft, und ihre Angaben über die Grenzen des Reiches und seine Struktur machen sie uns zu einer wichtigen geschichtlichen Quelle. Zur Zeit Achthoes' III. scheint zwischen Oberägypten (schon unter thebanischer Vorherrschaft) und dem Herakleopolitenreich ein gewisses freund-nachbarliches Verhältnis zu bestehen. Der Gau von Abydos ist anscheinend von Achthoes erobert worden, dann aber wieder verlorengegangen. Trotzdem erscheint die Lage im Augenblick entspannt. Möglicherweise findet ein friedlicher Güteraustausch statt und Achthoes empfiehlt seinem Sohn, das bestehende Verhältnis mit dem Südland aufrechtzuerhalten. Die große Leistung der Herakleopolitendynastie (und das scheint nicht das Werk eines einzelnen Königs zu sein) besteht in der Wiedergewinnung und Reorganisation des Deltas, einschließlich des memphitischen Gebietes; die eingedrungenen Beduinenstämme sind vertrieben und die Grenzen wohl wieder in der alten Ausdehnung gesichert. Aber die Gefahr neuerlicher Einbrüche bleibt bestehen; denn ihre kümmerlichen Lebensverhältnisse zwingen die Stämme zu neuen Versuchen, in Ägypten einzufallen: „Er (der Asiat) liegt im Kampf mit uns seit der Zeit des Horus (d. h. seit je); aber er kann nicht zum Siege kommen und kann auch nicht besiegt werden." Vor der immer gegenwärtigen Gefahr eines Einbruchs schützt erfahrungsgemäß keine Vertreibung und kein militärischer Sieg; sondern eine wirksame Sicherheit liegt nur in der ständigen Abwehrfähigkeit der bedrohten Bevölkerung. Und hier scheint der Kern der sozialen Neuordnung der Herakleopolitenzeit zu liegen, die einmal die besonderen politischen Verhältnisse des Deltas berücksichtigte, dann aber auch als die konsequente Fortsetzung der sozialen Umwandlung erscheint, die sich in der 6. Dynastie angebahnt hatte und mit zum Zusammenbruch führte. Das Neue, dessen Achthoes sich rühmt, ist die planmäßige Anlage bzw. gleichmäßige Organisation von Städten „mit Bürgern"; sie werden mit einem in der Zeit beliebten Terminus genannt, der eigentlich „der geringe Mann" bedeutet, und sie werden einmal als „frei und ohne Steuern" qualifiziert. Es handelt sich hier offenbar um das Entstehen einer Bevölkerungsklasse mit besonderem Rechtsstatus in geschlossenen und, soweit nötig, befestigten Ortschaften. Dieser neue Stand kann ebenso als ein Produkt der Zusammenbruchszeit angesehen werden, als Menschen, die aus ihren festen Zuständigkeitsverhältnissen mittellos geworfen waren, besonders in dicht besiedelten Gegenden; er ist aber ebenso Ergebnis einer Maßnahme, in bisher dünn besiedelten Gegenden (Nordost-Delta) „volkreiche Städte" zu schaffen. Sie unterstehen einem Beamtensystem, das angeblich noch aus der Zeit der Residenz (d. h. dem AR) stammt, und es hat sich erwiesen, daß die gefürchteten Beduinen zwar eine einzelne Siedlung zu plündern vermögen, nicht aber eine volkreiche Stadt. So kann auch in dieser Hinsicht die Herakleopolitendynastie als der eigentliche Erbe und Vollender des AR betrachtet werden, der in geistiger wie in sozialer Hinsicht das Fazit aus der Vergangenheit zieht und die Grundlage für den Bau der neuen Staatsschöpfung schafft.

Aber trotzdem sind es nicht die Nachkommen dieses kultivierten, klugen, der Zukunft zugewandten Herrscherhauses, denen die Einigung des ganzen Landes gelingt, sondern eine oberägyptische Familie, deren Vertreter damals offenbar tatkräftiger, vielleicht auch skrupelloser und primitiver waren und so die noch bestehenden innerägyptischen Hemmnisse zerschlugen und das Reich einten; freilich erwies sich auch hierbei die immer wieder wirksame Konzilianz des ägyptischen Wesens letzten Endes als die stärkere Kraft: Das eigentliche MR stellt ebenso einen Ausgleich und eine Verschmelzung divergierender Kräfte dar, als welche schon die erstmalige und grundlegend kulturschöpferische „Reichseinigung" erschien.

Inzwischen hatte sich in Oberägypten aus dunklen Anfängen, die wir uns ähnlich vorstellen können wie die Laufbahn und Wirksamkeit des Anchtifi, im 4. o. ä. Gau von Theben in der Stadt

Hermonthis ein Gaufürstengeschlecht festgesetzt und – die Herrschaft über mehrere Generationen bewahrend – über den Heimatgau hinausgegriffen und ein dem herakleopolitanischen entsprechendes „Reich" gegründet[7]. Wir kennen mehrere Träger des Namens Antef, der in der Familie üblich war, und können beim ältesten von ihnen das Geschlecht noch im Stadium des Gaufürstentums fassen. Als „König" bezeichnet sich ein Antef I., der mit dem Vorgänger Achthoes' III. etwa gleichzeitig sein wird und schon den programmatischen Namen führt: „Der die beiden Länder zur Ruhe bringt." Unter seinen Nachfolgern Antef II. und III. finden im letzten Jahrhundert des dritten Jahrtausends die entscheidenden Kämpfe zwischen Theben und Herakleopolis statt; es geht dabei um die mittelägyptischen Gaue, wo aus mancherlei Anzeichen auf ein wechselvolles Ringen zu schließen ist. Sehr bezeichnend ist die Haltung eines Tefib, Gaufürsten von Siut, der auf Seiten von Herakleopolis kämpfte und in seinem Grab von einem siegreichen Vorstoß nach Süden (also gegen die Thebaner) berichtet. Noch zu seinen Lebzeiten änderte sich die Situation: Die Thebaner dringen vor, und das veranlaßte Tefib, den voreiligen Siegeshymnus in seinem Grab zu übertünchen und durch einen neutralen Text zu ersetzen. Mancherlei weist auf den kriegerischen Charakter dieser Epoche. So haben sich in einem Grab in Siut unter den beigegebenen „Modellen" (s. u. S. 102) zwei Truppenabteilungen gefunden: die eine mit Lanze und Schild bewaffnet, die andere mit Pfeil und Bogen. Die Beigabe dieser Soldaten ins Grab nimmt sich unter den sonst üblichen „Dienerfiguren" seltsam aus. Ein anderer Fund, der wohl unmittelbar in die Endzeit der Kämpfe zu datieren ist, spricht eine noch deutlichere Sprache. Herbert E. Winlock fand in einem thebanischen Grab bei Deir el Bahri 60 Skelette von Soldaten, die teilweise noch ihre tödlichen Verletzungen (Pfeildurchschüsse am Schädel, Brustkorb usw.) erkennen ließen. Ob hier, wie der Ausgräber meint, die Opfer bei der Einnahme der feindlichen Hauptstadt selbst durch ein gemeinsames Grab bei dem ihres Königs geehrt worden sind, mag unentschieden bleiben. Sicher ist, daß dieses eigenartige Sammelgrab eine sehr eindrückliche Begleitung der Texte mit ihren kärglichen Angaben darstellt. Um 2040 v. Chr. findet sich das Reich wieder geeint in der Hand eines Königs Mentuhotep, eines Angehörigen der Antef-Familie. Er hat offenbar noch einen „Aufstand" in Abydos niederschlagen müssen. Aber von nun an ist die Einheit des Reiches im ganzen stabilisiert, und Mentuhotep steht an der Schwelle der Epoche, die wir das Mittlere Reich nennen.

Es kann hier nicht der stufenweise Aufstieg des thebanischen

Geschlechtes im einzelnen verfolgt werden, der zudem keineswegs klar und durchsichtig vor unseren Augen liegt. Doch zeigen die Einzelfakten, die uns über den Weg unterrichten, eine planmäßige Zähigkeit, die Mittel der Gewalt wie der Politik gleichmäßig benutzt. Hermonthis und der thebanische Gau selbst sind gleichsam geschichtliches Neuland. Es ist anzunehmen, daß von dieser Keimzelle aus schrittweise die Herrschaft nach Süden und Norden erweitert wurde. Eine spürbare Stärkung der Anfangsmacht wird der Gewinn des 6. o. ä. Gaues, Dendera, gewesen sein, der vielleicht durch Heirat oder Erbschaft an die Thebaner fiel. Ehe es aber zu einer großen Auseinandersetzung mit den mittelägyptischen Fürstentümern und gar Herakleopolis selbst kam, versichert man sich des Südens, Unternubiens. Das Land Wawat, das nördlich des zweiten Kataraktes lag, wird schon den thebanischen Gaufürsten tributpflichtig gemacht. Die Herrschaft über das unternubische Niltal mag dem aufstrebenden Fürstentum ebenso ein wirtschaftlicher (Vieh, Hartstein, Holz) wie militärischer (Söldner) Rückhalt gewesen sein.

Zur Kennzeichnung der thebanischen Dynastie, die als die 11. Dynastie gezählt wird, haben wir eine Anzahl Denkmäler, meist Stelen von Beamten aus dieser Zeit. So wie die Herakleopolitendynastie durch die Literatur als späte, überreife Frucht des AR erscheint, so weisen die bildlichen Darstellungen aus dem thebanischen Bezirk auf eine erstaunliche Primitivität. Wir wissen von der bildenden Kunst in Herakleopolis zu wenig, um Gleiches neben Gleiches stellen zu können; und es ist natürlich auch nicht vorauszusetzen, daß die Höhe und Reife gedanklicher Schöpfung einer gleichen Höhe bildnerischer Gestaltung entspricht. Mit Sicherheit ist aber anzunehmen, daß sie keine derartig primitiven Züge aufwies wie die gleichzeitigen Denkmäler aus Theben. Von der Wiedergabe der einzelnen Hieroglyphen, die ja für sich immer noch Bilder sind, und ihrer Zueinanderordnung in Zeilen bis zur Zeichnung der menschlichen Figur und ihrer Proportionen scheint alles, was das AR als „Stil“ geschaffen hat, hier im Süden verlorengegangen zu sein. Auch die Erzeugnisse der Kleinkunst (Rollsiegel, Holzfiguren) und der Plastik bezeichnen einen Rückfall in eine scheinbar längst überwundene Stufe. In den beiden Teilreichen, Theben und Herakleopolis, stehen mit bemerkenswerter Schroffheit künstlerische Primitivität und politische Tatkraft gegenüber kultureller Reife und politischer Klugheit. Als ein Zeichen der auch jetzt wieder obsiegenden Ausgleichstendenzen mag es betrachtet werden, daß ein „Vorsteher der Bildhauer“, der z. Z. Mentuhoteps II./III. starb und in Theben beerdigt wurde, auf seiner Grabstele erzählt, er habe ursprünglich für das „Haus des Achthoes“ gearbeitet, als es noch das Königshaus war, ein Künstler also, der aus der alten in die neue Residenz abwanderte! Erst in der späteren 11. Dynastie findet man zu einem neuen „Stil“ zurück, wenn auch dann noch das Flachbild eine sehr trockene, dünne Linienführung zeigt und die menschliche Figur sich in merkwürdig verlängerten Proportionen ausdehnt.

Es ist dem Modernen schwer, die Bedeutung der ersten Zwischenzeit recht zu würdigen, die als eine rechte Spätzeit einerseits das ägyptische Wesen zu einer Vollendung führt und andererseits alle Kennzeichen einer Anfangszeit trägt. Wenn eingangs mehrfach gesagt wurde, der Zusammenbruch und die anschließende Krisenzeit umfaßten alle Lebensgebiete, also auch das gesamte geistige und religiöse Leben, so muß zur Vervollständigung des Bildes jetzt über dieses noch ein Wort gesagt werden.

Im Totenkult und in der Grabausstattung lassen sich Neuerungen zeigen, die zum Teil auf eine Änderung der Anschauungen hinweisen. Charakteristisch seit dem Ende der 6. Dynastie ist die Beigabe von kleinen Modellfiguren in die unterirdische Grabanlage, die offenbar die reich bebilderten oberirdischen Kulträume der Gräber des AR ersetzen[8]. Es finden sich in puppenhaften Holzfigürchen Darstellungen der verschiedensten Gewerbe und Handwerke: Mägde, wie sie im Haushalt beschäftigt sind, ein Schlachtereibetrieb, Kornmahlen und Bäckerei, ein ganzes Hausmodell mit Garten, Schiffe mit Rudern oder Segeln (Abb. 10), ein Themenkreis, der etwa dem der Wandbilder des AR entspricht. Daß diese Dinge als Erzeugnisse eines handwerklichen Kunstgewerbes ihren Eigenwert haben und außerdem für uns als plastische Darstellung manches Arbeitsvorgangs wichtig sind, der aus der unperspektivischen Wiedergabe im Flachbild nicht immer deutlich ist, sei nur nebenbei bemerkt. Neu sind ferner und innerlich den Modellen verwandt die sogenannten „Gerätefriese“ dieser Epoche[9]. Es handelt sich dabei um bildliche Darstellung der vom Toten benötigten Geräte, Möbel, Kleidungsstücke, Werkzeuge, Stäbe, kultisches Gerät u. a. m. Diese Dinge sind auf den Innenwänden der rechteckigen hölzernen Särge oft mit großer Präzision aufgemalt. Beide Gebräuche, die Beigabe von Modellen und das Anbringen der Gerätefriese, deuten in dieselbe Richtung: eine Sicherung des für den Toten notwendigen oder gewünschten Besitzes in der unterirdischen, unmittelbaren Umgebung, der der Plünderung und Zerstörung hier unten besser entzogen schien als in den leichter zugänglichen oberirdischen Grabräumen. Hingegen deutet die Beschriftung der Särge mit religiösen Texten (sogenannte Sargtexte) auf einen Wandel in der Auffassung vom Wesen der Toten und den Bedingungen ihrer Existenz [10]. Da wir vergleichbare Texte aus dem AR nicht besitzen, läßt sich im einzelnen schwer deutlich machen, worin der Wandel gegenüber früher liegt. Eines zeigen sie deutlich, und das charakterisiert zugleich die Zeit: Sie verwenden in reichem Maße Textgut aus den ehemals königlichen Totentexten und beanspruchen damit die vormals dem König vorbehaltenen Möglichkeiten der Vergöttlichung auch für den Privatmann. Daneben bewahren sie mancherlei religiöses Volksgut, wie es uns aus den stets theologisch-dogmatisch bearbeiteten Texten des AR nicht bekannt ist, und überliefern damit Einzelzüge des religiösen und mythischen Denkens, die — sozusagen aus einer zeitlosen Schicht stammend — typologisch älter sind als die theologischen Gestaltungen des AR. Entsprechend ihrer sozialen Herkunft finden wir auch mehr Zaubertexte hier, Sprüche, die zunächst wohl gar nicht als Totenliteratur aufzufassen sind. Diese Dinge sind oft recht aufschlußreich, weil sich bei ihnen Anweisungen finden, wie und unter welchen Gesten und Zeremonien ein Spruch rezitiert werden muß, um wirksam zu werden. So lesen wir beispielsweise als „Gebrauchsanweisung" für einen Spruch, er solle über sieben gemalten Amuletten gesprochen werden, die danach mit Bier abzuwaschen sind, und diese „spruch-haltige" Lösung soll getrunken werden. Solche Dinge sind als Beispiele volkstümlicher magischer Praktiken interessant und kommen in Ägypten erst wieder an der Schwelle der Spätzeit in unser Blickfeld.

Die letztgenannten Erscheinungen bedeuten nicht insofern ein Zeichen der Zeit, als sie etwa in ihr entstanden wären, sondern nur insofern, als sie hier zum ersten Male in die Schicht des schriftlich Fixierten aufgenommen werden und dadurch ihrerseits Zeugnis ablegen von der sozialen Umschichtung. Auf einer anderen Ebene können wir aber unmittelbar die geistige Auseinandersetzung, die naturgemäß religiös bestimmt ist, fassen, wenn wir auch annehmen möchten, daß die an ihr teilhabenden Schichten recht dünn gewesen sind [11]. Die Grundfragen der menschlichen Existenz, der Sinn des Lebens selbst und die Möglichkeit seiner Dauer im Jenseits werden jetzt mit einer für das Alte Ägypten schlechthin einzigartigen Leidenschaftlichkeit und Unmittelbarkeit diskutiert. Die Frage nach der Verantwortlichkeit in der Zusammenbruchszeit führt notwendig zu einer persönlichen Verdichtung des Schöpfergottes, die frühere Ansätze dazu weit überholt. Und in gleichem Maße wächst die Transparenz der „Götter". Der Vorwurf trifft deutlich den einen (bezeichnenderweise anonym gelassenen) Schöpfergott, der eine in sich unvollkommene Schöpfung schuf und die „Götter" mit ihrer Erhaltung betraute. Die Idee dieses Schöpfergottes und des „Lebens" in seiner Unmittelbarkeit vor ihm geht deutlich zurück auf den seinerzeit in der 5. Dynastie formulierten Gottesbegriff unter dem Namen Re. Er verbindet sich schon im AR mit dem heliopolitanischen Schöpfergott Atum zu der jetzt typischen Gottesgestalt Re-Atum. In den obengenannten „Mahnworten eines Weisen" wird er angeredet: „Man sagt, er ist ein Hirte für jedermann, nichts Schlechtes ist in seinem Herzen. Ist seine Herde (die Kreatur) auch gering, so verbringt er doch den Tag, um sie zu weiden ... Ach, hätte er doch ihren Charakter im ersten Geschlecht erkannt; dann hätte er gegen es den Fluch geschleudert und den Arm erhoben! Seinen Samen, ihre Erben, hätte er zerstört. Hingegen wünschte er, daß weiter geboren würde ... Es konnte nicht zu Ende gehen, solange diese Götter dabei waren. Der Same geht nun weiterhin aus den ägyptischen Weibern hervor, man findet (ihn) doch nicht auf der Straße! Handgemenge und Gewalttätigkeit gegen den Schwachen, das haben sie (die Götter) geschaffen. Einen Piloten gab es nicht zu ihrer Zeit. Wo ist er heute? Schläft er etwa? Siehe, man sieht seine Macht nicht!"

Denken und Erleben überwinden diese Haltung, die der grundsätzlichen Diesseitigkeit des ägyptischen Wesens hätte tödlich werden können, und finden eine Antwort, die den Vorwurf wieder auf den Menschen zurückverweist und damit ausdrücklich die Möglichkeit der Regeneration in die Hand des Menschen legt. Gott stellt, den Vorwurf abwehrend, fest, daß er Luft und Wasser als Vorbedingungen jeder physischen Existenz für alle geschaffen habe. Ferner hat er geschaffen „jeden Mann gleich seinem Nächsten", und zwar in dem Sinne, daß das in den Handlungen zutage tretende Böse nicht von Gott in ihn hineingelegt worden ist, sondern ausschließlich in der Verantwortlichkeit des Menschen steht. Und schließlich hat er die Sorge um die Unerkennbarkeit des Todes, die Beängstigung vor der Frage des Nachher in das menschliche Herz gelegt als Mahnung, die kultischen Gebote einzuhalten. Gewaltig ist der Problemkreis, dem sich der Ägypter nach dem Zusammenbruch des Kosmos des AR gegenübergestellt sah; aber in ihrer Tiefe und Grundsätzlichkeit ihm angemessen sind die Antworten, die er sucht. Denn die Gefährdung seiner Existenz erstreckt sich ja auch auf alle jenseitigen Dinge. Wenn es erlebt worden ist, daß die Gräber geplündert und zerstört werden und der für die Ewigkeit geschaffene Totenkult der Vergessenheit anheimfiel, so kann daraus die völlige Skepsis an allen kultischen Verrichtungen geboren werden. „Folge dem frohen Tag und vergiß die Sorge!“ fordert ein Lied auf, und ein anderes endet: „Begehe den Tag fröhlich und werde dessen nicht müde! Siehe, niemand kann seine Habe mit sich nehmen! Siehe, niemand kommt wieder, der fortgegangen ist!“ Von dieser Zeit an zieht sich, bisweilen für uns verschwindend, aber immer als Möglichkeit im Hintergrund stehend und vielfache Formen des Ausdrucks findend, das Bewußtsein von der Fragwürdigkeit aller menschlichen Sicherungen gegen Tod, Vergänglichkeit und Vergessenwerden durch die ägyptische Geisteshaltung. Aber mit der diesseitigen Ordnung ist nicht nur der Weg zu einem Jenseits fragwürdig geworden, sondern dieses selbst, das ja seinerseits im wesentlichen eine Verewigung und Steigerung jener war. Es taucht die Möglichkeit einer jenseitigen Existenz auf, die im vollen Sinne des Wortes „vergeistigt“ ist, wo an Stelle der irdisch-natürlichen Bedürfnisse Verklärtheit, Freude und Herzensruhe gesetzt sind. Wir wissen praktisch nichts über die jeweiligen Träger und Förderer dieser Erkenntnisse, die uns in der (wie immer in Ägypten) anonymen Literatur der Zeit entgegentreten. Wir wissen deshalb auch nicht, in welchen Kreisen sie Geltung hatten und wie das uns widersprüchlich Erscheinende sich im Einzelfall ausglich. Eines lehrt die Folgezeit deutlich: daß nämlich aus all dem Suchen und Fragen kein Weltbild von ähnlicher Geschlossenheit wie das des AR hervortrat. Sondern die im ägyptischen Wesen beschlossenen Erkenntnismöglichkeiten werden in einer allseitigen Erweiterung nahezu ausgeschöpft, die Ausdrucksformen unendlich bereichert und das Wissen um die Welt und ihre Bedingtheiten vertieft. Auch hier bewährt sich das zu Ausgleich und Bewahren geneigte Wesen des Ägypters, das aus den Erschütterungen der Zusammenbruchszeit nicht mit einer einheitlichen neuen Zielsetzung hervorgeht, sondern mit einer ungeheuren Erweiterung und Verfeinerung seiner Möglichkeiten.

Einmalig – und damit sei der Umfang des Fragenkreises hier beschlossen – in der ägyptischen Vorstellungswelt ist die der Zusammenbruchszeit entstammende Konzeption von einem letztlichen Weltende. Die Tatsache verdient um so mehr Beachtung, als die Vorstellung eines Endes den ägyptischen Anschauungen über das Wesen der Zeit widerspricht. Sie ist für ihn vielmehr unendlich, und zwar in der Form, daß eine unaufhörliche Wiederholung der Zeiteinheiten stattfindet. Jetzt aber, und nur jetzt, wird als Hypostase des Erlebens die Vorstellung geschaffen, daß die Schöpfung endlich sein könne und einmal alle Dinge aufhören. Der Bereich, in dem diese Vorstellung Ausdruck gewinnt, ist die

Mythe; noch einmal also, und zwar zum letzten Male, drücken sich menschliche Erlebnisse in mythischer Form aus; danach ist das Zeitalter der Mythenbildung abgeschlossen. Verschieden sind die Formen dieser Mythe. Da ist eine bekannte Erzählung (erhalten im sogenannten „Buch von der Himmelskuh"), daß der Sonnengott Re „alt" geworden sei [12]. Die Menschen empören sich gegen ihn und er beschließt ihre Vernichtung durch die Löwengöttin Sachmet. Freulich bereut Re selbst dann seinen Entschluß und rettet durch Überlistung der wütenden Löwin das Menschengeschlecht vor der völligen Vernichtung. Re zieht sich nun von der unmittelbaren Herrschaft zurück und setzt andere Götter ein, die Erde und das gesamte Weltall zu leiten. Auf die hier geformte Idee der Vernichtung und Bestrafung, des Alterns des Gottes und der Neuschöpfung der Welt spielen mancherlei Texte der Folgezeit an und ihre Vielfältigkeit läßt auf den Ausdrucksreichtum des Themas schließen, der seinerseits von der Erlebnistiefe bestimmt ist.

Eine wesentliche Variante sei noch angeführt, die in anderer mythischer Umgebung spielt und den Pessimismus der Zeit am deutlichsten zeigt [13]. Atum, der hinter der Schöpfung stehende Urgott (einer der wenigen transzendenten Götter, die Ägypten kennt), spricht mit Osiris, der als Vertreter der dem Tod ausgesetzten Menschheit nach seiner Fortexistenz fragt. Atum verheißt ihm eine Verklärung über alle irdischen Bedürfnisse und Vorstellungen hinaus und fährt dann fort: „Ich aber werde alles, was ich schuf, zerstören. Die Erde wird wieder als Ur-Ozean erscheinen, als Wasserflut wie in ihrem Anfangszustand. Ich bin das, was übrig bleibt, zusammen mit Osiris, nachdem ich mich wieder in eine Schlange verwandelt habe, die kein Mensch kennt, die kein Gott sieht."

Vieles an der geschichtlichen und geistigen Entwicklung während der ersten Zwischenzeit wird künftige Forschung noch in ein klareres Licht stellen. Eines aber ist deutlich: Wir haben es mit einer echten historischen Krise zu tun, die das Wesen der ägyptischen Kultur bis ins Innerste erschütterte, alle geschaffene Form in Frage stellte und uns die komplizierte Struktur dieses Organismus in einmaliger Deutlichkeit enthüllt. Der Zusammenbruch der Welt des AR zeitigt eine Auseinandersetzung mit den Erscheinungen auf allen Gebieten, dem der staatlichen Verwaltung und Wirtschaft, der Gesellschaft und Moral, der Religion und des Jenseitsglaubens. So verschieden die Formen der Auseinandersetzung und die erreichten Lösungen untereinander sind, so führen sie insgesamt zu einer gegenüber früher sehr viel stärkeren Bewußtheit der Lebensgrundlagen. Als ein Kennzeichen der Verschiedenheiten sei nochmals auf die grundsätzlich unterschiedliche, aber keineswegs zufällige Haltung von Theben und Herakleopolis hingewiesen: Dort die Überwindung der Krise durch Wiederherstellung einer sehr realen staatlichen Macht, hier ihre Lösung in einer geistigen Klarheit, wie sie auf altägyptischem Boden nicht wieder zutage tritt und wie sie keineswegs eine direkte Fortsetzung im MR gefunden hat. Es liegt etwas wie Abendfrieden über den zusammenfassenden Sätzen der „Lehre für König Merikarê":

„Wohl geordnet sind die Menschen, das Vieh Gottes. Er hat Himmel und Erde um ihretwillen geschaffen. Er hat für sie das dunkle Chaos beseitigt. Er hat die Luft erschaffen, damit ihre Nasen leben können. Seine Ebenbilder sind sie, aus seinem Leibe hervorgegangen. Er geht am Himmel auf um ihretwillen. Er hat die Pflanzen für sie erschaffen und die Tiere, Vögel und Fische, um sie zu ernähren. Er tötete seine Feinde und vernichtete (sogar) seine Kinder, weil sie daran dachten, sich aufzulehnen. Er hat das Licht um ihretwillen erschaffen und segelt (am Himmel), damit sie sehen können. Er hat auch seine Kapelle hinter ihnen errichtet; wenn sie weinen, hört er es (d. h. er erscheint als Götterbild zum Schutze des Menschen). Er hat ihnen Herrscher vom Ei an erschaffen (d. h. prädestinierte Könige), um den Rücken des Schwachen zu stützen. Er hat ihnen Zauber erschaffen als Waffen, um abzuwehren den Arm der Ereignisse, und Träume kündigen an (das Zukünftige) am Tage wie in der Nacht. Er hat die Frevler unter ihnen getötet, wie ein Mann seinen Sohn um dessen Bruder willen schlägt. Gott kennt jeden Namen."

IV. DAS MITTLERE REICH

1. Die 11. Dynastie in Theben

Die „Reichseinigung" unter Mentuhotep, die das MR einleitet, fällt in die Mitte der 11. Dynastie, die etwas mehr als 140 Jahre regiert hat[1]. Ihre ersten Könige mit Namen Antef haben das Werk, ausgehend von einem Gaufürstentum, begonnen und Mentuhotep hat es vollendet. Die Denkmäler und die Königslisten stehen insofern im Widerspruch miteinander, als scheinbar die Zahl der Mentuhotepkönige verschieden ist. Nach zeitgenössischen Denkmälern könnte man auf Grund der verschiedenen Vornamen fünf Könige dieses Namens trennen; doch ist die zuerst von Hanns Stock vertretene Ansicht sehr wahrscheinlich, daß es sich tatsächlich bei den drei ersten Trägern des Namens um einen einzigen König Mentuhotep handelt, bei dem dann allerdings ein zweimaliger Wechsel des Vornamens bzw. seiner Orthographie angenommen werden müßte, eine Annahme, die sich durch Analogien erhärten läßt und die in diesem Falle darin begründet sein könnte, daß die Regierungszeit dieses Reichseinigers verschiedene Phasen von der ererbten Gauherrschaft bis zur Herrschaft über das wieder geeinte Ägypten in sich schloß. Er hat etwa 50 Jahre regiert und, da der endgültige Sieg über Herakleopolis etwa in sein 20. Jahr fiel (= etwa 2040 v. Chr.), verfügte er noch über genügend Zeit, um das gewonnene Reich zu festigen. So wenig wir über Einzelheiten etwa der Verwaltungsneuordnung und der Auseinandersetzung mit den Gaufürstentümern wissen, muß doch in ihm auch in dieser Beziehung der eigentliche Gründer des neuen Staates gesehen werden. Als solcher wurde er noch in den nachfolgenden Dynastien verehrt, und Stiftungen und Priester für seinen Tempel kennen wir noch bis ins NR. Auf jeden Fall finden nachweisbare Veränderungen in den mittelägyptischen Gauherrschaften statt, teils in der Art einer Neuaufteilung der Gebiete, teils durch Einsetzen neuer Geschlechter. Eine Beseitigung des Gaufürstentums als solchem ist jedenfalls noch nicht erfolgt. Ob die Stellung der einzelnen Fürsten die war, die sie dann unter der 12. Dynastie einnahmen (s. u. S. 117), wissen wir nicht. Einen lebendigen Eindruck von der Persönlichkeit des zweiten Reichseinigers vermittelt uns eine seiner Statuen aus seinem Grabtempel in Theben (Abb. 11). Die vergleichsweise primitiven Ausdrucksmittel der Zeit geben einen wenig gegliederten massigen Körper, bei dem die Gesetze der Frontalität und Symmetrie ohne jede Milderung ausdrucksteigernd wirken. Zusammengeballte

Kraft, Rücksichtslosigkeit und Primitivität dürften ebenso den Typ der Darstellung wie den Charakter des Dargestellten bezeichnen. Auf einem Denkmal aus Gebelên rühmt er sich als „der Bezwinger an der Spitze der beiden Länder, der Ordnung nach Ober- und Unterägypten gebracht hat und in die Fremdländer, auf die beiden Ufer, unter den neun Bogenvölkern und an den beiden Stätten (= Ägypten)". Dazu wird er vier Feinde niederschlagend dargestellt: einen Ägypter, einen Nubier, einen Asiaten und einen Libyer.

Mentuhotep hat noch zwei Nachfolger gleichen Namens gehabt, die zusammen wenige Jahre bis über das Ende des Jahrtausends geherrscht haben. Sein unmittelbarer Nachfolger ist durch verschiedene Baudenkmäler auf dem Boden von Theben bekannt sowie durch sein unvollendetes Grabdenkmal unmittelbar südlich von dem des großen Mentuhotep. Ob er vom letzten Mentuhotep vom Throne gestoßen worden ist und dieser selbst ein Ursurpator war, wissen wir nicht. Die Regierung des letzteren ist in inneren Wirren zugrunde gegangen.

So vieles an der inneren Entwicklung dieses halben Jahrhunderts noch unsicher ist, so weisen die Denkmäler schon jetzt auf eine Eigenart des Reiches hin, die auch die folgende 12. Dynastie charakterisiert: Es ist in seinen Unternehmungen offenbar viel stärker nach außen gerichtet, als es das AR war. Gewiß hatten auch damals Expeditionen nach dem zweiten Nilkatarakt, nach dem Roten Meer und nach Punt stattgefunden. Aber seit der 11. Dynastie scheint derartigen Unternehmen ein größeres Gewicht zuzukommen, die Ausdehnung der einzelnen Züge ist bedeutender geworden und der Raum, den Berichte darüber in den historischen Quellen, aber auch in der Literatur einnehmen, größer. Noch wäre es verfrüht, von einer „expansiven Politik" zu sprechen; aber der ägytische Staat ist deutlich auf dem Wege dazu.

Daß die Beziehungen zu Nubien auch während der Zwischenzeit offenbar nicht abrissen und bereits in der frühen 11. Dynastie die Thebaner erfolgreich versucht hatten, das Gebiet südlich des ersten Kataraktes in eine gewisse Botmäßigkeit zu bringen, war schon gesagt[2]. Es hatte sich hier eine Bevölkerungsverschiebung vollzogen. Von Süden vordringend hatte sich ein Volk bis an die ägyptische Grenze herangeschoben, dessen Gräber, Bewaffnung, Keramik wir kennen und dessen Kultur in der Wissenschaft als C-Gruppe bezeichnet wird. In seinem Charakter scheint es wilder und kriegerischer gewesen zu sein als die angesessene nubische Bevölkerung. Diese Verhältnisse mögen es wünschenswert gemacht haben, die Ausbeute des Landes nicht mehr gelegentlichen

Expeditionen und lockerem Tauschverkehr zu überlassen. Es scheint so, als hätte man Unternubien (in welcher Ausdehnung, ist unsicher) etwa seit der Zeit des Reichseinigers Mentuhotep einem ägyptischen Gouverneur unterstellt, der vielleicht der Mentuhotep-Familie angehörte. Wir hätten dann hier einen Vorläufer der kolonialen Herrschaft des NR, das einen „Vizekönig von Kusch" kannte. Aus dem nubischen Gebiet sind uns inschriftlich zwei „Königsnamen" bekannt, deren Träger offenbar mit der Dynastie verwandt waren und sich nach Ausweis ihrer Titulatur königsgleich fühlten. Und auf einem berühmten Relief Mentuhoteps im Schatt er-Rigâle (ein Wadi, das nördlich von Gebel Silsile ins Niltal mündet) ist der König dargestellt, wie er einen „König" Antef (er führt den Königstitel „Sohn des Re") in Begleitung des Siegelbewahrers Cheti empfängt.

Aus der Zeit der beiden letzten Mentuhoteps liegen zwei ausführliche Berichte über Expeditionen nach dem Wadi Hammâmât und dem Roten Meer vor, die ebenfalls auf eine größere Planmäßigkeit hinweisen, als sie bei den Unternehmungen des AR zu beobachten war [3]. Unter dem vorletzten Mentuhotep zieht der Siegelbewahrer Henu mit 3000 Mann auf einem neuen Weg zum Roten Meer und von dort zu Schiff nach Punt; auf dem Rückweg bricht er noch Steine im Wadi Hammâmât. Und unter dem letzten Mentuhotep unternimmt der Vezir Amenemhet einen Zug zum Roten Meer mit 10 000 Mann, von denen, wie ausdrücklich hervorgehoben wird, 3000 Unterägypter waren. Eine feste Brunnenstation wird im Wüstengebirge angelegt; vielleicht wurde in dieser Zeit auch der Hafen bei Wadi Gasûs am Roten Meer ausgebaut. Die Inschriften berichten manche interessante Einzelheit von den Zügen und unterlassen es selten, hinzuzufügen, daß keinerlei Verluste eintraten oder ein Arbeitertrupp im Gebirge verlorenging.

Nach diesen Zeugnissen kann man keineswegs von einer „Schwäche" der Dynastie unter ihren letzten Königen sprechen, so unerklärlich der unvollendete Zustand des Grabes des vorletzten Mentuhotep, das Fehlen des letzten Mentuhoteps im Turiner Königspapyrus und die Angabe von sieben königslosen Jahren stattdessen bleibt. Man vermutet, daß der durch Expeditionsinschriften bekannte Vezir Amenemhet identisch ist mit dem ersten König der 12. Dynastie, Amenemhet I. Es wäre dann anzunehmen, daß er den König gewaltsam beseitigt hat und eine eigene Dynastie gründete. Nach dem, was wir wissen, hat aber dieser „Staatsstreich" keine Erschütterung für das gesamte Gefüge bedeutet.

Mit dem Sieg der Könige der 11. Dynastie und ihrer Reichseinigung hängt das Hervortreten einer Landschaft und die Gründung einer Stadt zusammen, die in späteren Jahrhunderten durch die gesamte Alte Welt bekannt war und von deren Vorgeschichte wir so gut wie nichts wissen: Der thebanische Gau (der 4. oberäg.) und die Stadt Theben mit ihren Tempelstätten Karnak und Luxor[4]. Vor der 11. Dynastie hat als größte Niederlassung die Stadt Hermonthis hier gelegen, genannt nach einem falkengestaltigen Gott Monthu, dessen Name auch in dem Königsnamen Mentuhotep enthalten ist und dessen Geltung als kriegerischer Gott vielleicht aus seiner Verbindung mit der kriegerischen 11. Dynastie herrührt. Auch einen heiligen Stier kennen wir, der später den Namen Buchis führte und dessen Charakter zum Unterschied von dem des Apis von Memphis ebenfalls bisweilen kämpferische Züge aufweist. Alt scheint ebenfalls ein Kultort Medamud zu sein, nordöstlich von Karnak gelegen, wo ein für Ägypten singuläres Heiligtum gefunden wurde: Zwei künstlich errichtete Höhlen, die sich auf einen umfriedeten Opferhof öffnen; welchem Gott das Heiligtum geweiht war, ist gänzlich unbekannt[5]. Inschriften haben sich nicht gefunden, und er ist im MR durch einen Tempel des Monthu überbaut worden. Auf dem thebanischen Westufer weisen wenige Gräber der späten 6. Dynastie auf die Bevölkerung älterer Zeit. Zu den alten Kulten hier dürfte der einer Schlangengöttin gehören und besonders ein Kuh-Kult, dessen Zentrum im Talkessel von Deir el Bahri gelegen hat: Eine Felsnische, aus der eine Kuh heraustrat. Der Ägypter faßte sie als eine Erscheinung der Hathor von Dendera auf, die ebenfalls Kuhgestalt haben konnte. Aber manche der Eigennamen der Göttin von Deir el Bahri und die Art ihres Heiligtums machen es wahrscheinlicher, daß der ursprünglich selbständige Kult einer vielleicht anonymen Kuhgöttin vorliegt.

Es sind nur wenige Tatsachen, die wir aus der Vorzeit der Stadt Theben kennen. Aber sie erwecken insgesamt den Eindruck, als hätte sich hier auf einem geschichtlich unberührten Boden einer ungestörten Provinziallandschaft manches Urtümliche und Eigenartige bis zu dem Zeitpunkt erhalten, an dem das Gebiet dank der Tatkraft eines Herrschergeschlechts binnen weniger Generationen zum Mittelpunkt Ägyptens wurde.

Dadurch, daß die Könige der 11. Dynastie hier in ihrer Heimat ihre anfänglich zwar bescheidenen Gräber anlegen und das bisher bedeutungslose Gebiet nun die Hauptstadt einschließt, entsteht ein neuer Mittelpunkt kulturellen Lebens, in dem sich — wie im Memphis des AR — lokale Gegebenheiten mit den Belangen der

Landeshauptstadt verbinden. So wenig wir von der profanen Hauptstadt Theben zu dieser Zeit wissen, so können wir doch die Entstehung zweier Kulturzentren fassen, die später Weltruhm erlangten, der letzten Endes bis in unsere Gegenwart reicht: Die Kultstätte des Gottes Amun beim heutigen Dorf Karnak und die thebanische Nekropole auf dem Westufer. Woher der Gott Amun stammt und worauf sein Kult in Theben begründet ist, muß noch als eine ungelöste Frage betrachtet werden. Amun begegnet in der älteren religiösen Literatur als einer der acht „Urgötter", und sein Name bedeutet offenbar: „Der Verborgene". Über seinen Kult in Theben während der 11. Dynastie und dem MR sind wir so schlecht unterrichtet, daß wir nicht mit Sicherheit sagen können, ob dieser spätere „König der Götter" in Theben überhaupt mit dem wenig faßbaren Urgott identisch ist. Die spätere theologische Spekulation arbeitet allerdings durchaus mit dieser Identität, und das Herausstellen dieses Gottes „Der Verborgene" wäre entwicklungsgeschichtlich nach der Läuterung des Gottesbegriffes in der Zwischenzeit verständlich. Sicher ist, daß Amun in der 11. Dynastie in Theben einen Tempel besaß, und von Bauten der 12. Dynastie sind einzelne Blöcke sowie ein ganzer Naos Sesostris' I. gefunden worden, Teile, die zu einem Vorläufer des späteren „Reichstempels" von Karnak gehören. Der Gott wird meist menschengestaltig dargestellt, hat aber auch tierhafte Erscheinungsformen als Widder und Nilgans. In seinem Wesen verbindet er sich mit dem ithyphallischen Fruchtbarkeitsgott Min. Das theologische System, das sich an den Namen des Amun anschließt und wohl erst ein Produkt des NR und noch späterer Zeiten ist, gehört zu den kompliziertesten und beziehungsreichsten gedanklichen Schöpfungen des Alten Ägypten. Das beruht nicht nur auf der fortschreitenden synkretistischen Tendenz der Theologie, sondern auch auf den vielschichtigen Kultverhältnissen in Theben. Nach dem Vorbild anderer Städte bildet man auch hier eine Götterdreiheit als Vater – Mutter – Sohn; Herkunft und Bedeutung der Glieder dieser Dreiheit sind freilich noch undurchsichtig. Amun gilt als Gemahl der benachbarten Geiergöttin Mut am See Ascheru; als Götterkind tritt der Gott Chons, vielleicht ursprünglich ein Mondgott, hinzu. Zudem führt die Verbindung des Amun zu der auf dem Westufer wachsenden Nekropole und den dortigen Lokalgöttern, die genannte Verbindung zu Min, die Doppelrolle als Schöpfergott und aktueller Herrschergott zu einer systematischen Aufspaltung in vier Amungötter, die die Theologie in vier Generationen einordnet. Diese Dinge sind zweifellos erst sehr viel später durchdacht und spekulativ ausgebaut worden;

ihre ersten Ansatzpunkte gehen aber in die Zeit der 11. Dynastie zurück.

Ebenso entsteht jetzt die späterhin so berühmte Nekropole, deren Hunderte von Privatgräbern und deren Königsgräber den Ort zu einer der berühmtesten Stätten des Alten Ägypten werden ließen [6]. Die Gräber der Antef-Könige liegen noch unten gegenüber von Karnak beim heutigen Gurna. Erst der Reichseiniger Mentuhotep errichtet ein monumentales Grabmal, in dessen Formen sich Altes und Neues seltsam mischen und dessen Lage an der Südseite des Talkessels von Deir el Bahri vielleicht nicht ohne Rücksicht auf die landschaftliche Umgebung gewählt ist. Es verbindet zwei Bauformen verschiedener Herkunft: die Pyramide als königliche Grabform und das Felsengrab. Letzteres ist eine typisch oberägyptische Grabform, die sich an Orten mit steilen Wüstenhängen entwickelt hatte. Von einer breiten Terrasse aus, die durch einen steilen Aufweg mit dem Tal verbunden ist, sind die Grabräume in den Felsen selbst hineingearbeitet. Mentuhotep erbaute auf einer solchen Terrasse eine mäßig hohe Pyramide. Aus dem Tal führt ein langer, sanft geneigter Aufweg, die Steigung stellenweise durch Rampen überwindend auf das Denkmal zu. Aber die Pyramide ist nicht Grab, sondern nur noch Mal. Das Königsgrab ist in Verlängerung der Achse hinter der Pyramide tief in die aufsteigende Felswand gebaut. Von der Pyramidenterrasse führen Zugänge zu einer Reihe von Gräbern, in denen Prinzessinnen der Dynastie bestattet waren und deren Reliefs Zeugnis für die Kunst der Zeit ablegen. Außerdem befand sich in dem der Pyramidenterrasse vorgelagerten großen Hof eine durch einen schrägen Schacht zugängliche grabähnliche Anlage (bekannt als Bab el Hosân), in der eine eingewickelte Sitzstatue des Königs neben einem leeren unbeschrifteten Sarkophag sowie Opfergaben gefunden wurden. Die Baugeschichte der Gesamtanlage birgt noch manche ungelöste Frage. Im ganzen stellt auch sie ein Zeugnis für die noch nicht abgeschlossene, Neues versuchende Epoche dar. Der Nachfolger Mentuhoteps hat südlich von dieser Anlage eine offenbar ähnliche begonnen, die aber nicht vollendet wurde. Als Kultstätte genoß der Tempel Mentuhoteps großes Ansehen, und zwar nicht nur als Ort des Totenkultes für diesen König, sondern auch als Ort eines bestimmten Festes, das als „Fest des Tales" zu den großen thebanischen Festen zählte [7]. Eine Prozession des Amun von Karnak bewegte sich (später andere Totentempel berührend und bereichert durch tragbare Statuen verstorbener Könige) über den Nil nach Theben-West und hatte diese Kultstätte zum Ziel.

2. Die 12. Dynastie

Wie die neue Dynastie auf den Thron gelangte und woher sie stammte, ist unsicher. Nach einer literarischen Tradition (in den obengenannten „Weissagungen des Neferti") soll Amenemhet I. aus Nechen im dritten oberägyptischen Gau gebürtig sein, und seine Mutter wird „eine Frau aus Nubien" genannt. Diese geographischen Herkunftsbezeichnungen sollen kaum auf eine nubische Abstammung des Königshauses hindeuten, sondern wohl auf seine im südlichen Oberägypten gelegene Heimat. Jedenfalls ist am Königshaus der 12. Dynastie nichts Unägyptisches. Der Beginn der 12. Dynastie ist zuletzt von Richard A. Parker auf 1991 v. Chr. festgelegt[1]. Da wir über die einzelnen Regierungslängen in der Dynastie zuverlässig unterrichtet sind und aus dem siebten Jahr Sesostris' III. ein astronomisch errechenbares Datum vorliegt, befinden wir uns mit der 12. Dynastie auf chronologisch festem Boden. Sie hat von 1991 über 206 Jahre bis 1786 v. Chr. regiert, und diese Zeitspanne gehört zu den glänzendsten Epochen der ägyptischen Geschichte, deren Bewertung als „klassische Zeit" am Ende des Abschnitts einer Begründung bedarf. In der Königsfolge ist ein auffälliger Gebrauch zu beobachten, der keineswegs in späteren Dynastien fortgedauert hat und deshalb zu den Kennzeichen dieser gehört: Mehrfach haben Könige den Sohn und Nachfolger in höheren Regierungsjahren zum Mitregenten ernannt. So berief Amenemhet I. seinen Sohn Sesostris I. nach seinem 30. Jahr als Mitregenten neben sich, und diese Mitregentschaft hat noch zehn Jahre gedauert. Seostris I. seinerseits berief Amenemhet II. in seinem 43. Jahr, dieser in seinem 33. Jahr Sesostris II. Ihm folgte ohne Mitregentschaft Sesostris III. und diesem wiederum ebenso Amenemhet III. Amenemhet ernennt in seinem 45. Jahr Amenemhet IV. zum Mitregenten. Diesem folgte nach neunjähriger Regierung eine Königin (seine Schwester?), Sebekneferurê, von der vier Regierungsjahre bekannt sind. Ob sie mit dem ersten König der sog. 13. Dynastie, Amenemhet-Sebekhotep, verheiratet war und durch diese Ehe seine Herrschaft legalisierte, ist nicht nachweisbar.

Die Sicherung der Thronfolge und damit einer gewissen Planmäßigkeit in der Staatslenkung mochte zunächst auch die unmittelbare Erfahrung einer durch einen Staatsstreich auf den Thron gekommenen Dynastie geboten erscheinen. Die Verantwortlichkeit für das anvertraute Königsamt, die aus ihr spricht, findet sich vorbereitet schon in der „Lehre für König Merikarê" (s. o. S. 97), wo die notwendige Kontinuität des Königtums als eines

Amtes erstmals klar ausgesprochen wurde. Die Nützlichkeit der Sitte (der Designation) erwies sich bereits beim ersten König, der von ihr Gebrauch machte, bei Amenemhet I. Er fiel einer Verschwörung zum Opfer, die in seiner unmittelbaren Umgebung entstanden war. Die Kenntnis dieser Tatsache entnehmen wir nur zwei literarischen Werken, während die eigentliche Geschichtsschreibung sie aus dogmatischen Gründen mit Schweigen übergeht. Nach dem Tod seines Vaters hat der bisherige Mitregent Sesostris I. wiederum eine fiktiv seinem Vater zugeschriebene „Lehre" verfaßt, die zwar in mehreren, aber jeweils unvollständigen und verderbten Handschriften erhalten ist[2]. Der König deutet selbst das Geschehnis an, das ihm widerfahren ist. Wir haben im gesamten ägyptischen Schrifttum nichts, was an Enttäuschung, Bitterkeit, Mißtrauen diesem Werk gleichkommt. Es beginnt mit einer Warnung vor Untergebenen und dem Mißtrauen gegenüber der Ergebenheit von Freunden und dessen, dem Wohltaten erwiesen wurden. „Schläfst du, so behüte selbst dir dein Herz. Denn am Tage des Unglücks hat ein Mann keinen Anhang!" Sesostris, der Thronfolger, war damals auf einem Feldzug in Libyen. Über einen Mann seiner Umgebung, Sinuhe, wird eine Art biographischen Romans erzählt (eines der klassischen Werke der ägyptischen Literatur). Er stand in Hörweite, als der Prinz die Nachricht empfing, und in einer in der Erzählung durch nichts begründeten Verwirrung (sie setzt also die Kenntnis des wahren Sachverhalts voraus) flieht er vom Heere quer durch Unterägypten nach Palästina. Man muß des Geschehnis selbst kennen, um diese Erzählung wie die Lehre des Königs Amenemhet recht zu verstehen, die es voraussetzen und nur andeuten. Trotzdem bilden sie für uns überhaupt die einzigen historischen Quellen, die wir darüber haben. Einen Nachklang könnte man noch in der Nachricht Manethos sehen, daß Amenemhet II. (also Übertragung auf einen späteren König) von seinen eigenen Eunuchen ermordet sei. Daß die eigentlichen geschichtlichen Quellen der Zeit nichts über das Ereignis aussagen, liegt sicher nicht an ihrer Lückenhaftigkeit, sondern an der religiösen Gebundenheit der ägyptischen Geschichtsschreibung, deren Zweck, die Verewigung des Geschehens, die Bewahrung eines Königsmordes unmöglich machte.

Daß die Könige der 12. Dynastie sich als Fortsetzer des Werkes der 11. Dynastie betrachteten, deuten ihre Namen an, die die thebanische Tradition festhalten. Beide Königsnamen der Dynastie sind mit den Namen thebanischer Gottheiten gebildet: Amenemhet bedeutet „Amun ist an der Spitze", Sesostris bezeichnet seinen Träger als „Mann der Wosret", einer sonst wenig bekannten thebanischen Lokalgottheit. Als Bauherren sind sie an verschiedenen Orten Thebens nachweisbar, und zwar sowohl für den wahrscheinlich älteren Gaugott Monthu wie für den Gott Amun. In Karnak datiert das gegenwärtig älteste Denkmal (eine Opfertafel) aus der Regierung Amenemhets I.; Sesostris III. errichtete Stiftungen für den Kult des Reichseinigers Mentuhotep in Deir el Bahri. Trotzdem (und dafür mögen politische Erwägungen maßgebend gewesen sein) bleibt Theben nicht die Hauptstadt. Sondern diese wird wieder nach Norden verlegt: nach Lischt, zwischen Memphis und dem Eingang zum Fayûm, das den Namen „Beherrscher der beiden Länder" erhält, also deutlich auf die Rolle von Memphis als Hauptstadt des AR Bezug nimmt. Die Pyramiden der Könige, die sich weder in Größe noch in Ausführung (Ziegelbauten) mit denen des AR vergleichen lassen, liegen ebenfalls in diesem Gebiet, z. T. unmittelbar im Fayûm (Hawâra).

Mit dem Namen dieser Landschaft verknüpft sich eine der größten und in der Tradition unvergessenen Leistungen der Dynastie: die Kolonisation des Fayûm. Diese Oasenlandschaft wird durch einen Nilarm, den Bahr Jusuf, bewässert, der bei Deirut in Oberägypten vom Nil abzweigt und bei Illahun die westliche Gebirgskette durchbrechend sich in die Senke des Fayûm ergießt. Er mündet dort in den heutigen Birket Karûn, der allerdings im Altertum eine wesentlich größere Ausdehnung hatte. Die landschaftlichen Höhenunterschiede machen die Eigenart dieser Oasenlandschaft deutlich: Der Wasserspiegel des Sees liegt heute (Messung von 1931) 45 m unter dem Meeresspiegel (Tiefe bis 8 m); die Stadt Illahun etwa 26 m über dem Meeresspiegel. Der Höhenunterschied zwischen Niltal (Illahun) und tiefstem Punkt des Fayûm (Seegrund) beträgt also rund 79 m. Obwohl das Fayûm als Ganzes schon im AR Teil Ägyptens war (Bodenfunde an seinen Rändern reichen bis ins Paläolithikum hinauf), besteht die Gewinnung reicher Bebauungsflächen in der Regulierung der Wasserzufuhr und der Kanalisation des Geländes, und darin liegt die Leistung der 12. Dynastie. Herodot (II 149) schildert mit Bewunderung den „Moeris-See", wie er ihn nennt; der Name geht zurück auf das ägyptische mer-wer, d. h. „großer See". Der heutige Landschaftsname Fayûm läßt noch deutlich die spätägyptisch-koptische Benennung Phejom erkennen. Das sog. „Labyrinth", das Herodot im vorhergehenden Kapitel mit seinen 3000 Gemächern in zwei Stockwerken schildert, ist heute nur eine unansehnliche Ruine des Totentempels Amenemhets III. bei Hawâra. Sein Andenken lebte dort weiter: Bis in griechische Zeit wurde er als Gott im Fayûm verehrt. Die Hauptstadt der Provinz, heute Medinet el Fayûm, früher Krokodilopolis, lag seinerzeit am Ufer des Sees und trug ihren antiken Namen von der hier in der Seelandschaft verständlichen Verehrung des Krokodils. Die Hinzugewinnung dieser ungemein reichen Landschaft gehört zu den gewaltigen Leistungen dieser energischen, planvoll handelnden Dynastie.

Dieses Werk der inneren Kolonisation wird nur ein Teil der großen, spannungsreichen Neuorganisation des Staates gewesen sein, mit dem offenbar alle Könige der Dynastie bis einschließlich Sesostris III. beschäftigt waren. Galt es doch, die immer noch bestehenden Gauherrschaften dem Gesamtorganismus so einzugliedern, daß sie keine ständige Bedrohung der zentralen Leitung darstellten, und der sozialen Umschichtung der Vergangenheit im Aufbau der Verwaltung Rechnung zu tragen. Diese Aufgaben waren in der 11. Dynastie noch ungelöst geblieben und haben unter den Königen der 12. Dynastie erst stufenweise eine Lösung gefunden. Eine der ersten Maßnahmen dabei dürfte eine geographische Neuordnung der Gaubezirke gewesen sein, doch wohl mit dem Ziel, möglichst gleich große Distrikte zu schaffen, unter denen nicht wieder einer die Vorherrschaft über andere erlangen konnte, eine Wiederholung der Maßnahme also, die schon einmal zu Beginn der geschichtlichen Zeit getroffen worden war [3]. Sodann scheint auch die Stellung der Gaufürsten grundsätzlich eine andere geworden zu sein. Ob die „Bestrafung von Rebellen" und Kämpfe, von denen wir gelegentlich hören, mit dieser Neuordnung zusammenhängen, ist nicht beweisbar, aber wahrscheinlich [4]. Über die abnehmende Selbständigkeit der Gaufürsten darf nicht hinwegtäuschen, daß wir noch in der 12. Dynastie Datierungen nach Gaufürstenjahren haben (entsprechend den Königsjahren) und daß sich einzelne von ihnen religiös verbrämte, königsgleiche Ehrenbezeichnungen zulegen. Auch wenn das Amt erblich vom Vater auf den Sohn überging, bedarf es dazu einer ausdrücklichen Belehnung seitens des Königs, der auch die Grenzen des Amtsbereichs festlegt. Gewiß ist die Machtfülle in der Hand des Gaufürsten noch groß: Ihm untersteht nicht nur die gesamte Verwaltung des Bezirkes, sondern auch die der Tempel, was durch den Titel „Prophetenvorsteher" ausgedrückt wird, womit also kein eigentlich priesterliches Amt bezeichnet ist. Die ausführlichen Inschriften des Fürsten Ameni, der unter Sesostris I. Fürst des Gazellengaues (des 16. oberägyptischen) war, lassen uns den Umfang und die Art der Gauverwaltung etwa erfassen [5]. Alle Steuern an die Residenz gingen durch seine Hand, „ohne daß Rückstände blieben", für Expeditionen nach Nubien stellte er Leute und zog selbst mit ihnen aus. Zur intensiveren Bewirtschaftung erhielt er Leihvieh (angeblich 3000 Stiere) zur Feldbestellung und wirtschaftete mit ihnen so vorbildlich, daß er jedesmal bei der Viehzählung gelobt wurde. In Notjahren pflügte er alle Ländereien seines Distriktes (also lagen sonst Äcker brach?) und konnte dadurch den Hunger von seinem Gau fernhalten. Berichte dieser Art zeichnen mehr das Bild eines hochgestellten, verantwortlichen Beamten als eines unabhängigen Fürsten. Für die Stellung des Fürsten im Verhältnis zur Tempel- und Gauverwaltung lehren die ausführlichen Verträge eines Fürsten Hapdjefai aus Siut (13. oberägyptischer Gau) ebenfalls aus der Zeit Sesostris' I. grundsätzlich Wichtiges[6]: Der Inhalt dieser Verträge betrifft Leistungen und Opfer, die er nach seinem Tod in seinem Grab erhalten will (also Verfügungen über sein Privatvermögen) und über die er mit der Priesterschaft kontraktliche Abkommen trifft. Ohne auf die sehr komplizierten Verträge über Leistungen und Gegenleistungen im einzelnen hier eingehen zu können, sei nur auf die eindeutig klare Tatsache hingewiesen, daß wieder eine sehr genaue Trennung zwischen Privatvermögen, Gauvermögen und Tempelvermögen durchgeführt ist, so daß Hapdjefai, der ja zu Lebzeiten als Gaufürst allen genannten Vermögensarten vorstand, gezwungen ist, für den Fall seines Todes Verträge mit sich selbst einmal in seiner Eigenschaft als Gaufürst, sodann als Verwalter des Tempelvermögens abzuschließen. Bis über die Mitte der Dynastie erstrecken sich die großen Gaufürstenfamilien; unter Sesostris III. verschwinden sie, und wir wissen nicht, ob sie einem provozierten Gewaltakt zum Opfer gefallen sind oder ob eine auf lange Sicht geplante Überführung in einen reinen Beamtenstaat endlich sich hat konsequent verwirklichen lassen.

Denn das Problem, dem sich die Könige gegenübergestellt sahen, hieß ja nicht Wiederherstellung einer Ordnung, die sich schon einmal für ein halbes Jahrtausend bewährt hatte, sondern es hieß, eine neue Ordnung zu schaffen mit einer andersartig strukturierten Bevölkerung. Das neue Element, dessen Bedeutung offenbar zuerst die Herakleopoliten erkannt hatten (s. o. S. 99), war die Stadt mit Bürgern. Hier ist eine neue Schicht entstanden, die nun einen festen Platz im sozialen Gefüge erhalten hat. Die Bezeichnung „Bürger" (wörtlich: Stadtmensch) begegnet jetzt wie ein Titel, zeichnet also Angehörige einer Schicht mit festgelegten Rechten und Pflichten aus. Worin diese freilich im einzelnen bestanden, entzieht sich noch unserer Kenntnis. Man kann vermuten, daß eine gewisse Selbständigkeit der Handwerke erreicht war. Mit dem Aufkommen von Städten und Bürgern verschiebt sich aber naturgemäß der gesamte Aufbau der Provinzialverwaltung. War früher der „Gau" als Landbezirk (gegebenenfalls mit Tempeln und „Städten" im alten Sinn als wirtschaftlichen Enklaven) die Grundlage der Landesverwaltung, so wird es jetzt die Stadt = Provinzialhauptstadt, zu der ein Landbezirk gehört, der aber erst durch die Stadt mit der Zentralverwaltung verbunden ist. Zweifellos vereinfacht diese schematische Wiedergabe die uns nicht in allen Einzelheiten faßbare Wirklichkeit mit ihren Übergängen, Versuchen, lokalen Verschiedenheiten. Aber die gezeigte Entwicklungstendenz wird das Richtige treffen. Denn nach der Mitte der 12. Dynastie und in der 13. Dynastie haben wir dann eine einheitlich bürokratische Verwaltung. In den Gauhauptstädten sitzen die Organe der Zentralregierung, der Gauverwalter-Bürgermeister, die „Sprecher", denen das Rechtswesen und Abgabewesen untersteht, und die „Schreiber" mit verschiedenen Funktionen, und von hier aus wird der Landbezirk verwaltet.

In der Residenz hingegen setzt sich die Zentralregierung zusammen aus dem Vezir, über dessen Amt unten noch zu sprechen sein wird, dem Schatzmeister, dem u. a. das Bauwesen, die Materialverwaltung, auch die Expeditionen unterstehen, dem Feldervorsteher, dem die Vermessung und Besteuerung der Ländereien obliegt, der Verwaltung des königlichen Palastes mit seinen Domänen u. a. m.

Über die Amtspflichten des Vezirs haben wir zwei Texte (in vier Gräbern des NR aufgezeichnet, aber sicher ins späte MR gehörig), die unter der Bezeichnung „Amtseinsetzung des Vezirs" und „Dienstanweisung des Vezirs" bekannt sind[7]. Sie beginnen mit den nachdrücklichen Worten des Königs an den Berufenen: „Siehe, das Vezirat, das ist nichts Süßes, sondern bitter wie ... Das bedeutet, Erz zu sein, das das Gold des Hauses seines Herrn umschließt. Das bedeutet, sich nicht den Fürsten und Räten zu neigen und keine Anhänger sich unter jeglichen Leuten zu schaffen!" In diesem ernsten Sinne sind die Einsetzungsworte gehalten, mit manchen klugen Sätzen aus der Weisheitsliteratur geschmückt. Natürlich bildet die Maat, die Gerechtigkeit-Richtigkeit, den Kern mancher Weisung. Man kann auch zu viel daran tun: Ein früherer Vezir benachteiligte ihm Nahestehende um Fremder willen; „aber das ist mehr als Gerechtigkeit" und gehört zu dem, was der Ägypter „parteiisch sein" nennt, ein Abscheu dem Gott. Dann folgen unter dem Titel „Verhaltungsvorschriften für den Vezir in der Vezirhalle" sehr präzise Angaben, die sich vom Zeremoniell bis zu den einzelnen sachlichen Zuständigkeiten erstrecken. Da ist die Sammlung aller laufenden Berichte über wirtschaftliche, militärische und verwaltungsmäßige Dinge aus den Gauen; Berichterstattung an den König; die Zuständigkeit als oberste richterliche Instanz; die zentrale Verwaltung des Katasters und der Testamente; die Behandlung von Akten, besonders Geheimakten. Die Anforderungen, die an den Träger dieses Amtes gestellt werden, sind in ihrer Vielseitigkeit und Verantwortungsfülle nicht gering, und es ist zu begreifen, daß Persönlichkeiten, die ihnen nachkommen, nur aus dem Boden eines erfahrenen, geistig disziplinierten und wahrhaft kultivierten Beamtenstandes entstehen konnten.

Tritt uns als Kennzeichen der Leistung in der Innenpolitik die Planmäßigkeit und Energie entgegen, mit der das Erbe der Zusammenbruchszeit überwunden wird und zentrale Kräfte die zentrifugalen wieder überwiegen, so hat die Wirksamkeit derselben Eigenschaften in den auswärtigen Beziehungen der Dynastie den gleichen Ruhm verschafft. Die Ausbeute der Steinbrüche im Wadi Hammâmât und Expeditionen nach Punt finden in erweitertem Umfang statt. Besonders intensiv ist die Ausbeute der Bergwerke (Kupfer und Türkis) auf der Sinaihalbinsel, wo bei Sarbût el Clâdim (östlich vom Wadi Maghâra) ein neues Bergwerk geöffnet wird. Zahlreiche Stelen und Graffiti, besonders auch aus der zweiten Hälfte der Dynastie, legen Zeugnis von den Besuchen ab.

Die Haltung den asiatischen Beduinen gegenüber scheint zunächst weiterhin defensiv gewesen zu sein. Amenemhet I. baute eine „Mauer des Herrschers“ genannte Befestigung an der Nordostgrenze, also offenbar eine Verstärkung der Grenzsperre. Von einem Feldzug hören wir erst unter Sesostris III., und zwar wird als sein Ziel die Stadt Sekmem genannt, wohl Sichem in Palästina [8]. Ein Gefolgsmann erzählt, freilich mit der üblichen Kürze, von dem Zug, bei dem er wegen seiner Tapferkeit mit goldgearbeiteten Waffen beschenkt wird. Im ganzen aber sind die Beziehungen nach Asien friedlicher Natur gewesen; es herrschte ein reger Handelsverkehr, vor allem über die Hafenstadt Byblos. Nach hier gefundenen Inschriften mag damals sogar eine Art ägyptischer Gouverneur in Byblos seinen Sitz gehabt haben. Ägyptische Handelsgesandtschaften müssen verschiedene Orte in Nordsyrien besucht haben und sind vielleicht sogar bis zum Euphrat vorgedrungen. Von den Gütern, die sie heimbrachten, legt das Kunstgewerbe Zeugnis ab. Bronzegegenstände werden jetzt zahlreicher (Schalen, Schmuck, Werkzeuge, eine Statuette aus Meir); doch ist Bronze wahrscheinlich noch nicht in Ägypten selbst hergestellt worden.

Die Höhe des ägyptischen Kunstgewerbes der Zeit und seine Bereicherung durch fremde Stücke zeigen die Funde aus den Gräbern von Dahschur und Illahun (Ölgefäße aus Alabaster mit Einlagen, Prunkwaffen aus verschiedenen Metallen, Schmuckstücke wie Ketten und Diademe, Pektorale in verschiedenen Techniken). Und sie werden neuerdings durch einen Fund von Grundsteinbeigaben Amenemhets II. aus dem Tempel von el Tod (thebanischer Gau) vermehrt, bei dem der König dem Kriegsgott Monthu besonders solche Stücke weihte, die aus den asiatischen Ländern kamen: In vier Bronzekästen wurden Erzeugnisse fremder Goldschmiedekunst, Gold- und Silberbarren, Amulette aus Lapislazuli, ägäische und mesopotamische Stücke aufbewahrt. Diese und andere Funde beweisen auch einen lebhaften Verkehr mit Kreta. Kretische Ornamente (Spirale, Flechtband u. a.) finden sich auf Knopfsiegeln und Skarabäen in Ägypten bis nach Nubien, und als Erzeugnis kretischer Keramik ist als berühmtestes Stück eine Vase des Kamares-Stils aus Abydos zu nennen. Wichtig sind diese Funde auch für die kretische Geschichte, denn auf sie gründet sich die chronologische Einordnung der Fundschichten auf Kreta. Freilich wüßten wir gern Genaueres über die Art der Beziehungen zwischen Ägypten und Kreta. Die geographischen Termini der Ägypter sind zu ungenau, um wenigstens kurze Andeutungen mit Sicherheit auf Kreta beziehen zu können. Ein ägyptischer Beamter rühmt sich, er habe die Sprache der Haunebut sprechen und schreiben können; ob mit diesem allgemein die nördlichen Völker bezeichnenden Ausdruck aber gerade Kreta gemeint ist, wissen wir nicht[9]. Jedenfalls sind die direkten und indirekten Beziehungen Ägyptens nach Norden und Nordosten im MR lebhafter und weiträumiger geworden als in den früheren Epochen; ihre Form aber, nämlich die des meist friedlichen Tauschverkehrs, scheint sich nicht gewandelt zu haben.

Ganz anders steht es im Süden. Daß sich schon die Könige der 11. Dynastie um eine Art Oberhoheit über das unternubische Gebiet bemüht hatten, war oben gesagt, ebenso daß durch Einwanderung neuer Stämme hier schwierigere Verhältnisse entstanden waren, als sie für die Zeit des AR vorauszusetzen sind. Hinzu kommt, daß das Ägypten des MR einen dringlicheren Bedarf an einem Rohstoff hatte, den Nubien bot: das Gold. Die Überlegenheit Ägyptens über die syrischen Staaten und sein Mittel der händlerischen und politischen Einflußnahme, wie sie sich dann vor allem im NR auswirkte, gründet sich auf den Besitz des Goldes. Außer Goldvorkommen in der Nähe des Wadi Hammâmât und einer Mine zwischen Edfu und dem Roten Meer sind wichtig vor allem die Goldvorkommen im Wadi Alâki, zu dem der Weg bei Kubbân vom Niltal abzweigt. Schließlich zieht als dritter Grund der Handel mit den weiter südlich wohnenden Stämmen die Aufmerksamkeit nach Nubien, die ihrerseits die Produkte Afrikas anboten. Der Umschlagplatz dieses Handels war der Ort Kerma, südlich vom 3. Katarakt gelegen. Deutlich bestimmten diese drei Faktoren die Ausdehnung Ägyptens nach Süden: die Abwehr der kriegerischen, landsuchenden Bevölkerung; die Sicherung der Bergwerke und Goldminen; der Handel über Kerma.

Die Lösung dieser Aufgaben wird planmäßig und energisch in Angriff genommen. In Elephantine wird ein neues Gaufürstengeschlecht eingesetzt, dessen Gräber bei Assuan bekannt sind. In ihren Titeln („Vorsteher aller Fremdländer", „Vorsteher der Dolmetscher") und den Versicherungen ihrer Biographien weisen sie deutlich auf die mit der Gaufürstenstellung verbundene Aufgabe der Überwachung des Südens hin. Die zahlreichen Feldzüge, die in den Inschriften der Zeit genannt werden, sollen hier nicht im einzelnen aufgeführt werden. Aber die einzelnen Schritte, die jeweils zur „Befriedung" Nubiens unternommen worden sind, lassen die Planmäßigkeit der Unternehmungen erkennen. Amenemhet I. führte in seinem 29. Jahr einen Feldzug, der ihn bis Koroska brachte. Unter Sesostris I. hören wir von einem Feldzug und mehreren Expeditionen. Die Nachfolger scheinen das Erreichte ohne nennenswerte Kriege haben halten können. Welche Umstände Sesostris III. dazu zwangen, die Unterwerfung des Landes nochmals in Angriff zu nehmen, wissen wir nicht; es mögen lokale Unruhen und Aufstände gewesen sein. Er ist aber der endgültige Eroberer Nubiens, und als Gewinner des Landes genoß er später dort göttliche Ehren wie Amenemhet III. im Fayûm. Zur Erleichterung der Schiffsverbindung zwischen Ägypten und Unternubien läßt er in seinem 8. Jahr durch den 1. Katarakt einen Kanal graben. Das Gebiet wird planmäßig durch Festungen mit Garnisonen gesichert. Vor allem sind es die Festungen von Ikkur und Kubban, die den Zugang zu den Goldminen freihalten, und die Grenzfestungen von Semne und Kumme (südlich Wadi Halfa), die das Vordringen der Bevölkerung nach Norden verhindern sollen. Auch die gewaltige Festung Buhen geht wohl auf diese Zeit zurück[10]. Sesostris ließ bei ihnen je eine Stele errichten und setzte damit hier die Grenze fest, die kommende Generationen verteidigen sollten: „Jeder Sohn von mir, der diese Grenze, die ich gemacht habe, aufrechterhalten wird, der ist mein echter Sohn ... Wer sie aufgibt, ohne dafür zu kämpfen, der ist nicht mein Sohn ... Ich habe ein Bild von mir bei der

Grenze, die ich gemacht habe, aufstellen lassen, damit ihr dabei ausharren und dafür kämpfen sollt!" Natürlich ist das nordwärts gelegene Land keineswegs entvölkert worden; die hier ansässige Bevölkerung lebte unter ägyptischer Oberhoheit und wurde zweifellos zur Ausbeute der Bergwerke und Minen herangezogen. Eine Auswanderung von Ägypten nach Nubien hat offenbar nicht stattgefunden; das Leben oder gar der Tod in der Fremde ist dem Ägypter des MR noch im vollen Sinn das „Elend". Die Grenzsperre soll das Vordringen der nubischen Bevölkerung hindern, und die Grenzwache ist angewiesen, keinen Nubier zu Schiff oder zu Lande passieren zu lassen. Aus dem Tagebuch einer solchen Grenzwache, das abschriftlich dem Vezir zugestellt wurde, sind Teile erhalten, in denen mit minutiöser Genauigkeit die täglichen Beobachtungen verzeichnet sind[11].

Es ist nur begreiflich, wenn sich die Sage der Sesostris-Gestalt bemächtigt hat. Manches freilich, was Herodot, Diodor u. a. an Einzelheiten erzählen, gehört der Legende an, so, daß er die Küsten des Arabischen Meeres besetzt hätte und auf Feldzügen bis zu den Thrakern und Skythen, durch Asien bis über den Ganges gelangt sei. Hier sind dem Bilde des Welteroberers die geographischen Grenzbegriffe des antiken Weltbildes untergelegt worden. Andererseits kann eine Nachricht wie die bei Diodor I 54, Sesostris habe die ägyptische Gaueinteilung eingerichtet, durchaus eine richtige Tradition in Erinnerung an die Neueinteilung des Landes enthalten. Daß natürlich in der Sagengestalt Einzelzüge von drei Trägern des Namens zusammengeflossen sind, ist nicht verwunderlich und steht nicht ohne Parallele da. Wichtig aber und für die geschichtliche Selbsteinschätzung des Ägypters, auf die doch letzten Endes die griechisch überlieferten Sesostrissagen zurückgehen, ungemein charakteristisch ist die Tatsache, daß als beispielhafte Heldengestalt der Vergangenheit Sesostris hervorragt, nicht ein Thutmosis, dessen Reich vom 4. Nilkatarakt bis zum Euphrat reichte, und nicht ein Ramses, dessen Siege in Hymnen besungen wurden. Hier offenbart sich ein sicheres Gefühl für das historisch Entscheidende: Die 12. Dynastie, für die der Name Sesostris symbolisch steht, war es, die das eigentliche, echte Ägypten auf die Höhe seiner Macht führte, die nach innen und außen die Möglichkeiten des Landes verwirklichte, ohne seine Mittel zu erschöpfen, die nach dem Zusammenbruch der Lebensordnung des AR eine neue schuf, auf stärkere Bewußtheit und Planmäßigkeit gegründet. Für die gesamte Zeit gilt, was schon Amenemhet I. in seiner fingierten Lehre an seinen Sohn formulierte: „Ich habe Elephantine betreten und bin ins Delta gezogen;

ich stand auf den Grenzen des Landes und habe seinen Umkreis besehen. Ich habe die Grenze meiner Kraft hinausgeschoben durch meine Stärke und mein Wesen."

Das gleiche Selbstbewußtsein, die gleiche Tatkraft und das gleiche Wissen von der Notwendigkeit hohen Verantwortungsgefühls, das die Taten und Worte der Könige der 12. Dynastie lehren, drückt sich in ihren Porträts aus. Die Königsplastik des MR gehört zur eindrucksvollsten und menschlichsten Porträtplastik des Alten Ägypten überhaupt, die nicht nur eine Zuweisung einzelner Königsköpfe an einen bestimmten Herrscher auf Grund der Gesichtszüge gestattete, sondern auch in vielen Fällen eine klare Scheidung zwischen Jugend- und Altersbildnis. Von der vergleichsweise primitiven Sitzstatue des Reichseinigers Mentuhotep führt ein steiler Aufstieg zu den Statuen der Amenemhet und Sesostris, von denen hier eines der reifsten Werke, das Sitzbild des jugendlichen Amenemhet III. in Kairo, gegeben sei. In der Verfeinerung aller Proportionen und der Bereicherung der Ausdrucksformen finden königlicher Adel der Gesinnung, kultivierte Selbstbeherrschung und energische Elastizität einen gültigen, für sich sprechenden Ausdruck. Über diese jugendliche Straffheit und Frische geht die Mühe eines langen, verantwortungsschweren Herrscherlebens hin, meißelt die Züge schärfer, läßt Knochen und Muskelpartien härter hervortreten und prägt die Zeichen von Wissen, Erfolg und Unbeirrbarkeit ein (Abb. 12). Die gleichen Eigenschaften und Maßstäbe, die aus den Taten der Könige sprechen und aus den Worten ihrer Berichte und Lehren, treten uns in ihren Bildern als Ausdruck einer hohen, gereiften und erprobten Menschlichkeit entgegen.

Und hier fassen wir das Andersartige des MR gegenüber der unbekümmerten Selbstverständlichkeit des AR und der suchenden Unsicherheit der Zwischenzeit: in der Andersartigkeit des Menschen dieser Zeit. Man kann es in den zahlreichen Stelen und Grabinschriften ebenso aufspüren wie in den reichen Werken der bildenden Kunst. Zu den deutlichsten Zeugnissen über den Menschen des MR mit seinen Freiheiten und Gebundenheiten, seiner Entschlußkraft und seinem Wissen um Beschränkung gehört ein berühmtes Literaturwerk, das wohl in der Zeit Sesostris' I. verfaßt ist und das nach der Zahl der erhaltenen Abschriften zu den beliebtesten Werken der ägyptischen Literatur gehört haben muß: die Erzählung von Sinuhe. In ihr zeichnet der wie immer unbekannte Verfasser ein Bildnis des Menschen der Epoche und zugleich der Kultur dieser Zeit. Der Gegenstand des Werkes bietet zahlreiche Gelegenheiten, das darstellend auszusprechen, was die traditionell geformten Gattungen der Biographien und Lehren nicht in dieser Klarheit hätten deutlich machen können. Ein neuer Ausdruckswille hat sich hier die angemessene Ausdrucksform geschaffen. Der Inhalt sei mit wenigen Worten angedeutet: Sinuhe begleitet als Gefolgsmann des Königs den Kronprinzen Sesostris I. auf einem Feldzug nach Libyen. Dort trifft die Nachricht vom plötzlichen Tod Amenemhets I. (wie wir wissen: von seiner Ermordung) ein und löst in Sinuhe, der sich der Teilnahme an der Verschwörung verdächtigt glaubt, einen jähen Schrecken aus, so daß er von der Stelle flieht. Unter Vermeidung der Residenz durchquert er das Delta und verläßt zur Nachtzeit die Grenzen Ägyptens in Richtung auf den Sinai. Er bricht vor Durst zusammen: „Mir war trocken die Kehle, mein Hals war staubgefüllt. Und ich sagte: Das ist der Geschmack des Todes!" Ein vorüberziehender Beduinenstamm errettet ihn vor dem Tod und nimmt ihn auf. Aber seine Flucht geht weiter, über Byblos nach Osten. Er gebraucht das Gastrecht eines asiatischen Beduinenstammes, dessen Scheich die ägyptischen Verhältnisse durchaus kennt. Sinuhe erhält seine Tochter zur Frau, dazu Besitz an Herden und Land und lebt so lange dort, daß seine Kinder heranwachsen. Als Befehlshaber der Truppen führt Sinuhe die Feldzüge der Beduinen, die in einem besonders gefährlichen Kampf gegen den „Starken von Retenu" gipfeln. Sinuhe besiegt ihn in einem ausführlich geschilderten Zweikampf (übrigens m. W. die einzige Schilderung eines Zweikampfes in der eigentlich ägyptischen Literatur) und erbeutet seine Waffen und Habe. Auf diesem Höhepunkt seines Lebens setzt die Peripetie ein: Sinuhe erkennt, daß er trotz allem Reichtum, aller Erfolge und aller persönlichen Geltung nicht fern von Ägypten leben, geschweige denn sterben kann. In dieser Situation trifft ein Brief des Königs ein, in dem er ihm seine anerkannte Unschuld versichert und ihn zurückruft mit dem ausführlichen Hinweis auf ein nur in Ägypten mögliches rituelles Begräbnis. Sinuhe verläßt daraufhin seine beduinischen Angehörigen, kehrt nach Ägypten zurück und wird — das ist die wahre Krönung seines Lebens — erst vom König, dann von der Königin empfangen. Die Erschütterung, die er bei dieser Begegnung empfindet, weist auf die Bedeutung des Erlebens: „Ich war wie ein Mann ergriffen von Dämmerung; meine Seele war geschwunden, meine Glieder waren kraftlos und mein Herz war nicht mehr in meinem Leibe. Trotzdem war ich dem Leben näher als dem Tode." In Gnaden aufgenommen, verbringt er seine letzten Lebensjahre in der Residenz und erhält sein stattliches Grab. „Ich weilte in der Gnade des Königs, bis der Tag der Abscheidens kam."

Die Erzählung birgt eine Fülle zeitgeschichtlich bedeutsamer Momente, deren Deutung tief ins Verständnis der Zeit hineinführt. Die physiologischen Schilderungen von Erregungszuständen zeigen ein beachtliches Eingehen auf menschliche Seelenlagen; der geographische Rahmen weist auf die Welt des Ägypten von damals und seine Stellung in ihr. Die persönliche Freiheit des einzelnen, zu fliehen, ein eigenes Leben aufzubauen, wird eingeschränkt durch die immer noch religiös bestimmte Bindung an die Heimat, die in der Gestalt des Königs und der Idee eines nur in Ägypten erreichbaren ewigen Lebens Form gewinnt. Aber darüber hinaus enthält das Werk auch eine ganz charakteristische Darstellung des religiösen Empfindens der Zeit. Der in der Herakleopolitenzeit erreichte Gottesbegriff hätte nach unserem Ermessen die Vielheit der historischen Gottesgestalten aufheben können. Wie sich der Ägypter, sofern er nicht Theologe war, mit der schwer vereinbaren Widersprüchlichkeit (hier der allmächtige Schöpfergott, dort die bunte Vielheit der Götter) abfand, lehrt die Erzählung. In einem Antwortschreiben des Sinuhe auf den Brief des Königs beginnt er mit einer Anrufung von zahlreichen Göttern zum Heile des Herrschers. An den Stellen hingegen, wo vom religiösen Erleben gesprochen wird, wo Sinuhe das unmittelbare Wirken Gottes in seinem Leben zu spüren vermeint, ist nur von „Gott" die Rede. Seine plötzliche Flucht war „wie der Plan (eines) Gottes"; für seine Erfolge bei den Beduinen „hat (ein) Gott gehandelt"; und in seinem Gebet um Heimkehr ruft er „jeglichen Gott, der diese Flucht verhängt", an und erbittet die Heimkehr von „Gott". Man sieht, religiöser Formalismus und Gottesbegriff liegen in verschiedenen Erlebniskreisen.

Nun ist es an der Zeit, nochmals auf jene wertende Bezeichnung des MR als der „klassischen Epoche" der ägyptischen Geschichte zurückzukommen. Ihre Berechtigung leitet sich zunächst daher, daß die Ägypter späterer Zeiten selbst diese Periode als vollendetste Gestaltung ihrer kulturellen Möglichkeiten ansahen: Das zeigen vor allem die Abschriften von Texten (wie der Vezirtexte) im NR und der Literaturwerke (wie des Sinuhe) als Schulbücher; die vergottende Erinnerung an Herrschergestalten wie Mentuhotep, Amenemhet III. und Sesostris III. und die legendäre Sagengestalt „Sesostris". Die Sprache des MR gilt in allen folgenden Epochen (Ausnahmen werden zu bemerken sein) als die Sprache der Rituale, Tempelinschriften, offiziellen historischen Inschriften bis in die Römerzeit, während die lebendige Sprachentwicklung bereits in der 13. Dynastie die Formen des Mittelägyptischen auflöste. Auch in der Kunst gilt diese Einschätzung, wenn etwa die Ramessiden vorzüglich Plastik des MR für sich usurpiert haben und damit den Anspruch erhoben, in der Tradition dieser Könige zu leben. Wenn auch in der eigentlichen Spätzeit die Rückwendung zum MR durchaus nicht ausschließlich ist (die verhängnisvoll genaue Kenntnis der Vergangenheit in der Spätzeit sucht ihre Vorbilder aus verschiedenen Epochen aus), so scheinen die genannten Erscheinungen stark und zahlreich genug, um für die Einschätzung des MR seitens der Ägypter selbst unseren Begriff „Klassik" zu unterstellen: In seinem Bewußtsein stellte die kulturelle Leistung des MR offenbar Maßstab und Richtschnur auf vielen Gebieten dar, ohne daß allerdings bis an die Schwelle der Spätzeit von unfruchtbarer Nachahmung gesprochen werden kann.

Wenn wir weiterhin fragen, worin nun eigentlich die spezifische Leistung des MR beruhte, das weder eine monumentale Manifestation des Gottkönigtums wie das AR in seinen Pyramiden hervorbrachte, noch ein weltweites, materiell und geistig reiches Imperium wie das des NR schuf, so wird eine Antwort in der Richtung zu suchen sein, daß eben seine Stellung mitten zwischen beiden (und das eben nicht nur in chronologischer Hinsicht) seine Bedeutung ausmacht. Sie kennzeichnet das MR als eine Epoche des Ausgeglichenseins und der nicht mühelos errungenen Harmonie, gleichweit entfernt von der extrem zentralistischen Zusammenballung aller Kräfte im AR wie von der gefährlich weit gespannten Weltherrschaft des NR. Im sicheren Gefühl eigener Überlegenheit nach außen bedient es sich der reichen Möglichkeiten fremder Völker und Länder, vergißt aber darüber wie Sinuhe nicht die letztliche Gebundenheit an das Niltal. Im Bewußtsein seiner zentralen Kräfte hat es die divergierenden Gewalten aus der Zusammenbruchszeit eingefangen und, ohne sie zu vergewaltigen, in einen auf Erfahrung und Bewußtheit gegründeten Organismus eingebaut. Das Zusammenhalten und Bewahren des Erreichten erforderte einen Menschen ständiger Bereitschaft, entschlossener Tatkraft und klaren Wissens, wie er uns in Taten und Bildnissen der Herrscher der 12. Dynastie entgegentritt. Und wenn zu den aus den Lebensgrundlagen sich ergebenden Zügen des Ägyptertums schlechthin das Gefühl einer letztlichen Lebenssicherheit und Geborgenheit im Organismus eines in sich geschlossenen Kosmos zu nennen war, so erhält dieses uralte Lebensgefühl jetzt eine neue Bestätigung und Wiederbelebung, im Bewußtsein verlorengegangen und wiedergewonnen zu sein. Die Begriffe der Ausgeglichenheit, Spannkraft und bewußten Lebensformung zwischen den extremen Möglichkeiten dürften von uns aus gesehen die Anwendung des Begriffs des Klassischen auf das Ägypten des MR rechtfertigen.

V. DAS ENDE DES MITTLEREN REICHES UND DIE HYKSOSZEIT (ZWEITE ZWISCHENZEIT)

Der Niedergang des MR, der kurz nach dem letzten König der 12. Dynastie einsetzt und mehr als ein Jahrhundert umfaßt, ist in ein merkwürdiges Dunkel gehüllt[1]. Für die 13. Dynastie sind etwa 54 Königsnamen bekannt, und sie hat theoretisch über anderthalb Jahrhunderte geherrscht. Anfangs erstreckte sich ihre Herrschaft sicher über das ganze Reichsgebiet des MR. Im einzelnen wissen wir wenig von ihren Königen. Einer von ihnen, Neferhotep, um 1740—1729, hat eine interessante Inschrift über den Osiriskult in Abydos hinterlassen und ist auch durch Denkmäler außerhalb Ägyptens, bei Gaza und in Byblos, bekannt[2]. Diese Funde sind deshalb wichtig, weil sie uns zeigen, daß damals noch nichts von einer Herrschaft der Hyksos (s. S. 131) in Palästina-Syrien zu spüren ist. In dieser Zeit tritt uns auch zum ersten Male die Stadt Auaris-Tanis im nordöstlichen Delta entgegen; Bodenfunde bezeugen dort einen sonst wenig bekannten König Nehesi, dessen Name „der Nubier" bedeutet. Doch schränkte sich nach und nach das Herrschaftsgebiet der Dynastie ein. Die Südgrenze wurde erst bis zur Festung Buhen, dann bis Elephantine zurückgenommen. Der Norden (Delta) scheint sich früh in Teilherrschaften aufzulösen und fällt dann zuerst unter die Oberhoheit der Hyksos.

Die Frage, was nun eigentlich den sichtbaren jähen Niedergang des MR verursacht habe, ist drängend. Eine Antwort kann auf Grund des bekannten zeitgenössischen Materials, das durchaus nicht dürftig ist, nicht erschöpfend gegeben werden. Zwei Möglichkeiten sind auszuscheiden: Auch das MR ist nicht irgendeinem Anstoß von außen zum Opfer gefallen. Die Fremdherrschaft der Hyksos ist keinesfalls eine Ursache; denn zwischen ihr und dem Ende der 12. Dynastie klafft eine Lücke von über einem halben Jahrhundert, in dem sich der Niedergang des MR vollzog. Man möchte die Fremdherrschaft eher als eine Folgeerscheinung bezeichnen. Für die Erkenntnis der Eigengesetzlichkeit der ägyptischen Geschichte ist diese Tatsache wichtig. Ihr Auf und Ab, ihre Blüte- und Verfallszeiten sind (in der älteren Zeit ausschließlich, später vorwiegend) vom inneren Rhythmus der Kultur bestimmt. Gewiß entwickelte und veränderte sie sich keineswegs in einer absoluten Isolierung von der „Weltgeschichte" der Zeit. Aber die günstige geographische Lage des Landes und eine zentrale Geschlossenheit seiner Kultur schuf die Voraussetzungen zu einer im wesentlichen eigenständigen Entfaltung, in die Fremdes zwar fördernd oder hemmend, niemals aber bestimmend eingreifen konnte. Ebenso sicher ist andererseits, daß am Ende des MR keine soziale Umschichtung das Reich erschütterte, wie es am Ende des AR der Fall gewesen war. Gerade aus der Zeit der sogenannten 13. Dynastie haben wir einige juristische und verwaltungsgeschichtliche Akten, die ganz eindeutig zeigen, daß der Verwaltungsapparat ebenso korrekt arbeitete wie in der Zeit der 12. Dynastie und daß die soziale Gliederung und Schichtung der Bevölkerung unveränderlich blieb.

Der Sektor, auf dem der Zerfall allein in Erscheinung tritt, ist die Geschichte der Dynastie selbst. Das lehrt die Vielfalt der ephemeren Königsnamen, die Art der Namensbildung und vorübergehende Varianten in der Königstitulatur. Von einzelnen Herrschergruppen oder Königen wissen wir, daß sie nichtköniglicher Abkunft waren, also als Usurpatoren Ägypten oder einen Teil davon beherrschten. So war der Vater des genannten Neferhotep zweifellos nicht königlichen Blutes. Unter den übrigen Königsnamen finden sich viele Privatnamen, die (wie etwa bei Nehesi) die Erinnerung an die wirkliche Herkunft nicht verleugnen. Sie werden dann gelegentlich mit anspruchsvolleren Königsnamen verbunden. Semitisch ist der Name eines Königs Chendjer, der „der Eber" bedeutet; ferner begegnet der aufschlußreiche Name Mermeschau, d. h. „General". In diese Zeit fällt auch eine titelartige Bezeichnung, die von mehreren Königen (auch ohne Zusatz des Namens) getragen wird; sie wird etwa zu übersetzen sein „der glänzend Geschützte" [3]. Was aber damit gemeint ist und wo sich diese Formulierung herleitet, ist völlig unbekannt. Faßt man das wenige Kennzeichnende zusammen, so möchte man vermuten, daß das MR letzten Endes an derselben Stärke zerbrach, die es erst groß gemacht hatte: an der persönlichen Kraft der Herrscherpersönlichkeit. Es scheint so, als hätte die Notwendigkeit ständiger Bereitschaft und planvoller Tatkraft eine Generation ins Leben gerufen, in der viele Träger dieser Eigenschaften nach Selbständigkeit und Unabhängigkeit strebten, sobald keine alles überragende und eindeutig überlegene Persönlichkeit vorhanden war, die die Einzelkräfte in einem größeren Ganzen bändigte. Man hat auch die Vermutung ausgesprochen, es habe eine Art „Wahlkönigtum" bestanden (H. Junker); möglich wäre auch so etwas wie ein Heereskönigtum. Das sind natürlich nur Vermutungen, die aber insofern auf den Kern der Sache zielen, als sie die Ursache der Entwicklung in der Struktur des Königtums suchen. Das ist freilich immer noch eine recht allgemeine Deutung der Erscheinungen; doch wird sie den bis jetzt erkennbaren Tatsachen gerecht und fügt sich in dem Sinne in den großen Zusammenhang, als sie keine unbekannten Faktoren in Rechnung stellt, sondern das Geschehen aus den erkennbaren Voraussetzungen zu erklären versucht.

Am Ende der Epoche steht die sogenannte Hyksoszeit, von der an die ägyptische Geschichte in einem grundsätzlich anderen Rahmen zu betrachten ist.

Über den Einfall der Hyksos zitiert Josephus aus der Geschichte des Manetho: „Unerwartet zogen aus dem Osten Menschen unbekannter Rasse siegesbewußt gegen das Land. Leicht eroberten sie es mit Gewalt und, nachdem sie die Führer überwältigt hatten, verbrannten sie die Städte grausam und zerstörten die Göttertempel. Die Einwohner behandelten sie aufs grausamste, indem sie die einen erschlugen, die Frauen und Kinder der anderen in die Sklaverei schleppten. Schließlich machten sie einen von sich mit Namen Salitis zum König; er residierte in Memphis und erhob Tribut von Ober- und Unterägypten." Er habe auch die Stadt Auaris gegründet.

Wer waren die Hyksos, woher kamen sie und wann treffen wir sie in Ägypten?

Den Namen erklärt Manetho nicht ganz richtig als „Hirtenkönige"; eigentlich bedeutet er „Häuptlinge der Fremdländer", eine Bezeichnung, die schon in der 12. Dynastie für Beduinenhäuptlinge angewendet wird. Unter „Hyksos" ist also kein bestimmtes Volk zu verstehen, sondern die Benennung einer Häuptlingsart. Damit ist tatsächlich das Richtige über die Erscheinung gesagt: Weder haben wir es bei den Hyksos mit einem Volk zu tun, noch gehören nach Ausweis ihrer Namen die Hyksoskönige einem einzigen Volke an. Vielmehr stellt der „Einfall der Hyksos in Ägypten" den letzten mittelbaren Ausläufer einer weiträumigen Völkerverschiebung weit im Norden dar, durch die die Völkerschaften Vorderasiens in Bewegung gerieten, Umgruppierungen und Staatenbildungen erfolgten, Verdrängungen und Wanderungen[4]. Und nur die Ausläufer dieser Bewegungen haben in Form uneinheitlich gebildeter Gruppen unter der Führung von Wanderhäuptlingen Ägypten erreicht, konnten hier wegen der vorher entstandenen staatlichen Zersplitterung eindringen und schließlich vorübergehend das Land beherrschen. Über den wahren Charakter der Ereignisse sagt die mesopotamische Geschichte mehr aus als die ägyptische. Hier zeichnen sich an den äußersten

Rändern der mesopotamischen Welt neue Staaten und Völkerzusammenballungen ab oder treten mit neuer Aktivität hervor: die Kassiten im Osten und Südosten, die Churriter im Nordosten, die Hethiter in Kleinasien mit dem Zentrum im Halysbogen. Auch ihnen liegt kein einheitliches Volkstum zugrunde. Wohl aber enthalten sie durchgehend Elemente indogermanischer Völkerschaften. Und dort liegt der eigentliche Ausgangspunkt der Erscheinungen: Eine indogermanische Wanderung streift den Rand der altorientalischen Welt, bringt die Völker durchsetzt mit Absplitterungen indogermanischer Stämme in Bewegung und verebbt schließlich in Ägypten. Von einem „Großreich" der Hyksos im Sinne einer konstanten Staatsbildung kann also nicht gesprochen werden, auch wenn der Name eines ägptischen Hyksoskönigs (Chian) auf einem Gefäß in Boghazköi, auf einem Gefäßdeckel in Knossos und einem Basaltlöwen in Bagdad gefunden wurde. Sehr zweifelhaft ist es auch, ob die Wanderungen der Hyksoszeit den Rahmen für die Josephsgeschichte abgegeben haben. Von ägyptischer Seite fehlt jede Angabe über die Erzählung überhaupt, und man neigt im allgemeinen dazu, die irgendwie ja doch zugrunde liegenden historischen Ereignisse in die Ramessidenzeit zu setzen.

Wahrscheinlich ist die Hyksosherrschaft in Ägypten durchaus nicht im Anschluß an einen einzigen Siegeszug errichtet worden, wie Manethos Schilderung es bezeichnet, sondern ihr ging eine langsame Unterwanderung des Deltas durch einzelne Sippen und Stämme voraus, die erst ihren Abschluß in der Herrschaft der fremden Könige findet. Das mag zwischen 1700 und 1650 v. Chr. geschehen sein.

Über Zeit und Art der Fremdherrschaft schweigen die ägyptischen Quellen fast völlig, d. h., sie sind an sich spärlich und bemühen sich zudem, die Tatsache der Fremdherrschaft zu unterdrücken. Königslisten und Denkmäler (meist Skarabäen) machen es möglich, eine kontinuierliche Königsgruppe von sechs Hyksosherrschern zu unterscheiden, die über etwa 108 Jahre geherrscht hat. Es sind das die sogenannten „Großen Hyksos", die in der Zählung die 15. Dynastie bilden. Sie formulieren ihre Königsnamen mit ägyptischen Königstiteln und haben offenbar über das ganze Land geherrscht. Ihre Namen (besonders der eines Apophis und Chian) sind von Nubien bis Palästina belegt. Ihre Zeit reicht etwa von 1650 bis 1550. Die Form ihrer Herrschaft dürfte, so wenig Einzelheiten wir darüber wissen, für Ägypten etwas Neues gewesen sein. Entsprechend ihrer Herkunft übten sie eine zusammenfassende Oberhoheit aus. Unter ihnen hat es „Vasallenstaaten" gegeben; dazu gehören die letzten Könige der 13. Dynastie, eine 14. Dynastie, die in Xois im Delta regiert hat, und die 16. Dynastie, die sogenannten „Kleinen Hyksos". Auch die meisten Könige der 17. Dynastie, deren letzte Herrscher dann den Befreiungskampf einleiteten, haben nach Ausweis der Stele des Kamose (s. u. S. 137) in einem Vasallenverhältnis zu den „Großen Hyksos" in Auaris gestanden, so daß also die Herrschaft der 15. Dynastie zeitlich sich mit der 13., 14., 16. und 17. Dynastie überschneidet. Die zeitgenössischen Denkmäler der Hyksoszeit aus Ägypten sind unzulänglich, vor allem fehlen sichere bildliche Darstellungen. Sie könnten, wenn vorhanden, manches aussagen über die Volkszugehörigkeit dieser Könige, zumal die ägyptische Kunst seit alters zur prosopographischen Charakterisierung fremder Völker treffsichere Ausdrucksmittel entwickelt hatte. So sind wir allein auf Deutung der Namen angewiesen, die teils ägyptisch, teils semitisch, teils churrisch sind. Manche entziehen sich jeder Deutung. Immerhin spiegeln sie in ihrer Vielsprachigkeit den Charakter dieser Fremdherrschaft. Diese eigentümliche Herrschaftsform, ihre Mittelbarkeit, schützt das Ägyptische vor einer eingreifenden Verfremdung. Zweifellos blieb dabei die ägyptische Verwaltung erhalten; aber auch die ägyptische Kultur erlitt keine Einbuße. Gerade aus der Hyksoszeit sind uns Abschriften wichtiger wissenschaftlicher und literarischer Texte erhalten.

Die Bedeutung der Hyksoszeit für Ägypten kann nicht leicht überschätzt werden, wenn man ihre unmittelbaren und mittelbaren Folgen in Betracht zieht. Dann darf sie ohne Übertreibung als der entscheidende Wendepunkt der ägyptischen Geschichte bezeichnet werden, und zwar in dem Sinne, als sie die Epoche einleitet, in der Ägypten für alle Zeiten unlösbar in das Kräftefeld überstaatlicher politischer Mächte einbezogen wird; erst von hier an kann man, wie Hans Freyer (Weltgeschichte Europas) bemerkt, von „Außenpolitik" sprechen. Erst von hier an kennt der Ägypter ein, wenn auch noch immer religiös bestimmtes, Nationalgefühl, das zur Geltung gebracht werden will. Die relative Isoliertheit des Landes ist gesprengt und Ägypten bildet nun nicht nur im politischen Sinn Teil einer größeren Welt. Man darf dabei auch an die Struktur des Hyksosreiches als Modell denken. Gewiß ist es kein vorderasiatisches Großreich gewesen. Aber das Beispiel eines aus Vasallenstaaten unter der Herrschaft einer Oberhoheit stehenden Staatsgebildes dürfte für die Ägypter die Erfahrung einer neuen Möglichkeit gewesen sein, die sie ihrerseits in der Außenpolitik der kommenden Jahrhunderte zu verwirklichen suchten. Diese Tatsache mußte notwendig ihre Rückwirkung auf die gesamte ägyptische Kultur haben, ebenso auf das religiös bestimmte Weltbild: Die naive, aber natürliche Auffassung von Ägypten als dem Mittelpunkt des Kosmos wird durch die Erfahrung widerlegt, wobei es für die Lebendigkeit der Weltschau spricht, daß einer solchen grundlegenden Erfahrung überhaupt nach eineinhalb Jahrtausenden bodenständiger Kultur noch Rechnung getragen werden kann. Ebenso aber muß auch damit das Bild vom Königtum wie die Lebensgefühle jedes einzelnen sich den neuen Erfahrungen anpassen. Deutlich faßbar ist der Vorgang auch in der bildenden Kunst und letzten Endes ebenso in der Sprache. Freilich, das alles sind durchaus sekundäre Folgen der Hyksoszeit, die nach und nach im Verlauf der beiden folgenden Jahrhunderte in Erscheinung treten, dem Ägypter bewußt werden und seine Reaktionen auslösen. Dieses verhältnismäßig langfristige Hineinwachsen in eine neue Welt schützte Ägypten vor Überfremdung irgendwelcher Art. Gewiß ist das Ägypten des NR etwas im Inneren und allen Lebensäußerungen anderes als das des MR oder AR; aber es ist noch durchaus belebt und gestaltet durch die Kräfte, als deren Ausdrucksformen jene älteren Staats- und Kulturschöpfungen zu betrachten sind.

All das wird erst im Laufe der Folgezeit erkennbar. Hingegen verdankte Ägypten den Hyksos einige technische und materielle Kenntnisse und Neuheiten, die ihm gleichsam als Werkzeug für die Anforderungen der Zukunft dienten[5]. Mancherlei Verbesserungen in handwerklichen Verfahren scheinen die Fremden mitgebracht zu haben, die vor allem bei der Bewaffnung ins Auge fallen: Schilde, Helme, Hiebwaffen, wie das sogenannte Sichelschwert, Pfeile mit Metallspitzen (Bronze) statt Stein oder Knochen, den kürzeren zusammengesetzten Bogen an Stelle des langen einfachen. Am wichtigsten aber ist eine umwälzende Neuerung, die Heerordnung und Kriegsführung völlig veränderte und sich späterhin auch auf das wirtschaftliche und soziale Leben auswirkte: Ägypten lernt Pferd und Wagen kennen. Wenn Abbildungen und Erwähnungen in Texten zunächst auch noch spärlich sind, kann doch kein Zweifel sein, daß beide Dinge mit den Hyksos nach Ägypten kamen und die Ägypter sich rasch der damit gegebenen Möglichkeiten auf dem Gebiet der Kriegsführung bedienten. Späterhin sind Pferde ja auch in Ägypten gezüchtet worden; König Salomo kaufte Pferde und Wagen aus Ägypten und verkaufte sie nach Kleinasien und Syrien (I. Kg 10,28). Ein Pferdeskelett ist in einem thebanischen Grab der 18. Dynastie gefunden worden; es maß nur 1,27 m in der Höhe und war nicht beschlagen. Entsprechend leicht waren die zweirädrigen Wagen, die nur zwei Personen (Lenker und Kämpfer) trugen. Verwendung fanden Pferd und Wagen offenbar nur beim Heer, auch natürlich bei Ausfahrten des Königs. Aber als Arbeitstier wurde das Pferd nicht benutzt. Auch geritten wurde es im allgemeinen nicht. Bei gelegentlichen Abbildungen eines Reitenden (auch plastischen Darstellungen) handelt es sich um Einzelfälle, etwa zur Tränke reiten o. ä., stets auf ungesatteltem Pferd. Die Folgen dieser Neuerung liegen vor allem auf dem Gebiet der Kriegsführung. Die Feldzüge der 18. Dynastie gegen Syrien, das Mitannireich, die Hethiter konnten nur dadurch mit Erfolg geführt werden, daß auch Ägypten über die derzeit wirkungsvollste Waffe im Angriff verfügte. Sie liegen ebenso auf sozialem Gebiet: Mit der neuen Kampfart bildet sich auch ein neuer Kämpfertyp und mit der vornehmeren Waffengattung ein vornehmerer Kriegerstand. Die mit Pferd und Wagen verbundenen Handwerke und Berufe (Holz-, Leder- und Metallbearbeitung, Pferdepflege) erleben Ausbau und Förderung. Und schließlich geht auch die darstellende Kunst nicht an dem neuen Objekt vorüber; es dient ihr nicht nur als sachlich neues Motiv, sondern auch als Ausdrucksform, in der die Bewegtheit, Schnelligkeit und Eleganz der Linienführung, wie sie die Kunst des NR auszeichnet, am angemessensten zur Wirkung kommen konnte (Abb. 22, 23, 28).

VI. DAS NEUE REICH

1. Die Befreiung von der Hyksosherrschaft (17. Dynastie)

Noch als die Hyksos in Auaris herrschten, begann in Theben eine Dynastie zu entstehen, die ursprünglich unter der Oberhoheit der Fremden stehend in bewußter Anlehnung an die 11. Dynastie (mehrfach begegnet auch jetzt wieder der Königsname Antef) nach Selbständigkeit und nach der Königswürde strebt. Ihre Gräber, die gegenüber von Karnak liegen, sind zum guten Teil bekannt, auch ihre Namen und die Reihenfolge; aber sonst wissen wir nicht viel an Einzelheiten. Den Aufstieg des Geschlechts haben wir uns wohl ähnlich vorzustellen wie den der Antefkönige der 11. Dynastie: Eine lokale Herrschaft, der es nach und nach gelingt, über die benachbarten Bezirke eine Art Vorherrschaft zu errichten. Aus der Zeit eines dieser neuen Antefkönige haben wir Reste von Baudenkmälern aus Koptos und Abydos und vor allem ein aufschlußreiches Dokument aus Koptos[1]. Es handelt sich um ein königliches Dekret, in dem ein Min-Priester von Koptos wegen eines nichtgenannten Vergehens bestraft und sein Geschlecht verflucht wird. Aus den Formulierungen läßt sich die Stellung des thebanischen Königs etwa erkennen. Er übt zwar bis Koptos eine Art Oberhoheit aus, rechnet aber mit der Möglichkeit, daß andere „Könige" für den Schuldigen eintreten könnten; es wird also noch Herrscher mit gleichen Ansprüchen gegeben haben. Ein anderer juristischer Text, wohl etwas älter, der eine Schuldentilgung gegen Überschreibung eines Amtes zum Gegenstand hat[2], zeigt, daß der Verwaltungsaufbau im thebanischen Staat unverändert bestand. Am Ende der Dynastie folgen zwei gleichnamige Herrscher Ta'a, die mit dem Beinamen „Der Große" und „Der Tapfere" unterschieden werden. Unter letzterem scheint der Kampf gegen die Hyksos begonnen zu haben, in dem der König selbst wohl fiel; seine Leiche weist mehrere Kopfverletzungen auf. Sein Sohn Kamose setzt den Kampf fort. Aber erst unter dessen Bruder Ahmose, der als erster König der 18. Dynastie gezählt wird, wird die Stadt Auaris eingenommen, und die Hyksos werden damit endgültig aus Ägypten vertrieben.

Die Quellen, die wir über diesen wichtigen Abschnitt der ägyptischen Geschichte haben, sind spärlich und von ungleichem Wert. Über den Anlaß und Anfang des Krieges unter Ta'a existiert nur eine rein literarische Schilderung aus der Ramessidenzeit, die die Vorgänge ganz aus dem geschichtlich-politischen Zusammenhang in eine persönliche Sphäre verlegt[3]. Der Hyksoskönig Apophis sitzt in Auaris, in Theben herrscht Ta'a. Apophis fühlt sich durch ihn irgendwie beunruhigt und schickt ihm eine unerfüllbare oder demütigende Forderung, die Ta'a nicht erfüllen kann oder will. Wir verstehen den Sinn der Botschaft leider nicht. Die Ablehnung der Forderung führt zu einem persönlichen Zerwürfnis zwischen Apophis und Ta'a und löst den Krieg aus. Der Papyrus, der den Anfang der Geschichte enthält, ist eine Schülerhandschrift und enthält viele Fehler. Wir können ihm nicht mehr entnehmen, als daß in der historischen Erinnerung der Befreiungskampf gegen die Hyksos unter Ta'a begann. Von Kamose ist hingegen ein authentischer Bericht erhalten, in sein drittes Jahr datiert, einmal auf einer Stele in Karnak, dann auf einer Schreibtafel; die nicht unmittelbar anschließende Fortsetzung des Berichtes ist späterhin auf einer zweiten Stele gefunden worden[4]; beide Texte sind leider fragmentarisch erhalten. Als zeitgenössischem offiziellem Bericht kommt ihm allerdings größerer historischer Quellenwert zu, und vor allem läßt der Stil und die Formulierungen die Auffassung des Ägypters über die Bedeutung des Kampfes sehr viel deutlicher werden als die spätere Erzählung mit ihrer literarischen Themenstellung. Kamose empfindet den Zustand als schimpflich, daß er sich mit einem Asiaten und einem Nubier (die nubische Provinz ist also verlorengegangen) in die Herrschaft teilen soll; es ist deshalb sein Wunsch, „Ägypten zu retten und die Asiaten zu schlagen". Er trägt diese Ansicht einer Art Kronrat vor und erhält die Entgegnung, daß der Zustand doch durchaus erträglich sei, da die wirtschaftlichen Verhältnisse geordnet seien; das Weideland des Deltas stehe auch den oberägyptischen Herden offen und das Getreide werde über das ganze Land hin verteilt. Man solle nicht den Krieg vom Zaune brechen, ohne angegriffen zu sein. Aber Kamose besteht auf seinem Wunsch, den er allein mit seinem königlichen Verantwortungsbewußtsein für das ganze Land und seinem Freiheitswillen motiviert, nicht (was beinahe zu erwarten wäre) mit dem Befehl eines Gottes, etwa des Amun von Karnak. Der Erfolg des Feldzuges beruhte wohl vor allem auch darauf, daß das Hyksosreich gleichzeitig durch einen Angriff des Mitannikönigs Murschilisch I. von Norden her geschwächt wurde (Helck). Er beginnt den Krieg und schlägt einen offenbar ägyptischen Vasallen der Hyksos bei Neferusi, nördlich von Hermopolis. Die Fortsetzung des Textes berichtet über den weiteren Verlauf des Zuges bis vor die Tore von Auaris, das aber noch nicht erobert wird, und die triumphale Rückkehr des Königs nach Theben. Als aufschlußreiche Einzelheit erfahren wir, daß zwischen dem Hyksoskönig und einem selbständigen Herrscher von Kusch ein Bündnis bestand. Ein Bote, der von Auaris nach Kusch geschickt war, um Unterstützung aus dem Süden zu erbitten und die Ägypter von dort her angreifen zu lassen, wird von Kamose abgefangen und an den Hyksoskönig zurückgeschickt.

Erst unter dem Bruder des Kamose, dem König Ahmose, gelingt die endgültige Vertreibung der Asiaten. Unsere einzige Quelle ist die Biographie eines dem König gleichnamigen Schiffsführers Ahmose, die er in seinem Grab in Elkab hat anbringen lassen [5]. Er hat unter den Königen Ahmose, Amenophis I. und Thutmosis I. gedient und erzählt in sehr kurzer Form naturgemäß nur von den Kämpfen, an denen er teilgenommen hat. Wo König Ahmose das unterbrochene Werk seines Bruders fortgesetzt hat, wissen wir nicht. Jedenfalls aber gelingt ihm die Einnahme der Hyksosfestung Auaris, wobei naturgemäß in dem mit Kanälen durchzogenen Delta der Kampf zu Wasser und zu Land stattfindet; nur der König selbst fährt im Wagen. Nach der Einnahme der Stadt wird unverzüglich die Verfolgung aufgenommen und führt bis Scharuhen in Südpalästina (nordwestlich Berseba), das nach dreijähriger Belagerung erobert wird. Damit ist der erste Abschnitt der Wiederherstellung des Reiches abgeschlossen. Daß der Feldzug hier abgebrochen wird, mag in erster Linie organisatorische Gründe haben: Weiterreichende Züge mußten natürlich erst im Lande durch Truppenaushebung, Organisation des Nachschubs und vor allem Wiedergewinnung der nubischen Besitzungen vorbereitet werden. Vor allem entsprach es auch den Erfahrungen früherer Generationen, daß ein einmaliges Hinausgreifen über die natürlichen Grenzen das Land für lange Zeit vor Angriffen sicherte.

Nach seiner Rückkehr nach Ägypten nimmt Ahmose die anderen Aufgaben zur Wiederherstellung der ägyptischen Herrschaft in Angriff. Er zieht zuerst sofort nach Süden gegen Nubien, das ja während der Hyksoszeit sich von Ägypten gelöst hatte. Kämpfe scheinen südlich des Kataraktes stattgefunden zu haben; doch wissen wir nicht, wie weit die Ägypter damals nach Süden vorgedrungen sind. Bei Toschke ist ein Graffito gefunden worden, das seinen und seines Bruders Kamose Namen nennt. Schließlich ist noch von zweimaligen Kämpfen gegen „Rebellen" in der Biographie des Schiffsführers Ahmose die Rede. Der erste könnte ein nubischer Häuptling sein, der sich nochmals gegen die ägyptische Oberhoheit auflehnte. Beim zweiten handelt es sich offenbar um einen Ägypter. Es wäre durchaus denkbar, daß von irgendeiner Seite versucht wurde, die noch junge Herrschaft einer neuen Dynastie abzuschütteln. Die sehr kurze Schilderung des Ahmose unterscheidet sich von der Schilderung anderer Kämpfe darin, daß nur der Tod des Aufrührers und die Vernichtung seiner Anhänger berichtet wird, aber keine Rede von Gefangenen oder Beute ist. Ganz am Ende seiner Regierung nahm noch Ahmose die weitere Ausdehnung nach Norden in Angriff: Wir wissen, ohne Einzelheiten zu kennen, von einem Zuge gegen Phönikien; die Wiederherstellung des ägyptischen Einflusses auf die Küstenstädte (besonders Byblos) mag das Ziel gewesen sein. Trotz aller Kürze zeigen die Ereignisse sehr deutlich, daß die Situation gegenüber dem Beginn des MR grundsätzlich eine andere war: Das Land, seine Verwaltung und seine Bevölkerung befand sich durchaus nicht in einem Stadium der inneren Umbildung und Neuformung und erforderte keine „Reichseinigung" im Sinne früherer Zeiten. Als Ahmose nach 25jähriger Regierung 1527 starb, hinterließ er ein geordnetes Reich, dessen Grenzen vor unmittelbarer Bedrohung gesichert schienen.

Mancherlei von dem, was das Wesen der folgenden 18. Dynastie, der Zeit des Weltreiches, ausmacht, liegt vorgezeichnet schon in diesen Übergangsgenerationen von der 17. zur 18. Dynastie beschlossen. Da ist zunächst eine schicksalhafte Bindung an den Gott Amun von Karnak, schicksalhaft für die innere Geschichte der nächsten zweieinhalb Jahrhunderte wie für die Gestalt des Gottes. An sich ist es nur natürlich, daß die aus Theben gebürtigen Könige sich unter dem besonderen Schutz ihres „Vaters" Amun oder „Amonre, des Götterkönigs", wie seine offizielle Bezeichnung lautet, stehend fühlen. Aber die Verbindung zwischen Herrscherhaus und Gott, bzw. seiner Priesterschaft, scheint noch enger zu sein. Es scheint so, als stammten die Vorfahren des Königs Ta'a und seiner Gemahlin aus den Kreisen der Amunpriesterschaft[6]. Die Gattin des Ahmose, Ahmes-Nofretêre, hatte bereits das Amt eines „zweiten Propheten des Amun" bekleidet und trat es an ihren Bruder, den König, ab. Und noch eine andere Verbindungslinie läßt sich in diese frühe Zeit hinauf verfolgen: Seit der Königin Ahhotep, der Gemahlin Ta'a's II. und Mutter der Könige Kamose und Ahmose, läßt sich nachweisen, daß die jeweils rangälteste Prinzessin Titel und Rang einer „Gottgemahlin des Amun" innehat[7]. Da sie ja zugleich die voraussichtliche Königin (Gemahlin ihres Bruders) ist, erhält die Fiktion von der Gottessohnschaft des Königs eine stark irdisch-persönlich gefärbte Manifestation: Der Gott erzeugt ihn in Gestalt des König-Vaters mit der Königin-Gottesgemahlin. Späterhin, als der Götterkönig Amun in Wahrheit zum König und der Gottesstaat in Theben gegründet wird, kommt dem Amt des Gottesweibes eine besondere Bedeutung zu (s. u. S. 222).

Die genannten Erscheinungen führen zu einer weiteren Beobachtung: Es ist auffallend, was für eine bestimmende Rolle — de jure und de facto — einige Frauen während der 18. Dynastie gespielt haben. Theoretisch darf man wohl allgemein von einer „juristischen Gleichberechtigung" der Frau im Alten Ägypten sprechen; und es hatte besonders in der Geschichte des AR nicht an Beispielen dafür gefehlt, welche Rolle einzelne Frauen bezüglich der Legitimität in der Erbfolge der Dynastie spielen konnten. Von diesem allgemeinen Hintergrund heben sich in der 18. Dynastie mehrere Frauenfiguren ab, die über die traditionelle Bedeutung hinaus offenbar auf Grund ihrer Persönlichkeit die Geschicke des Landes bestimmt haben. Auch das läßt sich bereits in der Frühzeit des NR erkennen. Außer der gleichsam amtlichen Hervorhebung durch die genannten Priesterämter besitzen wir eine Reihe von Denkmälern, die dem Gedächtnis von Königinnen dienen. So hat Ahmose für seine Großmutter Tetischeri in Abydos eine Gedächtniskapelle gestiftet, weil „er sie so über alle Maßen liebte" [8]. Derselbe König ruft auf einem Denkstein in Karnak die Lebenden und die Nachwelt auf, seine Mutter, die Königin Ahhotep, zu preisen und feiert sie in umfassenden Epitheta, unter denen die Bezeichnung „Fürstin der Länder der Nordvölker (Haunebut)" hervorgehoben werden muß. Wenn sich der Terminus auch geographisch nicht genau fixieren läßt, weist er doch auf eine ausgesprochen politische Bedeutung der Frau hin. Welche Rolle kam der Königin im Kampf dieser Jahre zu? Die Schwester-Gemahlin des Königs, die Königin Ahmes-Nofretêre, die Mutter des Königs Amenophis I., ist späterhin mit ihrem Sohn zusammen vergöttlicht worden.

Das alles sind schwer wägbare Zeichen eines neuen Persönlichkeitsbewußtsein, das zwischen der tatsächlichen und fiktiven Bindung an den Götterkönig Amun und dem im Befreiungskampf gegen die Hyksos erprobten Selbstbewußtsein liegt [9]. Es bestimmt das Bild der folgenden Jahrhunderte und speist die Energie, die zur Aufrichtung des Weltreichs führt. Ihm entstammt freilich auch die in der Amarnazeit gipfelnde Krise dieser Epoche. Aus ihm erwachsen die eindrucksvollen, voneinander charakteristisch geschiedenen Herrschergestalten der 18. Dynastie.

2. Die 18. Dynastie bis Amenophis III.

Die zweifellos glänzendste Epoche der ägyptischen Geschichte, die über mehr als zwei Jahrhunderte (Thronbesteigung des

Ahmose um 1552 bis zum Tode des Haremheb 1306) sich erstreckte, hat uns eine Fülle der prachtvollsten, reifsten und überreifen Kunstwerke des Alten Ägypten geschenkt. Eine Betrachtung ihrer Entwicklung aus den bescheidenen und unsicheren Anfängen der 17. Dynastie ergäbe eine Darstellung der inneren Geschichte der Zeit. Vom Kunsthandwerk bis zur Monumentalarchitektur bieten die Werke der Künstler Leistungen, die gegen Ende des Zeitabschnittes den Stil des Ägyptischen zu sprengen drohen, sei es in bizarrer Überladenheit. sei es in nervöser Erregtheit, sei es in einer vergleichsweise anmaßenden Monumentalität, die mit der des AR nur die Größe der Ausmaße, nicht die Größe des Gehaltes gemein hat. Im Einklang mit der Entwicklung der darstellenden Kunst und aller Kunstarten überhaupt steht die Entwicklung des die Geschichte tragenden Menschenideals und seines ersten Repräsentanten, des Königs. Die zahlreichen Biographien aus Gräbern und auf Stelen und die mannigfaltigen historischen Inschriften der Könige malen ein Menschen- und Herrscherbild, dessen Entfaltung in ständiger Entsprechung zur Entwicklung der Kunst steht. Auch diese Entwicklungslinie führt wie jene zu einer gefährlichen (aber wohl notwendigen) Übersteigerung jener Elemente, die am Anfang der Epoche durchaus aufbauende Wirkung hatten. Ziemlich gleichmäßig läßt sich der Beginn der Krise auf allen Sektoren in der Zeit Amenophis' II./Thutmosis' IV. erkennen. Eine Darstellung der Zeit kann kaum gegeben werden, ohne daß sie eine Wertung einschlösse, vor allem sobald an die zwielichtige Figur des Amenophis, der sich Echnaton nannte, gerührt wird. Mag eine solche Wertung unvermeidlich sein, so sollte ihr doch immer das Bestreben zugrunde liegen, aus dem Wesen des Ägyptertums und den Gegebenheiten jener Zeit zu urteilen, nicht aus dem unseren.

Als Amenophis I., Sohn des Königs Ahmose und der Nofretêre, um 1527 den Thron bestieg, übernahm er ein in sich geeintes und gefestigtes Land; nach Süden und Norden sind die Grenzen bereits unter seinem Vorgänger überschritten. Offenbar unternahm er nur einen Feldzug nach Nubien, „um die Grenzen Ägyptens zu erweitern"; unsicher ist ein Feldzug nach Libyen. Um welcher Taten willen er von den Ägyptern vergöttlicht wurde, wissen wir nicht. Tatsache ist, daß er zusammen mit seiner Mutter Ahmes-Nofretêre im westlichen Theben vielfach verehrt worden ist[1]. Dort waren verschiedene Statuen des Königs aufgestellt und er wurde etwa im Sinne eines Schutzherren der Nekropole angebetet. Eine kultische Neuerung geht auf ihn zurück, die für Jahrhunderte das Bild der thebanischen Totenstadt bestimmt: Die Trennung von

Totenkultstätte und Grab. Er eröffnet, wenn auch durch einen relativ bescheidenen Bau, die Reihe der Totentempel, die in sich steigernder Größe und Pracht halbkreisförmig sich vor den thebanischen Westbergen aneinanderreihten. Sein Grab liegt versteckt in den Bergen dahinter, allerdings noch nicht im eigentlichen Königsgräbertal, wo sein Nachfolger Thutmosis I. das erste Grab anlegte. Ob, wie oft angenommen wird, der Wunsch nach größerer Sicherheit des Grabes allein diese Trennung bewirkte, wissen wir nicht; wenn es der Fall war, ist der Wunsch jedenfalls nicht in Erfüllung gegangen. Denn nur eines, das des Tutanchamun, ist durch Zufall ungeplündert bis in unsere Zeit verschlossen geblieben. Wahrscheinlicher ist, daß eine veränderte Auffassung des Kultes der Tempel die räumliche Veränderung nach sich zog. Die auffällige Tatsache, daß die thebanischen Totentempel in erster Linie Tempel des Gottes Amun sind, dürfte damit in Zusammenhang stehen.

Es besteht eine eindrucksvolle Übereinstimmung zwischen den Herrscherpersönlichkeiten der 18. Dynastie und ihrer jeweiligen Wirksamkeit, die sich am deutlichsten in der Errichtung dessen ausprägt, was man das ägyptische Weltreich nennt. Mit fortschreitender Kenntnis der Einzelheiten, spürt man die glückliche Wechselwirkung zwischen dem Charakter, der ein Wirkungsfeld sucht, und den großen Aufgaben, die die Bildung dieses Charakters fordern, bis am Ende der Dynastie das Fehlen dieser Entsprechung zur Verschärfung der Krise beiträgt. Auf dem Gipfel der Entwicklung sehen wir zwei Persönlichkeiten gegeneinander stehen, die in Temperament und Willensrichtung einander offenbar entgegengesetzt waren; gemeinsam ist beiden die Energie und Zielstrebigkeit, mit der sie ihre Pläne verfolgen: die Königin Hatschepsut und Thutmosis III. (Abb. 15). Nach dem Tode Thutmosis' II. ist sein designierter Nachfolger, der nachmalige König Thutmosis III., noch ein Kind. Zudem haftete ihm der Makel an, nicht rein königlicher Abstammung zu sein: seine Mutter war keine königliche Prinzessin, sondern eine Haremsfrau. An seiner Stelle führt die Witwe Thutmosis' II., die Gottesgemahlin Hatschepsut, die Staatsgeschäfte, ja nimmt die volle Titulatur eines „Königs von Ober- und Unterägypten" an und läßt sich im königlichen Ornat darstellen. 22 Jahre bis zu ihrem Tode muß der Thronfolger beiseite stehen[2]. Es ist nur verständlich, daß er dann das Andenken an seine „Schwester" konsequent verfolgt, ihren Namen auf Baudenkmälern tilgt und durch die seiner Vorgänger (Thutmosis' I. oder II.) oder seinen eigenen ersetzt. Die Leidenschaftlichkeit des Herrschenwollens drückt sich bei beiden

Gegenspielern auch darin aus, daß beide in bilderreicher pathetischer Sprache ihre Berufung auf den Thron durch den Wunsch des Gottes Amun selbst berichten. Für uns ist es unmöglich zu unterscheiden, wo die Trennungslinie zwischen politischem Schachzug und Glaubenswahrheit zu ziehen ist, gerade bei derartigen Sanktionierungen politischer Ereignisse durch göttlichen Willen. Aber wir beraubten uns selbst des Verständnisses für die Dramatik und Realität der Spannungen, wenn wir in derartigen Fiktionen nur einen plumpen Trick der Prätendenten oder der Amunpriesterschaft sehen wollten. Thutmosis erzählt, ihm sei als Kind im Tempel das Götterbild bei einer Prozession begegnet, sei auf ihn zugestrebt und habe ihn als künftigen König gewählt[3]. Ähnlich berichtet es Hatschepsut[4]. Die Spannung zwischen beiden wird verschärft, als sie nicht allein auf dem Unterschied des Alters, des Geschlechtes und dem beiderseitigen Willen zur Alleinherrschaft beruht, sondern ebenso aus einer natürlicherweise verschiedenen Auffassung von den besonderen Aufgaben des Herrschers resultiert. Von den zähen, planmäßigen Feldzügen des Königs, durch die die Vormachtstellung Ägyptens für Generationen begründet wird, wird später zu reden sein. Hatschepsut dagegen bekannte sich sehr betont zum Ideal einer Friedensfürstin, ein seltenes Bekenntnis in der kriegerischen Dynastie! Mehrfach spricht sie es aus, daß ihre Aufgabe es sei, die Schäden der Hyksoszeit endlich zu heilen. „Sie stellte her, was zerstört wurde, als die Asiaten in Unterägypten in der Stadt Auaris saßen. Sie herrschten, ohne Re zu kennen, und niemand tat auf das Geheiß des Gottes bis auf meine Majestät!" Unter ihren zahlreichen Bauten ist der Terrassentempel von Deir el Bahri am bekanntesten, den sie unmittelbar neben dem des Mentuhotep errichtete (Abb. 13, 14). Das Werk kündet zugleich von einer anderen Tat seiner Erbauerin: Einer Expedition nach Punt, deren einzelne Phasen in bunten Reliefs die Wände schmücken. Die Fahrt der Schiffe (vielleicht durch einen Kanal im Wadi Tumilât, der den Nil unmittelbar mit dem Roten Meer verbunden hätte) und das fremde Land mit seiner Bevölkerung (der fremde Menschenschlag, seine Tracht und seine runden Hütten, Tiere und Pflanzen des Landes) werden mit ägyptischer Liebe zum Gegenständlichen und Charakteristischen dargestellt. Gegen ägyptische Erzeugnisse (darunter einer Statuengruppe des Amun und der Königin) wurden die Produkte des Landes eingetauscht, Weihrauch (auch Weihrauchbäume, die in Deir el Bahri angepflanzt wurden), Myrrhen, Gold, Ebenholz, Felle, Elfenbein.

Auf Thutmosis III. folgt, vielleicht nach kurzer Mitregentschaft[5], sein Sohn Amenophis II.; er teilte die Energie und den Tatendurst seines Vaters, aber rühmt sich vor allem seiner körperlichen Leistungsfähigkeit: Kein anderer war imstande, seinen Bogen zu spannen; er durchschoß mit dem Pfeil vom fahrenden Wagen aus vier kupferne Schießscheiben; er ruderte allein seine Barke, als die Mannschaft ermüdet war; er „kannte jede Fähigkeit des (Kriegsgottes) Monthu und keiner kam ihm gleich auf dem Schlachtfeld". Dieser im ägyptischen Königsbild einmalige Preis körperlicher Kraft und Geschicklichkeit erscheint als Abwandlung des auf Energie, Leistung und Erfolg abgestimmten Herrscherbildes der Zeit.

Die Erwählung durch den Gott berichtet auch Thutmosis IV. von sich, wenn es auch (vielleicht nicht zufällig) nicht Amun, sondern der Sonnengott Re in seinem Falle ist[6]. Als Prinz (wahrscheinlich nicht Kronprinz) befehligte er die Wagenkämpfertruppe in Memphis und fuhr mit dem Wagen in der Gegend der Pyramiden. Als es Mittag wurde, schlief er im Schatten der großen Sphinx, die damals als Bild des Sonnengottes galt. Im Traum erscheint ihm der Gott, bittet ihn, sein im Sande halb verwehtes Bild (eben die große Sphinx) freizulegen und verheißt ihm dafür die Königswürde. Diese Inschrift, die ins erste Jahr des Königs datiert ist, ist in mancher Hinsicht aufschlußreich. Auch hier begegnet das Motiv der Wahl durch den Gott; aber es ist nicht der „neue" Gott Amun, sondern der uralte Sonnen-Schöpfergott. Dürfen wir hierin schon ein Anzeichen für den Beginn der Spaltung sehen, die am Ende der Dynastie die Existenz des ganzen Landes erschütterte? Es wäre nicht das einzige Anzeichen für den Beginn der Spannungen schon in dieser Zeit. Hervorzuheben ist auch die Wunschübermittlung durch das Medium des Traumes, das im Verhältnis Gott – König in Ägypten hier zum ersten Male auftaucht (einen Traum allgemeinen Inhalts erwähnt auch schon Amenophis II. einmal) und gegen die Spätzeit hin immer häufiger auftritt. Es weist, gerade neben der emphatischen Betonung der jeweiligen Gottessohnschaft und der persönlichen Erwähltheit durch den Gott, auf eine Distanzierung zwischen Gott und König im Sinne eines stärker irdischen Persönlichkeitsgefühls, das zu überbrücken es eines fallweisen Mediums bedarf.

Wieder einen Schritt weiter in Richtung auf ein persönlichkeitsgebundenes absolutes Herrschertum geht Amenophis III., der Sohn und Nachfolger Thutmosis' IV., der Erbe eines großen, in allen seinen Teilen scheinbar gesicherten reichen Imperiums (Abb. 20). Prachtliebe, eine gewisse protzige Monumentalität (ihn stellen die unter dem Namen Memnons-Kolosse bekannten Kolossalstatuen in Theben-West dar), eine ungewöhnliche Betonung seines Privatlebens charakterisieren ihn. Die der Mehrung des Reiches dienenden Feldzüge ersetzt er durch Jagden. Für sich und seine Gemahlin erbaut er im Süden der thebanischen Weststadt eine Palaststadt mit einem Lustsee. Er heiratete eine kluge und energische Frau, die Königin Teje. Die Ereignisse aus seinem Privatleben (Ehe mit der Teje, Anlage des Sees, Erfolge einer Jagd u. a. m.) verewigt der König auf Gedenk-Skarabäen, womit er sie zu historischen Ereignissen stempelt. Die despotenhafte Willkür, die aus den Lebensäußerungen Amenophis' III. im Gegensatz zur echten ägyptischen Anschauung spricht, bei der die Person des Königs weit hinter das Amt zurücktritt, mag sich teilweise auch daraus erklären, daß im königlichen Harem zu dieser Zeit vielfach fremde Einflüsse wirken konten. Daß asiatische Prinzessinnen in den Harem der Könige aufgenommen wurden, ist mehrfach bezeugt. So heiratete der König selbst die Prinzessin Giluchepa, Tochter des Mitanni-Königs Schuttarna, die mit 317 Frauen in den königlichen Harem einzieht. Andererseits läßt sich aus der Entwicklung der gesamten Zeitverhältnisse eine geradlinige, nicht unverständliche Änderung in der tatsächlichen und dogmatischen Stellung des Königs ablesen, die in den Gestalten Amenophis' III. und IV. gipfelt, in der Richtung, daß aus der religiösen Wertung des Königs als Träger eines Amtes die des Königs als einer Person wird. Es gehört in diesen Zusammenhang, daß wir erst jetzt in der Blüte der 18. Dynastie Beispiele für die persönliche Vergöttlichung des lebenden Herrschers haben, wenn auch vorerst nur auf dem nubischen Kolonialboden[7]. Der Unterschied zu der spontan, gleichsam von unten gewachsenen Vergöttlichung alter Könige ist von ausschlaggebender Bedeutung. Jetzt läßt sich Thutmosis III. selbst in Nubien als „Großer Gott" verehren, außerdem, das steht durchaus in ägyptischer Tradition, stiftete er bei Semne-Kumme einen Kult Sesostris' III.; Amenophis III. baut den Tempel von Soleb für „sein lebendes Bild auf Erden" und für seine Gemahlin Teje einen Tempel in Sedeinga.

Voll verständlich wird die durch wenige Einzelangaben angedeutete Entwicklung erst, wenn man sie zugleich vor dem Hintergrund der außenpolitischen Entwicklung betrachtet. Hier liegt der große Wirkungsbereich der 18. Dynastie, dessen Anforderungen die Leistungen des gesamten Volkes enorm anspannten und der zugleich zurückwirkte auf die Struktur dieses Volkes und sein gesamtes kulturelles Leben. Es ist dabei eine unlösbare Frage, ob die grundlegend gewandelten staatlichen Verhältnisse des vorderen Orients Ägypten gleichsam unbewußt auf die Bahn einer expansiven Eroberungspolitik trieben oder ob der egozentrische

Grundgedanke des ägyptischen Reiches in den geographisch weiträumigen Verhältnissen des zweiten Jahrtausends zu einer dieser Weiträumigkeit entsprechenden Verwirklichung drängte.

Das Instrument, durch das Ägypten seine Weltgeltung erlangt, ist das nubische Gold und das ägyptische Heer [8]. Erst die Erfahrungen der Hyksoszeit hatten Ägypten die neuen Möglichkeiten militärischer Bewaffnung und Gliederung gezeigt. Jetzt erst beginnt der Soldat als Bevölkerungsklasse eine Rolle zu spielen, wobei (das bleibt typisch ägyptisch) der Militärbeamte, der Organisator, wichtiger ist als der Truppenführer. In Garnisonen in Ober- und Unterägypten liegen drei Armeen, die nach den Göttern Amun, Re und Ptah genannt sind. Sie rekrutieren sich außer aus Ägyptern aus nubischen und asiatischen Söldnern. Eine besondere Klasse bilden die Wagenkämpfer, die in Memphis stationiert sind und von einem königlichen Prinzen befehligt werden. Mit der Wichtigkeit der Truppe und durch die Verbindung ihrer Führer zum König wie auch durch ihre Lage näher an den asiatischen Kriegsschauplätzen gewinnt die alte Residenz neue Bedeutung. Soldaten und Offiziere erhalten Beuteanteile, Tapferkeitsauszeichnung und auch Landbesitz zugewiesen. Landfremde Söldner werden in geschlossenen Siedlungen seßhaft gemacht. Die Entstehung dieses Heeres, seine Zusammensetzung und seine Bedeutung für den Staat wirkt spürbar auch auf die soziale Geschichte ein: Es konnte auf die Dauer nicht ausbleiben, daß durch Soldaten und Gefangene immer mehr fremdes Blut eindrang (also eine parallele Erscheinung wie die Übernahme fremder Frauen in die Harems). Vor allem tauchen in den politisch führenden Schichten nun häufiger Leute ohne angemessenes Herkommen auf, energische, erfolgreiche Persönlichkeiten, die durch persönliche Leistung die fehlende legitimierende Abstammung ersetzen. Ihre Legitimität liegt im Erfolg und in der darauf beruhenden persönlichen Bindung an den König.

Nachdem Ahmose das Land in seinen natürlichen Grenzen befreit hinterlassen hatte, wird zunächst offenbar die Wiedergewinnung der nahen nubischen Besitzungen angestrebt; das ist nur natürlich. Amenophis I. hatte bereits einen Feldzug zur Unterwerfung unternommen. Thutmosis I. dringt bis zum dritten Katarakt vor. Der eigentliche und endgültige Eroberer Nubiens ist Thutmosis III., der die Grenze bis Napata in der Nähe des vierten Kataraktes vorschiebt. Anders als im MR errichtet Ägypten jetzt hier eine Art Kolonialreich. Nubien untersteht einem weitgehend selbständigen ägyptischen Gouverneur, dem „Königssohn von Kusch". Das Amt geht in den Anfang der Dynastie zurück, als erst das Gebiet bis zum zweiten Katarakt erobert war. Seine so frühe Gründung beweist die Planmäßigkeit der Expansionspolitik mit weit gesteckten Zielen. Der „Vizekönig", wie man den Titel oft übersetzt, regiert mit eigener Truppe und eigenem Verwaltungsapparat und führt neben militärischen Titeln vor allem hohe Hofrangtitel. Das ihm unterstellte Gebiet zerfällt in zwei Distrikte, das Land Wawat und das Land Kusch. Ersteres erstreckt sich bis zum zweiten Katarakt (entspricht also dem Kolonialgebiet des MR); zeitweise scheinen ihm auch die drei südlichsten ägyptischen Gaue angegliedert gewesen zu sein. Dadurch sind die Goldminen sowohl bei Redesie wie die im Wadi Alâki und ihre Transportwege in einer Hand. Der südliche Distrikt (Kusch) umfaßt das Land vom zweiten bis zum vierten Katarakt. Für jeden Distrikt amtiert ein ägyptischer „Stellvertreter". Unter ihnen sind eingeborene Häuptlinge offenbar in ihren Stellungen belassen. Zum Unterschied von den Verhältnissen des MR siedeln jetzt Ägypter, die in der Verwaltung dort beschäftigt sind, sich im Lande an und lassen sich auch dort begraben. In den Bergwerken und Minen arbeiten vor allem Sklaven und Strafgefangene. Kerma bildet wiederum den Knotenpunkt des Handels. Diese neue planmäßige Nubienpolitik der 18. Dynastie sicherte Ägypten für Jahrhunderte ein ihm notwendiges Menschen- und Materialreservoir. Im Hinblick auf sehr viel spätere Zeiten liegt hier bereits die Keimzelle des Äthiopenreiches des achten Jahrhunderts. Die nachmalige Residenz dieses Reiches, Napata mit dem heiligen Berg (Gebel Barkal), erwuchs auf ägyptischem Kolonialboden, und die eigentümliche ägyptisch-afrikanische Mischkultur der „Äthiopen" wird nur verständlich, wenn man die jahrhundertealte intensive kulturelle Überlagerung durch Ägypten hier berücksichtigt.

Erst in dieser Zeit lernen die Ägypter wirkliche Neger kennen, obwohl nach den Grabfunden im eigentlichen ägyptischen Kolonialgebiet negroide Typen nicht vorherrschend sind[9]. Der neue fremdartige Menschentyp reizt den darstellenden Künstler, wie die ägyptische Kunst ja von früh an einen scharfen Blick für das Typische fremder Erscheinungen bewiesen hat. In der Flachkunst und Plastik begegnen seit dieser Zeit gern trefflich dargestellte Negertypen.

Unter anderen Bedingungen und deshalb in anderen Formen entwickelte sich die Politik in Asien. Es mag sein, daß aus den Erfahrungen der Hyksoszeit gefolgert worden war, die reine Defensivpolitik früherer Zeiten mit gelegentlichen weiter ausgreifenden Razzien stellte keine zuverlässige Sicherung der Nordostgrenze mehr dar. Zudem war nach der Zerstückelung der Hyksosherrschaft in Palästina-Syrien-Phönikien ein ewig unruhiges Konglomerat von Stämmen und Völkern, Städten und kleinen Staaten zurückgeblieben und jeseits davon das churrische Reich von Mitanni, das die Ägypter Naharina „die beiden Ströme" nannten. Mitanni befindet sich im Kampf um Nordsyrien in natürlicher Gegnerschaft zu Ägypten; auf der anderen Seite wird es vom Reich der Hethiter bedroht, das — anfangs offenbar durch dynastische Kämpfe in seiner Bewegungsfreiheit noch gehemmt — am Ende des 15. und im Verlauf des 14. Jahrhunderts das Mitannireich in Abhängigkeit bringt und schließlich in lang dauernden Kämpfen unter Schupiluliuma Nordsyrien der ägyptischen Interessensphäre entreißt, woran auch die späteren Kämpfe in der Ramessidenzeit nichts ändern können.

Von Ägypten aus verfolgt man zunächst die Taktik einzelner, weit ausgreifender Feldzüge, deren Wirkung nach alten Erfahrungen eine gewisse Dauer hatte; das ist jetzt nicht mehr der Fall. „Aufstände" im syrischen Raum erfordern ein immer neues Eingreifen. Thutmosis I. gelingt es, den Euphrat im Norden zu erreichen. Ein Denkstein aus seinem zweiten Jahr, der in Nubien gegenüber der Insel Tombos beim dritten Katarakt aufgestellt war, rühmt: „Seine südliche Grenze reicht bis zum Anfang der Erde, seine nördliche bis zu jenem Fluß, der umgekehrt fließt, der herabfließt nach Süden (das ist der Euphrat). Niemals geschah gleiches durch andere Könige. Sein Name erreicht den Umkreis des Himmels, er gelangt bis zum Ende der Erde. Man lebt von ihm in allen Ländern wegen der Größe der Macht seiner Majestät. Nicht kann man (Gleiches) sehen in den Annalen der Vorfahren seit den Horusdienern." Trotzdem mußte bereits Thutmosis II. den Zug wiederholen und gelangt bis Nii, einen Ort wahrscheinlich jenseits des Euphrat. Von einer verwaltungsmäßigen Organisation des jeweils eroberten Landes erfahren wir noch nichts. Man begnügte sich offenbar mit der unmittelbaren Beute und vertraute auf den warnenden Eindruck, den die Züge hinterließen. In der ganz anders orientierten Regierung der Hatschepsut scheint deshalb alles Errungene wieder verlorengegangen zu sein; und als Thutmosis III. endlich als Alleinherrscher den Thron besteigt, sieht er sich gezwungen, alles Versäumte nachzuholen, eine Aufgabe, die seinem Willen offenbar durchaus entsprach. Er löste sie nicht nur, sondern er schlägt auch als erster neue Wege der Politik ein, die dem Gewonnenen Dauer verleihen sollen. In einem im Tempel von Karnak erhaltenen Auszug aus seinen Annalen und Beutelisten führt er nicht weniger als siebzehn Feldzüge auf, die allerdings recht unterschiedlich zu bewerten sind[10]. Sein Ziel war der Euphrat, sein Gegner das Mitannireich, der Punkt des hartnäckigsten Widerstandes der Fürst von Kadesch am Orontes, der immer und immer wieder Koalitionen syrischer Kleinstaaten gegen Ägypten zusammenbrachte. Erst im sechsten Feldzug wird Kadesch erobert. Während des siebenten Feldzuges schafft der König Flottenstützpunkte an der Küste, operiert offenbar mit den Inseln des Ägäischen Meeres zusammen, und dann erst fällt eine Entscheidung gegen Mitanni. Mit Schiffen (die wohl von Byblos zum Euphrat gebracht wurden) und am Ufer entlang dringt der König, dem Lauf des Stromes folgend, in das feindliche Reich ein. Damit ist das Ziel erreicht, und später genannte Feldzüge scheinen ephemeren Unruhen und Aufständen gegolten zu haben. Wie auch seine Vorgänger hält der König hier am oberen Euphrat eine Jagd auf Elefanten ab, bei der eine Herde von 130 Tieren angetroffen wird. Daß hier wie auch bei den Feldzügen die persönliche Tapferkeit und Entschlußkraft des Königs gerühmt und mit Legenden umsponnen wird, ist verständlich. Wenn wir auch noch aus der Zeit Amenophis' II. von asiatischen Feldzügen hören, so handelt es sich offenbar um fallweise hervorgerufene Strafexpeditionen (vor allem gegen nomadische Stämme) und lokale Aufstände, die der König mit einer für ägyptische Verhältnisse ungewöhnlichen Grausamkeit unterdrückt. Zu den berühmten „Annalen" Thutmosis' III. sei noch ein Wort gesagt; denn sie bilden, über ihren sachlichen Inhalt hinaus, einen Markstein in der Geschichte der ägyptischen Geschichtsschreibung. Die Ungleichartigkeit der die einzelnen Feldzüge und ihre Erfolge enthaltenden Teile untereinander zeigt deutlich, daß wir es mit einem aus verschiedenen Quellen zusammengearbeiteten Werk zu tun haben. Am ausführlichsten ist der erste Feldzug im Jahre 23 schildernd dargestellt, der in der Eroberung von Megiddo gipfelte, während die späteren Teile immer stärker den Charakter bloßer Aufzählungen annehmen. Im ersten Stück allein wird auch auf den geschichtlichen Zusammenhang hingewiesen, in den Thutmosis seine Operationen anfänglich gestellt sah: Es ist immer noch (wie bei Hatschepsut) eine Reaktion auf die Hyksoszeit, „als jedermann ihren Häuptlingen frondete, die in Auaris waren; aber dann kamen andere Zeiten", und eine ägyptische Besatzung liegt seit König Ahmose in Scharuhen. Dieser historische Rückblick, durch den ein aktuelles Ereignis in einen geschichtlichen Zusammenhang gestellt wird, ist für ägyptische Denkart bemerkenswert. Es folgt dann unter Beifügung der Tagesdaten die ausführliche Schilderung des Zuges, der Kriegsrat mit dem Heer, dem eine genaue Feind- und Geländeerkundung zugrunde liegt, die Umgehung des Feindes dadurch, daß das Heer einen Engpaß durchzieht, wo man sein Vorgehen nicht vermutet, die Vorbereitung zur Schlacht, die Belagerung und Übergabe von Megiddo und schließlich die zahlenmäßige Aufführung der Beute, die dort selbst, dann auch von den Feindverbündeten eingebracht wird: Gefangene und die abgeschlagenen Hände der Gefallenen, Pferde und Wagen (bei Megiddo allein 2041 Pferde!), Waffen, Vieh, Kostbarkeiten und Kleider, dazu die gesamte Ernte. In den späteren Jahren wird die lebendige Darstellung durch listenmäßige Aufzählung der geplünderten Städte, der Beute und der regulären Abgaben auch aus den nubischen Distrikten ersetzt. Im 31. Jahr empfängt der König eine Gesandtschaft aus Punt, und Abgaben von dort werden mehrfach aufgeführt. Im Anschluß an die „Annalen" werden die Stiftungen an den Amuntempel, die Opfer, Bauten, Landzuweisungen (auch die Schenkung syrischer Städte an den Gott) und die Übergabe von Gefangenen (als Handwerker und Arbeiter) vom ersten Feldzug an genannt. Für die chronologische Ordnung der Taten des Königs bilden diese „Annalen" das wichtigste Dokument; sie werden inhaltlich ergänzt durch eine Reihe von Siegesinschriften des Königs (am wichtigsten eine lange, zusammenfassend berichtende Stelle am Gebel Barkal bei Napata aus dem 47. Jahr)[11] und durch Biographien von Offizieren aus ihren Gräbern. Dieses gesamte reiche Material ermöglicht es uns nicht nur, in allen wichtigen Punkten den Gang der Ereignisse selbst zu verfolgen, sondern auch etwas von der Anteilnahme des einzelnen, von seinem Hineinwachsen in das Weltreich zu erkennen. Gerade das Auf-einander-abgestimmt-Sein der königlichen und privaten Inschriften bezüglich der gleichen historischen Ereignisse unterscheidet die innere Haltung in der 18. Dynastie grundlegend von der in der Ramessidenzeit (s. S. 196).

Unter Thutmosis IV. und Amenophis III. ändert sich das Verhältnis zum Mitannireich grundsätzlich, wofür sicher nicht allein der Erfolg der ägyptischen Eroberungspolitik maßgebend war, sondern ebenso eine Änderung in der Stellung des Mitannireiches. Das nach inneren Wirren nun erstarkte Hethiterreich stellte eine wachsende Bedrohung dar, so daß sich Mitanni gezwungen sah, wollte es nicht zwischen zwei Gegnern zerrieben werden, die Freundschaft des einen zu suchen. Thutmosis IV. schloß möglicherweise ein Bündnis mit Artatama von Mitanni; ob er bereits eine Mitanniprinzessin als „große königliche Gemahlin" heiratete, ist unsicher. Amenophis III. schließlich genießt die Früchte der Siege seiner Vorgänger. Seine Ehe mit Giluchepa, der Tochter des

Schuttarna, war schon genannt. Kurz vor seinem Ende bittet er noch um die Prinzessin Taduchepa, Tochter des Tuschratta, deren Ankunft er aber nicht mehr erlebt. Ob sie in den Harem seines Sohnes Amenophis IV. überging und wir in ihr die spätere Königin Nofretete wiedererkennen dürfen, ist nicht beweisbar.

Die kulturelle Gleichwertigkeit der syrischen und phönikischen Staatengebilde mit Ägypten und ihre unterschiedliche politische Struktur im einzelnen wie in den gegenseitigen Beziehungen erforderte andere Mittel der Einflußnahme und zeitweiligen Beherrschung, als sie in dem vergleichsweise primitiven nubischen Kolonialland anwendbar waren. Ägypten suchte eine auch in die Zukunft reichende Bindung an den Hof dadurch zu schaffen, daß syrische Prinzen am ägyptischen Königshof erzogen und dann von Gnaden des Pharao in ihrer Heimat eingesetzt wurden. Ihre Stellung mag zwischen der von Geiseln und Gästen gelegen haben. Zweifellos hätte dieses System zu einer gesicherten Oberhoheit geführt, wenn die Rivalität der Kleinstaaten untereinander und ihre Beeinflussung seitens der anderen Großmacht, des Mitannireiches, später des Hethiterreiches nicht die erstrebte Ägyptisierung immer wieder erschwert hätte. Zudem erwies sich das System gegenüber der fluktuierenden nomadischen Bevölkerung, die über den Jordan nach Palästina einsickerte und hier einen ständigen Unruheherd darstellte, unwirksam. Zur unmittelbaren Überwachung im eigenen Land wurden ägyptische Offiziere in die Städte gelegt, die einerseits die Abführung der auferlegten Tribute überwachten, andererseits stützpunktartig das ägyptische Heer mit Lebensmitteln und Truppenkontingenten unterstützten.

Die Verwaltung Ägyptens selbst wurde naturgemäß mit dem Anwachsen der zu bewältigenden Aufgaben noch vielgliedriger, ohne daß aber eine ähnlich grundlegende Wandlung eingetreten wäre wie zu Beginn des MR. Sie hat nach wie vor ihre Spitze im Vezirat, wo alle Fäden zusammenlaufen. Zeitweise (seit Thutmosis III.) haben zwei Vezire amtiert, einer für Unter- und Mittelägypten (südlich bis einschließlich Kusae im 14. Gau) und einer für das südliche Oberägypten. Wie die sachlichen Zuständigkeiten abgegrenzt waren oder wie sich das Verhältnis zwischen dem oberägyptischen Vezir und dem Vizekönig von Kusch gestaltete, wissen wir nicht. Neu ist das Militärwesen, das sich neben und innerhalb der Zivilverwaltung entwickelte, im ganzen aber verwaltungsmäßig ebenfalls dem Vezirat unterstand. Im Heere selbst bestehen drei Truppengattungen, die Infanterie, die Wagentruppe und die Marine [12]. Die organisatorische und strategische Eigenart jeder der Truppengattungen verlangte eine straffe Gliederung mit klaren militärischen Diensträngen. Hinzu kommen Transportkolonnen, die das Heer versorgen; in der Regel bestehen sie aus Lasteseln, doch werden auf den Feldzügen Thutmosis' III. auch Ochsenkarren verwendet. Gegenüber den Verhältnissen der AR und MR ist so aus den Notwendigkeiten der Zeit ein ganz neuer Organismus entstanden, der in der Struktur des Volkes eine Rolle spielte und der als Ganzes wie durch einzelne seiner Führerpersönlichkeiten auch im innerpolitischen Leben ins Gewicht fiel.

Neu in seiner Ausdehnung ist der Tempelbesitz des Amun von Karnak, des „Reichsgottes". Von der religiösen Bedeutung des Gottes war kurz die Rede, ebenso von seinen vielfältigen Beziehungen zur Dynastie. Mit fortschreitender Zeit nimmt der Amuntempel auch an politischer und wirtschaftlicher Bedeutung zu, insofern, als der Tempelbesitz selbst und die ihm unterstehenden Bevölkerungsteile an Zahl und Größe zunehmen. Der „Reichstempel" in Karnak mit seinen Nebentempeln und die sich von Generation zu Generation mehrenden königlichen Gedächtnistempel im westlichen Theben, jeder ausgestattet mit Priestern und Angestellten und jeder Besitzer von Grund und Boden in verschiedenen Teilen des Landes, bilden einen religiösen, politischen und wirtschaftlichen Machtfaktor, wie er in diesem Ausmaß in früheren Zeiten nicht bestanden hatte. An seiner Spitze steht der Hohepriester des Amun, eine Persönlichkeit von höchster Bedeutung entsprechend der durch ihn repräsentierten Macht. Es ist höchst fraglich, ob damals überhaupt schon ein grundsätzlicher Unterschied zwischen „Priester" und „Laie" in Ägypten gemacht werden darf. Der Hohepriester jedenfalls ist durchaus kein „Priester" im kirchlichen Sinn, sondern ein hoher Verwaltungsbeamter (wie in früheren Zeiten die „Prophetenvorsteher" in den Gauhauptstädten Verwalter der Tempelvermögen waren). Unter Hatschepsut trägt der Hohepriester Hapuseneb zugleich den Titel des Vezirs. Wie die vermögensrechtliche Erfassung des Tempelbesitzes durch den Staat lag, insbesondere ob und wie sein Besteuerung erfolgte, ist eine noch nicht eindeutig gelöste Frage, auf die später mit dem reichhaltigeren Quellenmaterial der Ramessidenzeit kurz eingegangen werden soll (s. S. 187 ff.).

Überblickt man auch nur in großen Zügen die Komplizierung und Bereicherung des staatlichen Aufbaus, wie sie sich notwendig in den größeren Verhältnissen der 18. Dynastie, teils alte Institutionen vergrößernd, teils neue Einrichtungen schaffend, ergeben hatte, so wird auch auf diesem Gebiet der im ganzen neuartige Charakter des NR deutlich: Da ist als Mittelpunkt das Vezirat, das zentrale Verwaltungsorgan einer sozial, volksmäßig und organisatorisch reich differenzierten Bevölkerung; da ist als neue Institution ganz eigener Prägung das Heer und die Militärverwaltung; da ist ebenfalls als neuer Faktor der Vizekönig von Kusch, wohl die unabhängigste Person im Staate; und da ist schließlich der Hohepriester des Amun mit den schwer faßbaren Möglichkeiten politischer und ideeller Einflußnahme.

Der kurze Aufriß der politischen Ereignisse und der Überblick der durch sie bedingten neuen Institutionen in Ägypten läßt deutlich erkennen, ein wie anderes Land das Ägypten der 18. Dynastie gegenüber allen anderen Epochen geworden war: Bei aller traditionellen Hervorhebung des Pharao als des eigentlich und einzig Planenden und Handelnden kann doch der einzelne in seiner Biographie den eigenen Anteil nicht verschweigen. So wie die Könige ihre Totentempel in Theben-West gegenüber dem Amuntempel Bau an Bau aufführten, so legten ihre Offiziere und Beamte ihre reichdekorierten Gräber in den dahinter gelegenen Berghängen an. Die Truppenführer und Militärbeamten, die Gouverneure und Regierungsbeamten, die Bauleiter und Architekten, die reiche Priesterschaft des Amun, in Hunderten von Gräbern erzählen sie in Wort und Bild vom Reichtum ihres Lebens und der Größe ihrer Leistungen. Mögen dabei auch die eigenen Taten als Aufträge des Herrschers gelten oder nur mit der zurückhaltenden Phrase angedeutet werden: „Ich sah, wie seine Majestät dies und jenes ausführte", so kann nach allem doch gar kein Zweifel bestehen, daß die Erweiterung der Reichsgrenzen, die Verwaltung der so unterschiedlichen Provinzen, die gewaltigen Bauten allenthalben nur durch eine breite Schicht erfahrener, geübter und energischer Persönlichkeiten durchgeführt werden konnte. Was einzelne von ihnen hinter der Kulisse der offiziellen Dokumentierung für eine Rolle gespielt haben mögen, können wir manchmal ahnen. Bei der vielseitigen Verflochtenheit zwischen dem Gott Amun, seiner Priesterschaft und dem Königshaus mögen manche der dem Namen nach bekannten Amunpropheten eine entscheidende Rolle gespielt haben. Wie stark Einzelpersönlichkeiten in die politischen und persönlichen Spannungen einbezogen waren und offenbar durchaus aktiv handelnd eingreifen konnten, lehrt das Beispiel des Senmut, unter dessen Leitung der Terrassentempel der Hatschepsut gebaut wurde. Außer einen glänzenden Architekten und Organisator dürfen wir in ihm einen persönlichen Vertrauten und Berater der Königin sehen, dem auch die Erziehung der Prinzessin Nefrurê anvertraut war. Er läßt sich zusammen mit der Prinzessin abbilden, wobei das Größenverhältnis des Mannes zu dem kindhaften Mädchen aller höfischen Etikette widerspricht. Durch nichts wird seine Stellung zur Herrscherin besser ausgedrückt als durch die Tatsache, daß er sich ein zweites Grab (das erste befand sich oberhalb des Terrassentempels in den Bergen) unter der untersten Terrasse des Tempels, also im Tempelbezirk der Königin selbst, anlegte, und daß wir unter den Tempelreliefs, wenn auch an verborgener Stelle, sein Bild finden. Freilich stürzte er noch vor seiner Königin: In seinem zweiten Grab ist sein Name zerstört, während der der Königin geschont wurde.

Aus der Fülle der Einzelerscheinungen ragt eine Persönlichkeit hervor, die der Ägypter selbst als Verkörperung seines Menschenideals vergöttlicht hat, der weise Amenophis, Sohn des Hapu, der unter Amenophis III. lebte [13]. Sein Totentempel in Theben-West, durchaus vergleichbar königlichen Totentempeln, und seine Statuen in thebanischen Tempeln, die als Mittler zwischen Gott und den Menschen dienen wollen, weisen auf seine außerordentliche Bedeutung zu Lebzeiten hin, die durch seine amtliche Stellung als Militärbeamter nicht erklärt wird. Die ganze Problematik des ägyptischen Personenkultes wird an dieser Persönlichkeit, die uns historisch durchaus faßbar ist, klar. In der Ptolemäerzeit wird er zusammen mit Imhotep und der griechischen Hygieia in Deir el Bahri als Heilgott verehrt, und als sein Vater gilt der memphitische Stier Apis, dessen Name im Ägyptischen dem des Hapu fast gleichlautend gewesen ist. Als historisches Zeugnis verdient dieser Fall von Vergöttlichung hier erwähnt zu werden, weil er deutlicher als viele Worte zeigt, wie stark auch jetzt noch der Ägypter für sein altes Kulturideal des „Weisen", des Ordners und Beamten, eintritt; in der geschichtlichen Selbsteinschätzung des Ägypters hat es stets vor dem des Priesters oder Kriegers gestanden.

Schließlich muß noch auf eine Erscheinung hingewiesen werden, die in der 18. Dynastie (sporadisch vielleicht schon der zweiten Zwischenzeit) zum ersten Male auftritt: Es ist die Sitte, Bauwerke und Denkmäler der Vergangenheit aufzusuchen und den Besuch durch eine Inschrift festzuhalten. H. W. Helck hat gezeigt, daß man jetzt beginnt, Pyramiden, Tempel und Gräber der früheren Epochen nicht mehr zum Zwecke kultischer Verehrung zu besuchen, sondern aus historischem Interesse, weil man sie schön oder bemerkenswert findet [14]. Diese hier zuerst und zunächst nur an dieser Sitte allein zu erkennende Distanzierung von der eigenen Vergangenheit, der man als etwas anderem gegenübersteht, zeigt deutlicher als alles faktisch Neue, wie stark das NR als Epoche von allem Voraufgegangenen abzusetzen ist. Die Periode des „Weltreiches" bedeutet im Zusammenhang des

Ganzen mehr als eine nach äußerlichen Gesichtspunkten abgegrenzte Phase. Nicht nur die Grenzen der Welt sind für den Ägypter der 18. Dynastie in früher unbekannte Fernen hinausgeschoben; sondern auch der Mensch in ihr und sein Bild von der Welt hat sich grundlegend gewandelt.

Welche Befruchtung des geistigen und künstlerischen Lebens die Einbeziehung neuen Lebensraumes bedeutete, der sich über fast 20 Breitengrade erstreckte, lehrt am sinnfälligsten Kunst und Kunstgewerbe der Zeit (Abb. 16, 17). Die Verfeinerung des Geschmackes bis zur Verniedlichung und die Beherrschung der Massen bis zum Kolossalen entwickeln sich von der Mitte der Dynastie, bis sie unter Amenophis III. die größte Spannung und unter Amenophis IV. eine deutliche Entartung erfahren. Von den reichen Beute- und Tributanteilen des „Reichstempels" von Karnak legen die Beutelisten Zeugnis ab und die von Generation zu Generation sich mehrenden An- und Umbauten, deren Bestreben es ist, immer neuer und immer prächtiger den Palast des göttlichen Herrn der Welt auszuschmücken. Die Darstellungen in den Gräbern der Vornehmen auf dem thebanischen Westufer bezeugen den Reichtum des Lebens: Von der Kleidung und Haartracht bis zum persönlichen Vermögen und dem Luxus der Lebensführung, von der künstlerischen Belebung des Gebrauchsgegenstandes bis zur Linienführung der Grab- und Tempelreliefs nimmt alles teil an der weltweiten Buntheit, der reichen Vielfalt und verfeinertem Lebensgefühl der Zeit. Mancherlei Fremdes ist in Sitten und Gebräuchen, Vorstellungen und sprachlichen Ausdrücken durch Sklaven, Diener, Söldner und Haremsfrauen eingedrungen. Die neuägyptische Erzählungsliteratur bringt alte mythische Stoffe in weltlich-erzählender Form und nicht wenig Fremdes in Themen und Einzelmotiven; ebenso oft findet sich ein altägyptischer Stoff mit Fremdem vermischt, wie Fremdes in ägyptischem Gewand erzählt wird. Und doch scheint im ganzen die Kraft des Eingliederns die Gefahr der Überfremdung zu bannen. Das Land und alle Glieder seiner Kultur steht für eine kurze Spanne Zeit auf dem Gipfel einer Existenz, die in fruchtbaren Auseinandersetzungen mit den Kräften der Umwelt gewonnen ist; die Kräfte aber, die sie gewonnen haben, bedürfen nur einer geringen Übersteigerung, um wieder zur Krise hinabzuführen.

3. Amarna und das Ende der 18. Dynastie

Unter und in Amenophis IV., dem Sohne Amenophis' III. und der Königin Teje, kommt eine in der Entwicklung des Reiches wohl begründete Krise zum offenen Ausbruch, bei der wiederum eine klare Trennung des überpersönlich-geschichtlich Notwendigen und des persönlichen Anteils des Königs kaum möglich ist. Mancherlei Spannungen hatten sich im Verlauf der 18. Dynastie zwischen Altem und Neuem, Eigenem und Fremdem ergeben, die immer stärker zu einer Lösung drängten. Man wird vor allem drei Brennpunkte herausgreifen müssen, an denen diese Spannungen sich am kenntlichsten ausweisen und die zugleich deutlich machen, daß die Krise unter Amenophis IV. nicht von einem Einzelgebiet allein (etwa dem Religiösen oder dem Wirtschaftlichen) verstanden werden kann [1].

Da ist erstens die Spannung zwischen der alten dogmatisch-überpersönlichen Auffassung des Gottkönigtums und der neuen irdisch persönlich gebundenen Stellung, die die Könige der 18. Dynastie in fortschreitendem Maße tatsächlich ausfüllten. Es war im vorhergehenden mehrfach betont worden, wie stark sich im Auftreten und in den Herrschaftszielen die Persönlichkeiten der einzelnen Herrscher nicht nur tatsächlich unterscheiden, sondern auch als Einzelpersonen hervortreten wollen.

Wir haben zweitens damit zu rechnen, daß sich im Verlaufe der Dynastie eine vielseitige Spannung zwischen Königtum und Amunpriesterschaft herausgebildet hatte. Hier mögen wirtschaftliche Entwicklungen (Anwachsen des Tempelbesitzes durch Schenkungen und Beuteanteile) eine Rolle spielen, ebenso wie politische Faktoren im engeren Sinne (Einflußnahme der Amunpropheten auf die Königsfolge). Die eigentliche Schärfe des Kampfes wird in der gleichsam verwandtschaftlichen Verstrickung zwischen Gott und Königtum, die in der Begründung der Dynastie überhaupt schon zum Ausdruck kam (s. S. 139), liegen. Nach einer Andeutung Amenophis' IV. selbst hat die Spannung schon unter Thutmosis IV. zu einem Zusammenstoß geführt, dessen präzise Ursachen allerdings unbekannt sind.

Und drittens hatte sich ebenfalls lange vor Amenophis IV. in dem neu kreierten Aton, das ist die Sonnenscheibe, offenbar ein Rivale gegen den Gott des Reiches und der Dynastie Amun erhoben [2]. Es wird gern darauf hingewiesen, daß der „Sonnenglaube", über dessen religiösen Wert unten zu sprechen sein wird, zu den Dingen gehöre, die das entstehende ägyptische Weltreich in seinen asiatischen Besitzungen kennengelernt habe; und das wird insofern richtig sein, als wohl alle Völker und Religionsformen, mit denen Ägypten in Verbindung stand, irgendeine Form der Sonnenverehrung kannten. Daß hier aber nicht die Ursache für die Religionsspaltung in Amarna liegt, wird allein dadurch bewiesen, daß andere, nachweisbar fremde Götter (wie Teschup, Rescheph, Astarte u. a. m.) in Ägypten eine Heimat fanden und sich, soweit wir sehen, keineswegs im Gegensatz zu ägyptischen Göttern befanden. Das, was Aton zu einem Gegner des Amun machte, war nicht Name und Gestalt als „neuer" Gott, sondern das religiöse Temperament seiner Anhänger. Mag also zur Förderung des Atonglaubens manches Nicht-Ägyptische beigetragen haben, so hat es sich bis zum Ununterscheidbaren mit Ägyptischem vereint: Die Gedanken des Sonnenglaubens Amenophis' IV. lassen sich samt und sonders auf gut ägyptisches Gedankengut mindestens seit dem Ende des AR zurückführen. Was jetzt hinzukommt, ist allein die Intoleranz und Einseitigkeit ihrer Verwirklichung. Für die Vorgeschichte des Gottes Aton sei nur noch darauf hingewiesen, daß wir diesen Gott bereits seit Thutmosis IV. kennen. In einer Skarabäusinschrift des Königs wird ausdrücklich gesagt, daß er im Namen Atons die asiatischen Länder unterwarf[3]. Und unter Amenophis III. begegnet der Name mehrfach in Ortsnamen. Im Gegenüberstehen Amun—Aton mag zugleich etwas von der Spannung zwischen Amunpriesterschaft und Königtum zum Ausdruck kommen, wie sich überhaupt in Wirklichkeit die drei herausgehobenen Spannungsverhältnisse vielfach durchkreuzen. Aber das religiöse Anliegen, das sich hinter dem Aufkommen eines neuen Gottesnamens verbirgt, liegt tiefer. Amun war zu ausgeprägt ein Geschöpf ägyptischen theologischen Denkens, als daß er den religiösen Erwartungen eines nicht in ägyptischen Traditionen Stehenden entsprochen hätte. Die neue Welt suchte offenbar einen neuen Gott, unbelastet von theologischen Doktrinen und in einer allen verständlichen Erscheinungsform faßbar. Denn der Ägypter war ja im allgemeinen geneigt, eine neue Form seiner Welt einem neuen Gott zu unterstellen; und wir haben genug Zeugnisse aus der Zeit vor Amenophis IV., die einen neuen Gottesbegriff erkennen lassen, einen Gott, der als Herr allen Lebens, allen Wachsens und Gedeihens nicht nur in den Grenzen Ägyptens, sondern auf der ganzen Erde bei allen Völkern wirkend erlebt wird. Man darf, um den Gegensatz Amun—Aton formelhaft zu verdeutlichen, vielleicht formulieren: Amun war der ägyptische Nationalgott, Aton ein Weltgott.

In dieser Weise sind etwa die Entwicklungstendenzen und die sich aus ihnen ergebenden Spannungen des neuen Weltreichs aufzufassen. Und nun, als alle Spannungen zum letzten entscheidungsreif scheinen und zudem die Lage des Reiches einem unpolitischen Menschen gesichert und blühend erschien, besteigt ein Mann den Thron, der durchaus und in jedem Sinne ein Produkt seiner Zeit war und in dem ihre Strömungen und Gedanken mit höchster Intensität lebendig werden und zur Verwirklichung drängen. Aufgewachsen an einem Hof, dessen Lebenshaltung von äußerster Üppigkeit und Pracht war und an dem sich Gedanken und Gestalten einer ganzen Welt vereinten, in enger Verbundenheit mit einer energischen klugen Mutter, durchtränkt mit dem ererbten Glauben an die Gottgleichheit der eigenen Person und ihrer Wünsche, übernimmt der Jüngling die Regierung. Ein ausgesprochen unpolitischer, egozentrischer Mensch, unschön und kränklich, ehrgeizig und despotisch. Die Natur hatte ihm nicht die Möglichkeit gegeben, seinen Geltungsdrang in kriegerischen Taten (wie Thutmosis III.) oder in körperlichen Leistungen (wie Amenophis II.) oder in paschahafter Genußsucht (wie Amenophis III.) zu verwirklichen; da er aber wie bei diesen Vorfahren zur Verwirklichung drängt, treibt er den König mit gleicher Intensität und Extremität zur Verwirklichung einer Idee (Abb. 18).

Er wird nach alter Sitte in Karnak gekrönt, läßt aber von Anfang an keinen Zweifel daran, daß er mit seiner Herrschaft eine neue Weltauffassung verkörpern will. Deutlichstes Zeugnis ist die Kunst seiner ersten Regierungsjahre, die gerade auf dem Boden von Karnak, also im aufstachelnd empfundenen Anblick der alten Welt, die bis zur Karrikatur übersteigerten Züge der sogenannten Amarnakunst aufweist. Schon hier in Karnak beginnt der König seinem Gott Aton einen Tempel zu bauen. Welcher spezielle Vorfall ihn in seinem fünften Jahre veranlaßt, in jedem Sinne mit der Vergangenheit zu brechen, wissen wir nicht; irgendwie wird der Gegensatz zur Amunpriesterschaft Anlaß gewesen sein. Er ändert seinen Namen Amenophis (das ist „Amun ist zufrieden") in Echnaton, den man übersetzen kann als „Es gefällt dem Aton", vielleicht noch nachdrücklicher „Aton will es". Er verläßt die Residenz und gründet bei Tell el Amarna in Mittelägypten auf einem Boden, der weder einem anderen Gott noch einem Herrscher bisher gehört hat, eine neue Residenz, die er Achetaton, das ist „Lichtort des Aton" nennt. Paläste, Tempel, Wohnhäuser, Verwaltungsgebäude und Nekropole werden in einem ringsum durch Stelen begrenzten Gebiet angelegt. Im achten Jahr erneuert der König seinen Entschluß und seinen Eid, die Stadt von Amarna niemals aufzugeben; sollte er oder die Königin außerhalb sterben, so soll doch seine Leiche hier beigesetzt werden. Zugleich erfährt seine Lehre eine weitere Steigerung zur Unduldsamkeit und Einseitigkeit. Die Stadt wurde nach Echnatons Tod völlig verlassen und nie wieder besiedelt. Deshalb hatten die Ausgrabungen (bis zum ersten Weltkrieg von der Deutschen Orientgesellschaft, seither von der englischen Egypt Exploration Society) hier die einmalige Gelegenheit, eine vollständige, unveränderte Stadtsiedlung mit einer Fülle von Einzelfunden, Privathäusern, Gärten, Büros, Werkstätten (darunter die Bildhauerwerkstatt eines berühmten Amarna-Künstlers namens Thutmose) (Abb. 20, 21) ohne spätere Überbauung freizulegen[4].

Gewiß darf man das Bild der Stadt Amarna nicht als Beispiel jeder beliebigen altägyptischen Stadt, die geschichtlich geworden ist, nehmen; aber gewisse Grundzüge der Wohnungsgestaltung finden durch Einzelfunde außerhalb von Amarna eine Bestätigung. Der Tempel des Aton unterscheidet sich naturgemäß wie der Gott selbst von anderen ägyptischen Tempeln. Es ist ein offener Tempel, darin vergleichbar den alten Sonnenheiligtümern. Die Wohnhäuser sind von Gärten mit Baumpflanzungen und Teichen umgeben; ihre räumliche Einteilung weist auf Bequemlichkeit und Luxus. Es ist im ganzen eine Anlage für einen kleinen Kreis von sozial hochgestellten Anhängern des Königs. Natürlich gehörte auch die Verwaltung hinzu, und dem Archiv der politischen Korrespondenz verdanken wir die Keilschrifttafeln, die den auswärtigen Schriftverkehr der Zeit enthalten.

Wie vernichtend für das wirtschaftliche und kulturelle Leben des Landes die Verlegung und Ausschließung der Hauptstadt und Residenz gewirkt haben muß, vermögen wir nur zu ahnen. Denn wenn wir auch eine planmäßige Verfolgung anderer Götter, vor allem des Amun, deutlich erkennen, so läßt sich doch im einzelnen nicht verfolgen, welche Folgen das Vorgehen für die gewachsene und komplizierte wirtschaftliche Struktur des Landes hatte. Zweifellos sind anderen Tempeln und den bisherigen Trägern der Staatsämter königliche Subsidien und Anteile an Tributen entzogen worden. Ein zahlenmäßig nicht faßbarer Teil der Bevölkerung und ein guter Teil der bisher herrschenden Schichten mußte damit in Armut und Bedeutungslosigkeit kommen. Denn die Anhänger, die den König nach Amarna begleiteten, sind weitgehend Kreaturen, die aus dem Nichts stammten und deren z. T. erhaltene Gesichtsmasken (aus der genannten Bildhauerwerkstätte) ihre niedrige Herkunft verraten (Abb. 21). Unter ihnen befanden sich naturgemäß auch Ausländer, ehemalige Söldner, Abenteurer u. a. m. In den Biographien lesen wir als zeitgemäße Auffassung Beteuerungen wie: „Ich war ein Nichts, der Sohn von Niemand; der König machte mich zu etwas.“ Das Verdienst, um dessentwillen die Erhöhung erfolgte, besteht im gehorsamen Hören auf die Lehre des Königs. Das widerspricht genau der immer gepflegten Tradition, daß der „Sohn eines bekannten Mannes, dessen Namen man kennt", ein wenigstens moralisches Anrecht auf verantwortungsvolle, exponierte Stellungen hatte. Letzten Endes ist auch diese „Günstlingswirtschaft" nicht neu, sondern läßt sich, in beschränktem Ausmaß, etwa seit Amenophis II. beobachten.

Grundsätzlich dieselbe Einstellung den Geboten der Tradition gegenüber spricht aus den uns so anziehend scheinenden Darstellungen des Familienlebens des Königs, seines Zusammenseins mit Nofretete, den Familienszenen mit den kindlichen Prinzessinnen. Gewiß gehören diese unmittelbaren, unfeierlichen Bildchen in einem sehr bewegten und etwas haltlosen Stil zu dem, was dem modernen Betrachter ägyptischer Kunst zu Unrecht oft als ein Gipfel dieser Kunst erscheint. Denn so unmittelbar, menschlich, ja rührend sie als Bilder erscheinen mögen, bedeuten sie, gemessen am abgebildeten Objekt, eine Profanierung und Entwürdigung. Wenn auch Amenophis III. schon darin vorangegangen war, die Ereignisse seines Privatlebens wie öffentliche Ereignisse zu behandeln, so bedeutet das Zurschaustellen des königlichen Privatlebens unter Amenophis IV. vom Ägyptischen her gesehen schlechterdings eine Stillosigkeit und Entgleisung.

Daß der Gott Aton keine Neuschöpfung des Königs war, sondern seine Entstehung offenbar dem religiösen Bedürfnis einer neuen Zeit verdankte, war schon gesagt. Auch kultisch knüpft Echnaton an Bestehendes an, und zwar an den uralten Kult des Sonnengottes Re von Heliopolis. Der König selbst führt den heliopolitanischen Priestertitel „Größter der Schauenden", und unter den kultischen Einrichtungen sind zunächst auch Gräber für den heiligen Stier Mnevis von Heliopolis vorgesehen. Gerade diese Dinge zeigen recht deutlich, daß die Religion von Amarna nicht ausschließlich von der Person des Königs inauguriert wurde, sondern zunächst eine auf breiter Basis erwachsene Reaktion im Lande gegen die Vorherrschaft des Amun benutzte. Vielleicht darf man in diesem Zusammenhang noch einmal daran erinnern, daß ja Thutmosis IV. seine Erwählung zum König nicht dem thebanischen Amun, sondern dem heliopolitanischen Sonnengott verdanken wollte. Auf dieser Bewegung, die ebenso eine religiöse wie eine politische Seite hat, fußte Echnaton, und das bei ihm späterhin überwiegende Moment der Intoleranz entstammt anfänglich ausschließlich dem Verhältnis zu Amun und überwuchert erst allmählich das gesamte religiöse Leben von Amarna, freilich zum Schaden der Lehre selbst; denn jegliche Intoleranz war von jeher eine Einstellung, die dem Ägypter im Innersten fremd war.

Was nun die religiösen Werte der Lehre des Königs anlangt, so ist es leichter, die für den Ägypter unerträglichen Überspitzungen und Einseitigkeiten zu erkennen, als ihre Vorzüge vor früheren religiösen Konzeptionen. Die religiöse Verehrung der Sonne hatte im Re-Glauben der 5. Dynastie (s. o.) eine in gewissem Sinne endgültige Formung gefunden, die weit genug gefaßt war, um späteres religiöses Erleben aufzunehmen und auszudrücken. Die alte Konzeption vom Sonnen-Schöpfer Gott erfährt jetzt eine zeitgemäße Wesenserweiterung, als die geschaffene Welt nicht mehr in naiver Selbstverständlichkeit zuerst Ägypten selbst ist, sondern ausdrücklich wird die Erschaffung aller Völker, Farben und Sprachen durch den Gott gepriesen; und der Gott selbst wird in einem neuen Bilde erlebt, der Sonnenscheibe, deren Strahlen in Menschenhände auslaufend das Zeichen für „Leben" der Kreatur entgegenstrecken. Vergleicht man dieses Symbol mit dem uralten der geflügelten Sonnenscheibe, die über der Erde schwebt, so hat der für Echnaton wichtige Gedanke der Verbundenheit und Unmittelbarkeit zwischen Schöpfer und Kreatur einen schönen bildhaften Ausdruck gefunden, wenn auch der Gedanke an sich sehr viel älter ist. Diesem Gefühl für die Unmittelbarkeit verdanken wir die sprachlichen und bildlichen Kunstwerke aus dem Kreis der Königsfamilie. Die alte Liebe des Ägypters zum Gegenständlichen und Natürlichen erfährt hier eine religiöse Stütze. Wie das Leben des Königs und seiner Angehörigen in liebevoller Eindringlichkeit gezeigt wird, so gibt die gleiche Liebe zur Kreatur das Leben der Vögel und Pflanzen wieder und hat uns in dem nicht vollendeten nackten Mädchenkörper einer Prinzessin ein in Ägypten kaum wieder erreichtes Maß des Körpergefühls bewahrt (Abb. 19). Der große Atonhymnus, der in mehreren Gräbern von Amarna aufgezeichnet war, feiert das Walten des Gottes in schöner bilderreicher Sprache, die frei ist von theologisch-dogmatischen Anspielungen. Und es kennzeichnet schließlich die Ganzheit der Reformbestrebungen, daß durch Echnaton die zeitgenössisch gesprochene Sprache (das sogenannte Neuägyptische) auch die Sprache der offiziellen Denkmalsinschriften wird an Stelle des „klassischen" strengen Mittelägyptischen.

Werden die beiden Grundgedanken der Lehre, nämlich der eines einzigen, allgewaltigen Schöpfergottes und der von der Unmittelbarkeit der Kreatur vor ihm, die allein die Intoleranz erträglich machen könnten, tatsächlich rein vertreten?

Gerade hier aber erheben sich Einwände, die gegen die Lehre gemacht werden müssen und die vom Ägypter selbst auch gemacht worden sind. Die in der Zeit liegende Möglichkeit eines persönlichen Verhältnisses zu Gott wird durch die despotische Ich-Bezogenheit der Religion Echnatons zunächst zurückgeschlagen. Der Weg zum Gott von Amarna führt ausschließlich durch die Person des Königs. Aton ist sein Gott, dessen Gebote er allein versteht, deutet und verwirklicht. So ist auch der Begriff der „Wahrheit" (Maat), der gern in Verbindung mit der Religion von Amarna genant wird, hier kein absoluter, allgemeiner Maßstab, sondern allein die vom König gelehrte Richtigkeit[5]. Der andere grundsätzliche Einwand mußte sich gegen die Einseitigkeit der Lehre erheben. Sie übersah (und wollte übersehen), daß neben der Welt des Lichts, der Schönheit und des Daseins die der Nacht, der Not und der Gefährdung steht, daß die notwendige Ergänzung des Lebens der Tod ist. Damit wird die Totalität des Lebens zugunsten einer Seite geleugnet. Der Atonhymnus formuliert: „Wenn du aufleuchtest, leben sie (die Menschen); wenn du zur Ruhe gehst, sterben sie. Du bist die Lebenszeit selbst, man lebt in dir". Dagegen wird jeder Ägypter gefragt haben müssen: Und nach dem Tode? Auf eine Formel gebracht kann man sagen: Aton entthront nicht nur den Reichsgott Amun, sondern auch Osiris.

In der einseitigen Übersteigerung des an sich historisch Notwendigen liegt schon das letztliche Scheitern des königlichen Reformators begründet, dessen persönlicher Anteil an der Krise gerade diese Übersteigerung gewesen ist. Freilich ist der einmal vollzogene Schritt durch die „Restauration" der späteren Jahrzehnte nicht mehr rückgängig zu machen. Ein Versuch, von uns aus die Bedeutung der Episode von Amarna für das ägyptische Geistesleben herauszustellen, ist nur mit starken Vorbehalten möglich. Man wird sie etwa in dem Sinne zu umreißen haben, daß durch die Erfahrungen der Amarnazeit allzu weit gehende Tendenzen zur „Moderne" und zum uneingeschränkt Weltgültigen diskriminiert waren und eine formale Rückwendung zum eigentlich „Ägyptischen" angestrebt wird. Als Reaktion auf den straffen despotischen Zwang zur „Königsreligion" erfolgt ein Freiwerden des Menschen in religiöser Hinsicht, der sich nun erst mit ganzer Unmittelbarkeit an die Götter des Landes wendet. J. H. Breasted hat mit Recht die religiöse Welt der Ramessidenzeit das „Zeitalter der persönlichen Frömmigkeit" genannt[6].

Die Dinge freilich, an denen Echnaton unmittelbar scheiterte, sind sehr viel handgreiflicherer Natur. Es ist die wirtschaftliche Lage des Landes und die vernachlässigte Außenpolitik.

Vom Zustand des Landes während der Amarnazeit können wir uns nur ein ungefähres Bild machen auf Grund der Texte der

Restaurationszeit, besonders des Tutanchamun und Haremheb. Es hat offenbar eine völlige Unordnung und Verwahrlosung der Verwaltung und Wirtschaft um sich gegriffen. Etwas besser sind wir über den Niedergang der äußeren Verhältnisse unterrichtet, der seinerseits natürlich dazu beitrug, auch die inneren Verhältnisse zu verschlechtern. Die Herrschaft in Nubien scheint unverändert bestanden zu haben. Dagegen verlor Ägypten nach und nach alles, was es an Besitzungen und Einfluß im Norden gehabt hatte.

Wir sind über die Entwicklung durch das Tontafelarchiv von Amarna unterrichtet, an das sich zeitlich anschließt das der hethitischen Hauptstadt Boghazköi. Gerade zu der Zeit, als Ägypten durch die prachtliebende, aber politisch indolente Persönlichkeit Amenophis' III. und durch den ganz seinen privaten und religiösen Schwärmereien verfallenen Amenophis IV.-Echnaton auf eine aktive Ordnung seiner asiatischen Verhältnisse verzichtete, deren Organisation von vornherein ein ständiges, unmittelbares Bereitsein und Eingreifen des Pharao erforderte, gerade in diesen Zeitraum fällt das Erstarken des Hethiterreiches unter Schupiluliuma. Noch unter Amenophis III. wendet sich der Mitannikönig Tuschratta um Hilfe an den ägyptischen König, die ihm aber offenbar nur in ungenügender Form zuteil wird. Tuschratta fällt im Kampf gegen Schupiluliuma und sein Sohn muß die hethitische Oberhoheit anerkennen. Damit wird das Assyrerreich unter Assuruballit frei und wendet sich seinerseits gegen die Hethiter. Von einer ägyptischen Vorherrschaft in Nordsyrien ist offenbar nichts zu spüren. Zwei Fürsten bedrängen, unabhängig voneinander, die nordsyrischen Städte: Itakama von Kadesch und Aziru, König von Amurru. Nii wird genommen, Aziru bemächtigt sich der Stadt Tunip, deren König sich umsonst um Hilfe an den Pharao wendet. Hartnäckig hält sich Byblos, dessen König Ribaddi Brief auf Brief nach Ägypten sendet. Echnaton steht mit beiden Gegnern, Ribaddi und Aziru, in Verbindung und verlangt vom letzteren Rechenschaft für sein Verhalten. Der schlaue Aziru weist auf seine schwierige Stellung gegenüber dem Hethiterkönig hin und kann, da sich am Hofe von Amarna offensichtlich niemand um diese fern abliegenden Dinge kümmert und eine nach Syrien geschickte Armee keinen Führer hat, der die militärisch und politisch schwierigen Verhältnisse meisterte, sein doppeltes Spiel so lange treiben, bis die phönikischen Hafenstädte und schließlich auch Byblos fest in seiner Hand sind. Aber das von ihm solcherart gewonnene „Reich“ kann seine Selbständigkeit nicht behaupten und gerät unter die Oberhoheit des Schupiluliuma.

In Palästina entwickeln sich die Dinge ähnlich zuungunsten Ägyptens. Das Land wurde vom Osten her über den Jordan von Nomadenstämmen bedrängt, die die Ägypter Apiru oder Chabiru nannten und deren Angehörige teils als Stämme einsickerten, teils als Gefangene nach Ägypten gelangten. Sie begegnen schon in den Kampfberichten aus der Zeit Amenophis' II. Mit fortschreitender Schwäche der ägyptischen Herrschaft beginnen sie, sich fester Städte zu bemächtigen, so der Stadt Megiddo und auch Jerusalems, dessen König sich ebenfalls vergeblich nach Ägypten um Hilfe wendet. Der Name der Stämme, der „die Überschreitenden", die „Herüberkommenden" bedeutet, lebt später in der Bezeichnung eines Stammes, der Hebräer, fort.

So zerfällt binnen einem Menschenalter alles, was Generationen tatkräftiger, planvoll handelnder Herrscher aufgebaut hatten. Daß Ägypten selbst nicht unmittelbar bedroht wurde, verdankte es wohl allein dem General Haremheb, der das Vorfeld des Landes, Südpalästina, halten konnte. Nach dem Ende der Amarnazeit beschließt er als letzter König der 18. Dynastie eine Epoche größter Machtentfaltung und gefährlichsten Niedergangs.

Vor dem Hintergrund der Desorganisation des Landes und des Zerfalls der Vormachtstellung des Reiches, der sich jederzeit in eine direkte Bedrohung verwandeln konnte, muß man das Ende der Amarnazeit sehen, die vom Tode Amenophis' III. bis einschließlich der Regierung des Haremheb etwa 50 Jahre betrug. Das Ende Amenophis' IV. und seines weltfremden Asyls in Amarna ist in Dunkel gehüllt, und das wenige, was wir wissen, läßt vermuten, daß eine Tragödie sich im Menschlichen vollzog. Zwischen Echnaton und Nofretete scheint es um der Lehre und ihrer Folgen willen zum Bruch gekommen zu sein. Die Entwicklung der Dinge strafte die früheren Darstellungen des liebevollen Einsseins Lügen. Es mag sein, daß die alte Königsmutter Teje, die nach dem Tode Amenophis' III. in Gurob lebte und die katastrophale Entwicklung der politischen Lage klar durchschaute, auf einem Besuch in Amarna, von dem wir Kunde haben, ihren Sohn von den verhängnisvollen Folgen seiner Haltung überzeugte. Und das kann der Anlaß gewesen sein, daß Nofretete sich von ihrem Gemahl trennte und sich in einen eigenen Palast mit dem Namen „Atonhaus" zurückzog. Da das Paar nur Töchter hatte, war die Frage der Thronfolge unsicher. Ein Schwiegersohn des Königs, Semenchkarê, scheint drei Jahre als Mitregent in Amarna geherrscht zu haben; doch wissen wir nicht, als Exponent welcher Gruppe: zur Unterstützung des Königs selbst, als Vertrauter der Nofretete oder als Agent der Teje? wir ihn betrachten sollen. Ein zweiter Schwiegersohn, Tutanchaton, folgt nominell auf dem Thron; der Tod des Semenchkarê und des Königspaares liegt im Dunkel. Tutanchaton kehrt (gezwungen oder freiwillig) nach Theben zurück und leitet formal die „Restauration" ein. Damit wurde die Stadt Amarna und alles, was der Name an Wollen, Glauben und Persönlichkeiten umschloß, planmäßig der Vergessenheit anheim gegeben. Der Name Amenophis' IV. wurde verfolgt und, wo er allenfalls genannt werden mußte, erscheint die verächtliche Bezeichnung „jener Ketzer von Amarna".

Tutanchaton ändert seinen Namen in Tutanchamun und seine Gemahlin Anches-en-pa-Aton den ihren in Anches-en-Amun. Er erläßt ein phrasenhaftes Dekret, das in Karnak auf einer Stele aufgezeichnet wurde und nur wenige sachliche Bemerkungen über die Rückkehr zur alten Zeit enthält[7]. Wenn der König versichert, daß er den „Sohn eines (bekannten) Mannes" als Priester eingesetzt habe, so bedeutet das zweifellos eine Abkehr von der Personalpolitik der Amarnazeit zugunsten der alten Mächte. Der Text ist im übrigen vorwiegend von religiösen Stimmungen getragen. So heißt es über die vergangene Epoche: „Das Land machte eine Krankheit durch. Denn die Götter hatten diesem Land den Rücken gekehrt. Wenn ein Heer nach Syrien geschickt wurde, um die Grenzen Ägyptens zu erweitern, konnte es keinen Auftrag ausführen. Wenn man einen Gott bat, um von ihm sich Rat zu holen, kam er durchaus nicht... Denn sie waren an ihren Kulten geschädigt. Als aber diese Tage vorübergegangen waren, da erschien seine Majestät auf dem Throne seines Vaters. Er beherrschte die beiden Länder des Horus (d. i. Ägypten), und das Fremdland war unter seiner Aufsicht. Jedes Land beugte sich seiner Macht." Das letztere lag freilich noch in weiter Zukunft, und zu seiner Verwirklichung war ein harter Weg zu gehen. Politisch ist Tutanchamun eine Figur in den Händen anderer Mächte gewesen, und nur die Tatsache, daß sein Grab als einziges ägyptisches Königsgrab der Zeit unversehrt aufgefunden wurde und einen unmittelbaren Blick auf den Reichtum und Luxus höfischen Lebens gestattete (Abb. 22), hat ihm einen unverdienten Ruhm eingebracht. Nach seinem frühen Tod wendet sich seine Witwe in zwei Briefen an den Hethiterkönig Schupiluliuma und bittet um Entsendung eines hethitischen Prinzen als Gemahl, da sie keinen Sohn habe und es nicht über sich bringe, einen ihrer „Diener" zu heiraten. Der hethitische Prinz brach tatsächlich nach Ägypten auf (welche politischen Möglichkeiten boten sich da dem Hethiterkönig!), kam aber niemals in Ägypten an. Offenbar hat ihn Haremheb, der Wächter an der Grenze des Reiches, beseitigen lassen. Dieser fehlgeschlagene Versuch einer Frau, die den Zwang ihrer Umgebung nicht ertragen zu können glaubte, schließt die Episode von Amarna charakteristisch ab.

Wir wüßten gern, welche Macht die „Restauration" eigentlich durchgeführt hat. Natürlich geschah sie im Namen der alten Zeit und des Gottes Amun von Karnak. Aber im Kreise der Amunpriesterschaft ist keine Persönlichkeit sichtbar, der man ein planvolles überlegenes Handeln zutrauen möchte; und tatsächlich laufen die Dinge durchaus nicht in Richtung auf irgendeine theokratische Priesterherrschaft. Und doch sind die historisch faßbaren Personen dieser Zeit offenbar nur Figuren in einem Spiel. Am ehesten möchte man an den General Haremheb denken, der offenbar die tatsächliche Gewalt, das Heer, in der Hand hatte, damals aber noch in Abwehrkämpfe in Südpalästina verwickelt war. Statt dessen erscheint der „Gottesvater" Eje, ein ehemaliger Parteigänger Amenophis' IV. Er war zwar Offizier gewesen, leitet aber seine Herrschaftsansprüche aus diesem noch undurchsichtigen Titel „Gottesvater", der hier vielleicht die Bedeutung „Prinzenerzieher" hat, ab. Er sorgte für die Bestattung des Tutanchamun und heiratete vielleicht seine Witwe.

Nach seinem Tode erst ergreift der Mann die Gewalt, dessen Wirken schon immer hinter den Ereignissen gestanden haben mag, der General Haremheb. Erst mit ihm beginnt eine neue Ära planvollen energischen Handelns. Und es ist als ein Programm zu verstehen, daß Haremheb die Existenz der Amarnazeit überhaupt dadurch auslöscht, daß er seine Regierungsjahre vom Tode Amenophis' III. ab zählt. Er legitimiert seine Herrschaft durch Gottesurteil: Horus (der Gott seiner Heimat) habe seine Herrschaft bestimmt und Amun ihn erwählt. Seine Regierung erst bedeutet den tatsächlichen Abschluß der Amarnazeit und ihrer Epigonen. Noch vor seiner Thronbesteigung hat Haremheb einen „siegreichen" Feldzug unternommen, den künstlerisch schöne Reliefs in seinem damaligen Grab in Saqqara schildern. Sicher drang er nicht weiter vor als bis Südpalästina, wehrte dadurch aber für einige Zeit das Vordringen der Apiru ab. Auch nur der Versuch einer Wiederherstellung der früheren Herrschaft wäre damals bei dem desorganisierten Zustand des Landes aussichtslos gewesen. Immerhin ist die unmittelbare Bedrohung Ägyptens abgewehrt und die Operationsbasis für künftige Unternehmungen erhalten. Wenn darüber hinaus von Haremheb im Tempel von Karnak eine Liste eroberter Städte monumental angebracht worden ist, so ist der tatsächliche Quellenwert eines solchen Denkmals höchst zweifelhaft. Andererseits ist der Begriff der „Geschichtsfälschung" wohl auch nicht am Platze. Man deutet einen solchen (durchaus nicht allein dastehenden) Fall besser als eine bewußte Anerkennung einer verpflichtenden Tradition. Als Haremheb sich zum König gemacht hatte, wird er aus eigener Erfahrung am klarsten erkannt haben, daß beim gegenwärtigen Zustand des Landes an eine Wiederaufnahme einer kräftigen und erfolgversprechenden Außenpolitik nicht gedacht werden konnte. Seine Aufgabe bestand vielmehr darin, die Voraussetzungen dafür zu schaffen, die Parteiungen, Unordnung und Verworrenheit der Amarnazeit zu beseitigen. Und hier hat er energisch durchgegriffen. Auch von ihm ist, wie von Tutanchamun, aus Karnak ein Edikt erhalten, das sich von jenem freilich in Stil und Inhalt wesentlich unterscheidet[8]. Es ist eine Zusammenfassung der tatsächlichen Verordnungen, die der König erlassen hat, um die Mißstände im Lande zu beseitigen. Der Text ist frei von allem Grundsätzlichen und Theoretischen, nennt die offenbar häufigsten Verfehlungen bei Namen und setzt hohe Strafen fest. Vor allem wird die persönliche Bereicherung von Beamten, Unterschlagung von Staatseinkünften, Steuerhinterziehung und unrechtmäßiges Requirieren durch Söldner und Militärbeamte gebrandmarkt, also Erscheinungen der Korruption, die das Land in Not brachten und die Staatsleitung der Handlungsfreiheit beraubten. Die Strafen sind hart: Bei geringen Vergehen werden Stockschläge angedroht, bei schwereren Abschneiden der Nase und Deportation zur Zwangsarbeit in die Grenzfestung Sile. Auf diese Weise gelang es, den Verfall im Inneren aufzuhalten, und als Haremheb um 1306 stirbt, hinterläßt er ein Land, das zwar seinen äußeren Glanz zum guten Teil verloren, aber im Inneren eine Form gefunden hat, die es zu neuer Machtstellung befähigte.

4. Die Ramessidenzeit (19./20. Dynastie)

Von der Herkunft des neuen Königshauses läßt sich mit Sicherheit sagen, daß es in keiner Weise mit der Königsfamilie der 18. Dynastie zusammenhing und ein solcher Zusammenhang auch nicht erstrebt wurde und daß es aus Unterägypten, wohl der Stadt Tanis-Auaris im Nordostdelta, stammte[1]. Wahrscheinlich war es noch der Wille Haremhebs, der unter Hintansetzung aller Tradition einen Mann zum Nachfolger bestimmte, dem eine energische Leitung des Staates, eine tatkräftige Wiederaufnahme der zusammengebrochenen Außenpolitik und völlige Unabhängigkeit von intrigierenden Kreisen thebanischer Priester und weitläufiger Königsverwandter zuzutrauen war. Er fand ihn in der Person eines Paramessu, dem er noch zu Lebzeiten die höchsten Ämter übertrug und zweifellos (wir wissen nicht, durch welchen Akt) die Königsnachfolge zusprach. Nach Haremhebs Tod besteigt Paramessu als Ramses I., offenbar ohne Widerstand zu finden, den Thron. Obwohl Ramses selbst beim Tode Haremhebs schon bejahrt war und nach etwa eineinhalbjähriger Regierung stirbt, bedeutet die Herrschaftsübernahme durch ihn den Beginn einer neuen Ära. Zunächst ist es bei der dynastischen Geschichtsauffassung des Ägypters höchst bemerkenswert und weist auf die prekäre Lage des Landes, daß genau genommen dreimal hintereinander (Eje, Haremheb, Ramses I.) die Thronfolge ohne erbliche Legitimation und ohne den ausdrücklichen Wunsch des Gottes Amun jeweils an den Mann übergeht, der nach dem Gebot der Stunde die größte Eignung zeigt. Sodann bedeutet diese Namensreihe eine allmähliche Lösung von den Mächten und Bindungen der Vergangenheit: Eje, als „Gottesvater" und Bestatter des Tutanchamun, scheint noch am ehesten geneigt gewesen zu sein, die Herrschaft im alten Sinne von Theben aus im Schutz des Reichsgottes zu führen. Haremheb, in erster Linie Militär, erkennt die Notwendigkeit, das Königtum aus der alten unfruchtbaren Bindung zu lösen und, um politischer Tatsachen willen, das Übergewicht nach der Landeshälfte zu verlegen, wo die Entscheidung über die Existenz Ägyptens fallen mußte: nach Unterägypten. Er hatte die Entscheidung in der Hand, ob Ägypten aus dem Kreise der Mittelmeerländer ausscheiden und in engem Zusammenhang mit dem nubischen Kolonialland ein afrikanischer Binnenstaat werden sollte oder ob es seinen Platz im Kreise der vorderasiatischen Großmächte behaupten sollte. Im ersteren Falle wäre die ägyptische Kultur zweifellos ein abseitiges Kulturkuriosum afrikanisch-ägyptischer Mischung geworden, vergleichbar etwa der des späteren Äthiopenreiches im Süden. Nur im zweiten Fall konnte, wenn auch auf einem mühsamen und kampfreichen Wege, der Zusammenhang mit der Mittelmeerwelt und das heißt auf längere Sicht auch mit der jungen abendländischen Kultur gewahrt werden. Selbstverständlich kann weder Haremheb noch einem seiner Zeitgenossen eine solche Alternative als bewußte Überlegung unterstellt werden. Aber dem Historiker muß es erlaubt sein, an geschichtlichen Wendepunkten mit seiner Bewußtheit deutlich zu machen, wie eine Entscheidung, aus was für Gründen immer sie getroffen sein mag, den Gang der Geschichte für Jahrhunderte in eine bestimmte Richtung weisen kann.

Für Ägypten bedeutet die Thronbesteigung der Ramessiden in

der damaligen Situation eindeutig und gewissermaßen endgültig die Verlagerung des politischen Schwerpunktes nach der unterägyptischen Landeshälfte. Selbstverständlich verliert dadurch Theben seine erworbene Bedeutung als Stadt des Götterkönigs Amun und als Grabstätte der Pharaonen keineswegs. Es bildet nach wie vor in der inneren Politik des Landes einen gewichtigen Faktor, auch in wirtschaftlicher Beziehung; nur tritt ihm Tanis-Auaris als politisches Zentrum entgegen. Und damit beginnt jene Entwicklung, im Verlauf deren Theben zur „heiligen Stadt" wird, die die Erinnerung an eine große Vergangenheit wahrt.

Ramses I. stammte, wie gesagt, wahrscheinlich aus der alten Hyksosstadt Tanis-Auaris, in der man heute nach den Ausgrabungen von Pierre Montet allgemein die berühmte „Ramses-Stadt" sieht[2]. Er gehörte einer Offiziersfamilie an: Sein Vater Sethos war „Oberster der Bogenschützen". Damit repräsentierte er eine Macht, von der allein die Wiederherstellung des ägyptischen Reiches zu erwarten war. Er selbst erhielt unter Haremheb offenbar schon im Hinblick auf die künftige Rolle alle Gewalt, wie sie sich in der Fülle seiner Titel ausdrückt: Er war Oberster der Bogentruppe, der Wagenkämpfer und der Infanterie, Vorsteher aller Fremdländer, zugleich Prophetenvorsteher aller Götter und Vezir, um nur einige Titel zu nennen. Er verband also in seiner Person die politische, wirtschaftliche und militärische Leitung des Landes. Sein Sohn Sethos, gleichen Namens mit seinem Großvater, folgte ihm in einem Teil der Ämter und mag schon als Mitregent neben ihm gestanden haben. Nach Ramses' Tod geht die Herrschaft nun wieder auf dem üblichen Weg durch Erbfolge auf Sethos über. Diese Tatsache hat Sethos offenbar im Auge, die also gleichsam eine Rückkehr zu „normalen" Verhältnissen anzudeuten scheint, wenn er den Datierungen aus seinen ersten Regierungsjahren merkwürdige Bezeichnungen hinzufügt wie „Anfang der Unendlichkeit", „Beginn der Ewigkeit" und „Erneuerung der Geburt (= Weltschöpfung)". Diese emphatische Beteuerung hat sicher nichts mit dem Beginn einer sogenannten Sothisperiode zu tun, wie man früher meinte. Der Zusammenfall des heliakischen Frühaufgangs der Sothis und des Beginns des ägyptischen Jahres fällt in die Jahre 1313/1311. Diese Jahre liegen aber außerhalb der Regierungszeit Sethos' I. Der Ausdruck „Erneuerung der Weltschöpfung" enthält vielmehr ein politisches Programm; er findet sich noch zweimal in der ägyptischen Geschichte als Kennzeichnung einer neuen Epoche: nämlich bei Amenemhet I. als dem Begründer der 12. Dynastie (s. o. S. 114) und bei dem letzten Ramessiden, Ramses XI. (s. u. S. 205). So mag diese emphatische Betonung eines neuen Epochenbeginns am unverfänglichsten in dem Sinne interpretiert werden, als sie den Beginn einer neuen Zeit mit der Regierungszeit dessen heraushebt, der als erster wieder den Thron durch Erbfolge erhielt.

Wahrscheinlich noch zu Lebzeiten seines Vaters Sethos wurde Ramses II. zum König gekrönt, dessen 66jährige Regierung ebenso den politischen Höhepunkt der Ramessidenzeit darstellt, wie sie andererseits schon die nicht zufälligen sozialen Schwierigkeiten der Epoche erkennen läßt, wenn diese auch erst in der 20. Dynastie ganz offenkundig werden. Auf Ramses folgt sein Sohn Merenptah, der offenbar an Energie und Tatkraft seinem Vater nicht nachstand. In diesen beiden Gestalten scheint aber die Kraft der Dynastie (und vielleicht auch vorübergehend die des Landes) erschöpft zu sein.

Nach Merenptah haben die inneren Spannungen das Ende der Dynastie herbeigeführt. Vielleicht ist der König Amenmessu („Amun hat ihn geboren"), dessen Name ihn von den der anderen Ramessiden so auffällig scheidet, als Usurpator zu betrachten. Ihm folgt Sethos II. Seine Witwe Tausret führt erst die Regierung für den minderjährigen Sohn Siptah und hat dann noch allein als König geherrscht. Die Situation ist also ganz ähnlich wie bei Thutmosis III. und der Hatschepsut. Aber Siptah war offensichtlich kein Mann wie Thutmosis. Möglicherweise ist der eigentliche Regent der Zeit der Schatzhausvorsteher Bai, der vielleicht syrischer Abkunft gewesen ist[3]. Auf ihn bezieht sich dann möglicherweise die Behauptung des Pap. Harris (s. u. S. 184), zwischen der 19. und 20. Dynastie habe ein syrischer Usurpator geherrscht und das Land erpreßt. Zugleich dient eine solche Darstellung natürlich auch dazu, das legendäre Geschichtsbild von der Neuordnung der Zustände durch eine neue Dynastie zu bestätigen. Daß Ausländer eine entscheidende Rolle spielen konnten, ist zu dieser Zeit nichts Neues mehr. Die Josephsgeschichte, für die freilich unmittelbar bestätigende ägyptische Zeugnisse nicht vorliegen, schildert die Situation und die Möglichkeiten ausländischer Beamter trefflich. Erst Sethnacht, einem Mann unbekannter Herkunft, gelingt es wieder, die Zügel fest in die Hand zu nehmen, und sein Sohn, der sich nach dem großen Ramses nannte und als Ramses III. gezählt wird, kann unter Opfern, die das Land schwer gefährden, die Schäden des Interregnums heilen. Durch seine Kriege, vor allem gegen die sog. Seevölker (s. u. S. 174), hat er zweifellos Ägypten vor einer Vernichtung bewahrt. Allerdings scheint damit auch die Kraft des Landes erschöpft zu sein. Die folgenden Könige, die alle den Namen Ramses tragen und noch über etwa 80 Jahre geherrscht haben, sind als Einzelpersönlichkeiten kaum zu fassen, bis auf den letzten unter ihnen, Ramses XI., wider dessen offenbar tatkräftige und geschickte Politik das Reich zerfällt. Er steht als tragische Figur, die die Verhältnisse überwanden, am Ende einer Periode unerhörter Anstrengungen und Leistungen.

Die historischen Geschehnisse im Zeitraum der 19./20. Dynastie, der etwa zwei Jahrhunderte erfüllt, sind von verwirrender Mannigfaltigkeit, und noch deutlicher als in der 18. Dynastie tritt die Verflechtung von Innen- und Außenpolitik, von sozialen Verhältnissen und kulturellen Tendenzen zutage. Die gegenseitige Bedingtheit des einen durch das andere läßt es zweifelhaft erscheinen, von welcher Seite die Entwicklung Ägyptens in dieser Zeit am sinnvollsten zu betrachten ist. Trotzdem dürfte es berechtigt sein, eine Darstellung der äußeren Verhältnisse voranzustellen, weil zweifellos hier die größten Kräfte des Landes entwickelt und in Anspruch genommen worden sind und weil ein guter Teil der inneren Verhältnisse als Reaktion auf außenpolitische Ereignisse zu verstehen ist. Daß daneben und dahinter, von jenen beiden Ausdrucksformen des geschichtlichen Lebens beeindruckt und ihrerseits auf sie einwirkend, die große Linie immanenter Entwicklungstendenzen verläuft, wird sich auf mancherlei Gebieten, etwa dem der sozialen Entwicklung oder des religiösen Lebens, zeigen lassen.

Die neue Dynastie übernahm das Reich zwar in einem gefestigten Zustand, aber geschmälert an seinen reichen Besitzungen in Phönikien und Syrien und gerade eben gesichert gegen die nomadischen landhungrigen Apiru. Einzig in den nubischen Besitzungen hatten, soweit wir wissen, die inneren Erschütterungen Ägyptens keine Folgen gezeitigt. Ramses I. hatte in seiner kurzen Regierungszeit die Wiederherstellung der einstigen Machtsphäre noch nicht in Angriff nehmen können. Sethos I. hingegen begann unverzüglich in seinem ersten Regierungsjahr damit. Nachdem er 23 Forts, die den Weg von El Kantara nach Gaza sicherten, rasch den Händen der Beduinen, die sich ihrer bemächtigt hatten, entrissen hat, schlägt er auf demselben Feldzug, sein Heer in drei Abteilungen spaltend, die noch nicht vereinigten Armeen einer Koalition der Amoriter und Kanaanäer, hinter der als planende und treibende Kraft der Hethiterkönig steht. Erst auf einem dritten Feldzug erreicht Sethos den Orontes und trifft zum ersten Male unmittelbar mit dem eigentlichen Gegner Ägyptens, den Hethitern unter Muwattali, bei Kadesch zusammen. Wieder ist es, wie zur Zeit Amenophis' IV., der König von Amurru, der zwischen beiden Gegnern steht. Freilich büßt dabei der jetzige König, Ben-Tesina, der offenbar nicht das politische Geschick seines listigen Vorfahren Aziru hatte, den Thron ein. Er unterwirft sich dem Pharao, wird aber von Muwattali gefangen und entthront. Beim Tode Sethos' I. sind zwar Palästina und Phönikien wieder mehr oder weniger fest in ägyptischer Hand, aber Syrien bleibt im wesentlichen hethitisches Einflußgebiet.

Ein wahrscheinlich im zweiten Jahr des Königs unternommener Feldzug deutet eine Gefahr an, die erst unter Merenptah und in der 20. Dynastie ihren Höhepunkt erreichen sollte: Die Darstellungen im Karnaktempel berichten von einem Feldzug gegen die Libyer, die zwar mit ihrem herkömmlichen Namen als Tehenu bezeichnet werden, nach den Darstellungen aber einem anderen Volkstum angehören[4]. Nach Tracht und Aussehen scheinen sie zu den Stämmen zu gehören, die unter Ramses II. besser bekannt werden und dann die Namen Libu (das ist der spätere Ländername Libyen) und Maschwesch (vielleicht identisch mit den von Herodot genannten Maxyern) führen. Es handelt sich wohl um Berberstämme, die als Vorläufer einer Völkerwanderung zum ersten Male an die Grenzen Ägyptens drängen.

Als die Regierung von Sethos auf den noch jugendlichen Ramses II. übergeht, scheint für einige Jahre ein Zustand abwartender Spannung zwischen Ägypten und dem Hethiterreich bestanden zu haben. Ramses ergriff die Initiative und zog (wohl um eine Operationsbasis zu schaffen) durch Palästina an der phönikischen Küste entlang bis in die Nähe von Byblos. Inzwischen hatte Muwattali eine Koalition syrischer und kleinasiatischer Fürsten zusammengebracht, deren Truppenkontingente unter seiner Führung bei Kadesch am Orontes die Ägypter erwarteten; wie ein ägyptischer Text sagt, hatte Muwattali „kein Silber in seinem Land übriggelassen, sondern alles seines Besitzes beraubt; er hatte es an alle Länder gegeben, um sie mit sich zum Kampfe zu führen". Auf ägyptischer Seite stehen die vier Armeen, nach den Göttern „Amun", „Re", „Ptah" und „Seth" genannt, dazu Söldner, von denen besonders Amorriter und Schardana (s. u. S. 175) genannt werden, die also wohl in eigenen (Stammes-)Verbänden kämpften. Die Schlacht bei Kadesch ist durch das ägyptische „Kadeschgedicht" (s. u. S. 195), eine literarische Verherrlichung der Taten des Königs in der Schlacht, über ihre tatsächliche strategische oder politische Bedeutung hinaus bekannt geworden[5]. Tatsächlich stellt die Schlacht weder einen eindeutigen ägyptischen Sieg über die Hethiter dar noch einen Wendepunkt in den politischen Beziehungen beider Völker.

Ramses wird mit der Armee „Amun“ über den Orontes gelockt und sieht sich mit einem Bruchteil seines Heeres der hethitischen Koalition gegenüber. Daß die Schlacht, unter diesen Umständen begonnen, nicht zu einer Vernichtung der Ägypter führte, mag tatsächlich der persönlichen Tapferkeit und Entschlossenheit des Königs zuzuschreiben sein. Aber einen Markstein in der Asienpolitik bedeutet der „Sieg“ keineswegs. Selbst in Palästina brechen zwei Jahre später wieder „Aufstände“ aus, die den König zwingen, die wenig nördlich von Gaza gelegene Festung Askalon zu erobern. Auch wenn es darauf Ramses gelingt, nochmals zum Orontes vorzustoßen und die Stadt Tunip einzunehmen, so ist vom Euphrat als dem Ziel der 18. Dynastie keineswegs mehr die Rede, und wenn die Siegesinschriften Mitanni, das Hethiterreich, Kreta und Zypern, Babylon und Assyrien als unterworfene Länder nennen, so ist damit zwar dem alten Anspruch Genüge getan, alles zu beherrschen, „was die Sonne umkreist“; aber es entspricht nicht den Möglichkeiten des ägyptischen Reiches. Tatsächlich wird die Grenze zwischen der ägyptischen und der hethitischen Oberhoheit etwa der Nahr el Kelb gebildet haben, der wenig nördlich von Beirut mündet.

Mancherlei Gründe haben dazu geführt, daß im 21. Jahre Ramses' II. der berühmte ägyptisch-hethitische Friedensvertrag geschlossen wurde, dessen Originaltext keilschriftlich auf einer Silberplatte eingegraben war und von dem zwei ägyptische monumentale Abschriften (in Karnak und im Totentempel des Königs, dem Rameseum) und mehrere Tontafelabschriften in Boghazköi bekannt sind. Der Vertrag verdeutlicht einen bemerkenswerten historischen Tatbestand, abgesehen von seinem eigentlichen Inhalt, nämlich den, daß es bereits seit geraumer Zeit feste Formen des internationalen Verkehrs und so etwas wie internationales Recht gegeben haben muß. Bei beiden Vertragspartnern, Ramses II. und dem jungen Hethiterkönig Chattuschil III., mag zunächst die Überlegung maßgebend gewesen sein, daß erfahrungsgemäß keines der beiden Reiche in der Lage war, den Gegner entscheidend und endgültig zu besiegen; dafür war die Entfernung zwischen den Zentralgebieten im Inneren Kleinasiens und am Nil zu groß. Beide Reiche befanden sich in einer Situation, die es nicht ratsam erscheinen ließ, die Volks- und Wirtschaftskraft in notwendig unentschiedenen Kämpfen zu vergeuden. Die Thronbesteigung Chattuschils war nicht ohne dynastische Auseinandersetzungen erfolgt, und das Hethiterreich hatte die Vergrößerung Assyriens in seiner Flanke nicht verhindern können. In Ägypten andererseits mögen damals bereits gewisse soziale und wirtschaftliche Schwierigkeiten sich bemerkbar gemacht haben. Drängender noch scheint die Bedrohung vom Westen gewesen zu sein, deren Abwehr die Kräfte der nächsten Generation nahezu aufzehrte. Zeugen und Garanten des Friedensvertrages sind die Götter Ägyptens und des Hethiterreiches, die über die beschworene ewige Freundschaft wachen und den bestrafen sollen, der den Vertrag bricht. Unter den Einzelbestimmungen sucht man eine Angabe vergeblich: nämlich die Festlegung einer Grenze der beiderseitigen Interessensphären. Dagegen verpflichten sich beide Partner, im Falle eines Angriffs von dritter Seite auf einen von beiden einander beizustehen; politische Flüchtlinge sollen gegenseitig ausgeliefert werden; allerdings soll der jeweilige Souverän gehalten sein, sie milde zu behandeln. Dieser Friede ist auch tatsächlich gehalten worden, bis größere Ereignisse neue Konstellationen schufen. In seinem 34. Jahr heiratete Ramses II. eine Tochter Chattuschils[6]. Das Ereignis ist auf mehreren Denksteinen in Ägypten verewigt und wird als ein „Wunder" gepriesen, das der Gott Ptah dem König geschehen ließ; hier äußert sich der oft unangenehm pathetische Stil der Zeit. Für die ägyptische Auffassung vom Verhältnis zum Hethiterreich verrät gerade dieses Denkmal eine ungerechtfertigte, großsprecherische Verächtlichkeit des „elenden Chetta", das angeblich seit der Kadeschschlacht in Not und Elend lebte. Die Anerkennung eines ehemaligen Gegners gehört nicht zu den Charakterzügen des Alten Ägypten! Und doch beweist andererseits die in der hethitischen Hauptstadt Boghazköi gefundene Korrespondenz zwischen Ramses II. und Chattuschil, daß die Höflichkeit des diplomatischen Verkehrs durch Anerkennung der besonderen Art des hethitischen Königtums gewahrt wurde: Die Briefe des Pharao pflegen doppelt ausgefertigt zu werden, einmal an den Hethiterkönig und einmal an die Königin. Deren Stellung war wesentlich mehr hervorgehoben als die der „großen königlichen Gemahlin" in Ägypten und gegenüber der des Königs offenbar durchaus gleichberechtigt. In der politischen Korrespondenz wird dieser Besonderheit in der Struktur des fremden Königtums Rechnung getragen[7].

Nun ist es notwendig, nochmals rückblickend auf jene Bewegung einzugehen, die sich inzwischen in der Flanke des Reiches entwickelt hatte und die von Ägypten aus offenbar erst in der Zeit Ramses' II. erkannt wurde. Es handelt sich um Wanderbewegungen zweier Volksgruppen, die in einem ursächlichen Zusammenhang stehen dürften: eine Wanderung libyscher Stämme und die sogenannte Seevölkerbewegung. Letztere hat offensichtlich den Anstoß gegeben. Sie nimmt ihren Ausgang am Schwarzen Meer. Eine Völkerwelle ergießt sich nach Kleinasien, dem Balkan, zur See über die Inseln des Ägäischen Meeres nach Phönikien, Ägypten, Libyen und wohl noch weiter nach Westen. Die Bewegungen dieser Seevölker übten einen früh spürbaren Druck auf die ausweichenden libyschen Stämme aus, die nun ebenfalls in Bewegung geraten und als ihre Vorläufer von Westen her gegen die ägyptischen Grenzen drängen. Leider sind die ägyptischen Quellen über diese für die europäische Geschichte bedeutungsvollen Ereignisse recht dürftig: Namen von Stämmen, Schlachtdarstellungen (Abb. 23), Namen von Schlachtorten, die oft nicht zu lokalisieren sind, Gefangenenzahlen. Einen gewissen Aufschluß geben die Namen dieser Völker, indem sie freilich zugleich auch neue Fragen aufwerfen. Da sind die Schardana, Schakalscha, Turscha, Danuna, Aqaiwascha, Luka, Peleset, Zakar. Dem Namen der Schardana begegnen wir schon in der Amarnakorrespondenz; zur Zeit Ramses' II. treffen wir sie als Hilfsvölker sowohl auf ägyptischer wie auf hethitischer Seite; andere dieser Völker werden in den Kämpfen unter Merenptah genannt. Die Peleset und Zakar schließlich tauchen erst in der 20. Dynastie unter Ramses III. auf. Ein guter Teil der Namen wird wohl mit Recht mit geographischen und ethnographischen Namen zusammengebracht, die aus der Geschichte bekannt sind und z. T. noch heute in Gebrauch sind. So stecken im Namen der Schardana und Schakalscha sicher die Namen der Inseln Sardinien und Sizilien; die Turscha dürften in den Tyrsenern (Etruskern) wiederzuerkennen sein. Aqaiwascha und Danuna klingen deutlich an die griechischen Stammesnamen Achäer und Danaer an. Die Luka möchte man in den kleinasiatischen Lykiern wiedererkennen. Und die Peleset schließlich, die unter Ramses III. die palästinensische Küste in Besitz nehmen, sind als „Philister" aus dem Alten Testament bekannt und haben dem ganzen Land „Palästina" seinen Namen gegeben. Nach diesem Beispiel ist nun auch ein guter Teil der vorhergenannten Namensgleichheiten zu erklären, besonders bei den Schardana und Schakalscha, die (bzw. Teile von denen) am Ende oder im Verlauf der Wanderbewegung auf den nach ihnen genannten Inseln haften geblieben sind. Damit ist freilich im einzelnen zu der Fülle der Fragen, die an die Seevölkerbewegung anknüpfen, noch nicht viel gesagt. Die Organisation und Zusammengehörigkeit der Stämme, ihre Wege und ihre Zusammensetzung im einzelnen erhellt aus den ägyptischen Quellen nicht. Auch die historischen Auswirkungen dieser Bewegung sind noch nicht mit voller Klarheit zu überschauen. Im ganzen wird es richtig sein, wenn man das Verschwinden oder wenigstens wesentliche Sich-Ändern älterer Kulturen hiermit verbindet, so die Zerstörung der kretischen Kultur im 15. Jahrhundert vom Festland aus und das jähe Absinken der Kultur von Ugarit (Ras Schamra, bei Ladikije) an der syrischen Küste, wo sich ebenfalls in den späten Phasen „mykenischer" Einfluß nachweisen läßt.

Von diesen Seevölkern zu trennen, auch wenn ihr Hervortreten ursächlich mit ihnen zusammenhängen mag und sie tatsächlich mit diesen zusammen genannt werden, ist eine libysche Wanderbewegung in west-östlicher Richtung, die ebenfalls schon geraume Zeit vorher begonnen haben mag, aber ihre nachdrücklichste Entfaltung erst unter der 19./20. Dynastie zusammen mit der der Seevölker erlebt. Die Stammesnamen, die überliefert werden, sind die der Libu, die dem Land den klassischen Namen Libyen gegeben haben, der Maschwesch, die wohl den Maxyern Herodots entsprechen, und der Kahak. Teilweise sind diese Namen den Ägyptern schon länger bekannt; so begegnet der der Maschwesch vielleicht schon unter Thutmosis III., obwohl die Nennung dieses Namens hier wegen seiner einmaligen Orthographie bezweifelt wird. Der Druck der Wanderung hat sich zuerst unter Sethos I. und Ramses II. bemerkbar gemacht: Von ersterem ist mit Sicherheit ein „Libyerfeldzug" bekannt, und aus der Zeit Ramses' II. hat man neuerdings Reste von Befestigungsanlagen gefunden, die sich in einer Kette von sieben Forts von Alexandria aus westwärts erstrecken bis zu einem Ort Umm el Rachâm über eine Entfernung von 341 Kilometern[8]. Dieser Tatbestand beweist aber, daß schon unter Ramses II. hier eine mögliche Gefahr erkannt wurde, und das mag auf ägyptischer Seite den Abschluß des Friedensvertrages mit den Hethitern gefördert haben.

Nun hatte Ägypten gewissermaßen die Hände frei, um sich für die Begegnung mit den libyschen und indo-europäischen Wanderstämmen zu rüsten. Zwar hören wir aus der langen Regierungszeit Ramses' II. noch nichts von Zusammenstößen; aber im fünften Jahr des Merenptah findet die berühmte Schlacht gegen Merije, den Sohn des Did, den Libyerfürsten, statt. Dieser zog, während der König im Ostdelta beschäftigt war, um Abwehrmaßnahmen gegen die östlichen Beduinen zu treffen, von Westen gegen Ägypten an der Spitze einer Stammeskoalition, die sich offenbar als echter Wanderzug mit Weibern, Kindern und Troß darstellte. An einem nicht genau lokalisierbaren Ort, wahrscheinlich nordwestlich von Memphis, begegnet ihm Merenptah, der durch ein Traumgesicht zuversichtlich ist. Die Schlacht dauert sechs Stunden und endet mit einer völligen Niederlage der Libyer:

9000 Gefangene bleiben in der Hand der Ägypter, dazu reiche Beute (wohl der Troß und Vieh); Merije selbst kann aber entkommen. Den Ruhm des Königs verewigt ein bekanntes Denkmal, die sogenannte Israel-Stele, auf der es gegen Ende heißt: „Tehenu (Libyen) wurde zerstört; das Hethiterland ist friedlich; Kanaan ist verwüstet; Askalon ist gefangen; Gezer ist zerstört; Jenoam ist zunichte gemacht; Israel ist verdorben und hat keinen Samen (mehr); Charu (Palästina) ist zur Witwe geworden für Ägypten. Alle Länder sind in Frieden vereinigt!“ [9] Tatsächlich sah die Welt wohl etwas anders aus. Die unmittelbare libysche Bedrohung war abgewehrt; aber einer Wiederholung zuvorzukommen, dazu gab es offenbar keine Möglichkeit. In Palästina wird Ägypten noch eine auf Stützpunkte gegründete Oberhoheit ausgeübt haben. Das Verhältnis zu den Hethitern war tatsächlich friedlich; Merenptah hat auf eine Anforderung hin einmal ägyptischen Weizen an die Hethiter geschickt. Doch konnte bei den Ausmaßen der Völkerbewegung dieser Zustand nicht auf die Dauer aufrechterhalten werden. Das Nachlassen der ägyptischen Aktivität nach Merenptah, bedingt durch die dynastischen Auseinandersetzungen zwischen der 19. und 20. Dynastie, hat zur Folge, daß sich in Libyen neue Koalitionen zusammenballen und daß das Vordringen der Seevölker aus Kleinasien nach Süden ungehindert fortschreitet. Ihnen fällt in der Zwischenzeit das Hethiterreich zum Opfer, das trotz des bestehenden Vertrages nicht vom Pharao unterstützt wurde. So sieht sich nach der Festigung der Regierungsgewalt Ramses III. in gleicher Weise von Westen, Osten und Norden (über die Inseln des Ägäischen Meeres) bedroht.

Nach der Niedergangszeit zwischen der 19. und 20. Dynastie hat sich erst Ramses III. wieder den im Grunde unverändert bedrohlichen außenpolitischen Verhältnissen zuwenden können, nachdem er im Innern eine Reorganisation durchgeführt hatte. Offenbar versuchte er, den libyschen Stämmen einen neuen König zu geben, einen Prinzen libyscher Abstammung, der aber in Ägypten aufgezogen war und in ägyptischen Diensten stand. Die Libyer waren bereits nahe an den westlichen Nilarm des Deltas (kanopischer Arm) herangerückt, und Teile von ihnen scheinen den Fluß auch überschritten zu haben. Der Versuch Ramses' III., sie auf diese Weise unter ägyptische Kontrolle zu bringen, scheint der Anlaß zu neuen Kämpfen gewesen zu sein. Im fünften Jahr des Königs findet die erste große Abwehrschlacht nicht fern von Memphis statt, die zwar (wie die Schlacht des Merenptah) zu einem ägyptischen Sieg führt, aber die kontinuierliche Bedrohung im Grunde nicht zu beseitigen vermag. Etwas anders liegen die Dinge im Jahre 11 des Königs, wo es wiederum zu einer großen Schlacht kommt. Damals hatten sich die libyschen Stämme unter Führung eines eingeborenen Häuptlings namens Kaper zusammengeschlossen; es war also eine Situation, die der unter Merenptah glich. Auch jetzt sind die Ägypter wieder siegreich und zerschlagen die feindliche Armee; der Libyerfürst und sein Sohn werden gefangengenommen und letzterer getötet. Die Berichte über die Kämpfe sind in den Tempeln des Königs in Karnak und vor allem auf den Wänden seines Tempel-Palastes von Medinet Habu (s. S. 194) monumental in Wort und Bild angebracht. Wir entnehmen ihnen allerdings nur wenige eigentlich historische Angaben (wie Namen der Stämme und Häuptlinge, Zahlen über Gefangene und Gefallene, Darstellung der Völkertypen, ihrer Tracht und Bewaffnung u. ä. m.); die Texte sind phrasenhaft. Mit den beiden großen Schlachten im fünften und elften Jahr scheint aber der Druck der libyschen Völker auf Ägypten gebrochen zu sein. Es ist nicht zuviel gesagt, wenn man feststellt, daß durch die Siege des Merenptah und Ramses' III. das ägyptische Reich vor der Gefahr, überrannt und vernichtet zu werden, gerettet wurde. Zwar der Zustrom libyscher Stämme ist damit nicht eigentlich aufgehalten worden, aber die Form ihres Eindringens ist gewandelt. Durch die Übernahme von Söldnern und Sklaven aus den libyschen Gefangenen und dem wahrscheinlich ständigen Einsickern libyscher Sippen vor allem in Mittel- und Unterägypten ist ein guter Teil libyschen Volkstums eingedrungen; dieser wird aber aufgesogen und mehr oder weniger ägyptisiert, und als nach mehr als 150 Jahren ein libysches Häuptlingsgeschlecht (die 22. Dynastie) den Thron der Pharaonen besteigt, hatte es Ägypten nicht mit der Gewaltherrschaft eines kriegerischen Wanderhäuptlings, sondern mit der Herrschaft eines vor Jahrhunderten eingewanderten und in der ägyptischen Tradition allmählich eingewohnten Geschlechts zu tun. Eine gewaltsame Übernahme der Herrschaft z. Z. Merenptahs oder Ramses' III. hätte dagegen zweifellos das Ende des ägyptischen Reiches bedeutet, das bestenfalls als Provinz eines losen, aus Stämmen zusammengefügten Staatenbundes weiterbestanden hätte.

In ihrer elementaren Stoßkraft ist die zweite große Bedrohung der Zeit, die durch die Seevölker, vergleichbar der durch die libyschen Stämme. Das Hethiterreich, Nordsyrien, die palästinensische Küste war ihnen zum Opfer gefallen. Aber als sich im achten Jahr Ramses' III. eine Koalition dieser Seevölker (Philister, Zakkar, Schakalscha, Danuna) zum Angriff auf Ägypten anschickte, gelang es auch in diesem Falle, durch einen militärischen Sieg die weitere Ausdehnung zu verhindern und, wenn auch unter Verlust der auswärtigen Besitzungen, den Bestand des Reiches zu wahren. Während zu Lande anscheinend ein „Vorfeld" noch behauptet wird (Ramses III. hat noch den ägyptischen Tempel in Beisan restauriert, ist aber der letzte ägyptische Bauherr dort), findet die ebenfalls in Medinet Habu dargestellte Seeschlacht gegen die Seevölker unmittelbar in den Nilmündungen statt.

So ist es unter Erschöpfung der Kräfte dem König gelungen, die Gefahr des Überschwemmtwerdens aus Westen und Norden zu bannen. Unter seinen Nachfolgern, die alle den Namen Ramses tragen, war es nicht mehr möglich, in Fortsetzung der früheren Politik wieder schrittweise die Grenzen des ägyptischen Machtbereiches auszuweiten. Die Kräfte des Landes sind offenbar völlig aufgebraucht; und eine nicht auszugleichende Überlegenheit der Gegner beruhte in der Verwendung des Eisens, eines Metalls, zu dessen Behandlung in Ägypten die technischen Voraussetzungen fehlten, obwohl das Land an sich nicht arm war an eisenhaltigen Erzen[10]. Die ägyptische Bezeichnung des Eisens als „Erz des Himmels" scheint die Kenntnis von der Herkunft des Meteoreisens anzudeuten, und tatsächlich finden sich auch einige spärliche Verwendungen des Metalls als Perlen oder Amulette. Aber erst durch die nähere Verbindung mit Kleinasien kommen durch die Vermittlung des Mitannireiches eiserne Werkzeuge und Waffen (also Fertigwaren) in ägyptischen Besitz; als Kostbarkeit hat sich im Grabe Tutanchamuns ein eiserner Dolch erhalten. Und unter den sogenannten Tributen werden in der 18. Dynastie Einzelgaben aus Eisen, Waffen, Ringe usw., genannt. Sicher nicht vor der 22. Dynastie ist in Ägypten selbst Eisen eingeschmolzen worden. Seine Kenntnis und Verbreitung von Kleinasien aus, wohl nicht zuletzt gefördert durch die Völkerbewegungen seit dem 14. Jahrhundert, mußte nach und nach das ägyptische Kupfer als Material entwerten. Es mag damit zusammenhängen, worauf besonders J. Wilson verweist, daß nach Ramses III. die Ausbeute der Kupferminen auf dem Sinai von seiten der Regierung aufhört; offenbar lohnte der Abbau nicht mehr.

Der Ausklang der Regierung Ramses' III. ist friedlich. Er selbst freilich fällt einer Haremsverschwörung zum Opfer, über die uns Prozeßakten erhalten sind. Eine Königin Teje aus dem Harem des Königs wollte offenbar ihrem Sohn Pentawêr den Thron verschaffen. Mehrere Frauen des Harems, aber auch hohe Palastbeamte waren in die Verschwörung verwickelt. Sie führte jedenfalls nicht zu dem erhofften Erfolg: Der König wird zwar ermordet, aber die Thronfolge geht an seinen Sohn Ramses IV. über. In den erhaltenen Akten legt der Ermordete selbst (derartige Fiktionen stehen ja in Ägypten nicht allzu vereinzelt da) die Anklageschrift vor mit den eindrucksvollen Worten: „Möge die Verantwortlichkeit für alles, was sie getan haben, auf sie fallen, während ich geschützt und bewahrt bin für immer, da ich unter den seligen Königen weile, die bei Amonre, dem König der Götter, und bei Osiris, dem Herrn der Ewigkeit, sind." Es folgt dann die Liste der Beschuldigten. Ramses IV. hat den Prozeß durchgeführt. Die vornehmsten Angeklagten werden zum Tode verurteilt, den sie sich selbst gaben. Der neue König hat anläßlich seiner Thronbesteigung einen Rechenschaftsbericht, ebenfalls angeblich von Ramses III. verfaßt, veröffentlicht. Es handelt sich also wiederum um ein fiktives politisches Testament, ähnlich wie die „Lehre des Amenemhet" (s. o. S. 115). Es ist der berühmte „Große Papyrus Harris", der mit einer Länge von über 40 Metern der größte erhaltene ägyptische Papyrus ist. Er enthält neben vielen interessanten Einzelheiten eine genaue zahlenmäßige Aufstellung über die Zuwendungen Ramses' III. an die Tempel und stellt daher eine der wichtigsten Quellen zur Wirtschaftsgeschichte der Zeit dar (s. u. S. 189).

Erstaunlicherweise sind offenbar während des gesamten Zeitraumes der 19./20. Dynastie, der so schwere Bedrohungen und Kämpfe im Norden sah, die Beziehungen zum Süden, vor allem zum nubischen Kolonialland, friedlich geblieben. Die große Krise der ganzen östlichen Welt scheint sich nicht bis hierher ausgewirkt zu haben. Zwar nennen in den Listen unterworfener und besiegter Völker die Könige der Ramessidenzeit auch die nubischen Völker, und die Phrase, es seien dort Aufstände niedergeschlagen worden, kehrt in den Siegesinschriften öfters wieder. Aber solche Beteuerungen gehören nun einmal in die repräsentativen Siegesdarstellungen, lassen sich z. T. als Kopien aus den Denkmälern der 18. Dynastie nachweisen und haben keinen historischen Wert. Auf einen kriegerischen Eingriff in Unternubien (Wawat) könnte eine Inschrift Merenptahs im Tempel von Amada (Nubien) hinweisen; es ist die Vermutung ausgesprochen worden, daß die in der großen Libyerschlacht des Königs abgewiesenen Stämme nach Süden auswichen und jenseits des Kataraktes das Niltal zu erreichen suchten. Aber auch dann scheint es sich nicht um ein kriegerisches Ereignis größeren Ausmaßes gehandelt zu haben. Im ganzen hat sich jedenfalls hier das von der 18. Dynastie geschaffene Verwaltungs- und Herrschaftssystem während der gesamten Zeitdauer bewährt, und die Erzeugnisse des Koloniallandes haben dem Reich in den Jahrhunderten seiner unmittelbarsten Bedrängnis zur Verfügung gestanden.

Von Expeditionen nach Punt hören wir aus der Ramessidenzeit nicht viel. Erst Ramses III. gibt im Rechenschaftsbericht des Papyrus Harris die Schilderung einer solchen Expedition, von deren Erträgnissen allerdings nur Myrrhen als namentlich genannter Gewinn aufgeführt werden. Der Bericht ist aber um einer Einzelheit willen nicht uninteressant: Er bezeugt, daß damals jedenfalls keine Wasserverbindung zwischen Nil und Rotem Meer bestand; die rückkehrenden Schiffe werden bei Kosseir entladen und die Erträgnisse durch Esel und Träger nach Koptos geschafft, von wo sie auf Nilschiffen zur königlichen Residenz nach Tanis gelangen. Bemerkenswert erscheint die hier gebrauchte Bezeichnung des Roten Meeres als „das große Meer des verkehrten Wassers", eine m. W. einmalige Bezeichnung. Das hier gebrauchte Wort für „Meer" ist ein kanaanäisches Fremdwort, das im Ägyptischen des NR öfters gebraucht wird und die älteren, einem mythischen Weltbild entnommenen Bezeichnungen für das die Erdscheibe umgebende große Gewässer ersetzt. Unter dem „verkehrten Wasser" versteht der Ägypter bekanntlich den Euphrat, und eine Benennung des Roten Meeres wie die hier verwendete kann nur besagen, daß dem Ägypter damals die Wasserverbindung vom oberen Euphrat zum Persischen Golf und dessen Verbindung mit dem Roten Meer bekannt gewesen ist, ein Hinweis, der festgehalten zu werden verdient, weil Angaben über das geographische Weltbild des Alten Ägypten nicht eben häufig sind.

Es leuchtet ein, daß die Ramessidenzeit als Ganzes zwar – zunächst nur in ihren außenpolitischen Verhältnissen betrachtet – mit der 18. Dynastie unter der Kennzeichnung „das ägyptische Weltreich" zusammengehört, daß sie aber doch eine Phase eigener Prägung darstellt. Was früher mit einer gewissen Unbedenklichkeit erobert worden war, mußte jetzt verteidigt werden. Aber es waren nicht die damals gelegten Fundamente, die sich etwa als unzulänglich erwiesen hätten, sondern es waren eindeutig Völkerverschiebungen größten Ausmaßes, die Ägypten in die Verteidigungsstellung drängten. Und wenn am Ende vom asiatischen Teil der ehemaligen ägyptischen Herrschaft nicht viel übrigblieb, so bedeutet das zwar einen absoluten Macht- und Geltungsverlust; aber Staat und Volk werden in dem Kampf um das Bestehen des Reiches weiterhin immer stärker in die überstaatlichen Verflechtungen hineingezogen und stehen weiterhin politischer und kultureller Teilnahme an dem offen, was im östlichen Mittelmeergebiet das Gesicht dieser Jahrhunderte prägte. In diesem Sinne einer weltweiten Bezogenheit, weniger in dem einer weltweiten Herrschaft, gehört auch das Ägypten der Ramessidenzeit in die Epoche des Weltreiches. Vor allem bewährte sich letzten Endes hier das, was die 18. Dynastie an politischer und militärischer Leistungsfähigkeit organisatorisch geschaffen hatte. Daß Ägypten von Sethos I. bis Ramses III., also über rund 150 Jahre, in der Lage war, unter fast ununterbrochener Anspannung aller Kräfte seinen Platz letzten Endes doch zu behaupten, verdankte es in erster Linie der militärischen und wirtschaftlichen Organisation der Vergangenheit; und daß es als weltoffene Kultur der akuten Gefahr einer völligen kulturellen Überfremdung nicht unterlag, beweist die lebensfähige Elastizität der kulturellen Formen im weitesten Sinne, die in mehr als einem Jahrtausend verhältnismäßig isolierter Kulturentwicklung geschaffen waren.

Welche Veränderungen die einzigartige außenpolitische Leistung im einzelnen auf sozialem, wirtschaftlichem und kulturellem Gebiet nach sich zog und um welchen Preis der politisch beschränkte Erfolg erkauft wurde, wird im folgenden zu betrachten sein.

Das Instrument, mit dem sich Ägypten damals in erster Linie behauptete, war das Heer. In seiner Organisation wird es sich nicht wesentlich vom Heer der 18. Dynastie unterschieden haben, wohl aber in seiner Größe und seiner Zusammensetzung. Statt der drei Armeen der 18. Dynastie gibt es jetzt deren vier, die des Amun, Re, Ptah und Seth, die also nach den Hauptgöttern genannt wurden unter Einschluß des gerade in dieser Zeit mehrfach begünstigten Gottes Seth von Tanis. Nun ist der Ägypter seinem Wesen entsprechend niemals gern Soldat gewesen; schon das AR kannte ja als stehende Polizeitruppe die „befriedeten Nubier", während die Bevölkerung selbst nur fallweise aufgeboten wurde. Seit der 18. Dynastie, wo die Weltlage ein immer bereites Heer forderte, wächst das Söldnerwesen deshalb immer stärker an; Nubier, Libyer, Schardana, Kahak, Maschwesch usw. bilden offenbar den größeren Teil des Heeres. Leider sind uns zuverlässige Zahlen sowohl über die Größe des Heeres, wie über die Zusammensetzung im einzelnen wenig überliefert. In einem Papyrus aus der Zeit Ramses' II. (An. I 17) heißt es einmal in unverfänglichem Zusammenhang (anläßlich einer Berechnung von Proviant), daß eine Truppe von 5000 Mann ohne Offiziere sich zusammensetzt aus 1900 Bogenschützen (offenbar Ägyptern), 520 Schardana, 880 Nubiern, 100 (?) Maschwesch und 1600 Kahak. Wieweit diese vielleicht zufälligen Verhältniszahlen verallgemeinert werden dürfen, ist freilich fraglich. Militärisch gesehen hat offenbar die Verwendung so zusammengewürfelter Truppen keine Schwierigkeiten gemacht, auch dann nicht, wenn etwa libysche Söldner in den Libyerkriegen gegen die eigenen Stammesgenossen eingesetzt wurden. Hingegen stellte das Söldnerwesen auf längere Sicht insofern eine Gefahr dar, als die Söldner, in Ägypten mit Weibern und Kindern angesiedelt, langsam aber ständig die Zusammensetzung des Volkes verändern mußten. Schon aus der Zeit des Königs Eje hören wir von einem „Feld der Hethiter" bei Memphis, also einer Siedlung von Söldnern oder Gefangenen; aus der Ramessidenzeit sind Siedlungen von Nubiern und Syrern aus der thebanischen Weltstadt mehrfach belegt, sowie Garnisonssiedlungen im Delta. Und Ramses III. charakterisiert den friedlichen Ausgang seiner Regierungszeit in einer Schilderung, daß die Schardana und Kahak untätig in ihren Dörfern säßen, zusammen mit Frauen und Kindern, während ihre Bogen und Waffen in den Speichern lägen.

Der Ägypter selbst hatte von jeher die organisatorische und verwaltungsmäßige Seite auch der Feldzüge höher eingeschätzt als den wirklichen Truppendienst und blickte mit einem unverkennbaren Hochmut auf den herab, der die Strapazen auf sich nehmen muß[11]. Diese alte Geringschätzung, die mit der Verachtung aller körperlichen Arbeit zusammenhängt, steigert sich gerade in der Zeit, als das Land seine gesamte Existenz ganz unmittelbar den verachteten Soldaten verdankte, zu Hohn und Satire: Das Los des Soldaten und Truppenoffiziers wird in Schulschriften als kläglich und elend geschildert; er wird geschlagen, hungert und dürstet; „er trägt sein Brot und sein Wasser auf seinem Nacken wie ein Esel", und wenn er schließlich wieder heimkommt, dann ist er wie „Holz, das der Wurm frißt". Das Schicksal des Wagenkämpfers ist zwar weniger hart, aber (und damit trifft der Schreiber einen wunden Punkt in der sozialen Entwicklung, wie sie durch die Feldzüge heraufgeführt wurde) „er gibt seine Habe hin, die er vom Vater seiner Mutter (ererbt) hat, damit er sich den Wagen kaufe". Das, was hier mit einer gewissen unverschämten Naivität gesagt wird, wirft ein bedenkliches Licht auf die sozialen Verhältnisse. Das ägyptische Kulturbewußtsein nimmt eine dünkelhafte Form an und gerät dadurch in Konflikt mit sich selbst: Die Kräfte, die allein die Kultur vor Vernichtung bewahrt haben, vermag es nicht entsprechend ihrer Leistung zu würdigen. Die starke Ablehnung des Soldatenstandes, mag sie auch aus der traditionellen Haltung des Ägypters verständlich sein, deutet auf eine beginnende Aufspaltung unter zwei Gesichtspunkten: einmal nach Berufsständen und dann, sich damit überschneidend, nach Volkszugehörigkeit. Der Zerfall Ägyptens in der Spätzeit in eine ägyptisch-priesterliche Gruppe und eine politisch-militärisch aktive Gruppe wesentlich libyscher Abstammung bahnt sich hier an. Außerdem wird gleichzeitig ein Prozeß angedeutet, der bei der Entwicklung der Dinge wohl unvermeidlich war: die Verarmung gewisser Bevölkerungsklassen; es wird später bei Betrachtung der wirtschaftlichen Verhältnisse noch davon zu sprechen sein.

Wie das Eindringen der Fremden sich auf breitester Basis im Heerwesen abspielte, war gezeigt. In gleicher Weise, zahlenmäßig natürlich geringer, nehmen fremde Elemente am Königshof selbst Vertrauensstellungen ein, wozu die angedeutete Verarmung einheimischer vornehmer Kreise beigetragen haben mag. Die ebenfalls in der 18. Dynastie zeitweise sehr starke Begünstigung des Erfolgreichen und Tatkräftigen gehört wieder zu den Gepflogenheiten der Ramessidenzeit. Wir begegnen hier in der Umgebung des Königs als Vertrauten und Beauftragten in vielfältiger Verwendung einer Klasse von Leuten, deren Titel wir herkömmlich mit „Truchseß" wiedergeben, damit, wie im ägyptischen Titel selbst, eine persönliche Bindung an den König bezeichnend. Die Beauftragung dieser Leute erfolgt fallweise, nachweisbar in den verschiedensten Ämtern. Freilich tragen diese „Truchsesse" gut ägyptische Namen; aber eine gewisse Gleichförmigkeit der Namensbildung und gegebenenfalls Herkunftsangaben machen es wahrscheinlich, daß der Anteil Fremder (vor allem Syrer, weniger Nubier und Libyer) an dieser Hofrangklasse nicht unbedeutend war.

In dem schon mehrfach genannten Rechenschaftsbericht Ramses' III., dem Papyrus Harris, spricht der König an einer Stelle auch von seiner Behandlung sozialer und ziviler Verhältnisse und gibt recht deutlich zu erkennen, daß sich am Ende seiner Regierungszeit praktisch eine gewisse Aufspaltung in heterogene Bevölkerungsklassen gebildet hat. Es ist den Ereignissen weit vorgegriffen, wenn hier schon das Wort von der „Erblichkeit der Berufsstände" fällt, von der seit Herodot (II 164) zahlreiche antike Autoren behaupten, sie habe in Ägypten bestanden. Darüber wird später im Zusammenhang mit der 26. Dynastie noch zu sprechen sein. Eines muß aber schon hier betont werden, daß nämlich die faktische Aufspaltung der Bevölkerung in Klassen oder Kreise sich aus den historischen (nicht politischen und noch weniger staatsrechtlichen) Verhältnissen der Ramessidenzeit ergibt. Der Passus bezüglich der Bevölkerungsklassen im Papyrus Harris lautet: „Ich habe Ägypten mit zahlreichem Nachwuchs versorgt an Truchsessen des Palastes, großen Beamten, Fuß- und Wagenkämpfern, zahlreich zu Hunderttausenden, Schardana und Kahak ohne Zahl, Gefolgsleute (Troß?) zu Zehntausenden und den Fronpflichtigen Ägyptens." Abgesehen von den Tempeln, die in dem Papyrus gesondert behandelt werden, bedeutet diese Formulierung zwar nicht, daß der König die Bevölkerung in diese Klassen gegliedert hat, aber doch, daß diese Klassen praktisch existierten und vom König gesehen als eigentlich staatserhaltende Gruppen betrachtet und gefördert wurden. Es handelt sich dabei also im wesentlichen um den Hof und die Beamtenschaft, das Heer und die Handarbeit verrichtenden Hörigen (Arbeiter und Gefangene in den Steinbrüchen und Bergwerken, an Baustellen und in den Nekropolen, wohl auch um die handwerklichen Betriebe).

Gerade die letztgenannte Klasse hat durch das Gewicht ihrer Zahl, die Notwendigkeit ihrer Existenz und die völlige Abhängigkeit ihrer Lage den Staat der Ramessidenzeit offenbar unablässig beschäftigt. Die Aktivität des Staates auf allen Gebieten (Feldzüge, Versorgung des Heeres, Bautätigkeit) erforderte eine zahlenmäßige Vermehrung der Arbeiterschaft und ermöglichte sie zugleich durch die eingebrachten Gefangenen. Daß die „soziale Frage" bereits zu Beginn der Ramessidenzeit eine unerwartet große Rolle spielte, lehrt eine Stele Ramses' II. aus dem Steinbruchsgebiet bei Heliopolis[12]. Das Denkmal ist sowohl um seiner Form wie um seines Inhalts willen bemerkenswert. Es gehört in eine formal zusammengehörige Reihe offizieller Dokumente, die man als „Königsnovelle" bezeichnet und deren Anliegen es ist, eine einmalige Tat des Königs (einen Feldzug, einen Tempelbau, eine Brunnenanlage u. a. m.) zu verewigen. Hier nun findet sich in dieser hochoffiziellen Form als Tat des Königs seine Fürsorge für die offenbar verelendeten Steinbrucharbeiter. Der König als ihr letztlicher Auftraggeber (das alte patriarchalische Schema!) will ihr Schutzherr sein um ihrer wertvollen Arbeit willen. Aber der Text nennt recht konkrete Dinge als Leistungen des Königs. Er stellt in Aussicht, daß die Einkünfte gewichtiger sein sollen als die geforderte Leistung (sei es Arbeit, seien es Steuern); denn man „jubelt bei der Arbeit nur, wenn der Leib voll ist". Die Versicherung, daß jeder Arbeiter für einen Monat „erhoben" sein soll, wird sich entweder auf eine einmalige Zulage oder eine Vorausentlohnung beziehen. Mag auch manche Einzelheit des Textes noch Schwierigkeiten für das Verständnis bereiten, eindeutig geht aus ihm hervor, daß das Problem der Versorgung bestand und daß allein der König in der Lage war, es fallweise zu lösen.

Zur weiteren Verschärfung der Verhältnisse trug es bei, daß in die Ramessidenzeit eine empfindliche Teuerungsperiode, besonders der Getreidepreise, fällt. Der Wert von Gerste und Emmer (nach Kupfergewichten berechnet) steigt zeitweise auf das Fünffache; gegen Ende der Dynastie sinkt er wieder, hält sich aber, wie J. Cerny berechnet hat, auf dem Doppelten des ursprünglichen Preises [13]. Wenn auch Ursache und Verlauf dieser Kurve im einzelnen noch nicht bekannt sind, so gehört die Tatsache als solche unbedingt zum Bild der sozialen Verhältnisse der Ramessidenzeit und vermag manches uns von anderer Seite überlieferte Ereignis zu beleuchten.

Hierher gehört die Entwicklung der Verhältnisse in Theben, die nicht ganz unähnlich sind denen in der alten Residenz Memphis am Ende des AR. Zwar lagen hier noch die königlichen Tempel und Paläste der Zeit, und auch die Könige der 20. Dynastie ließen sich auf dem alt-heiligen Boden im Westen der Stadt beisetzen; aber die aktuelle Hauptstadt Ägyptens befand sich im äußersten Norden des Landes, in Tanis. In Theben, besonders auf der Westseite, hatte sich ein Proletariat von niederen Priestern, Handwerkern und Nekropolenarbeitern entwickelt, und damit waren Verhältnisse eingetreten, die zur Aufrechterhaltung der Ordnung und zum Schutz der Tempel und Königsgräber das Einsetzen eines eigenen Bürgermeisters und Polizeikommandanten in Theben-West notwendig gemacht hatten. Im 29. Jahr Ramses' III. kommt es hier zu einem regelrechten Streik der Arbeiterschaft, die die ihr zustehenden Naturallieferungen (als Besoldung) nicht erhalten hatte. Der Vezir selbst muß eingreifen, um die durch Korruptheit der Beamtenschaft, vielleicht auch durch tatsächliche Verarmung der mittleren Dienststellen ausgebliebene Versorgung zu ersetzen. In der Folgezeit verschärfen sich die Zustände gerade hier immer weiter. Der Versuchung, durch Plünderung der reichen Gräber, besonders der Königsgräber, der Not abzuhelfen und sich zu bereichern, erliegt ebenso die Arbeiterschaft wie die Beamtenschaft bis zu den höchsten lokalen Instanzen. Unter Ramses IX. findet der berühmte Grabräuberprozeß statt, von dem uns Akten in mehreren zusammengehörigen Papyri erhalten sind [14]. Zur Untersuchung der Vorfälle muß eine vom König selbst eingesetzte Kommission und der Vezir nach Theben kommen, da unter den örtlichen Behörden keine ist, die nicht der Teilnahme in Form von Bestechlichkeit oder Hehlerei verdächtigt wird. Die Not, die diese uns bekannte Einzelerscheinung hervorrief, muß gerade in Oberägypten umfassend gewesen sein und hängt zweifellos auch damit zusammen, daß die bevorzugten Bevölkerungsklassen (Hof und Heer) in Unterägypten ihren eindeutigen Schwerpunkt hatten. Man datiert einmal nach dem „Jahr der Hyänen, als man hungerte". Ihren Ursprung aber hat diese Entwicklung im Wirtschaftlichen, letztlich wohl in der Erschöpfung des Landes durch die Kriege. Wenig später aber, unter Ramses XI., dient die wirtschaftliche Lage politischen Kräften als Werkzeug, und den durch sie herbeigeführten Verfall des Landes kann der offenbar energische König nicht verhindern (s. u. S. 204).

Damit ist nun die Frage nach den wirtschaftlichen Verhältnissen der Ramessidenzeit zu stellen, wie sie sich bei der dauernden Inanspruchnahme der Mittel in Kriegen und bei einer gleichzeitigen sozialen und volksmäßigen Umbildung entwickelte. Auf Einzelpunkte, Bevorzugung der Militärklasse (wohl auch bezüglich der Regelmäßigkeit der Belieferung) und Teuerung, war schon hingewiesen. Vor allem muß hier eine für die gesamte ägyptische Wirtschaft grundlegende Frage wieder aufgeworfen werden, die nach der Tempelwirtschaft. Wir wissen ja, daß seit der 18. Dynastie sich der Besitz der Tempel an Land (durch königliche Schenkungen), an Gold und Silber (aus den Tributen vorwiegend) und Menschen (aus den Gefangenen) von Generation zu Generation mehrte und daß besonders dem Amuntempel von Karnak ein Besitz an Land und Menschen und Einkünften zu eigen war, der das Tempelgut als Staat im kleinen erscheinen läßt. Hinzu kommt die sich natürlich vergrößernde Zahl der königlichen Totentempel, deren mehrere nachweisbar von der 18. Dynastie bis in die 20. Dynastie und noch länger in Betrieb waren. Aus der Zeit Ramses' III. haben wir im Papyrus Harris eine Aufstellung dessen, was dieser König allein den Tempeln neu zukommen ließ. Daraus ergibt sich natürlich die Frage (und das ist eigentlich die Kernfrage zum Wirtschaftswesen des Alten Ägypten), ob und in welcher Form diese ungeheuren Tempelvermögen vom Staate erfaßt wurden.

Die Zahl der auf wirtschaftliche Verhältnisse bezüglichen Texte ist aus der Ramessidenzeit erstaunlich groß und vielseitig. Von einzelnen Abrechnungen über Besoldung und Besteuerung angefangen, reichen sie zu Monumentalinschriften, die Schenkungen von Land, Leuten oder Bergwerkseinkünften an einzelne Tempel festhalten und zu zusammenfassenden Aufrechnungen oder einer Aufstellung über die Veranlagung der Getreidesteuer des Papyrus Wilbour aus der Zeit Ramses' IV. oder der großen Zusammenstellung von Schenkungen unter Ramses III. im Papyrus Harris[15]. Wenn wir trotzdem über Wirtschafts- und Steuerwesen der Ramessidenzeit durchaus nicht völlig klar sehen, so liegt das an der Art der Quellen. Wir treffen in ihnen eine Fülle wirtschaftsgeschichtlicher Termini und verwaltungstechnischer Fachausdrücke, deren präzise Bedeutung immer erst aus dem Zusammenhang erschlossen werden muß. Und jedes einzelne Schriftstück nimmt naturgemäß nur auf einen bestimmten Fall Bezug oder beschäftigt sich mit nur einer Seite des Wirtschaftslebens; es setzt als bekannt voraus, welches Verwaltungs- und Besteuerungssystem im ganzen dahinter steht. So muß gerade manches Grundsätzliche fraglich bleiben, wenn auch besonders die sorgsamen und umfassenden Untersuchungen von Sir Alan H. Gardiner in den letzten Jahren über viele Dinge Klarheit geschaffen haben.

Im Mittelpunkt des Wirtschaftslebens stehen offensichtlich die Tempelbetriebe, die weniger als je ausschließlich geistliche Anstalten sind, sondern große Teile des Landes und der Einkünfte aus den auswärtigen Provinzen besitzen und bewirtschaften. Die rege Bautätigkeit der Ramessiden hat auch in dieser Hinsicht eine wirtschaftliche Seite, als ja jeder neu erbaute Tempel mit neuem Besitz begabt werden mußte. Wenn wir dabei besonders unter Sethos I. und Ramses II. recht ausdrücklich von Schenkungen aus den nubischen Besitzungen hören, so kann man sich des Eindrucks nicht erwehren, daß damals in erster Linie eben hier noch freier Besitz zu vergeben und neue Einkünfte zu erschließen waren. Zu den Schenkungen, die Sethos I. für seinen großen Tempel in Abydos machte, haben wir mehrere Inschriften, so das bekannte Dekret von Naûri und die Inschriften im Tempel von Redesie[16]. Beide enthalten zwar keine Zahlenangaben über die Größe des Tempelbesitzes in Nubien, der aber, da es sich u. a. um die Erträgnisse der Goldminen von Barramije handelt, beträchtlich gewesen sein muß. Weder der Vizekönig von Kusch noch Beamte und Offiziere, die auf Dienstreisen das Kolonialland betreten, dürfen Requisitionen an Leuten oder Besitz des Tempels vornehmen. Die Strafen sind auch hier hart: 100 Stockschläge mit fünf offenen Wunden; Rückgabe des Entwendeten und in einzelnen Fällen Ersatzleistungen im Verhältnis 1:100! Der Wert des nubischen Goldes mußte zu dieser Zeit besonders ins Gewicht fallen, da es gleichsam den stärksten Aktivposten in der Politik der Dynastie darstellte. So werden auch die berühmten Tempelbauten Ramses' II. in Nubien (Bet el Wali, Gerf Hussein, Abu Simbel u. a. m.) nicht nur als Zentren von Siedlungen und, wie aus Inschriften Sethos' I. und Ramses' III. bekannt ist, als Tempelfestungen ihre Bedeutung gehabt haben, sondern auch als Verwaltungs- und Wirtschaftszentren der das Land besitzenden Götter. Mit welcher Intensität damals Nubien erschlossen wurde, zeigen die mehrfach genannten Brunnenstationen, die den Verkehr zu den meist vom Nil abgelegenen Bergwerksanlagen erleichterten. Aus der Zeit Ramses' II. ist auf einem in Turin befindlichen Papyrus die kartographische Darstellung eines Bergwerksgebietes in einem Wadi erhalten, wo die Brunnenstation (namens „Brunnen des Sethos"), die goldhaltigen Berge und die Wege zum Meer eingezeichnet sind (Abb. 31). Es dürfte das übrigens die älteste kartographische Darstellung aus Ägypten sein; zeitlich nahe stehen Kartenpläne ramessidischer Königsgräber (das Ramses' IV. und Ramses' IX.) im Königsgräbertal auf Papyrus und Ostracon. Wie stark der Anteil der alten und neuen Tempel an den Erträgnissen der nubischen Provinz gewesen ist, läßt sich leider nicht zahlenmäßig belegen. Doch mag es nützlich sein, sich zu vergegenwärtigen, welch merkwürdig vielseitigen Begriff der „Tempel" darstellt: Religion und Kult, Grund- und Menschenbesitz, Wirtschaft und Handel, Handwerk und Technik, zusammengefaßt in der Hand des Gottes, der der eigentliche Besitzer ist. So wird jede verwaltungsmäßige Unkorrektheit oder gar jede Übertretung der Bestimmungen über Tempelbesitz zum Sakrileg. Und zu den vom Staat ausgesetzten Strafen gesellt sich die Androhung religiöser Verfolgung durch den Gott. Gerade die Formulierungen der Ramessidenzeit weisen auf das weltliche und religiöse Doppelgesicht wirtschaftlicher Bestimmungen hin. Sethos I. begründet sein Stiftungsdekret über das dem Tempel zugewiesene Gold: „Das Gold, der Leib der Götter, das ist nichts, was euch (den Menschen) zugehört!", und er beschließt einen solchen Erlaß mit der Drohung: „Jeder, der taub sein wird gegen diesen Befehl, den wird Osiris verfolgen; Isis wird seine Frau verfolgen und Horus seine Kinder! Alle Gerichtsherren der Nekropole (die Totenrichter) werden mit ihnen ins Gericht gehen!"

Über Tempelzuweisungen in Ägypten selbst sind wir natürlich auch nur sporadisch unterrichtet. Was im einzelnen die in Theben-West errichteten Totentempel an Land, Leuten und Einkünften besessen haben, wissen wir nicht. Nichts ist bekannt, aus welchen Mitteln und in welchem Umfang die in der Ramses-Stadt (Tanis) neu errichteten Tempel dotiert wurden, eine Stadt, von der es in einem Liede heißt: „Alle Leute verlassen ihre Städte und werden angesiedelt in ihrem Bezirk. Ihr westlicher Teil ist ein Tempel des Amun, und ihr südlicher Teil ein Tempel des Seth. Astarte befindet sich an ihrer Morgenseite und Buto (die unterägyptische Schlangengöttin) an ihrer Nordseite" (übers. Erman).

Wiederum nur einen Ausschnitt aus den wirtschaftlichen Verhältnissen gibt der Große Papyrus Harris, hier allerdings ein

Dokument, das mit genauen Zahlenangaben arbeitet. Nach der eingehenden Analyse durch Herbert D. Schaedel wissen wir, daß keine Zusammenstellung des gesamten Tempelvermögens zur Zeit Ramses' III. vorliegt, sondern nur eine Aufzählung alles dessen, was Ramses einigen Tempeln des Landes neu überwiesen hat. An erster Stelle stehen natürlich die eigenen Tempelbauten des Königs, der Totentempel in Medinet-Habu (s. S. 194), drei kleinere Tempel in Theben-Ost, mehrere Bauten in Heliopolis und Memphis; dann folgen Schenkungen an Abydos, Ombos, Achmim, Siut, Hermopolis, die Ramses-Stadt. Der Papyrus unterscheidet Besitztumsschenkungen an Leuten, Land (auch Ortschaften in Syrien und Nubien), Gold; dann eine besondere Abgabenerhöhung der Tempeluntertanen und schließlich eine Liste königlicher Schenkungen und Stiftungen zu Festen. Ohne daß hier die Verteilung im einzelnen aufgerechnet werden kann, muß zur rechten Beurteilung der Innenpolitik der Ramessidenzeit (bezüglich des Schwergewichtes zwischen Ober- und Unterägypten) betont werden, daß der Löwenanteil (außer an Gold) den thebanischen Tempeln zufällt, keineswegs der Ramses-Stadt. Die Zahlen sind ungeheuer: 107615 Menschen (davon Theben 86486); 2961 qkm Land (davon Theben 2393); 3648,1 Deben Gold (davon Theben 183,5 Deben; 1 Deben = 91 g, also im ganzen knapp 34 Kilo Gold). Hierzu kommen die Einnahmen durch Abgabenerhöhung, Schenkungen des Königs an Metallen, Edelsteinen, Kleidern usw. Gewiß sagen diese Angaben nichts über den gesamten Tempelbesitz aus, zu dem die genannten Dinge ja durch Ramses III. zusätzlich hinzutreten; vielleicht aber dürfen sie im einzelnen als Verhältniszahlen über die schon bestehende wirtschaftliche Bedeutung der einzelnen Tempel genommen werden. Es läßt sich leider aus ihnen auch nicht erschließen, welchen Teil der Tempelbesitz an Leuten, Ackerland, Goldeinkünften usw. von der gesamten Kapazität Ägyptens ausmachte. Denn auch aus dieser Zeit besitzen wir keinerlei Angaben über die Kopfzahl der Bevölkerung oder die Größe des anbaufähigen Landes. Wieweit derlei Angaben aus der Ptolemäerzeit in das pharaonische Ägypten übertragen werden dürfen, hängt von verschiedenen Faktoren ab. Die in späterer Zeit übliche Schöpfvorrichtung (Schadûf) zum Bewässern höher gelegenen Landes ist im alten Ägypten auffallend selten belegt (das erstemal überhaupt in der Ramessidenzeit). Und die ebenfalls aus hellenistischer Zeit bekannte Zweierntenwirtschaft ist nicht mit Sicherheit bezeugt. Von diesen Dingen hängt aber die Produktionsfähigkeit des Landes und damit auch die mögliche Kopfzahl der Bevölkerung unmittelbar ab.

Wie groß nun auch tatsächlich der Tempelbesitz zur Ramessidenzeit gewesen sein und welchen Prozentsatz vom Staatsbesitz er gebildet haben mag, so steht jedenfalls in ganz allgemeiner Form fest, daß ein großer Teil der wirtschaftlichen Möglichkeiten des Landes sich im Besitz der Tempel befunden haben muß. Und es erhebt sich angesichts des Tatbestandes erneut die Frage, wie damals grundsätzlich das Verhältnis zwischen Tempelwirtschaft und Staatswirtschaft gewesen ist. Waren diese ungeheuren Vermögen der Erfassung von seiten des Staates völlig entzogen? Dienten sie der Dynastie in Form von Anleihen? Konnte auf Tempelbesitz eine Steuer gelegt werden, die nicht direkt durch die staatlichen Organe eingezogen und verrechnet wurde, sondern global dem Tempel auferlag? Hier liegt die Kernfrage zum Verständnis der Wirtschaftspolitik der Ramessidenzeit und nicht nur dieser. Aber gerade diese Kernfrage beantworten die uns vorliegenden Dokumente nicht eindeutig. Über die Steuerveranlagung des anbaufähigen Landes orientiert uns aus der Zeit Ramses' IV. der Papyrus Wilbour. Hier sind die Berechnungen der Ländereien zwischen dem Fayûm und Tehne aufgeführt, die Größe der Besitzungen im einzelnen, ihre Bodenqualität, die sich grundsätzlich nach der Lage richtet, und ihre Besitzer. Außer den Tempeln und der Krone finden wir reichlich Privatleute und Pächter. Die Höhe der auferlegten Kornabgaben richtet sich zunächst nach der Qualität des Bodens, dann aber auch nach der Art des Besitzers und nach der tatsächlichen Bebauung. Daß diese einigermaßen komplizierte Steuertechnik nicht in der Ramessidenzeit geschaffen worden ist, sondern sich in langer Tradition entwickelt hat, lehren vereinzelte Hinweise, die bis ins MR hinaufgehen. Freilich, zu der drängendsten Frage, an wen die Steuern abgeführt wurden, trägt auch diese Quelle unmittelbar nichts bei. Unter vorsichtiger Berücksichtigung aller Faktoren und Wahrscheinlichkeiten wird man Gardiner, der auf Grund des gesamten Materials diese Frage am eingehendsten untersucht hat, beipflichten in der Annahme, daß der Staat, d. h. der König, die Möglichkeit hatte, einen Teil der Steuern, auch des Tempellandes, abzuzweigen. Ob hier eine fallweise Regelung getroffen wurde oder ob ein bestimmtes Verhältnis bestand, läßt sich freilich nicht sagen. Betrachtet man aber einmal die Verhältnisse unter dieser Arbeitshypothese, so ergibt sich ein Bild, das auf der einen Seite dem Lauf der Ereignisse in der Folgezeit durchaus entspricht und auf der anderen mit der historisch entstandenen Doppelwertigkeit des ägyptischen Tempels als religiöse und wirtschaftliche Institution übereinstimmt. Ein zahlenmäßig nicht festlegbarer, aber gefährlich großer Teil des Volksvermögens wird unmittelbar vom Tempel verwaltet und gehört dem Gott als Eigentum. Es dient mittelbar durch den Tempel auch dem König (um das Wort „Staat", das der Ägypter auch dieser Zeit nicht kennt, zu vermeiden). Die gerade in der Ramessidenzeit so auffällige Vermehrung des Tempelbesitzes würde also nicht unmittelbar eine gleiche Verminderung des Kronbesitzes bedeuten; vielmehr liegt die Veränderung in einer Verschiebung des organisatorischen Schwerpunktes.

Die Gefahr, die auch ein solches Verhältnis zwischen Tempel und Dynastie einschließt, liegt auf der Hand. Es setzt eine gewisse Willfährigkeit beider Parteien voraus, die gegenseitigen sakrosankten Rechte anzuerkennen. Wenn auch nur auf einer Seite der reine Machtbegriff, sei es in Form einer absoluten Monarchie, sei es in der Theokratie, souverän wird, muß notwendig eine das Ganze zerreißende Auseinandersetzung eintreten. Insofern aber fügt sich das aufgezeigte Bild in den Rahmen des Ägyptischen, wie es zu allen Zeiten bestätigt wird, als das Moment des historischen Gewordenseins gegenüber dem planmäßig Entworfenen vorherrscht. Beide Sphären, Königtum und Tempel, haben Teil an dem, was wir Staat nennen, und sind beide in gleicher Weise letzten Endes religiös bestimmt; hinter dem wirtschaftlichen Verhältnis Königtum—Tempel steht das religiöse König—Gott.

Mindestens bis in die Zeit Ramses' III. scheint das komplizierte System von staatlicher, wirtschaftlicher und religiöser Verflechtung die von ihm geforderten Leistungen erfüllt zu haben. Das zeigen nicht nur die letztlich eben doch erfolgreichen Feldzüge, auch wenn ihre Ergebnisse defensiver Natur waren, sondern auch die geradezu beispielhafte Bautätigkeit der Könige von Ramses II. bis Ramses III., in der die Verbundenheit zwischen König und Gott, ihr Aufeinander-angewiesen-Sein sinnfällig zum Ausdruck kommt. Besonders der Ausbau der Residenz Ramses-Stadt galt als vornehmste Aufgabe. In schwülstigen Gedichten wird diese glanzvolle Offenbarung königlichen Machtwillens gefeiert, in der „die Sonne auf- und untergeht", d. h. wohl, in der der König am liebsten verweilt. Mit Tempeln für die alten Landesgötter Amun, Re und Ptah, die hier den unterscheidenden Beinamen „Amun des Ramses-Meiamun" (d. i. Ramses II.) erhalten, und des Dynastiegottes Seth wird die Stadt geschmückt. Auch fremde Gottheiten wie Astarte finden eine Wohnung. Im Inneren befindet sich eine königliche Burg. Baumeister und Künstler schaffen auf Geheiß der Pharaonen hier ein Zentrum des zeitgenössischen Lebens.

Nun verbindet sich mit dieser Stadt ein seltsames archäologisches Problem. Von hier stammt eine große Anzahl von Königsstatuen und -sphinxen, die eindeutig dem MR zuzuweisen sind, aber die sekundär aufgeschriebenen Namen vor allem Ramses' II. und Merenptahs tragen, wenige den des Hyksoskönigs Apophis, und die später nochmals von Königen der 21. Dynastie usurpiert sind. Der Brauch, Baudenkmäler und Statuen früherer Herrscher durch Änderung des Namens zu usurpieren, ist nicht neu zu dieser Zeit; aber früher hat man dieses Verfahren wenigstens offiziell ausdrücklich abgelehnt. Gewiß mag es dabei eine Rolle spielen, daß die übermäßige Bautätigkeit gerade Ramses' II. diesen Weg der Materialbeschaffung günstiger und billiger erscheinen ließ, vor allem in Tanis, am Rande des steinarmen Deltas. Nun legt allerdings der Tatbestand bei den tanitischen Denkmälern noch einen anderen Gedanken nahe: Die Königsdenkmäler (von verschiedenen Königen des MR gefertigt, von Amenemhet I., Sesostris I., vor allem Amenemhet III., auch von Herrschern der 13. Dynastie wie Sebekhotep III. u. a. m.) repräsentieren eine bestimmte Auffassung vom Wesen des Königs. Es handelt sich zumeist um jene stark porträthaften, menschlich-leidenschaftlichen, machtvollen Herrscherbildnisse, um deretwillen die Königsplastik des MR zu den eindrucksvollsten Skulpturen des alten Ägypten zählt. Hier liegt der Usurpierung offenbar ein bestimmter Eklektizismus zugrunde. Allerdings wird sein Ziel weniger im Künstlerisch-Ästhetischen gelegen haben als im Religiösen: Die Ramessidenzeit bekennt sich damit zu einem bestimmten Königsideal der Vergangenheit, will die Kräfte und Mächtigkeit, die es in ihm verkörpert sah, für sich selbst richtunggebend in Anspruch nehmen. Das Suchen eines Vorbildes in der Vergangenheit gehört zu den Zügen der Ramessidenzeit, die direkt in die geistige Haltung der Spätzeit führen (s. S. 249).

Weniges ist aus dem Delta an baulichen Resten erhalten; aber die Tempelneubauten und -erweiterungen in Oberägypten vermitteln einen Eindruck von der Aktivität der Könige dieser Dynastie auch auf diesem Gebiet. Gegenüber früher zeichnen sich die Bauten der Ramessiden vor allem durch einen Zug zur Monumentalität und Massigkeit aus. Die Säulen der Hallen und Gänge, bedeckt mit Reliefs und Inschriften, drängen sich förmig zueinander; ihre Konturen haben etwas Lastendes, bei aller Höhe Gedrücktes und dabei trotz ihren gleichsam pathetischen Schwingungen nichts Elastisches (Abb. 24). Besonders Karnak und Luxor sind reich an charakteristischen Bauten der Zeit. In Unternubien legt eine ganze Reihe von Felstempeln Zeugnis von der Bautätigkeit Ramses' II. ab; am bekanntesten ist der Felstempel von Abu Simbel mit seinen Kolossalstatuen des Königs (Abb. 25). Der Tempel selbst ist in den Felsen gearbeitet. Der vorgelagerte Hof mißt über 30 Meter in der Breite; zwischen den fast 20 Meter hohen, aus dem lebenden Fels gemeißelten Sitzstatuen des Königs führt ein schluchtartiger Zugang in die Felshallen.

Als Ausdruck der Zeit ist dann die Anlage Ramses' III. in Medinet Habu (Theben-West) (Abb. 26, 27) zu nennen, die drei Bauformen zusammenschließt: den Totentempel, den Palast und die Festung[17]. Schon Haremheb hatte innerhalb der Umfassungsmauer seines Totentempels in Theben-West einen Palast angelegt, und ebenso umschloß das Ramesseum, der Totentempel Ramses' II., einen solchen. Ramses III. greift diese Tradition auf und fügt als dritte Bauform die Festungsanlage hinzu, die alle zusammengehörigen Bauwerke abschließt. Den innersten Kern bildet der Tempel; ihn umgeben Magazine, Büros, Wohnungen. Der Palast, der vom vorderen Tempelhof aus zugänglich ist, umschließt nach mehreren Umbauten die Empfangshalle, Thronsaal und mehrere Wohnappartements des Königs und seines Harem. Dieser Teil der Gesamtanlage wird bereits mit einer Art Festungsmauer umgeben, die vorn in der Achse des Tempels durch den großen, mit vier Flaggenmasten versehenen Pylon Zugang gewährt. Diese Tempel-Palast-Anlage ist nun gleichsam in eine Festung hineingesetzt mit Ställen, Unterkünften, Verwaltungsgebäuden usw. Nur im Osten und Westen sind Zugänge, gewaltige Tore, mit allen Mitteln der Fortifikation gesichert; heute ist nur mehr das östliche Tor erhalten und unter dem Namen „Das Hohe Tor von Medinet Habu" bekannt. Ein merkwürdiges Mißverhältnis zum Festungscharakter des Hohen Tores, an dessen Ernsthaftigkeit nicht gezweifelt werden kann, weist die Dekoration der oberen Räume auf (der Sockel, sozusagen das Erdgeschoß, ist massiv ohne jeglichen Innenraum, selbst ohne Treppe; ein Zugang zu den oberen Geschossen führt außen am Turm hoch). Hier finden sich die zierlichen Reliefs, die den König im Spiel mit Haremsmädchen zeigen, so als habe sich Ramses III. dieser kolossalen Anlage als Lustschloß bedient. – Vor dem Tor der gesamten Anlage ist eine Quaianlage, die den Bau durch einen Kanal mit dem Nil verband. Eine kleinere Vormauer, die Außenseiten der Tortürme, Pylone und Tempelmauer sind mit riesigen Reliefs und Inschriften bedeckt, die von den Kriegszügen des Königs künden, aber auch sein Bild in Ritualhandlungen vor den Göttern verewigen. Der Bau repräsentiert in jedem Sinne, schon in seiner Zusammenfügung so verschiedenartiger Glieder, den Geist der Zeit: Der Tempel als kostbarstes Glied und der Palast als Wohnung des lebendigen Gottes auf Erden werden durch die Festung vor den Mächten der Zeit beschirmt. Darin liegt zweifellos keine ersonnene Symbolik, sondern man trägt den tatsächlichen Verhältnissen Rechnung. Von Unruhen gerade in Theben-West liegen ja Zeugnisse schon aus der Zeit Ramses' III. vor. Und die unmittelbare Folgezeit rechtfertigte die Anlage eines befestigten Zentrums in der gefährdeten Nekropolengegend. In den Aufständen am Ende der Dynastie (s. S. 204) wurde die Festung erobert und ein Teil der Befestigungsanlagen zerstört; die 21. Dynastie nahm Herstellungsarbeiten vor. Von da an dient der gewaltige Bau, durch Ein- und Umbauten seinem ursprünglichen Zweck allmählich entfremdet, als Mittelpunkt der Verwaltung und Zufluchtsstätte der thebanischen Weststadt bis in koptische Zeit.

Es war schon mehrfach Gelegenheit, auf das pathetische Selbstgefühl hinzuweisen, das aus den Bauten der Ramessiden ebenso spricht wie aus den offiziellen Verlautbarungen ihrer Taten. Dem mögen noch einige Zeugnisse hinzugefügt werden, die deutlich machen, daß die historische Verwirklichung der uralten, dogmatisch gefestigten Gottähnlichkeit des Pharao jetzt eine andere war als in früheren Zeiten, auch als in der 18. Dynastie. Die von Thutmosis III. begonnene persönliche Vergöttlichung zu Lebzeiten in Nubien (s. S. 145) setzt sich über Tutanchamun, der in Farâs Propheten und Webpriester seiner Person hatte, zu Ramses II. fort, der sich teils als Haupt-, teils als Gastgott in mehreren Tempeln Nubiens verehren ließ. Unter ihm greift diese Verehrung des lebenden Königs auch auf das Mutterland über: Aus einer Militärsiedlung in Horbeit im Delta stammt eine Anzahl von Denksteinen, auf denen Ramses II. als Gott Monthu, als „der Große Gott", der „Große Gott, der den Bittenden erhört" u. ä. angerufen wird[18]. Freilich wird auch hier die uneingeschränkte Göttlichkeit des Königs vorwiegend von Nichtägyptern anerkannt worden sein; und so gehört die Erscheinung im Zusammenhang mit dem Heimischwerden nichtägyptischer Bevölkerungsteile und ihrer Anschauung zu den Zeichen der Zeit.

Wie der König selbst sich vor Gott empfand, lehrt recht eindrucksvoll das Kadeschgedicht. Gerade weil wir es hier mit einem offiziellen Hofpoem zu tun haben, läßt es das Zeitgeschichtlich-Charakteristische in Pathos und übersteigertem Selbstgefühl unmittelbar erkennen. In der Schilderung der Schlacht wird in Übertreibung der Situation der König allein mit seinem Wagenlenker, umringt von zweieinhalbtausend feindlichen Streitwagen, dargestellt. Seine Wagenkämpfer und Bogenschützen, von denen jeder einzelne seine Existenz der Fürsorge des Königs verdankte, haben ihn jämmerlich im Stich gelassen. In dieser äußersten Verlassenheit wendet sich der König an seinen einzigen Helfer, seinen Vater Amun, auf dessen Geheiß er hierher gekommen sei: „Was ist das nun, mein Vater Amun? Hat denn ein Vater schon seines Sohnes vergessen? Habe ich denn etwas ohne dich getan? . . . Ich rufe zu dir, mein Vater Amun! Ich bin inmitten von Fremden, die ich nicht kenne. Alle Länder haben sich gegen mich verbunden, und ich bin ganz allein, und kein anderer ist mit mir. Meine Soldaten haben mich verlassen, und keiner meiner Wagenkämpfer hat sich nach mir umgesehen. Wenn ich nach ihnen schreie, hört keiner von ihnen. Aber ich rufe und merke, daß Amun besser für mich ist als Millionen von Fußtruppen und Hunderttausende von Wagenkämpfern, als zehntausend Mann an Brüdern und Kindern, die einmütig zusammenstehen. Das Werk vieler Menschen ist nichts; Amun ist besser als sie. Ich bin hierher gekommen auf den Gedanken deines Mundes, Amun, und ich bin nicht von deinen Gedanken abgewichen" (übers. Erman). Gewiß, das ist ein Stück höfischer Literatur, geschaffen, um in barocker Übertreibung Mut und Tapferkeit des Königs zu feiern. Aber gerade an dieser Stelle, in dem Notschrei des Königs an seinen göttlichen Vater, klingt im Gefühlsüberschwang unverkennbar etwas von dem religiösen Leben der Zeit auf: Versteckt steht dahinter die Möglichkeit eines Schuldigwerdens; das unmittelbare Vertrauen, das als religiöser Wert an sich von der theologischen Auslegung frei geworden ist; ein Gefühl grenzenloser Einsamkeit, wie es als menschliches Gefühl in der isolierten Stellung des Pharao hin und wieder an Wendepunkten Ausdruck gewonnen hat, etwa in der Verbitterung eines Amenemhet I. oder in der gewollten Einzigartigkeit Amenophis' IV. Der Gefühlshintergrund des Kadeschgedichtes entspricht unverkennbar der geistigen Haltung der Ramessidenzeit, auch wenn sie in der privaten Sphäre andere Ausdrucksformen gefunden hat.

Will man den Geist der Zeit in der königlich-repräsentativen Sphäre, wie er sich in Taten und Bauten, Darstellungen und Formulierungen äußert, mit einigen Kennworten umschreiben, so wären zu nennen ein pathetisches Selbstgefühl, ein fanatischer Wille, der verpflichtenden Tradition gerecht zu werden, aber auch unverkennbar dahinter eine innere Unsicherheit und ein Wissen um die Unzulänglichkeit des Menschlichen hinter der pathetischschwungvollen Geste. Letzten Endes sind diese Dinge als Reaktion auf die Krise der Amarnazeit zu verstehen. Sie schließt aber noch andere Erscheinungen ein. Der eigentliche Gewinner der „Restauration" ist nicht Amun, so stark seine Begünstigung in wirtschaftlicher Hinsicht auch im Vordergrund stehen mag, sondern Osiris. Der große Tempel Sethos' I. in Abydos ist nur äußerer Ausdruck davon. Tatsächlich ist es der Gott mit seiner Mythe und seinen „Mysterien", der den Sieg davonträgt, und das deshalb, weil das religiöse Bedürfnis der Zeit bei dem Zuflucht suchte, dessen „Wesen geheimnisvoller ist als das aller anderen Götter", und dessen Macht das Leben in seiner Ganzheit, auch die Nachthälfte, umschließt. So neigt im Antagonismus zwischen dem Sonnengott und dem Unterweltsgott sich die Waagschale zugunsten des letzteren.

Auch in der privaten Sphäre des Lebens beobachten wir Entwicklungen, die hiermit übereinstimmen.

Ihre wichtigsten Charakterzüge seien aus der Fülle der Einzelheiten herausgehoben. Hat die unbezweifelbare Größe der Zeit, wie sie allein in der vollbrachten Leistung erkennbar wird, einen angemessenen Niederschlag und Widerhall in den Biographien von miterlebenden und teilhabenden Einzelpersönlichkeiten gefunden? Hat die biographische Literatur eine Bereicherung erfahren, wie etwa durch die Steigerung des Persönlichkeitsgefühls am Ende des AR oder durch das Mitwachsen des einzelnen in der Glanzzeit der 18. Dynastie? Nein; gerade die Ramessidenzeit bildet gleichsam eine Lücke in der kontinuierlichen Kette der Biographien, die den Gang der Geschichte vom Höhepunkt des AR bis zur Spätzeit begleiten. Das ist bedeutungsvoll und deutlich als Charakteristikum der Zeit zu werten. Diese Beobachtung ist zu verbinden mit einer zweiten, die die sich wandelnde Themenstellung in der Ausschmückung der thebanischen Privatgräber betrifft. Die Freude am Dasein, an seiner Buntheit und Mannigfaltigkeit, kurz die unmittelbare Diesseitigkeit, die die Darstellungen der 18. Dynastie auszeichnet, weicht allmählich einem Themenkreis, der die Trauer um den Toten, seine Bestattung, seine Existenz im Jenseits, die Speisung seiner Seele, das Totengericht in den Mittelpunkt stellt. Ein Grab, dessen Ausschmükkung unter Amenophis II. begonnen und (von einem anderen Grabherrn) unter Ramses II. vollendet wurde, zeigt recht sinnfällig den in diesem Zeitraum vollzogenen Wandel: Die begonnene Festdarstellung der lebensfrohen 18. Dynastie ist übermalt und vollendet als Tempelfest im reichen, aber feierlich-zeremoniellen Stil der Ramessidenzeit; die Damen der 18. Dynastie sind in die faltenreichen, den Körper verhüllenden Gewänder der 19. Dynastie gekleidet, und die nackten Körper der dienenden

Mädchen verbirgt eine gleichförmige Übermalung[19]. Natürlich hat sich der Übergang von der „Diesseitigkeit" zur „Jenseitigkeit", um die Dinge formelhaft einander gegenüberzustellen, allmählich vollzogen. Aber er hat sich in diesem Sinne vollzogen und deutet auf eine entschiedene Verschiebung des Schwerpunktes, eine grundsätzlich anders getroffene Auswahl aus der Ganzheit des Lebens. Im Zusammenhang mit der Verarmung der Biographie ist diese Wandlung in dem Sinn zu deuten, daß das Interesse des einzelnen sich von den öffentlichen, staatlichen und im weitesten Sinne diesseitigen Dingen zurückzieht. Es mag dazu beigetragen haben, daß der Anteil der Nichtägypter am militärischen und staatlichen Leben schon seit der späten 18. Dynastie beständig gewachsen war; und so bahnte sich auch in der geistig-kulturellen Sphäre bereits hier jene Aufspaltung in einen politisch-aktiven Teil und einen privaten, in der Tradition lebenden Teil der Bevölkerung an, der dann zu den wichtigsten Kennzeichen der Spätzeit gehört.

Mancherlei aufschlußreiche Zeugnisse besitzen wir, die diese private Sphäre der Ramessidenzeit, für die man einen Terminus wie „bürgerliche Welt" verwenden möchte, näher charakterisieren. Eines ihrer Kennzeichen ist eine einfache Frömmigkeit, die der Zeit die Bezeichnung des „Zeitalters der persönlichen Frömmigkeit" eingetragen hat (s. S. 162). Es soll damit natürlich in keiner Weise behauptet werden, daß frühere Epochen etwa keine Frömmigkeit in diesem allgemeinen Sinn gekannt hätten. Sie findet nur erst hier einen ganz unmittelbaren Ausdruck und bestimmt das Bild der Zeit insofern, als sie als neue religiöse Ausdrucksform zu den vielfältigen älteren Ausdrucksformen des religiösen Denkens hinzutritt. Das Verhältnis dieser Frömmigkeit zur Theologie ist etwa damit zu umschreiben, daß sie aus den kompliziert erdachten und historisch gewordenen Gottesmächten der Theologie die Gestalt als nächstliegendes Objekt des religiösen Bedürfnisses auffaßt; diesem Bedürfnis liegt das Gefühl einer „schlechthinnigen Abhängigkeit" zugrunde, ein Gefühl also henotheistischer Prägung, sofern man unter Henotheismus (zum Unterschied von Monotheismus) die fallweise Hinwendung zu nur einem Gotte versteht. So wird der große Gott Amun, dessen spirituelles pantheistisches theologisches System etwa in dieser Zeit seinen Höhepunkt erreicht, von der alltäglichen Frömmigkeit am liebsten in seinen nahen Gestalten als Widder oder Gans aufgesucht, ohne daß mit dieser Beschränkung der Gestalt eine Beschränkung der göttlichen Mächtigkeit verbunden wäre. Aber auch die anderen großen Götter des Landes, Re, Osiris, Ptah, werden als allgegenwärtige, wirkungsmäßig nicht begrenzte Mächte angerufen, die strafen und lohnen. Zwischen Mensch und Gottheit herrscht jetzt eine Atmosphäre der Nähe und familiären Vertrautheit. Diese Atmosphäre erlaubt es, daß man um die Erfüllung der kleinen alltäglichen Wünsche bittet, für die tatsächlichen individuellen Vergehen mit gottgeschickter Not oder Krankheit büßt und durch Reue Verzeihung zu erlangen hofft. Unsere Begriffe wie „Sünde", „Buße", „Reue" dürfen in diesen, aus der Sphäre des „kleinen Mannes" stammenden Gebeten und Anrufungen mit einer gewissen Berechtigung wiedererkannt werden.

Die Wendung zur „persönlichen Frömmigkeit" hat insofern einen wichtigen Einfluß auf das Gesamtbild der ägyptischen Religion gehabt, als der Charakter der Gottheiten sich nach den Forderungen der Gläubigen umzubilden beginnt; der Prozeß, den man nach Ed. Meyer die „Ethisierung der Religion" nennt und der das religiöse Bild der Spätzeit charakterisiert, nimmt hier seinen Ausgang. Außerdem bewirkt die besondere Religiosität der Ramessidenzeit das Hervortreten der niedern Kulte; eine Friedhofs-Schlangengöttin, die „westliche Bergspitze" über dem Nekropolengebiet stehen dem einfachen Menschen zunächst näher als die großen feierlichen Götter, die sich wohl anläßlich einer Prozession auch dem Volke zeigen, aber durch Dogma und offizielle Würde eine gewisse Distanz wahren. Daß aber auch sie dem Zugriff der reinen unmittelbaren Frömmigkeit sich nicht verweigern können, war schon gesagt. Aus dieser religiösen Wendung erklärt sich auch das stärkere Hervortreten der Tierkulte, deren lebendige Gegenwart der religiösen Sehnsucht des einfachen Menschen am faßbarsten erreichbar schien. Von hier aus erfährt auch das Orakelwesen, die Befragung des Gottes nun ebenfalls in den alltäglichen Zweifeln, weiteste Verbreitung. Die Entscheidung in politischen und auch in strafrechtlichen Fragen überläßt man gern dem Gott; man wendet sich aber auch an ihn in den unbedeutendsten Kleinigkeiten des privaten Lebens. Zur Technik der Orakelbefragung wäre dabei zu bemerken, daß Frage und Antwort in der Regel schriftlich niedergelegt werden.

Weiterhin trägt zur Kennzeichnung der privaten, persönlichen Sphäre der Ramessidenzeit die „Weisheitslehre des Ani" bei, einer jener didaktischen Papyri, denen wir die unmittelbarsten Aufschlüsse über die geistige Haltung einer Epoche verdanken[20]. In seiner Form als kasuistischen Sammlung von Verhaltungsregeln stimmt er mit älteren und jüngeren Werken der Gattung überein; aber die Sphäre, für die er zusammengestellt ist und aus der er seine Fälle wählt, ist wiederum die private, „bürgerliche" Welt, im Gegensatz etwa zu Lehren des AR, die die Welt des leitenden Staatsbeamten spiegeln. Die im „Ani" gesammelten Lehren erschöpfen sich keineswegs in einer Aufzählung religiöser oder kultischer Pflichten, wenn auch die Stimmung des Ganzen einem religiös bestimmten Lebensgefühl stärker entgegenkommt als ältere Werke, deren Grundstimmung ständisch bestimmt ist. Ein Passus wie der folgende charakterisiert das oben umschriebene Frömmigkeitsgefühl der Zeit bestens, den innerlichen Abstand von dem einzelnen „großen Gott", aber zugleich das unmittelbare Verhältnis zur göttlichen Macht: „Opfere deinem Gott und hüte dich, ihn zu verletzen! Frage nicht nach seinen Bildern und sei nicht aufdringlich gegen ihn, wenn er erscheint ... Er zeigt die Gottesmacht in unzähligen Gestalten. Erhöht wird, wer ihn erhöht. Der Gott dieses Landes ist (zwar) die Sonne (fern) im Horizont; (aber) seine Bilder sind (hier) auf Erden. Wenn man Räucherwerk täglich als ihre Nahrung spendet, dann wird (letzten Endes) der Herr des Lichtglanzes erquickt!"

Der Umkreis der Pflichten, die die Lehre umschreibt, beschränkt sich fast ausschließlich auf die engste Umgebung des Alltäglichen, und die Form, in der sie die Pflichten vorträgt, weist ebenfalls auf eine Atmosphäre des Menschlich-Persönlichen, nicht des Sozial-Öffentlichen. Das neue beruht dabei im einzelnen nicht so sehr in einer Empfehlung neuer Pflichten als in einer neuen Beschreibung und eindringlicheren Verdeutlichung. So wird die uralte Verpflichtung gegenüber den Eltern, besonders der Mutter, jetzt als ausführliche Mahnung beschrieben: „Verdoppele die Brote, die deine Mutter dir gegeben hat, und trage sie, wie sie (dich) getragen hat. Sie hatte viel Last mit dir und ließ dich mir (dem Vater) nicht. Als du geboren wurdest nach deinen Monaten, trug sie dich (wieder), und drei Jahre lang war ihre Brust in deinem Munde." Es gehört auch zu den Kennzeichen der Zeit, daß ein mit den Weisheitslehren gegebenes Problem hier zum ersten Male ausführlich behandelt wird (angedeutet findet es sich schon in der ältesten Lehre), nämlich die Frage nach der Belehrbarkeit des Menschen. Wenn Gott den Menschen geschaffen hat, wie er jeweils ist, kann dann die auf Erfahrung beruhende väterliche Lehre dem Sohne dienlich sein? Im Wechselgespräch zwischen Vater und Sohn wird die Frage mit Beispielen aus der Natur und Deduktionen vielseitig abgehandelt. Gerade in einer Zeit, die den Finger Gottes in den alltäglichen Erscheinungen zu spüren geneigt war, mußte das Grundproblem der Erziehung akut werden. Dabei ist, in die geistige Situation der Ramessidenzeit gestellt, der Sohn als der Verfechter des Determinismus Träger und Verteidiger einer modernen Anschauung, während der Vater in der Verteidigung des Grundsatzes von der Lehrbarkeit der Tugend den kulturschaffenden Mächten der Tradition Ausdruck verleiht.

Wohl an das Ende des Zeitabschnittes gehört eine der berühmtesten Lehren Ägyptens, nämlich die des Amenemope [21]. Daß in ihr enthaltene Maximen und Formulierungen eine enge Verbindung zur Weisheit des Alten Testamentes zeigen, besonders zu den Sprüchen Salomonis, hat ihr hohen Ruhm verschafft. Für Ägypten ist sie, ganz abgesehen von ihrer Stellung in der Weltliteratur, eines der bedeutsamsten Werke. Das in der Lehre des Ani behandelte bürgerliche Leben ist transparent geworden, wie es auch die Götter und ihre Kulte sind. Das will besagen: Die Szenerie des täglichen Lebens gilt nur noch als Gleichnis, an dem die Macht des Göttlichen sichtbar gemacht werden kann; und hinter den Göttern, ihren Namen und Gestalten, scheint das Göttliche auf, für das sie wiederum nur Gleichnis sind.

Als Gegenpol der „persönlichen Frömmigkeit", die bisweilen schon den Anschein von Frömmelei hat, erscheint erstmalig in dieser Zeit die Satire. Zeugnisse des Humors sind in der älteren Zeit nicht leicht nachzuweisen; wo solche Züge zutage treten (etwa in einer karikaturistischen Zeichnung eines mageren Hirten mit einem fetten Masttier – Wirkung des Kontrastes; oder in der Darstellung einer weinenden Kuh, die gemolken wird, während das Kälbchen zusehen muß), verbinden sie sich mit einer gewissen Gutmütigkeit und Menschlichkeit. Die Satire der Ramessidenzeit dagegen ist giftig, sie trifft ihr Objekt mit Hohn und zielt auch auf die große Welt des Königs und der Götter. Hierher gehört die bittere Verhöhnung des Soldatenstandes und aller anderen Berufe zugunsten der Bequemlichkeit des Schreiberdaseins. In einem Papyrus (Pap. Anastasi I) sind die Spottschriften eines Schreibers an einen Kollegen enthalten, in denen die aufgeblasene Vielwisserei und ein ganz enger Berufsstolz triumphieren [22]. Dem Adressaten werden spitzfindige Aufgaben gestellt, und in pfauenhafter Eitelkeit läßt der Schreiber den Umfang seines Wissens brillieren, das von der Lösung schwieriger Versorgungsberechnungen in der Militärverwaltung bis zur genauen Kenntnis der syrischen und phönikischen Städte reicht. Dem Spott ist aber auch die Welt der Götter nicht entzogen. In einer jetzt geformten novellistischen Erzählung vom Göttergericht über Horus und Seth muß sich der Götterkönig und Vorsitzende des Gerichts Re von dem kleinen Gotte Beb dergestalt beleidigen lassen, daß er sich verärgert „auf seinen Rücken legt" und damit die Gerichtsverhandlung vertagt [23]. Die Monumentalreliefs in Medinet Habu, den

König in der Schlacht darstellend oder den königlichen Harem, kehren auf einem Papyrus wieder: Aber statt der Menschen haben Tiere die Plätze eingenommen, und statt des Königs auf dem dahinbrausenden Kampfwagen steht eine Maus auf einem von Hunden gezogenen Wägelchen, und die zu erobernde Festung wird nicht von Menschen, sondern von Katzen verteidigt (Abb. 30).

Die bildliche Darstellung der „verkehrten Welt" ist recht merkwürdig. Zwar paßt sie als Form der Satire durchaus zu dem Charakter der Zeit, und es wird insofern kein Zufall sein, daß wir ihr erst jetzt begegnen. Aber daß sich die Satire gerade dieser Ausdrucksform bedient und gleichsam schon beim ersten Auftreten mit bemerkenswerter Fertigkeit in Erscheinung tritt, legt den Gedanken nahe, daß sie vielleicht nicht eigentlich in Ägypten entstanden sei. Es ist durchaus denkbar, daß das Thema der „verkehrten Welt" aus Mesopotamien stammt, wo es seit der sumerischen Zeit als religiöses Thema bekannt ist, und über Syrien nach Ägypten gelangte, wo wir Vorläufer vor der 20. Dynastie nicht nachweisen können. Hier allerdings dient das Thema einem anderen Zweck: Eben als satirische Ausdrucksform, die es außerhalb Ägyptens nicht gewesen ist. Die in Ägypten belegte Travestierung der Menschen- in die Tierwelt bedient sich dann also einer fremden Ausdrucksform für eine erst jetzt entstandene Gesinnung. Ähnlich mag es sich mit den ebenfalls erst in der Ramessidenzeit belegbaren obszönen Zeichnungen verhalten (auf einem nur teilweise veröffentlichten Papyrus in Turin), die im Ägypten der älteren Zeit ebenfalls keinen Vorläufer haben.

Die Begegnung einer (am Alten gemessen) zersetzenden Gesinnung mit fremden Ausdrucksformen darf in weiterem Sinne als Charakteristikum der Ramessidenzeit genommen werden. Halten wir sie zusammen mit der gleichzeitigen Neigung zu einer nahezu bigotten Frömmigkeit, so erhalten wir zu anderen ein neues, in sich gegensätzliches Begriffspaar: Da war die sich steigernde Spannung zwischen der Machtzusammenballung bei Dynastie und Tempel und der Verelendung breiter Massen; da war die Kluft zwischen erfolgreichen fremden Söldnern und einheimischen, das Soldatenhandwerk verachtenden Schreibern; dahinter verbargen sich noch die möglichen Spaltungen zwischen den reichen, unmittelbar Steuern erhebenden Tempeln und der immer neue Mittel fordernden Dynastie und (noch nicht konform hiermit) die zwischen Einheimischen und Fremden überhaupt. Und nun zeigen sich auf dem religiösen und kulturellen Sektor wenigstens drei einander widerstrebende Tendenzen: Eine gott-unmittelbare, undogmatische Volksfrömmigkeit, die zur Bigotterie und zum Determinismus neigt; eine Rückbesinnung auf die Tradition, wie sie in der Lehre des Ani aufklingt; und ein stark rationalistischer und satirischer Bildungsstolz. Wertet man die Ramessidenzeit nach diesen in ihr enthaltenen Divergenzen auf dem Gebiet des Politischen, des Wirtschaftlichen und des Kulturellen, deren jede sich mit unleugbarer Folgerichtigkeit aus den historischen Voraussetzungen entwickelt hat, so ergibt sich überzeugend ihre Bedeutung als Übergangszeit: Von der Blütezeit des Weltreichs in der 18. Dynastie führt sie die Möglichkeiten der historischen Verwirklichung hinüber nach der Spätzeit, wobei ihre spezifische Leistung darin besteht, daß sie im buchstäblichen Sinn die ägyptische Kultur vor einer gewaltsamen Vernichtung und Überflutung bewahrt hat.

Das Ende des Zeitabschnittes und damit das des Neuen Reiches überhaupt gestaltet sich offenbar dramatisch unter Ramses XI., dem letzten Träger dieses Namens; es offenbart mit einem Schlage die latenten Gefahren der Zeit und bildet die politische Form der Spätzeit vor.

VII. DIE SPÄTZEIT

1. Der Gottesstaat des Amun (21. Dynastie)

Die Mächte und Persönlichkeiten, die in der Regierungszeit Ramses' XI. faßbar werden und deren Wirken zu der langen Epoche der Spätzeit hinüberführt, gehören ebenso der Ramessidenzeit wie der folgenden 21. Dynastie an, so daß die etwas schematische Dynastieeinteilung der ägyptischen Geschichte gerade an diesem Punkte der Kontinuität des historischen Geschehens am wenigsten gerecht wird. Wenn unter dem letzten Ramessiden die Einheit des Reiches zerfällt und in dem Zerfall auch die Dynastie selbst verschwindet, so gehören die Kräfte, die dieses Ereignis herbeiführen, deutlich erkennbar der Vergangenheit an; ihre Repräsentanten aber sind die gleichen Persönlichkeiten, die am Anfang der 21. Dynastie stehen.

Den unmittelbaren Anstoß zu den letzten Ereignissen scheint die unhaltbare Lage der abhängigen Bevölkerungsklassen, der Arbeiter und Söldner, in Oberägypten zu sein[1]. Unter dem Hohenpriester des Amun, Amenophis, kommt es in Theben und in Mittelägypten zu Aufständen, deren Gefährlichkeit sich durch die Mitwirkung libyscher Söldner erhöht. Weder der amtierende Hohepriester noch der König ist in der Lage, unmittelbar eingreifen zu können. Plünderungen, Gewalttat, Besetzung der Tempel haben über etwa sechs Monate geherrscht. Als die Macht, die allein imstande ist, die Ordnung wiederherzustellen, erweist sich der damalige Vizekönig von Kusch, Panehsi, der offenbar mit Truppengewalt auf Befehl des Königs eingreift, wahrscheinlich den Hohenpriester wieder einsetzt und die Stadt Kynopolis zerstört. Panehsi selbst könnte nubischer Abstammung gewesen sein und hat sich jedenfalls – entgegen der Gepflogenheit – in Aniba (beim 4. Katarakt) begraben lassen. Die Ereignisse lehren deutlich, daß die Dynastie allein zu schwach war, die gefährlichen Spannungen im Inneren auszugleichen; solange sie sich des Vizekönigs als loyalen Helfers bedienen kann, mag die Möglichkeit bestehen, auch die schwierige oberägyptische Landeshälfte zu beherrschen. Aber aus dem Helfer konnte jederzeit der Feind werden, wenn er erkannte, daß es nur noch ein kleiner Schritt war, zu der tatsächlichen politischen und militärischen Macht die ideelle hinzuzuerwerben. Und diese lag in Theben, im Hohenpriestertum des Amun. Die Realität, die diese ideelle Macht damals darstellen mußte, darf nicht unterschätzt werden, wenn man bedenkt, daß sich mit diesem Namen für den Ägypter auch die Macht der alten

Tradition (von hier hatte das Weltreich vor einem halben Jahrtausend den Ausgang genommen) und der reinen Religionsformen und in gleichem Maße die Stärke der Opposition gegen das Ramessidenhaus verband, unter dessen Namen die vielfältigen Konzessionen an fremde Machtgruppen und vor allem die opferreiche und letztlich doch mit einem Verlust endende Politik begriffen werden mußte. Ramses XI. selbst freilich scheint die Gefahr nicht gesehen oder unterschätzt zu haben; es mag auch sein, daß er die Wirkungsmöglichkeiten seiner eigenen Person überschätzte. Im 19. Jahre des Königs beginnt eine Äradatierung nach einer „Erneuerung der Schöpfung" (s. S. 169), die ein etwas gespenstisches Programm darstellt. Worauf sie eigentlich beruht, ist nicht ganz sicher. Vielleicht bezeichnet sie den Zeitpunkt der endgültigen Machtergreifung des Herihor in Theben beim Tode des Panehsi.

Während so nach außen hin die Dinge wieder geordnet erscheinen und der König selbst der Neuordnung das Signum einer Weltwende verleiht, hat sich schon der Mann emporgearbeitet, der die in der Situation liegenden Möglichkeiten sah und zielstrebig auf ihre Verwirklichung hinarbeitete: Herihor. Seine Familie ist nicht bekannt; er selbst nennt nirgends seine Eltern. Auf jeden Fall stammt er aus dem Heer, wo er den Titel eines „Wedelträgers zur Rechten des Königs" trägt; und aus seiner Offizierslaufbahn heraus erwirbt er nach und nach die Schlüsselstellungen im Staat, wobei er sich zunächst der militärischen Gewalt als Vizekönig von Kusch, dann der politischen Gewalt als Vezir und schließlich der ideellen Gewalt als Hoherpriester des Amun bemächtigt, d. h., er bekleidet das Amt eines Generals, folgt Panehsi in seiner Stellung als Vizekönig, übernimmt das oberägyptische Vezirat und krönt schließlich seine Laufbahn mit dem Hohenpriestertum. An dieser Laufbahn ist mancherlei bemerkenswert: Sie setzt voraus, daß eine praktische oder theoretische Trennung von „geistlicher" und „weltlicher" Gewalt nicht bestand; andernfalls hätte die Annahme des Hohenpriesteramtes durch einen Offizier eine Art Staatsstreich bedeutet, dessen Echo aus den Quellen ersichtlich sein müßte. Sie läßt aber auch erkennen, was endgültig H. Kees nachgewiesen hat, daß die Errichtung des „Gottesstaates" nicht unmittelbar vom Hohenpriestertum in Theben aus erfolgte, sondern daß der Inhaber der tatsächlichen Staatsgewalt sich abschließend dieser Würde bediente, um seine Stellung zu legalisieren. Herihor läßt sich, wie wir das von früheren Hohenpriestern, aber auch von Königen wissen, durch den Gott selbst in dieses Amt wählen. Er legt nacheinander dem Gott Chons in Theben, dessen Ansehen als Orakelgott in der Spätzeit aus unbekannten Gründen weithin verbreitet war, und Amun die Frage vor, was in Theben geschehen sollte und wieviele Jahre (als Hohepriester) ihm gewährt werden; und beide Götter geben durch sehr heftige Neigung ihrer Billigung zu seinen Plänen Ausdruck und versprechen ihm eine Dauer von 20 Jahren. Das alles geschieht noch in der Zeit Ramses' XI. Es ist schwer einzusehen, weswegen der Mann, dem es gelungen war, die höchsten Stellen legal in seine Hand zu bekommen, sich nicht zum Alleinherrscher über Ägypten gemacht hat. Der Grund kann nur darin liegen, daß ihm de jure keine Hoheitsgewalt über die unterägyptische Landeshälfte zustand und er de facto nicht in der Lage war, eine solche wirkungsvoll zu beanspruchen.

In Tanis entwickelten sich die Dinge etwas anders. Die Regierungsgewalt liegt hier in der Hand des Smendes und seiner Frau Tentamun. Er ist vielleicht der unterägyptische Vezir und scheint aus irgendwelchen Gründen zur legalen Übernahme der Königsgewalt unmittelbarer berechtigt zu sein als Herihor. Man möchte vermuten, daß sich dieser Anspruch von seiner Frau Tentamun herleitet, etwa in der Form, daß sie eine Prinzessin aus dem Ramessidenhause war. Jedenfalls ist es auffällig, daß sie meist neben Smendes genannt wird. Denkmäler von beiden sind allerdings nicht eben häufig, so daß wir sie kaum als Persönlichkeiten fassen können. Als aber Ramses XI. 1085 v. Chr. stirbt, ist de facto eine Teilung des Reiches eingetreten, wenn auch Ausgleichsbestrebungen deutlich werden: In Theben nimmt Herihor den Königstitel an und regiert wohl praktisch unabhängig über die Thebais, d. h. Oberägypten bis Beni Suef, und wohl auch noch das nubische Kolonialland. Nominell üben Smendes und Tentamun, „denen Amun den Norden des Landes gegeben hat“, wie ein zeitgenössischer Text sagt, eine Art Oberkönigtum über ganz Ägypten aus; Smendes ist in dieser Eigenschaft auch in einer Steinbruchinschrift in Gebelên, südlich Theben, bezeugt. Allerdings, gleichsam um das ideelle Gleichgewicht herzustellen, führt er wie sein Sohn Psusennes I. auch den Titel eines Hohenpriesters des Amun von Tanis. Es scheint, daß diese merkwürdige Form der Parallelität zur Doktrin des „Gottesstaates“ gehört, in dem der oder die Könige sich vor Gott durch ihr Priestertum legitimieren. Es mag auch sein, daß nur durch die Annahme des Priestertitels eine legale Verfügung über das Tempelvermögen erworben werden konnte. Die politische Nachfolge der Ramessiden übernimmt jedenfalls Smendes in Tanis, wo aber die Erinnerungen an das Ramessidenhaus unbeliebt geworden sind: Der Name „Ramses-

Stadt" kehrt nicht mehr wieder, und der Gott Seth als Hausgott der Dynastie tritt hinter Amun zurück. Memphis, die alte Hauptstadt, wird aber auch noch einmal unter Smendes als seine „Residenz" bezeichnet, gehörte also, wie zu erwarten, zur unterägyptischen Landeshälfte und hat ihre Bedeutung offensichtlich auch in dieser Zeit bewahrt[2].

In den folgenden Generationen, die wir als 21. Dynastie zusammenfassen und die sich von 1070–950 hielten, scheint das Verhältnis von Theben und Tanis im ganzen paritätisch gewesen zu sein, wenn auch zu wenig Einzelheiten bekannt sind, die die Linien einer planmäßigen Politik erkennen ließen. Von einer Außenpolitik kann in diesem Zeitraum nicht die Rede sein, wenn auch lose Beziehungen zu Asien bestanden haben, wohl in Form von Handelsgesandtschaften. In Tanis folgt, wie gesagt, auf Smendes sein Sohn Psusennes I., dessen Grab dort gefunden wurde. Wahrscheinlich in diese Zeit gehört ein König, der den aufschlußreichen Namen Amun-em-nesut, „Amun ist der König", führt. In Tanis setzt sich das Geschlecht in Amenemope, Siamun und einem ephemeren Psusennes II. fort. Da neuerdings die Deltaresidenz ausgegraben ist, vermögen wir uns ein einigermaßen plastisches Bild von dieser sonst unbedeutenden Dynastie zu machen. Die Gräber Psusennes' I. und des Amenemope sind dort gefunden. Das Epigonentum der Herrscher drückt sich auch darin aus, daß bei den Bauten mehrfach alte Baustücke wiederverwendet worden sind (der Sargdeckel des Amenemope stammt aus dem AR!). Die Gräber selbst liegen im ummauerten Tempelbezirk wie auch Paläste und Verwaltungsgebäude; das festungsartige Zusammenziehen der verschiedenen Baukomplexe hatte schon unter Ramses III. in Theben (Medinet Habu) begonnen und scheint nun unter Einbeziehung auch der Königsgräber Tradition zu werden. Herodots Schilderung der Königsgräber der 26. Dynastie von Sais, die archäologisch nicht bekannt sind, entspricht in den Grundzügen den jetzt bekannten Anlagen der 21. Dynastie und der folgenden in Tanis.

Wie immer, sind wir durch die Zufälligkeit des Erhaltenen etwas besser über die Dinge in Oberägypten unterrichtet. Herihor war bei seiner Thronbesteigung schon ein bejahrter Mann, und sein Sohn Pianchi übernimmt das Hohepriesteramt, aber nicht die Königswürde. Erst der Enkel Pinodjem vereinigt wieder die Ämter des Hohenpriesters, Vezirs und Generals und führt schließlich auch den Königstitel. Er ist Zeitgenosse des tanitischen Königs Psusennes' I. und heiratet dessen Tochter Makarê. Ob er zeitweilig die Königsherrschaft über ganz Ägypten ausgeübt hat, ist fraglich. Bekannter ist er durch seine Bautätigkeit in Theben, wo er sich besonders der Restauration älterer Tempel annahm. Die Verhältnisse dort scheinen immer noch unsicher genug gewesen zu sein. Die Grabräuberbanden haben auch jetzt noch trotz allen gelegentlichen Untersuchungen und Prozessen weitergearbeitet. Dies allein charakterisiert die noch bestehende Verelendung und Korruption und die tatsächliche Schwäche der Regenten. Pinodjem beginnt mit dem Versuch, wenigstens das Wertvollste aus den Königsgräbern, die Königsmumien, zu bergen und zu restaurieren, ein Werk, das seine Söhne fortsetzen. Die Mumien werden mehrfach umgebettet; aber kein Platz scheint sicher genug. Schließlich verbirgt man sie gesammelt in einer Grabhöhle bei Deir el Bahri, der sogenannten Cachette, wo sie durch Eingeborene 1875 entdeckt wurden. Pinodjem setzte zu Lebzeiten seinen Sohn Masaharta als Hohenpriester ein, der aber früh stirbt. Sein Tod löst einen Aufstand in Theben aus, dessen Ursachen und Ziel unbekannt sind. Die Tatsache, daß die Aufständischen mittels eines Orakelspruches des Gottes Amun in die Oase el Charge verbannt werden, läßt darauf schließen, daß es sich um eine politische Angelegenheit gehandelt hat, nicht um eine Revolte von nicht bezahlten Söldnern oder unversorgten Arbeitern. Mencheperrê, der zweite Sohn des Pinodjem, folgt seinem Bruder im Amt. Er stellt offenbar mit Gewalt die Ordnung in Oberägypten wieder her und ruft, wiederum durch ein Orakel autorisiert, die Verbannten zurück. Späterhin nimmt er die Königswürde an. Das Ende der thebanischen wie der tanitischen Dynastie ist in Dunkel gehüllt. Wir können zwar noch einige Namen nennen; ein Bild von ihren Trägern und den Ereignissen haben wir aber nicht.

Es ist ein einigermaßen unerfreulicher Eindruck, den das politische Hin und Her der 21. Dynastie hervorruft. Offenbar ermangelte es allen Machtgruppen, der Dynastie in Tanis, dem Hohenpriestertum in Theben, dem nubischen Kolonialreich und den libyschen Söldnersiedlungen, ebenso an tatsächlicher Gewalt wie an fähigen Persönlichkeiten, um einen politischen Gedanken in die Wirklichkeit umzusetzen. Für die zuletzt genannte Gruppe war die Zeit noch nicht gekommen, und die zuerst genannten scheinen schon wesentlich der unfruchtbaren Rückschau des Epigonentums verfallen zu sein. Darauf weisen die Restaurationsarbeiten in Theben, die Fürsorge für die königlichen Mumien und mancherlei kleine Anzeichen, wie etwa die Namengebung: Viermal tauchen Königsnamen der 18. Dynastie auf. Mencheperrê (der Geburtsname Thutmosis' III.) hieß der Vater von Smendes und der zweite Sohn Pinodjems; Makarê (Name der Hatschepsut) war der Name einer Tochter Psusennes' I. und Psusennes' II. Letztere heiratete späterhin Osorkon I. und stellt die genealogische Verbindung zwischen der 21. und 22. Dynastie her. Das alles wird kein Zufall sein. Sondern diese Erscheinungen fügen sich als Glieder in eine zeitgeschichtliche Entwicklung, die, genau genommen, schon in der 18. Dynastie ihren Anfang nahm, sich wieder in der 20. Dynastie aufzeigen ließ und uns später noch in vielfältiger Erscheinungsform als Kriterium der Spätzeit beschäftigen wird.

Und trotzdem hat diese Zeit eine Staatsidee verwirklicht, die als allgemein historische Erscheinung eine Betrachtung verdient und die für die Folgezeit wichtig wurde, die Idee vom „Gottesstaat" des Amun[3]. Die Theorie dieser Staatsidee ist aus dem ägyptischen Königsdogma, wie es sich seit ältester Zeit geschichtlich entwickelt hat, unschwer abzuleiten. Sie hebt sich ja nicht als absolutes Novum von einem modernen säkularisierten Staatsbegriff ab, sondern erwächst ganz allmählich aus dem altorientalischen theokratischen Königtum. Daß Amun, der König der Götter, der gestaltenreiche Schöpfer aller Dinge, die geheimnisvolle Lebenskraft in jeder Kreatur, der physische Erzeuger des jeweiligen Pharao, seit der 18. Dynastie gleichsam die Rolle eines Königs über dem König angenommen hatte, ist die unmittelbare Voraussetzung, die ihrerseits nur eine Fortführung der uralten Idee von einem weltbeherrschenden Gott-König darstellt. Die Möglichkeit der Theokratie war mindestens seit dem Beginn des NR gegeben. Daß sie sich jetzt in der 21. Dynastie verwirklichte, dazu trugen Entwicklungen bei, die wir seit der Ramessidenzeit einigermaßen deutlich zu fassen vermögen. Es wirkte von der einen Seite die wachsende Autokratie des „Tempels", besonders des Amuntempels von Karnak, mit, die organisatorische Zusammenfassung eines beträchtlichen Teiles des Staatsvermögens als Tempelgut und die tatsächliche Machtfülle seines obersten Leiters, des Hohenpriesters. Er steht an der Spitze eines Organismus, der mit Besitz und Einkünften aller Art, Beamten und Hörigen, Truppen und Priestern, ein staatsähnliches Gefüge darstellt. Auf der anderen Seite darf die ideelle Bedeutung nicht unterschätzt werden. Der sozusagen staatsrechtlichen Stellung des Gottes als eigentlichen Besitzers kam das religiöse Gefühl entgegen, wie es sich besonders in der Ramessidenzeit entwickelt hatte. Der vor Gott unmittelbar gewordene Mensch (der sich zudem in vielen Fällen auch in einer wirtschaftlichen Abhängigkeit vom Gottesbesitz befand) empfand den Gott als fernste und nächste Wirkungsmacht in seinem Dasein, als den Entscheidenden in seinem persönlichen Alltag und als den Lenker der großen allgemeinen

Geschehnisse. Aus diesen Voraussetzungen tritt der „Gottesstaat" mit einer nun nicht mehr überraschenden Folgerichtigkeit in die Realität. Man könnte beinahe sagen, das Neue ist nicht eine Überhöhung des Staates durch seine Entrückung unmittelbar zu Gott, sondern es bestünde darin, daß die Dynastie als Trägerin der politischen Macht ihre ursprünglich auch kosmisch-religiöse Gewalt nicht mehr auszuüben vermag. Man könnte von einer „Teilung der Gewalten" sprechen: Der religiöse Aspekt des Königtums fällt an Gott zurück, und der irdische Herrscher begnügt sich mit einer Statthalterschaft im Namen Gottes.

Daß die religiöse Seite des Gottesstaates als Wirklichkeit empfunden wurde, lehrt gerade der Beginn der 21. Dynastie. Zwar hatte Herihor als Vezir, Vizekönig und General zweifellos alle weltliche Gewalt in der Hand; er bedarf aber der Sanktionierung durch die Übernahme des Hohenpriestertums. Und auf der anderen Seite legitimiert sich der König Smendes vor Gott dadurch, daß er ein gleiches Priestertum in Tanis annimmt. Die Untrennbarkeit der Macht in eine geistliche und weltliche Sphäre erweist sich hier wiederum und wird bei der Vorgeschichte der 22. Dynastie nochmals sinnfällig werden. Entwertet wird hierdurch der Königstitel, aus dem nun gleichsam der religiöse Gehalt weitgehend gelöst ist. Dadurch wird es möglich, daß wir in dieser Zeit (und auch später wiederholt) gleichzeitig mehrere legale „Könige" finden, die eben jeweils nur weltliche Teile der unteilbar in Gott liegenden obersten Königsgewalt verwalten.

In der Theorie üben nun unter der Oberhoheit des Amun die Könige in Tanis und die Priesterkönige in Theben die Regierungsgewalt aus, wobei letztere offenbar immer eine gewisse Vorherrschaft der Taniten als Dynastie anerkannt haben. Tatsächlich scheint aber der volle Begriff der Theokratie trotz der genannten Angleichsversuche auf Oberägypten (Thebais) beschränkt gewesen zu sein. Denn mit der Herrschaft des Amun verbindet sich naturgemäß der Traditionalismus und der beginnende Archaismus: Theben ist nicht nur „die Stadt Amuns", wie sie auch beim Propheten Nahum 3,8 genannt wird, sondern es ist zugleich die alte Residenz, in der die „Moderne" der Ramessiden kaum Fuß gefaßt hatte. Auf der anderen Seite verdankte Tanis seine Bedeutung ausschließlich seiner Lage als Ausgangspunkt der asiatischen Feldzüge; seine Tradition führte zu den Hyksos und den innerlich abgelehnten Ramessiden zurück. Zudem wurde damals schon politisch das Delta und das nördliche Oberägypten von den traditionslosen Mächten der Zukunft, den libyschen Militärkolonien und Condottieri beherrscht. So mag die Anerkennung der thebanischen Gottesherrschaft in Unterägypten recht oberflächlich gewesen sein.

In Theben aber ist die Idee des „Gottesstaates“ auch praktisch vollständig durchgeführt worden. Amun ist der König des Landes, und der Hohepriester regiert in seinem Namen. Der Gott erscheint in seinem Kultbild in Karnak und drückt seinen Willen durch Orakel aus. Auch hier ist ja das Mittel, die Theokratie zu verwirklichen, nicht ad hoc ersonnen, sondern geht auf eine lange Praxis zurück und hatte nach allem, was wir wissen, schon in der Ramessidenzeit im privaten wie im öffentlichen Leben reichlich Anwendung gefunden. Jetzt wird es unumgänglich, in politischen, juristischen und privaten Entscheidungen die unmittelbare Willensäußerung Amuns einzuholen. Die Verbannung und Rückführung der Aufständischen nach dem Tod des Masaharta ist durch Orakelbescheid herbeigeführt worden. Im Falle eines Tempelbeamten Thutmosis, der des Diebstahls angeklagt ist, werden dem Gott bei seiner Prozession zwei Tafeln vorgelegt, die Verurteilung oder Freispruch enthalten, und Amun wählt den Freispruch, entscheidet damit über schuldig oder unschuldig. Thutmosis wird wieder in seine Ämter eingesetzt. Als Pinodjem die Prinzessin Makarê heiratet, wird deren Mitgift ausdrücklich unter den Schutz des Amun gestellt. Aus den alltäglichen Beziehungen des Lebens sind Hunderte von Ostraca erhalten, auf denen Orakelfragen über belanglose Kleinigkeiten aufgezeichnet sind[4]. Daß Theorie und Praxis des „Gottesstaates“ eine überragende Persönlichkeit auf dem Thron der Hohenpriester nicht gehindert hätten, mit Klugheit die letzten Endes ihm zur Verfügung stehenden Entscheidungsmittel im Sinne einer planvollen Politik zu benutzen, liegt auf der Hand. Das Fehlen einer solchen Persönlichkeit vermag durch alle Heiligkeit der Regierungspraxis nicht ersetzt zu werden. Von hier aus gesehen, erscheint die Institution des „Gottesstaates“ als ein verhülltes Eingeständnis eigener Machtlosigkeit und Schwäche.

Eine um so erstaunlichere Höhe erreicht aber bei dieser Entwicklung die theologische Spekulation um den Gott Amun, die getragen wird von den religiösen Bedürfnissen, die sich immer umfassender an diesen einen Gott wenden. Die Begriffe und die Formen, in denen sich die Spekulation ausdrückt, gehören naturgemäß dem theologisch geschulten Denken an; die religiöse Potenz, die sie auszudrücken suchen, stammt aber eindeutig aus den Bezirken religiösen Erlebens. Der Glaube prägt den Gott, und die Theologie verleiht ihm nur die begriffliche Form. Jetzt rundet sich das Wesen des Amun zum wahren Universalgott ab, dem Einen, der vor allem Anfang war, der alles geschaffen hat, in allen seinen

Geschöpfen lebt und (das ist sozusagen eine neue Domäne seiner Allmacht) auch über das Reich der Toten und ihre Bedürfnisse herrscht. Wie stark Name und Gestaltenreichtum des „Verborgenen", des „Bleibenden", der als Mensch und Urhügel, Schlange, Widder und Gans erscheinen konnte, allen theologischen Verbindungen bequeme Anhaltspunkte bot, war schon gesagt worden (s. S. 112). Diese Möglichkeiten benützt man, um die Allmacht und Einzigartigkeit im theologischen Sinne zu beweisen. Damit übernimmt Amun aber auch einen guten Teil der Wesenszüge, die an sich Osiris vorbehalten waren; auch er wird zum Herrn des Totenreiches und obersten Richter über die Toten. Zum mindesten gilt das für die thebanische Sphäre, wo der Kult des Osiris niemals so festen Fuß gefaßt hatte. Und erst viel später in einer umfassenden religiösen Bewegung verdrängt wiederum der mit historischen Bindungen weniger belastete Osiris den König und Herrn des Gottesstaates. Hymnen und Gebete der Zeit preisen Amun in kunstvollen Formulierungen, die das Ergebnis rein spekulativen Denkens sind, den allgewaltigen Götterkönig. In einem seltsamen Papyrus, der unter Pinodjem II. (einem der letzten Priesterkönige) für seine verstorbene Gemahlin Neschons verfaßt ist, ist ein offizielles Dekret aufgezeichnet, das Amun zum Wohle der Verstorbenen erlassen hat. In ihm setzt er ihre Vergöttlichung im Jenseits fest und schützt zugleich den überlebenden Pinodjem vor einer eventuellen Verfolgung durch die Tote (das ist alter ägyptischer Aberglaube) und sichert ihm ihre Fürsorge für ihn und sein Haus zu. Vorangestellt in Form einer Anrufung ist ein langer Hymnus an Amun, der ihn im beschriebenen Sinn als allgewaltigen und einzigmächtigen Gott preist. Das Schriftstück in seinem Nebeneinander von theologischen Formulierungen und in feierliche Floskeln gekleideten Aberglauben ist ein recht gutes Zeugnis für den Geist der Zeit, in dem Hohes unvermittelt neben Banalem steht, Zeitlos-Volkstümliches sich den altehrwürdigen Formen vermischt.

Einen Spiegel der tatsächlichen Verhältnisse zur Zeit des „Gottesstaates", der klarer noch als alle offiziellen Dokumente die unwürdige Diskrepanz zwischen der erhabenen Staatstheorie und der kläglichen Realität erkennen läßt, haben wir in einem historisch-literarischen Werk, dem Reisebericht des Wenamon, der ins 5. Jahr der Ära „Erneuerung der Schöpfung" datiert ist[5]. Wenamon ist Beamter in der Verwaltung des Amuntempels und wird ausgeschickt, um aus Byblos Zedernholz für die Ausbesserung der Prozessionsbarke des Gottes zu holen. Freilich, nicht mehr wie in alter Zeit kann man dazu eine reiche Gesandtschaft ausrüsten; sondern ein einzelner Mann bekommt einen in einer Art Kollekte des ganzen Landes gesammelten Betrag (Gold und Silber) und ein wundertätiges Bild des Gottes ausgehändigt. Daß derartige Götterbilder auch in fremde Länder ausgeliehen werden konnten, wissen wir aus verschiedenen Quellen. Wenamon bekommt in Theben den Auftrag des Gottes und ein Empfehlungsschreiben des Herihor an Smendes und Tentamun, die ihn weiterbefördern sollen. Von Tanis geht die Reise auf einem phönikischen Schiff weiter. In Dor (südlich Haifa) wird ihm sein Kaufgeld gestohlen, und niemand fühlt sich veranlaßt, ihm Ersatz zu leisten oder bei der Suche nach dem Geld zu helfen. Über Tyrus gelangt er schließlich nach Byblos. Dessen Fürst will ihn zunächst überhaupt nicht empfangen, und erst, als der Gott selbst durch die Stimme eines Verzückten ihn beeinflußt, läßt er sich herbei, Wenamon anzuhören. Der Hauptteil des erhaltenen Textes behandelt den Aufenthalt in Byblos und die langwierigen Verhandlungen. Nicht alle Einzelheiten der köstlichen Geschichte können hier wiedergegeben werden. In der großen Auseinandersetzung mit dem Fürsten von Byblos bietet der Ägypter alle Beredsamkeit auf, um die fehlenden Mittel zu ersetzen. Dem früheren Reichtum, den der Fürst vermißt, stellt er die geistige Macht des Gottkönigs gegenüber. Wenn der Fürst darauf verweist, daß zwar früher durch Gottes Fügung aus Ägypten die Kunstfertigkeit und Weisheit zu seinem Lande gekommen sei, die früheren Könige aber trotzdem sechs Schiffe mit Waren zum Tausch geschickt hatten, so weist Wenamon demgegenüber darauf hin, daß er statt Gold und Silber den Gott selbst und seinen Segen mitgebracht habe; ihm gehöre in Wahrheit das Meer und der Libanon, und nun komme er selbst, um von seinem Eigentum zu holen. Überzeugend können diese Argumente aber nicht wirken, und Wenamon ist genötigt, sich von Smendes und Tentamon neue Güter schicken zu lassen.

Nichts kann geeigneter sein, die wahre Lage Ägyptens zu dieser Zeit eindeutiger zu charakterisieren als dieses zwanglos erzählte Reiseabenteuer. Es zeigt in aller Klarheit, daß der Konzeption vom „Gottesstaat" wenig Realität innewohnte und daß ihr Geltungsbereich praktisch auf einen Teil des Mutterlandes beschränkt geblieben war.

2. *Die Bubastidenzeit (22./23. Dynastie)*

Während dieser Zeit geht offenbar ganz allmählich und ohne Gewalt in vielen Zentren des Landes die tatsächliche Gewalt in die

Hände von libyschen Söldnerführern über, so besonders in Mittel- und Unterägypten[1]. Die Ramessiden hatten ja den in ihrem Sold stehenden Kriegern Landbesitz in geschlossenen Siedlungen zugewiesen. Unter den verschiedenen Stämmen, denen sie angehörten, hatte der kriegerische Stamm der Maschwesch, der aus den Libyerkriegen der 19./20. Dynastie als hartnäckiger Gegner bekannt ist, die Führung erlangt. Die „Oberhäuptlinge der Maschwesch" oder abgekürzt „der Ma", die Leute, „die die Doppelfeder tragen", den alten Kriegsschmuck der Stämme, begegnen vielerorts als Kommandanten der Militärkolonien. Während der Zeit des „Gottesstaates", als eine nun auch staatstheoretisch erhärtete Spaltungsmöglichkeiten der Regierungsgewalt eingetreten ist und die seit der Ramessidenzeit zu beobachtende politische Indifferenz der Ägypter selbst weiter um sich greift, übernehmen diese Kommandanten vielfach von ihrer klaren örtlichen Machtposition aus auch die Führung der territorialen Verwaltung etwa im Sinne des früheren Gaufürstentums. Der Vorgang ist allerdings auf Mittel- und Unterägypten beschränkt, während die Thebais geschlossen unter der Oberhoheit des Hohenpriesters von Theben bleibt; denn in Oberägypten waren derartige Militärkolonien nicht angelegt worden. Diese Oberhäuptlinge scheinen die tanitische Königsherrschaft anerkannt zu haben, wenn auch aufs Ganze gesehen die Existenz der lokalen Regenten dem Staat einen gewissen föderalistischen Charakter gibt. Nun bedeutet freilich ihre Herrschaft keineswegs eine „Fremdherrschaft" im eigentlichen Sinn, und wir haben keinerlei Anzeichen dafür, daß sie vom Ägypter selbst als solche empfunden worden wäre. Denn (und hier wirkt sich letzten Endes die äußerlich nicht sehr glückliche Politik der Ramessiden segensreich aus) diese libyschen Militärsiedler und ihre Häuptlinge hatten, ehe sie die Macht im Staate übernahmen, über zwei Jahrhunderte im Lande gelebt. Es waren nicht mehr die fremden, land- und beutesuchenden Wanderstämme. Sie waren in diesem langen Zeitraum weitgehend ägyptisiert worden, hatten ägyptische Sprache und Sitten angenommen und sich der angleichenden Kraft der Niltalkultur unterworfen. Wohl bedeutet ihre Herrschaft eine neue Phase in der wechselvollen ägyptischen Geschichte; aber sie bedeutet keinerlei Bruch mit der Vergangenheit. Auf keinem Lebensgebiet, weder der Politik noch der Kunst oder Religion, zeichnet sich die Herrschaft der einstigen libyschen Söldnerführer als ein markanter Einschnitt ab.

Wie stark sie in das Ägypten ihrer Zeit hineingewachsen waren, zeigt die Art der Machtübernahme durch sie, für die wir an einzelnen Orten Beispiele haben. Da ist in Mendes, einer Stadt des mittleren Delta, ein solcher „Oberhäuptling der Ma" namens Hornacht (übrigens ein gut ägyptischer Name)[2]; sein Sohn Smendes, der also mit dem tanitischen König gleichnamig ist, übernimmt in seiner Häuptlingsstellung das Amt eines „ersten Propheten des Widders, des Herrn von Mendes", des Hauptgottes der Stadt. Damit befinden sich, genau dem Schema der Zeit entsprechend, gleichsam die Theorie des „Gottesstaates" im kleinen wiederholend, die militärische Gewalt und die zivile und geistliche, wie sie im Priesteramt vereinigt sind, in einer Hand. Der Sohn erbt dann beide Ämter des Vaters, und in drei Generationen hat sich der Aufbau einer lokalen erblichen Herrschaft vollendet, auf einem Wege, der lebhaft an das Emporkommen eines Herihor erinnert. Nicht unähnlich ist die Entwicklung im Falle einer anderen Familie in der alten Königsstadt Herakleopolis[3]. Hier war in der 20. Dynastie ein „Oasenhäuptling" Bujuwawa als Söldnerführer angesiedelt worden. Auch sein Sohn übernimmt ein Amt am Tempel; er wird „Gottesvater des Harsaphes", des Widdergottes von Herakleopolis. Wir treffen die Familie wieder am Ende der 21. Dynastie. Der Nachkomme des Bujuwawa in der sechsten Generation namens Scheschonk wendet sich beim Tod seines Vaters Nimrod an den tanitischen König, wahrscheinlich Psusennes II., mit der Bitte, ihn in Abydos für den Vater einen Totenkult stiften zu lassen und ihm selbst, dem Sohn, die Ämter des Vaters (als Fürst von Herakleopolis, Gottesvater des Harsaphes und Oberhäuptling der Ma) zu bestätigen. Der König begibt sich persönlich nach Theben, um Amun, den eigentlichen König des Landes, entscheiden zu lassen. Die Bitten werden erfüllt, und der König selbst stiftet eine Statue des Nimrod nach Abydos. Dieses Detail aus der Zeitgeschichte beleuchtet einmal das Verhältnis zwischen lokalen Machthabern und dem tanitischen König und zum anderen die vorsichtige Handlungsweise im „Gottesstaat".

Der Scheschonk, der uns hier entgegentritt, ist der spätere König Scheschonk I., der Begründer der 22. Dynastie. Wir wissen freilich nicht, wie er den letzten entscheidenden Schritt zum Königtum getan hat. Nach den genannten Vorgängen möchte man annehmen, daß er den Tod des letzten Tanitenkönigs Psusennes' II. abgewartet hat, nach dem ihm vielleicht als dem mächtigsten unterägyptischen Territorialherrn die Oberhoheit von selbst zufiel. Denn offenbar noch vorher hat er seine „Hausmacht" bis Bubastis in der östlichen Deltahälfte ausgedehnt. Und von hier aus scheint er seinen Anspruch auf die Königswürde gestellt zu haben. Daher nennt Manetho (und die Bezeichnung hat sich in der Wissenschaft eingebürgert) das Königshaus der 22. Dynastie „Bubastiden". In Tanis tritt um 950 v. Chr. Scheschonk die unmittelbare Nachfolge der Könige der 21. Dynastie an, und zur Sicherung der Erbfolge verheiratet er seinen Sohn, den nachmaligen König Osorkon I., mit Makarê, einer Tochter Psusennes' II. Die Dynastie hat dann sicher wie ihre Vorgängerin in Tanis residiert. Dort sind auch die Gräber einzelner von ihnen gefunden worden. Freilich lassen sie deutlich erkennen, daß sie nicht mit der Fürsorge und Umsicht angelegt sind, wie etwa die thebanischen Pharaonengräber. Umbettungen sind schon zur Zeit der Dynastie selbst vorgenommen worden; und Särge wie Bauglieder zeigen ein häufiges Zusammenfügen verschiedenen Materials und Wiederverwendung älterer Bauglieder.

Am Zustand des Landes im ganzen haben die Bubastidenkönige nichts geändert, vielleicht nichts ändern können. Die Teilung in das unterägyptische Königtum und den halbsouveränen thebanischen Gottesstaat bleibt bestehen; auch die föderalistische Tendenz, der das neue Königshaus letzten Endes seinen Aufstieg verdankte, wird nicht durch einen Gewaltstreich oder durch allmählichen Abbau der lokalen Gewalthaber beseitigt.

Die Struktur des Gottesstaates wird also nicht angetastet, sondern er wird als Ganzes der Oberhoheit der neuen Dynastie etwa im Sinne einer Sekundogenitur unterstellt. Scheschonk setzt seinen Sohn Ipuit als Hohenpriester ein; sein Nachfolger Osorkon I. den seinen namens Scheschonk. Dieser freilich, wie manche seiner Nachfolger, nützt seine königsähnliche Stellung dazu aus, seinen Namen in den Königsring zu schreiben; und die Erblichkeit des Hohenpriesteramtes hat sich nicht immer vermeiden lassen. Immerhin, wenn man den föderalistischen Charakter der Epoche in Rechnung stellt, wie er auch in anderen Landesteilen im Laufe der Bubastidenzeit zutage tritt, hat es offenbar trotzdem keine Unabhängigkeitsbestrebungen gegeben, die zu einer ernstlichen Gefährdung der Dynastie geführt hätten. Zwar hören wir mehrfach von Aufständen und Verbannungen; aber dabei scheint es sich um relativ ephemere Ereignisse zu handeln, Intrigen ehrgeiziger Anwärter, aber keine zielstrebige Gegenbewegung. Doch zeigen diese im einzelnen historisch unbedeutenden Vorfälle, mit was für nicht endenden Schwierigkeiten die Dynastie zu kämpfen hatte und wie wenig sie tatsächlich in der Lage war, einen neuen Weg einzuschlagen. In Theben selbst erwächst eine nicht unerfreuliche Nachblüte einer großen Vergangenheit. Die Priesterschaft dort hat uns eine Fülle etwas epigonenhafter, zierlicher Statuen und vor allem recht eindrucksvolle Biographien hinterlassen. Es sind keine historisch bedeutsamen Dinge, die sie enthalten. Aber sie erzählen in einer stilistisch sehr verfeinerten Form über ihre Lebensführung, ihre Familien, ihre amtliche Tätigkeit, wobei sie einerseits an die große Tradition der biographischen Literatur anknüpfen, andererseits sich mit Erfolg bemühen, die Dinge neu und manchmal etwas barock zu formulieren. Das Bild, das hier entsteht, ist freilich nicht in dem Sinne einheitlich, daß wir den unverwechselbaren einhellig geprägten Geist einer Epoche in ihm erkennen könnten. Dazu arbeitet man zu eklektisch. Im Gegenteil, das Uneinheitliche, ein spürbarer Wille zur Originalität, kennzeichnet ihre Art. Man kann sich nach ihren Inschriften das Leben dieser geistlichen Würdenträger als ein sehr kultiviertes, etwas epikuräisches, aber durchaus nicht oberflächliches Dasein vorstellen.

Aber wie im Verhältnis zu Theben, so konnte die Dynastie auch im Verhältnis zu anderen, ähnlich aufgebauten Territorialherrschaften nicht jene einheitliche Bezogenheit auf eine Zentralregierung durchsetzen, die allein eine Reorganisierung der Kräfte des Landes und eine wirkliche Außenpolitik ermöglicht hätte. Die Priesterfürsten in Theben, Herakleopolis, Memphis, Bubastis, in den meisten Fällen Angehörige ein- und derselben Sippe, der auch die Könige in Tanis entstammten, spielen ein im einzelnen schwer durchschaubares Spiel, aus dem sich jedenfalls nirgends eine große politische Linie erkennen läßt, und die Stellung, die der nominelle König einnimmt, bedeutet faktisch nicht mehr als die eines primus inter pares. Die historischen Grundlagen zu diesem dem ägyptischen Königsdenken zutiefst widersprechenden Zustand hatte freilich schon die Vorzeit geschaffen durch die Entrückung des Königtums im Gottesstaat: Es mag aber sein, daß diese Entwicklung jetzt dadurch so kraß vorwärtsgetrieben wird, daß die derzeitigen Träger der Königsgewalt eben doch keine Ägypter sind, sondern Stammeshäuptlinge, denen der Zustand der Teilung der Macht, die legale Rivalität, vertraut und natürlich war. Es mag in diesem Zusammenhang erwähnt werden, daß die Personennamen der Könige Scheschonk, Osorkon, Takelothis usw. nicht ägyptisch sind; einen Teil von ihnen treffen wir später als libysche Namen in den numidischen Königsinschriften wieder. Dieser Zustand herrscht in Ägypten über 200 Jahre (950 bis 750 v. Chr.), und es ist für den größeren Teil des Zeitraums nicht möglich, das einfache Dynastienschema durchzuführen. Die 23. Dynastie, deren Begründer Pedubastis wahrscheinlich ebenfalls einem Zweige der Königsfamilie angehörte, läuft fast 100 Jahre neben den legalen Nachkommen der 22. Dynastie her.

Daß unter diesen Umständen von einer wirklichen Außenpolitik nicht gesprochen werden kann, leuchtet ein. Nur Scheschonk I., der Begründer der Libyerherrschaft und offensichtlich die bedeutendste Persönlichkeit unter ihren Königen, hat noch einmal bei einer günstigen Gelegenheit in Palästina eingegriffen. Natürlich bestanden immer Beziehungen zwischen Ägypten, Palästina und Syrien. So wurde zur Zeit Davids der Edomiterprinz Hadad in Ägypten aufgenommen; der Zug des Pharao Siamun nach Gezer war genannt. In die Regierungszeit Scheschonks fällt die Teilung nach Salomos Tod in das nördliche Reich unter Jerobeam und das südliche unter Rehobeam, dem Sohn Salomos, mit den Stämmen Benjamin und Juda (1. Könige 14 ff.). Scheschonk, den das Alte Testament Schischak nennt, benutzt die Schwäche seines Nachbarn und unternimmt im fünften Jahr Rehobeams (930 v. Chr.) einen einmaligen Zug nach Jerusalem, dessen Tempel und Palast er gründlich plündert. Eine ägyptische Quelle zu diesem Feldzug besitzen wir leider nicht. Scheschonk hat in Karnak eine Liste der von ihm eroberten palästinensischen Ortschaften angebracht, die allerdings nur unvollständig erhalten ist. Der Name Jerusalem findet sich nicht darin; doch enthält sie mit Sicherheit den Namen Abraham, vielleicht in der Verbindung „Feld des Abraham". Die Schätze, die damals in die Hand der Ägypter fielen, müssen beträchtlich gewesen sein und ebenso der moralische Eindruck auf die benachbarte Welt. Byblos, das zuvor den ägyptischen Gesandten Wenamon so verächtlich behandelt hatte, scheint wieder in engere Beziehungen zu Ägypten getreten zu sein. Aber von einer Wiederaufrichtung der politischen Oberhoheit in diesem Raume auch nur in bescheidenem Umfang ist nichts zu spüren. Hingegen hat auch in der Zeit politischer Ohnmacht eine gewisse kulturelle Durchdringung stattgefunden. Die persönlichen Verbindungen (Aufnahme des Hadad und später des Jerobeam in Ägypten, Heirat ägyptischer Prinzessinnen mit Hadad und Salomon) mögen solche Durchdringung gefördert haben.

Nur aus dem Anfang der Dynastie, besonders aus der Regierungszeit Scheschonks I., haben wir Spuren einer regeren Bautätigkeit auch in Oberägypten (Thebais) sowie Schenkungsurkunden für Tempel (z. B. Herakleopolis) und Steinbruchsinschriften. Es mag sein, daß das Bild etwas vollständiger wäre, wenn mehr Material aus den Deltastädten, wo naturgemäß der Schwerpunkt gelegen haben muß, vorhanden wäre. Wichtiger, vor allem für die Folgezeit, ist eine engere Verbindung mit den westlichen Oasen, die in dieser Zeit eingetreten zu sein scheint und im Hinblick auf die Herkunft der Dynastie (der Stammvater Bujuwawa als Oasenfürst) durchaus nicht verwunderlich wäre. Freilich ist es keineswegs so, daß wir von einem politischen Programm in dieser Beziehung hören oder von großen Expeditionen oder Feldzügen. Es handelt sich also sicher nicht um eine bewußte weitsichtige politische Planung, sondern nur um eine Intensivierung der westlichen Beziehungen, wie sie der die Dynastie bildenden Sippe im Blute gelegen haben mag. Die Kultivierung vor allem der nächstgelegenen Oase, el Charge, dann el Dachle hat schon immer im Interesse Ägyptens gelegen. Und wenn, wie es in der 21. Dynastie der Fall war, Verbannte nach den Oasen geschickt werden, so geschieht das zweifellos auch zu dem Zwecke, dort die Bewässerungs- und Kultivierungsarbeiten zu fördern. Von Scheschonk I. wissen wir auf Grund einer Stele aus der Oase el Dachle einiges über das Bewässerungssystem und die Verwaltung [4]. Die beiden Oasen el Charge und el Dachle unterstehen einem gemeinsamen „Fürsten", nach Ausweis seines Namens war er sicher ein Libyer. Seine Unterbeamten tragen teils ägyptische, teils libysche Namen und verwenden neben ägyptischen auch libysche Titel. Man darf vielleicht noch einen Schritt weitergehen und die Vermutung aussprechen, daß damals im Zuge dieser Westorientierung die Ägypter zum ersten Male mit der Oase Siwa in Beziehung getreten sind.

Unsere Kenntnisse von der Vorgeschichte dieses in der antiken Welt später so berühmt gewordenen Orakelheiligtums sind recht unsicher [5]. Nach dem archäologischen Befund soll der erste nachweisbare ägyptische Bauherr, der einen älteren Orakeltempel in ägyptischem Stil umbaute, der König Amasis der 26. Dynastie (s. S. 238) gewesen sein. Ägyptische Gräber sind in Siwa selbst wie auch in dem dem Niltal näher gelegenen el Areg gefunden worden; doch scheint ihre Datierung sich innerhalb der Spätzeit nicht genau festlegen zu lassen. Berücksichtigt man die wenigen bekannten Tatsachen und die von verschiedenen Gelehrten geäußerten Vermutungen, so wird man nicht fehlgehen in der Annahme, daß die Oase ursprünglich das rein libysche Orakelheiligtum eines nach Wesen, Namen und Gestalt nicht sicher erkennbaren Gottes barg. Von zwei Seiten ist der weltabgelegene Flecken in den Blick der „historischen" Welt gezogen worden. Einmal wohl von Norden von Kyrene her durch die Phöniker, die ihren Gott Baal-Hammon in dem schon ansässigen libyschen Gott wiederzuerkennen glaubten (vielleicht auf Grund einer Namensähnlichkeit). Über Kyrene dürfte auch die erste Kunde der libyschen Stätte in die antike Welt gedrungen sein. Und andererseits wurde Siwa von Ägypten aus „entdeckt" (vielleicht eben zur Zeit der 22. Dynastie), und die Ägypter glaubten ihrerseits ebenfalls, im Gott von Siwa einen ihrer Götter wiederzufinden, Amun, „den Herrn der Ratschläge", wie sein auf die Orakeltätigkeit in Siwa bezügliches Epitheton lautet. Auch hier mag der Anlaß zum angeblichen Wiedererkennen eine gewisse Namensähnlichkeit gewesen sein; ferner war dem thebanischen und dem fremden Gott gemeinsam die Tätigkeit des Orakelgebens, die Widdergestalt, das Wesen des Gottes als Urwasser usw. Der Kult des Gottes von Siwa, wie ihn Herodot u. a. beschreiben, dürfte damals (seit dem fünften Jahrhundert v. Chr.) bewußt ägyptisiert sein. Eine ganz andere Frage ist es, ob eine Art Urverwandtschaft zwischen dem Oasengott und dem thebanischen Amun bestand, die weit in die Urzeit einer gemeinsamen libysch-ägyptischen Vergangenheit hinaufgehen müßte. Manche Einzelzüge an der komplizierten Gestalt des ägyptischen Amun könnten darauf hinweisen. Es bedürfte aber zuvor genauerer Kenntnisse des libyschen Gottes. Mit einiger Sicherheit kann man aber heute sagen, daß der Orakelgott von Siwa ursprünglich seine Existenz nicht einer Verpflanzung des Amunkultes verdankt (wie etwa der Kult des Amun im nubischen Napata). Die bei Herodot (II 54 ff.) noch deutlich als Kompilation mehrerer Kultlegenden erkennbare Geschichte von der Gründung des Orakels von Siwa und von Dodone (in Mittelgriechenland) enthält jedenfalls keine unmittelbare historische Erinnerung. Es bleibt auch zu beachten, daß Herodot die Namen des Gottes in Theben („Zeus") und in Siwa („Ammon") deutlich und konsequent unterscheidet.

So viele ungelöste Probleme auch hier noch liegen mögen, zu deren Aufhellung zukünftige Arbeit beitragen kann, so wird die historische Bedeutung der Bubastidenzeit als einer Periode deutlich, wenn man sie unter diesem Gesichtspunkt betrachtet: Die Lage des Landes bot zwei Möglichkeiten einer wie immer gearteten Expansion. Die eine Möglichkeit weist in nord-südlicher Richtung; dahin gehört die Kolonisation des oberen Niltals einerseits und die Ausdehnung nach Palästina-Syrien andererseits. Diese Möglichkeit wird in der 18. Dynastie verwirklicht und in der 19./20. Dynastie abgeschlossen. Die zweite Möglichkeit bedeutet eine Achsenverschiebung um 90 Grad: Ägypten als Bindeglied der Mittelmeerländer von Libyen (Kyrenaika) über das Nildelta wieder nach Palästina-Phönikien. Der Eintritt in dieses Kräftefeld wird in der Bubastidenzeit angebahnt und bestimmt die ägyptische Politik bis in die Perserzeit hinein. Für die innere Geschichte des Landes bedeutet er freilich letztlich einen Verzicht auf die Einheit, die in der 22. Dynastie schon vollzogene Trennung in den thebanischen Gottesstaat, der sich immer stärker in sich selbst einkapselt und allenfalls nach Süden blickt, und das Delta, das unter der Herrschaft der libyschen Dynastien der Mittelmeergeschichte offensteht.

3. Die Äthiopenzeit (24./25. Dynastie)

Über zwei Jahrhunderte (950 bis 750 v. Chr.) erstreckt sich die Herrschaft der Libyer und führt mit fortschreitender Zeit zu einer immer stärkeren Zerstückelung des Landes, wenigstens im Delta und Mittelägypten, während die Thebais ein geschlossener, einheitlicher Komplex geblieben ist. In diesem Zeitraum — wir kennen nicht den genauen Zeitpunkt und den Weg, auf dem es geschah — ist das ehemalige nubische Kolonialland dem Besitz der Pharaonen entglitten. Es mag letzten Endes an dem geographisch anders gerichteten Interesse der Dynastie (Verbindung mit dem Westen) und an der räumlichen Abschnürung der Kolonie von der Residenz durch den zwischen beiden gelegenen Gottesstaat gelegen haben. In der nun auf sich selbst gestellten, stark ägyptisierten Kolonie entsteht eine eigene Dynastie, deren Vorgeschichte freilich noch arg im Dunkel liegt und deren Träger wir im Anschluß an die antike Geschichtsschreibung „Äthiopen" nennen. Ihr erster uns bekannter König führt den nichtägyptischen Namen Kaschta. Bekannter ist uns sein Sohn Pianchi. Es ist eine alte Vermutung, die aber noch nicht sich hat beweisen lassen, daß das äthiopische Königshaus auf die thebanischen Priesterkönige der 21. Dynastie zurückgehe, auf die Nachkommen Herihors, die zu Beginn der 22. Dynastie, als Scheschonk seinen Sohn zum Hohenpriester einsetzte, nach Nubien ausgewandert seien. Freilich erhebt sich dann die Frage, wie ihre Geschichte sich im Laufe der dazwischenliegenden 200 Jahre gestaltet hat und warum wir so gar nichts von Versuchen hören, die Verbindung mit dem thebanischen Gottesstaat wiederherzustellen. Mag der genealogische Zusammenhang historisch noch zweifelhaft sein, so drückt er doch gleichsam symbolisch eine historische Tatsache aus: den inneren Zusammenhang zwischen dem thebanischen Gottesstaat und dem Äthiopenreich.

Die Residenz des Reiches lag damals in Napata am 4. Katarakt zu Fuß des „Heiligen Berges" (Gebel Barkal), wo sich ein im ägyptischen Stil erbauter und dekorierter Amuntempel befand. Der Gott, vorzugsweise dargestellt in seiner Gestalt als Widder oder wenigstens mit Widderhörnern, ist der eigentliche König des Landes, ganz im Sinne des Staatsdogmas der Thebaner. Wir haben ein schönes Zeugnis in der Stele eines späteren Äthiopenkönigs Aspalta[1]. Nach dem Tode des alten Königs wählt Amun aus den ihm vorgestellten Brüdern des Herrschers den Aspalta als Nachfolger aus, also eine Form der Herrschaftsübertragung, die schon im Theben der 18. Dynastie nicht unbekannt war. Und noch ein anderer Zug in diesem Wahlverfahren ist aufschlußreich: Der Gott bestimmt den Aspalta zum König und nennt als Legitimation seine königliche Abkunft, wobei außer der direkten Elterngeneration weiterhin (in sechs Generationen) jeweils nur die mütterlichen Vorfahren in weiblicher Linie namhaft gemacht werden. Das Ableiten der Legitimität von mütterlicher Seite spielte ja auch in der ägyptischen Auffassung von der Erbfolge zeitweise eine auffallende Rolle. Allerdings scheint das Prinzip von den Äthiopen in strengerem Sinne beobachtet worden zu sein, so auch bei der Regentschaft in Theben, wie überhaupt der Charakter des Äthiopenreiches sich durch eine gewisse bigotte Konsequenz und Intoleranz auszeichnet, die dem konzilianten Ägypter fremd war. Enthält also das äthiopische Königtum klärlich typisch ägyptische Kulturelemente, so gilt das noch stärker für die äußeren Formen: Königsgötter, Titel, Ornat und offizielle Sprache sind rein ägyptisch. Um ihrer Orthodoxie willen, die bei der Eroberung Ägyptens deutlich zutage tritt, galten die Äthiopen als besonders „fromm", und Diodor schreibt ihnen sogar die Einführung des Götterkultes überhaupt zu.

Wie nun auch der wirkliche Zusammenhang der Äthiopendynastie mit der thebanischen Tradition gewesen sein mag, so steht sie eindeutig in dieser Tradition, und es scheint deshalb auch keines besonderen Anlasses bedurft zu haben, daß sich Kaschta der Thebais ohne erkennbare Gewalt bemächtigte[2]. Das Organ, durch das die Äthiopen den Gottesstaat beherrschen, ist nun nicht der Hohepriester, sondern die Gottesgemahlin, die Inhaberin jenes zu Beginn der 18. Dynastie gestifteten Prinzessinnenamtes, das seither politisch keine Bedeutung gehabt hat. Die letzte Trägerin der Würde war Schepenupet, eine Tochter des Tanitenkönigs Osorkon III. Sie muß Amenerdis, die Tochter des Kaschta, adoptieren. Und von da an herrscht eine weibliche Dynastie in Theben, die sich durch Adoption fortsetzt. Die Sitte ist auch in die 26. Dynastie übernommen worden. Ideell bedeutet sie eine Verwirklichung des offenbar äthiopischen Prinzips der Erbfolge in weiblicher Linie, unter Benutzung einer rein ägyptischen Institution. Praktisch bietet sie durch die Adoption ein legales Mittel, die Herrschaft über den Gottesstaat jeweils eng an die herrschende Dynastie zu binden.

Das übrige Ägypten befand sich damals im Zustand vollständiger Auflösung. Außer zwei Vertretern der legalen 22./23. Dynastie, Scheschonk V. und Osorkon III., finden wir mindestens drei Territorialherren, die den Königstitel tragen: in Tentremu im Delta, in Herakleopolis und in Hermopolis Magna. In den anderen Teilstaaten herrschen unabhängig Hohepriester, Generale und Fürsten. Einem von ihnen, Tefnachte von Sais, gelingt es, einen der rivalisierenden Deltafürsten nach dem anderen unter seine Oberhoheit zu bringen; als er aber sein „Reich" nach Süden ausdehnen will, stößt er auf die Äthiopen, deren König damals Kaschtas Sohn Pianchi war. Um 730 v. Chr. unterwirft Pianchi als Reaktion auf die Ausdehnung Tefnachtes in einem Zuge ganz Ägypten bis zur Deltaspitze. Eine in Napata aufgestellte Stele erzählt von dem Unternehmen[3]. Auf die Nachricht vom Vorrücken des Tefnachte entsendet Pianchi zunächst ein Heer nach Ägypten, das genaue Instruktionen, besonders für den Einzug in Theben, erhält. Hier soll das Heer sich im Flusse reinigen, die Waffen ablegen und Amun um seine Hilfe bitten, daß es im Schatten seines Schutzes kämpfen möge. Das Heer dringt zwar bis über Herakleopolis nach Norden vor; doch als Aufstände in seinem Rücken ausbrechen, eilt der König selbst nach Ägypten. Hermopolis, das am längsten Widerstand leistet, wird belagert und muß sich ergeben. Zwei Details sind charakteristisch: Der König erzürnt sich darüber, daß man die Pferde und Fohlen in der belagerten Stadt habe hungern lassen; und er konfisziert den Besitz des Schatzhauses und Speichers für das Gottesopfer des Amun. Letzteres ordnet er auch für die anderen Städte an. Memphis wird im Sturm genommen, und in Athribis läßt sich der König von den Deltafürsten huldigen, deren Geschenke er gnädig annimmt. Einige von ihnen zu empfangen, lehnt er freilich ab: Denn sie waren unbeschnitten und pflegten Fische zu essen; „das ist dem Königshaus ein Greuel!".

Pianchi kehrt darauf nach Napata zurück. Und das gibt Tefnachte Anlaß, wiederum von ihm abzufallen und, wohl beschränkt auf das Delta, eine ephemere Dynastie (die 24. Dynastie) zu gründen, die nur aus ihm und seinem Sohn Bokchoris besteht. Einen Niederschlag von seinem Geschick haben wir vielleicht in der Erzählung vom blinden Herrscher Anysis bei Herodot (II 117.140). Beide Herrscher sind ja später von der Legende umsponnen worden, die sich aus ihrer historischen Bedeutungslosigkeit nicht erklärt. Auch von der Tätigkeit des Bokchoris als Gesetzgeber, von der Diodor (I 65 ff.) berichtet, wissen wir nichts. Die Herrschaft dieser Dynastie endet um 715 v. Chr., als Schabaka, der

Nachfolger des Pianchi, das ganze Land wieder eroberte; nach Manetho soll er seinen Gegner Bokchoris verbrannt haben.

Für ein halbes Jahrhundert (715–663 v. Chr.) steht Ägypten unter der Herrschaft der Äthiopen, die noch einmal das gesamte Niltal und die einstige nubische Kolonie in einer Hand zusammenfassen. Im Inneren des Landes gerieren sie sich durchaus als Nachfahren der Pharaonen, und ihre Bautätigkeit in den Tempeln Ägyptens erstreckt sich über beide Landeshälften. Wir haben kein Anzeichen dafür, daß die Ägypter damals ihre Herrschaft eigentlich als eine „Fremdherrschaft" aufgefaßt hätten, wenn auch die unterägyptisch-libyschen Teilherrscher stets ein Element der Unruhe bildeten. Doch hatte diese ablehnende Haltung zweifellos keine „nationalen" Gründe, sondern lag ausschließlich in der Art ihrer stets nach Unabhängigkeit strebenden Stellung begründet. So hätte die Äthiopenherrschaft noch einmal eine Blüte des Landes und eine Gruppierung um Theben herbeiführen können. Und das hätte eine Erneuerung und Festigung des Gottesstaates im streng traditionalistischen Sinn bedeutet. Aber dazu hätte es der friedlichen Arbeit mehrerer Generationen bedurft. Die Weltlage jedoch gönnte dem Reich nicht diese Ruhepause, die letzten Endes für den Ausgang der ägyptischen Geschichte noch einmal eine Entscheidung zwischen den beiden Möglichkeiten Afrika oder Mittelmeer offengelassen hätte. In den vergangenen 100 Jahren hatte sich eine neue Großmacht gebildet, Assyrien, das — die Streitigkeiten und Rivalitäten der palästinensisch-syrischen Kleinstaaten benutzend — in wechselvollen Kämpfen sein Einflußgebiet so weit ausdehnte, bis es mit den Interessen Ägyptens zusammenstieß. Zur Zeit des Assyrerkönigs Sargon II. zettelte Bokchoris eine Revolte in Palästina an, die er auch durch eine Armee unterstützte; aber er wird 720 v. Chr. bei Raphia geschlagen. Seitdem herrscht zwischen Ägypten und Assyrien, auch noch in der Zeit Schabakas, ein Zustand gegenseitiger Anerkennung. Aber in der folgenden Generation, unter Taharka noch als Prinzen einerseits und Sanherib andererseits, kommt es zu einem neuen Interventionsversuch seitens Ägyptens. Beide Teile sind aber offenbar nicht stark genug, um es zu einer Entscheidungsschlacht kommen zu lassen: Das Alte Testament (2. Könige 19) erzählt von der wunderbaren Errettung Jerusalems von den belagernden Assyrern, das sich auf die ägyptische Armee verlassen hatte. Von ägyptischer Seite gesehen erhält man den Eindruck, daß zwar in Anerkennung der alten Tradition des Weltreichs Versuche, eine Art Oberhoheit über Palästina auszuüben, unternommen werden, daß man sich der strategischen Bedeutung einer starken Position im Vorland bewußt ist; aber die Versuche bleiben schließlich erfolglos, weil die notwendigen materiellen Mittel fehlen und weil eine tatkräftige Unterstützung durch die libyschen Deltafürsten ausbleibt. So kann Assarhaddon um 671 v. Chr. in Unterägypten selbst einbrechen und Memphis einnehmen, wo er den Harem Taharkas erbeutet. Die Deltafürsten unterwerfen sich ihm offenbar gern. Einige von ihnen, wie Necho von Sais (der Stammvater der späteren 26. Dynastie), erkennen die assyrische Oberhoheit an, nachdem sie vergeblich in einer Revolte zwischen Taharka und Assarhaddon Selbständigkeit gesucht hatten. Man sieht, die Herrschaft der Äthiopen stand hier auf schwachen Füßen. Die Kämpfe um und in Ägypten selbst dauern rund ein Jahrzehnt. Tanutamon folgt Taharka auf dem Thron, der letzte Äthiopenkönig, der Ägypten beherrscht hat. Angeblich durch einen prophetischen Traum angespornt, erobert er noch einmal ganz Ägypten zurück. Aber der Gegenstoß der Assyrer unter Assurbanipal dringt bis zum heiligen Theben vor, und die Stadt wird geplündert, ein Ereignis, das in der ganzen damaligen Welt unauslöschlichen Eindruck gemacht hat. Tanutamon flieht nach Napata und ist nie mehr nach Ägypten zurückgekehrt.

Damit ist für Theben die letzte Chance, doch wieder die Geschicke des Landes bestimmend zu leiten, vorüber. Zwar erkennt man dort die Herrschaft des Tanutamon noch über acht Jahre an, muß sich aber dann der Oberhoheit der unterägyptischen Landeshälfte endgültig fügen. An der Spitze des Gottesstaates steht damals als Gottesgemahlin Schepenupet II., eine Tochter Pianchis und Schwester des Taharka. Die Regentschaft in politischer Hinsicht liegt in der Hand eines ebenso energischen wie geschickten Mannes, dem es offenbar zu verdanken ist, daß der thebanische Gottesstaat zunächst unverändert von der Äthiopenzeit durch die Assyrerzeit hindurch auch von der späteren 26. Dynastie angenommen wird, Montemhet (Abb. 32). Er entstammte einer thebanischen Priesterfamilie und bekleidete das relativ bescheidene Amt eines vierten Amunpropheten.. Außerdem freilich war er Bürgermeister von Theben und Gouverneur der Thebais. Er ist ein treuer Parteigänger des Äthiopenhauses gewesen, dem auch seine Frau entstammte[4].

Die relativ kurze Episode der Äthiopenzeit stellt eine historische Erscheinung von vielfältigem Interesse dar: Das Verhältnis der napatäischen Kultur, auf altem Kolonialboden erwachsen, zur mutterländischen läßt sich auf kulturgeschichtlichem Gebiet wie kunstgeschichtlichem weiter verfolgen. Die Übernahme des Amunkultes und der Orakelpraxis war schon kurz genannt. Aber auch künstlerische Ausdrucksformen in der Plastik, im Relief und der Architektur haben in Napata zur Entstehung einer äthiopischen Kunst beigetragen. So haben auch die Äthiopenkönige z. B. die Grabform der Pyramide übernommen, die allerdings nur mittelbar auf die großen Pyramiden des AR zurückgeht; die unmittelbaren Vorbilder der äthiopischen Pyramiden sind wohl die kleinen Ziegelpyramiden der thebanischen Privatgräber, die in einem steileren Winkel ansteigen als die „klassischen" Grabmäler des AR. Aber diese Dinge gehören in eine eigene Geschichte Nubiens, zu der die Ausgrabungen in Napata, Kawa, Nuri und fern im südlichen Meroe, wohin nach der Mitte des sechsten Jahrhunderts die Residenz verlegt wurde, reiches Material beigetragen haben. Nach ihrem Rückzug aus Ägypten hat die Dynastie noch durch Jahrhunderte ihre eigene Geschichte gehabt, die sich nur hin und wieder äußerlich mit der ägyptischen Geschichte berührt. Die Bedeutung der Äthiopenzeit für Ägypten muß im Zusammenhang mit der Geschichte der Spätzeit insofern als unheilvoll bezeichnet werden, als sie die Spaltung des Landes vertiefte, da sie nicht die Kraft hatte, das gesamte Land nochmals zusammenzuschweißen. Auch eine bleibende Wiedererhebung des Gottes Amun, so sehr er der Gott der Äthiopen zu sein schien, gelang nicht. Die Gründe hierfür sind unterschiedlich. Einmal war er eben als Gott der Äthiopen wiederum mit einer politischen Gruppe verbunden, mit der er auch unterging. Zum anderen widerstand einer solchen Restitution das Glaubensdenken. Es hatte sich längst Osiris und seinen Kultformen zugewendet; für das Weiterleben ägyptischer Kulte in der Antike war diese Entscheidung wesentlich. Neue Untersuchungen von J. Leclant[5] zur Kultgeschichte Thebens in dieser Zeit erhellen die Situation auch hier eindeutig.

Ein Wort ist noch zu sagen über die allgemein-historische Bedeutung der Phänomene, die als 22./23. Dynastie und 25. Dynastie bezeichnet werden, d. h. über die Herrschaft der ehemaligen libyschen Söldnerführer und Häuptlinge und der äthiopischen Könige. Beides sind typische Erscheinungen einer Spätzeit. Von Ägypten aus gesehen wäre es nach allem, was wir wissen, unangebracht, hier von „Fremdherrschaften" zu reden. Die zeitgenössischen Quellen geben keinen Anlaß zu der Annahme, die Ägypter selbst hätten die libyschen oder äthiopischen Könige als Fremde empfunden (wie etwa die Hyksos oder Assyrer oder später die Perser). Die Tatsache, daß die Libyer durch generationenlange Ansässigkeit in Ägypten und die Äthiopen durch Jahrhunderte kolonialer Durchdringung äußerlich ägyptisiert waren, scheint für die Haltung der Ägypter ausschlaggebend gewesen zu sein. Was wir noch in der condottieriähnlichen Rivalität der libyschen Dynasten und der orthodox intoleranten Haltung der Äthiopen als etwas dem ägyptischen Temperament Fremdes zu spüren glauben, scheint für den Ägypter selbst weniger belangvoll gewesen zu sein. Gerade aber in dieser nicht selbstverständlichen Anerkennung der politischen Oberhoheit der kulturellen „Randvölker" liegt eine Rechtfertigung des konventionellen Terminus „Spätzeit" für die nach der Ramessidenzeit beginnende Epoche: Das Mutterland läßt eine gewisse Müdigkeit in seiner politischen Anteilnahme erkennen, zieht sich auf einige Sektoren des Kulturlebens zurück und überläßt sein politisches Schicksal jüngeren Völkern, die mit weniger Wissen um die Vergangenheit belastet sind. Aus dieser Einstellung lassen sich manche Erscheinungen des sogenannten Archaismus erklären, der in der Folgezeit noch deutlicher zutage tritt.

4. Die Saitenzeit (26. Dynastie)

Über den Herrschaftsantritt der 26. Dynastie erzählt Herodot (II 147 ff.), zwölf Könige hätten damals gleichzeitig über Ägypten geherrscht und sich gegenseitig verbunden, daß keiner über den anderen eine Vormachtstellung beanspruchen sollte[1]. Einer von ihnen, Psametich, habe bei einem gemeinsamen Opfer im Ptahtempel von Memphis versehentlich dem Gott aus seinem Kriegshelm gespendet, damit ein Orakel erfüllend, das ihn zum Alleinkönig bestimmte. Als er darauf von den Mitkönigen verbannt worden sei, wurde ihm ein weiteres Orakel zuteil, daß die Rache dann kommen würde, wenn sich eherne Männer vom Meere her sehen ließen. Diese seien denn auch in Gestalt der mit Erz gewappneten ionischen und karischen Söldner gekommen, und mit ihrer Hilfe habe Psametich sich zum König gemacht.

Dieser etwas legendäre Bericht enthält immerhin einen historischen Kern. Nach dem Abzug der Äthiopen und Assyrer blieb außerhalb der Thebais eine Vielheit unabhängiger Stadtfürsten, Kommandanten usw. zurück, unter ihnen auch Psametich, der Sohn des Necho, der seine Stellung schon in der Assyrerzeit geschickt erhalten hatte. Ob Necho seinerseits ein Sohn des Bokchoris war und somit eine genealogische Verbindung zwischen der 24. und 26. Dynastie bestand, die die Herrschaftsansprüche des Psametich begründet hätte, ist nicht erweislich. Auf welchem Weg es Psametich gelang, die Oberhoheit über die unterägyptischen Kleinfürsten zu erlangen, wissen wir im einzelnen nicht. Daß er sich, wie Herodot erzählt, dazu der Hilfe griechischer Söldner bediente, ist durchaus möglich. Ihre Anwesenheit in Ägypten während der 26. Dynastie ist bekannt, und von der verständlichen Rivalität zwischen libyschen Militärkolonisten und ihnen werden wir hören. Die Lage des Assyrerreiches mag Psametich Gelegenheit gegeben haben, seine Überlegenheit über die Rivalen zu beweisen und seine Herrschaft zu festigen. Denn der König Gyges von Lydien hielt den Moment für günstig, sich gegen die Assyrerherrschaft aufzulehnen. Möglicherweise hat er sich dazu mit Psametich verbündet und ihm zur Unterstützung kleinasiatisch-griechische Söldner geschickt, in denen dann die „ehernen Männer" Herodots unschwer wiederzuerkennen wären. Der Aufstand verläuft für Gyges unglücklich; er wird 653 v. Chr. getötet. Aber für Psametich war es die Chance, als „Befreier" des Landes zugleich im Besitz eines schlagkräftigen Heeres seine Herrschaft zu behaupten. Er „vertreibt" die Assyrer und verfolgt sie bis zur palästinensischen Stadt Aschdod, die er nach Herodot (II 157) 29 Jahre lang belagert haben soll. Aus ägyptischen Quellen wissen wir freilich nichts von diesen Einzelheiten.

Die Regierung Psametichs datiert in Unterägypten von 663 v. Chr. ab. Aber noch wird in der Thebais Tanutamon als König anerkannt, und erst in seinem neunten Jahre gelingt es Psametich, seine Herrschaft auch über den südlichen Teil des Landes auszudehnen, nachdem offenbar langwierige Verhandlungen vorausgegangen waren. Den formalen Abschluß haben wir in der Adoptionsurkunde der Nitokris [2]. Die Besitzergreifung der Thebais erfolgt auf durchaus legalem Weg: Die amtierende Gottesgemahlin, Schepenupet II., eine Schwester des Taharka, adoptiert als Nachfolgerin Nitokris, die Tochter Psametichs. Damit geht die Thebais in den Besitz der neuen Dynastie über und diese Herrschaftsform hat auch theoretisch bis zu ihrem Ende bestanden. Nitokris adoptiert ihrerseits die Anchnesneferibre, die Tochter Psametichs II., die bis zur Eroberung Ägyptens durch die Perser (525 v. Chr.) das Amt bekleidete. Zu dem Staatsakt in Theben erscheint Psametich allerdings nicht persönlich. Als Vertreter des Gottesstaates sind anwesend der Gouverneur Montemhet und die adoptierende Gottesgemahlin; ferner ist die Dynastie vertreten in der Erbin und künftigen Herrscherin Nitokris. Und schließlich kommt der Fürst von Herakleopolis, Somtutefnacht, der den Titel „Schiffsmeister" führt; die Bezeichnung betrifft die Oberaufsicht über den Schiffsverkehr auf dem Nil, der auch für das Gebiet der Thebais in der Hand der Fürsten von Herakleopolis lag. Nitokris wird in ihr Amt eingesetzt und ihr Besitz und Einkünfte in allen Einzelheiten festgesetzt. Da wir die vorhergehenden Besitzverhältnisse nicht kennen, mag mit der Neuregelung eine Schmälerung des persönlichen Besitzes verbunden sein.

Nach dieser Urkunde gewinnt man den Eindruck, als habe Psametich die bestehenden Machtgruppen, ohne an ihre Struktur zu tasten, übernommen. Aber das kann höchstens für die ersten Jahre seiner vierundfünfzigjährigen Regierung gelten. Denn in den folgenden Jahren läßt sich an einigen Beispielen deutlich erkennen, daß er mit aller Tatkraft daran ging, eine Neuordnung der inneren Verhältnisse einzuleiten, wie sie schon zu Beginn der Äthiopenzeit hätte in Angriff genommen werden sollen. Psametich scheint seit Jahrhunderten der erste Herrscher gewesen zu sein, der entschlossen war, die divergierende Kräfteentwicklung in den beiden Landeshälften energisch zu bekämpfen. Soviel wir wissen (und gerade die Adoptionsurkunde der Nitokris legt eindeutig Zeugnis davon ab), wählte er nicht die Form eines gewaltsamen, jähen Eingriffs, sondern versuchte, nach und nach die bestehenden Kräftegruppen abzubauen und durch einen der Dynastie ergebenen zentralen Verwaltungsapparat zu ersetzen. Damit kam es notwendig zu einem Staatsaufbau, der äußerlich dem des AR nicht unähnlich sein sollte, in dem Sinne, daß unter der zentralen Person des Pharao Beauftragte in den Ressorts der Zentralregierung und den Provinzen des Landes arbeiteten, die weder durch eine feudale örtliche Gebundenheit noch durch eine beanspruchte Erblichkeit des Amtes dem Zentralismus der Dynastie entgegenwirken konnten. Diese Tendenz entsprach dem Geist der Zeit insofern, als sie die alte Zeit als richtunggebendes Beispiel anerkannte, also scheinbar dem „Archaismus" auch im Staatsaufbau Geltung verschaffte. Dem ist es zuzuschreiben, daß wir jetzt in großer Fülle Amts- und Hoftitel wiederfinden, die in jener Vorbild gewordenen Zeit geschaffen waren. Andererseits widersprach freilich das Erstrebte den Zeitumständen (und daran scheiterte wohl letzten Endes dieser letzte Versuch einer Verwaltungsreform); denn die Aufspaltung der Bevölkerung in Klassen, wie sie seit der Ramessidenzeit nachweisbar ist und sich in den dazwischenliegenden Jahrhunderten vertieft hatte, widersetzte sich als eine historische Gegebenheit allen Reformplänen, die eine Reorganisation des Landes im alten Sinne zum Ziele hatten. Die Souveränität der Militärkolonien, die Integrität des Gottesstaates, der Feudalismus einzelner Dynastien waren Faktoren, die sich über fast vier Jahrhunderte entwickelt und in sich gefestigt hatten und deren Auflösung vielleicht durch eine überlegene Gewalt hätte durchgeführt werden können, wenn eine solche hinter dem

Pharao gestanden hätte. In der archaisierenden Titelflut, die uns auf den Denkmälern der Zeit entgegentritt, ist es im Einzelfall nicht leicht zu sagen, welcher Titel ein wirkliches Amt bezeichnet, und es wird der Anschein erweckt, als wäre das AR in seiner Struktur wiederauferstanden. Aber im Überblick über das Ganze lassen sich zwei Grundtatsachen deutlich erkennen: Die Landesverwaltung wird in die Hände eines Kreises von Leuten gelegt, die man als „Königsbeamte" bezeichnen kann. Sie werden unter uralten Titeln in verschiedenen Orten des Landes eingesetzt, um allmählich die bestehenden Kräftegruppen abzubauen, so auf dem Gebiet der Thebais und in Mittelägypten. Und zweitens zeichnen sich diese Leute dadurch aus, daß sie auffällig kurze Stammbäume haben. Das ist bemerkenswert in einer Zeit, wo der Anspruch auf ein Amt durch Erblichkeit sich in weitem Umfang durchgesetzt hatte und wo dieses Prinzip ebenso in der Thebais wie in Unterägypten die Entstehung eines gefährlichen Feudalismus und engen Nepotismus gefördert hatte. In diese Entwicklung muß nach Ausweis der zahlreichen Einzeldenkmäler, die wir haben, der Reorganisationsversuch Psametichs, auch wenn ihm letztlich ein langwirkender Erfolg versagt blieb, hindernd eingegriffen haben.

Das führt zu der interessanten Frage nach der „Erblichkeit der Berufsstände", wie sie zuerst von Herodot (II 164 ff.) als eine im Ägypten der Spätzeit bestehende Einrichtung geschildert worden ist[3]. Nach ihm taucht der Begriff in der antiken Geschichtsschreibung (auch im Zusammenhang mit anderen Völkern als den Ägyptern) noch öfters auf, so bei Plato, Isokrates, Diodor, Strabo, wobei sich allerdings fallweise die Zahl der Stände und ihre Bezeichnung ändert. Hier sei nur auf die Angaben Herodots eingegangen als eines Historikers, der am unmittelbarsten dem Objekt seiner Studien gegenüberstand. Er behauptet, es habe in Ägypten sieben Berufsstände („Arten") gegeben, auf deren Erblichkeit an verschiedenen Stellen seines Werkes hingewiesen wird; allerdings enthält die Formulierung nicht die Behauptung, daß die gesamte Bevölkerung in diesen sieben Gruppen erfaßt sei (es fehlen wichtige Zweige, so alle Handwerker und Bauern). Die sieben Gruppen sind Priester, Krieger, Rinder- und Schweinehirten, Kaufleute, Steuerleute und Dolmetscher. Die Zugehörigkeit zu einer der Gruppen vererbt sich von Vater auf Sohn und es pflegen Heiraten nur innerhalb der Gruppen stattzufinden. Dazu ist von ägyptologischer Seite zunächst festzustellen, daß es sich auf keinen Fall um eine irgendwie staatsrechtlich begründete Institution handeln kann, sondern um ein jeweils verschieden zu begründendes, historisch gewordenes Gewohnheitsrecht. Die Erblichkeit in der Rangstellung (nicht im Beruf!) ist eine seit dem AR nachweisbare Forderung, die der ägyptischen Auffassung vom Verhältnis Vater — Sohn entspricht; sie kann kurz etwa so formuliert werden, daß der Sohn, der ja eine Art Wiederholung des Vaters ist, in jeder Beziehung die Rolle seines Vaters übernehmen sollte. Hieraus entsteht nicht ein gesetzlicher Zwang, sondern ein moralischer Anspruch auf das Erbe auch des Amtes. Dieses Prinzip mußte stets in einem gewissen Antagonismus zur Personalpolitik jeder Staatsleitung stehen, die es niemals uneingeschränkt anerkennen konnte (etwa bezüglich entscheidender Schlüsselstellungen in der Zentral- und Provinzialregierung), sich aber andererseits auch nicht völlig darüber hinwegsetzen konnte (wie es etwa Amenophis IV. getan hatte). In der Spätzeit hatte dieses Prinzip mit der fortschreitenden Schwächung des Königtums immer stärker den Charakter eines Gewohnheitsrechtes angenommen. Am ungehindertsten breitet es sich natürlich in den politisch belanglosen Schichten etwa des niederen Priestertums aus; aber seit der 22. Dynastie finden wir auch in entscheidenden Schichten generationenlange Stammbäume, deren Zweck es u. a. ist, die Rechtmäßigkeit der ererbten Ämter in der Hand des Nachkommen zu dokumentieren. Und seit dieser Zeit hat das Prinzip natürlich wesentlich zur Zersplitterung des Landes (bei unabhängigen Hohenpriestern, Stadtfürsten usw.) beigetragen.

Sehen wir uns die von Herodot genannten Gruppen im einzelnen an, so läßt sich unschwer erkennen, daß gerade sie in der sozialen Struktur der Spätzeit dem fremden Betrachter als tatsächlich staatliche Institutionen erscheinen konnten. Eine gewisse zwangsmäßige Zugehörigkeit zur Gruppe der Priester oder Krieger hatte sich schon seit der Ramessidenzeit angebahnt; beide sind seit damals etwa bezüglich ihrer Besitz- und Steuerverhältnisse verschieden behandelt worden. Allerdings verdankt der Krieger„stand" damals wie später seine Geschlossenheit nicht einem Berufskriegertum, sondern der Tatsache, daß seit der Ramessidenzeit Krieger „fremdländischer Söldner" heißt. Dem Kriegerstand liegt also nicht die Zugehörigkeit zu einem bestimmten Beruf, sondern zu einem fremden Volkstum zugrunde. Davon schied sich naturgemäß die Zugehörigkeit zum Tempel, die nach der spezifisch ägyptischen Bedeutung des Begriffs „Tempel" (als Wirtschafts- und Verwaltungseinheit) einen großen Teil der einheimischen Bevölkerung betraf. Ob man Herodots Bezeichnung „Priester" überhaupt in dem Sinne auffassen darf, daß darunter ein geschlossener geistlicher Stand im Gegensatz zu „Laien" verstanden werden soll, scheint mir äußerst zweifelhaft, da sich aus dem Ägyptischen ein Begriffspaar „Priester“ — „Laie“ nicht unmittelbar ableiten läßt; außerdem ist die spätere griechische Bezeichnung für „Priester“ im geistlichen Sinne „Prophet“ (neben anderen bestimmte priesterliche Funktionen bezeichnenden Termini), welches Wort Herodot nicht verwendet. Man wird, wenn man das Werden der Dinge von Ägypten aus im Auge hat, die Herodoteischen Bezeichnungen nicht mißinterpretieren, wenn man „Priester“ und „Krieger“ mit „Tempelzugehöriger“ und „Militärkolonist“ wiedergibt. Die weiteren Angaben Herodots, die Teilung der Krieger in „Hermotybier“ und „Kalasirier“, ihre Organisation und Verteilung über das Land machen einige Interpretationsschwierigkeiten. Welche ägyptischen Wörter den Namen zugrunde liegen, ist verschieden, aber nicht befriedigend beantwortet worden; über ihre zahlenmäßige Stärke (160 000 Hermotybier und 250 000 Kalasirier) wissen wir nichts; ihre Verteilung auf die einzelnen Gaue wird insofern richtig sein, als das Schwergewicht der Militärsiedlungen jedenfalls in Unterägypten lag.

Die beiden folgenden Gruppen, die der Rinder- und Schweinehirten, spielen in ägyptischen Quellen keine große Rolle. Daß sie Herodot als erbliche Berufsstände erscheinen, läßt sich aus der ägyptischen Einstellung ihnen gegenüber zumindest wahrscheinlich machen. Hier ist es wirklich der Beruf als solcher, der eine gewisse Sonderung bedingte. Dem Ägypter der historischen Zeit ist das Dasein der Hirten stets „deklassiert“ erschienen, wobei bezüglich der Schweinehirten noch ihr Umgang mit einem kultisch suspekten Tier ins Gewicht fiel. Hinter der vorwiegend gesellschaftlichen Sonderung der Hirten verbirgt sich wohl ursprünglich eine lange nachwirkende Erinnerung an die vorgeschichtliche soziologische Struktur der Bevölkerung. Bei den „Kaufleuten“ haben wir es wiederum mit einer Gruppe zu tun, bei der neben der Berufs- wohl auch die Volkszugehörigkeit eine Rolle spielte. Kaufleute scheint es im älteren Ägypten (vor dem NR) nicht gegeben zu haben. Erst in der 18. Dynastie taucht Begriff und Bezeichnung „Kaufmann“ (mit einem vorher nicht belegten Wort) auf, und so wenig wir von ihrem Wirken und ihrer Einstufung im einzelnen wissen, so ist doch die Vermutung naheliegend, daß der Handel als eine im Wirtschaftsleben Ägyptens ursprünglich fremde Institution in den Händen von Nichtägyptern lag, Syrern, Palästinensern u. a. Von hier aus könnte eine gewisse Sonderung des Standes erklärlich sein. Bei den „Steuerleuten“ dürfte ebenfalls die Volkszugehörigkeit in dieser Zeit das Entscheidende sein. Phöniker und (seit Necho, dem Sohne Psametichs) Griechen haben vor den Ägyptern die seemännische Fertigkeit voraus. Zu den „Dolmetschern" schließlich läßt sich wenig sagen. Das Amt und der Titel sind seit dem AR bekannt. Ob es in der Spätzeit jeweils von Ausländern ausgeübt wurde, ist zumindest nicht unwahrscheinlich. Im ganzen erweist sich Herodot auch hier als guter Beobachter, wenn man nicht mehr in seine Worte hineinlegt, als in ihnen enthalten ist. Er beschreibt eine ihm auffallende soziale Erscheinung, die er (das darf nicht übersehen werden) etwa 80 Jahre nach dem Ende der 26. Dynastie beobachtet hat. Nach allem, was wir von der sozialen Struktur der Spätzeit wissen, hat diese Erscheinung tatsächlich bestanden. Allerdings müssen wir aus der Kenntnis des ägyptischen Wesens diese Erscheinung als etwas historisch Gewordenes zu erklären versuchen, während Herodot, dessen eigentlich historische Kenntnisse nicht über die 26. Dynastie hinausgehen und der als Grieche über den Staat nachdenken konnte (was der Ägypter nicht konnte), geneigt ist, in der Erscheinung eine Institution staatsrechtlicher Organisation zu sehen.

Wäre Psametichs Reorganisationsversuch geglückt, so hätte Herodots Beschreibung vom sozialen Aufbau des Landes wahrscheinlich anders ausgesehen. Aber die Schwierigkeiten, die sich ihm entgegenstellten, lagen nicht nur im Beharrungsvermögen eines von langher gewordenen Zustandes, sondern auch im Hinzutreten neuer Widerstände und Rivalitäten, die durch ein neues Fremdelement im Lande, die Griechen, hervorgerufen wurden. Daß schon bei der Thronbesteigung des Psametich griechische Söldner mitgewirkt haben, geht aus dem Bericht Herodots hervor und man kann sich ihre Rolle als Gegengewicht gegen die libyschen Militärkolonisten, aus deren Abhängigkeit sich der König freimachen wollte, in großen Zügen vorstellen. Seitdem tauchen sie bei den Feldzügen der Saitendynastie wiederholt auf und es scheint, als habe sich die Dynastie vorwiegend auf sie gestützt. Necho, der Nachfolger Psametichs, soll eine Kriegsflotte aus (griechischen) Trieren geschaffen haben. Diese Neuschöpfung ist weiterhin ein Zeichen für die Planmäßigkeit, mit der die Dynastie innen wie außen eine Wiederherstellung der Bedeutung Ägyptens anstrebte. Um mit der neuen Flotte freizügig operieren zu können, begann Necho, das Niltal mit dem Roten Meer durch einen Kanal zu verbinden. Er verband nicht wie der heutige Suezkanal das Mittelmeer direkt mit dem Roten Meer, sondern folgte vom See Timsah dem Wadi Tumilât und stellte so eine mittelbare Verbindung zwischen beiden Meeren her. Das Werk ist aber von Necho nicht zu Ende geführt worden. Angeblich bestimmte ihn ein Orakelspruch, daß er zum Nutzen eines Barbaren arbeite (Herodot II 158), zur Unterbrechung; nach derselben Quelle sollen außerdem 120 000 Ägypter beim Bau umgekommen sein. Tatsächlich ist der Kanal späterhin von Darius vollendet worden (s. S. 242).

Mancherlei Anzeichen weisen auf früh entstandene Schwierigkeiten mit griechischen Söldnern. Die Grenzgarnisonen des Landes, in Marea an der Nordwestgrenze, Daphnae (Tell Defenneh) an der Nordostgrenze und Elephantine im Süden bilden naturgemäß die Unruheherde. Herodot (II 30) erzählt, die Garnisonen seien unter Psametich I. vom König abgefallen, weil sie drei Jahre lang nicht abgelöst wurden, und trotz der Vorstellungen des Königs seien sie nach Äthiopien gezogen. Für Herodot erklärt sich daher der ägyptische Charakter der äthiopischen Kultur. Ob tatsächlich vielleicht ein Niederschlag vom Auszug der Äthiopen in den ersten Jahren Psametichs und eine vielleicht gewaltsame Ablösung ihrer Garnisonen durch griechische und libysche Söldner stattgefunden hat, ist fraglich. Ein ägyptischer Text aus der Zeit des Apries, des Nachfolgers Psametichs II., erzählt von einem Aufstand der südlichen Garnison Elephantine[4]. Unter dem Gouverneur Neshor wollten die Söldner (er nennt „Beduinen, Griechen, Asiaten und andere") vom König abfallen und nach Süden ziehen. Doch habe Neshor sie zum Bleiben bewegen und dem König wieder zuführen können. Die Vorfälle zeigen deutlich, daß verschiedentlich ernstliche Schwierigkeiten in der Behandlung der Söldnerheere aufgetreten sind. Und – aus der weiteren Entwicklung rückschließend – können wir mit einiger Sicherheit sagen, daß hinter ihnen nicht allgemeine Schwierigkeiten etwa der Soldzahlung standen, sondern daß die Unzufriedenheit der (libyschen) Militärkolonisten mit den bevorzugten griechischen Söldnern dahintersteckte. Hinzu kommt, daß mit den griechischen Söldnern auch griechische Kaufleute ins Land kommen und für ihren Teil ebenfalls Einfluß auf die inneren Verhältnisse erlangen.

Diese Dinge haben nun nicht nur eine Reorganisation durch den zwischen den Machtgruppen lavierenden Pharao verhindert, sondern sie führen unter der Regierung des Apries zu einem Staatsstreich, der dem Hause des Psametich den Thron kostete. Die Ereignisse sind am ausführlichsten bei Herodot (II 161 ff.) erzählt; sodann besitzen wir die offizielle Darstellung des den Thron usurpierenden Amasis[5] und schließlich einige undurchsichtige Anspielungen in ägyptischen Privatinschriften. Eine kritische Behandlung der verschiedenwertigen Quellen läßt nicht nur die Ereignisse selbst, sondern auch ihre Hintergründe deutlich werden. Der Anlaß liegt weit im Westen: Die libyschen Stämme empören sich gegen die Erweiterung der griechischen Kolonie Kyrene, die zur Zeit Psametichs I. von dem Dorer Battos gegründet worden war. Sie wenden sich um Hilfe an den König Apries. Er schickt ein Heer, das aber geschlagen wird. Darauf entstehen Aufstände, doch offenbar im libyschen Teil der ägyptischen Armee. Der Vorgang beleuchtet schlagartig die heikle Situation der Dynastie zwischen den Kräften und die enge Verbindung, die zwischen Ägypten und den libyschen Stämmen bestand. Als Apries den General Amasis zum Heer schickte, das noch außerhalb Ägyptens stand, um wieder Ordnung herzustellen, macht dieser mit den Aufständischen gemeinsame Sache und läßt sich zum König ausrufen. 569 v. Chr. kommt es zu einer Schlacht zwischen Apries und Amasis (nach Herodot bei Momemphis). Auf seiten des Apries kämpfen nach übereinstimmender Aussage Herodots und des ägyptischen Textes die griechischen Söldner; Herodot spricht von 30 000 Karern und Ioniern; der ägyptische Text von „Haunebut (der uralte Ausdruck für ‚Nordvölker'), deren Zahl man nicht kennt". Apries mit den Griechen wird besiegt und Amasis führt nach Herodots Bericht den König gefangen in die Residenz Sais, wo er ihn in ehrenvoller Gefangenschaft hielt. Auf Drängen der Ägypter liefert er ihn aus, er wird getötet und dann dennoch in den Königsgräbern im Tempel von Sais beigesetzt. Nach der ägyptischen Quelle findet eine zweite Schlacht statt, in der Apries wiederum überwunden und getötet wird; auch nach dieser Quelle richtet ihm Amasis ein königliches Begräbnis aus.

Bei mancherlei Verschiedenheiten im einzelnen stimmen die beiden Berichte in wesentlichen Punkten überein. Der Grund der Auseinandersetzung ist die Rivalität der Griechen und Libyer, die an einem peripheren Punkt zum Ausbruch kommt. Deutlich wird die seit Psametich I. zu vermutende Abhängigkeit der Dynastie von den griechischen Söldnern. Amasis macht sich die Situation zunutze und wird mit Hilfe der libyschen Gegenpartei zum König ausgerufen. Auffällig und für die Beurteilung der Dynastie von entscheidender Bedeutung sind gewisse Formulierungen der Darstellung, die die Ereignisse von seiten des Amasis schildert: Obwohl Amasis auf dem Denkmal mit der vollen Königstitulatur auftritt, nennt er auch den Apries als König (später allerdings nur „Herrscher"), und dem gefallenen Gegner gewährt er eine rituelle Bestattung. Diese scheinbaren Kleinigkeiten in einem Dokument der offiziellen Geschichtsschreibung machen den unägyptischen Charakter der Dynastie deutlich. Auch hier ist dieselbe Haltung erkennbar, wie sie etwa bei den libyschen Militärkönigen der 22./23. Dynastie erwartet werden kann, niemals aber bei den wirklichen ägyptischen Pharaonen, zu denen eben trotz allen „archaisierenden" Formen die Könige der 26. Dynastie nicht mehr gehören. Wenn dynastische Kämpfe in früheren Zeiten (etwa bei Beginn der 18. Dynastie oder in der Auseinandersetzung zwischen Hatschepsut und Thutmosis III.) sich aus den Quellen überhaupt erkennen ließen, dann lagen die spärlichen Anzeichen in den Nennungen undurchsichtiger Decknamen, in der Zerstörung von Denkmälern und Namensinschriften allein. Hier dagegen spricht eine beinahe ritterliche Anerkennung des unterlegenen Gegners zu uns. Das könnte als ein menschlicher Fortschritt erscheinen; gemessen an der typisch ägyptischen Wesensart bedeutet es aber einen Beweis mehr, daß das Königtum aus seiner sakralen Bindung herausgetreten ist, daß es auch jetzt die Trennung in das Gottkönigtum des Amun und ein „weltliches" Königtum nicht hat beseitigen können, wobei die Idee des Gottkönigtums mit dem Auszug der Äthiopen jede Wirklichkeit verloren hat, so daß ein rein säkulares Herrschertum übrig geblieben ist.

Für Amasis wäre es nach dem Tod des Apries und seinem Sieg über die griechischen Söldner theoretisch möglich gewesen, ein libysch-ägyptisches Reich konsequent zu verwirklichen. Das verbot aber seine Einsicht in die Weltlage, die er mit überraschender Klugheit überblickte und auf die er durch planvolle Innen- und Außenpolitik das Land einstellte. Dazu ist es notwendig, zurückgreifend die Hauptursachen der Außenpolitik seit der „Vertreibung" der Assyrer sich zu vergegenwärtigen.

Daß die Beziehungen zum Westen seit der Bubastidenzeit enger waren, als die ägyptischen Quellen es fallweise vermuten lassen, war schon oben (S. 219) gesagt, und die Ereignisse unter Apries/Amasis bestätigen die Annahme. Allerdings hatte dieses Verhältnis offenbar keine feste politische Form angenommen (etwa im Sinne einer Schutzherrschaft), sondern bestand in der Verwandtschaft der in Ägypten herrschenden Militärklasse und der Dynastie selbst mit den libyschen Stämmen. Wie Amasis diese Beziehungen weiter ausbaute, wird noch zu besprechen sein. Im Süden haben die ersten Herrscher der Dynastie sich offenbar mit der traditionellen Grenze bei Elephantine begnügt. Erst von Psametich II. ist ein Feldzug nach Nubien überliefert (wieder sowohl bei Herodot wie in ägyptischen Quellen). Unter dem General Amasis, der die Ägypter (d. h. libyschen Söldner) befehligte, und dem General Potasimto, unter dessen Kommando die ionischen, karischen und phönikischen Söldner standen, stieß das ägyptische

Heer weit nach Süden vor. Graffiti von dieser Armee, die ihre vielschichtige Zusammensetzung beweisen, haben sich bei Abu Simbel gefunden. Ägyptische Texte (2 Stelen in Karnak und Tanis) nennen verschiedene Orte, die erreicht worden sind, als südlichsten einen Ort Kerkis, der vielleicht beim fünften Katarakt zu suchen ist[6]. Ob der Anlaß zu diesem Zug allgemein in der Tendenz liegt, das alte Weltreich wiederherzustellen, oder ob die Äthiopen ihrerseits versuchten, das unter Tanutamon vor 70 Jahren verlorene Ägypten wiederzuerobern, wie es der Wortlaut des ägyptischen Textes nahelegt, ist nicht sicher. Jedenfalls bleibt der Zug einmalig und brachte außer erheblicher Beute (die äthiopische Residenz Napata mit ihren Nekropolen ist jedenfalls erreicht worden) keinen politischen Gewinn. In Ägypten selbst wird seitdem das Andenken der Äthiopenkönige verfolgt: Tilgung ihrer Namen auf Baudenkmälern findet sich öfters.

Wechselvoller sind die Verhältnisse in Palästina–Syrien, dessen geographische Lage es seit mehr als einem Jahrtausend zum Spielball der rings angrenzenden Großmächte gemacht hatte. Die Politik Ägyptens zu dieser Zeit läßt sich mit der bekannten Strategie umschreiben: dem oder den Schwächeren gegen das Aufkommen einer neuen Macht zu helfen und durch skrupellose Benutzung bestehender Rivalitäten den eigenen Einfluß zu stärken. Meder und Babylonier haben inzwischen das Assyrerreich von zwei Seiten bedroht. Nabopolassar von Babylonien hatte seine Herrschaft über Syrien ausgedehnt und in Josias, dem König von Juda, einen Verbündeten gewonnen. Necho besiegt und tötet den schwächeren Verbündeten, führt seinen Sohn Joachaz in ägyptische Gefangenschaft und setzt einen zweiten Sohn des Josais, Eljakim (Jojakim) als König in Jerusalem ein. Nochmals gelingt es dem Pharao, durch Syrien bis zum Euphrat zu ziehen. Aber Nabopolassar schickt seinen Sohn gegen Necho, schlägt ihn bei Karchemisch, und die ägyptische Armee muß sich bis ins Delta zurückziehen. Nabuchodonosor (= Nebukadnezar), um 605 v. Chr. König von Babylonien geworden, beseitigt in Jerusalem die Herrschaft des Ägypten hörigen Jojakim und setzt dessen Sohn Matthania unter dem Namen Zedekia als ihm genehmen König ein, treibt also die gleiche Politik, deren sich Necho bedient hat. Necho seinerseits bereitet künftige Unternehmungen dadurch vor, daß er, getreu den großen Vorbildern der 18. Dynastie, die Flotte ausbaut; nach Herodot benutzt er dazu griechische Trieren, wohl als den modernsten und überlegensten Schiffstyp. Daß diese außenpolitisch notwendige Maßnahme die inneren Gegensätze nur verschärfte, lehrte die Folgezeit. Psametich II. unternimmt nach seinem so erfolgreichen Feldzug nach Nubien einen Zug nach Phönikien, der nach einer guten ägyptischen Quelle weniger ein Feldzug als eine Reise mit offenbar diplomatischen Zwecken gewesen ist. Apries setzt, sich offenbar der von Necho geschaffenen Flotte bedienend, die Bestrebungen fort, eine günstige Ausgangsposition zu schaffen, und zwar einmal dadurch, daß er die Küstenstädte Tyrus und Sidon in ägyptische Hand zu bekommen versucht, zum anderen steckt er hinter dem jüdischen Aufstand von 587 v. Chr., der Nabuchodonosor veranlaßte, Jerusalem zum zweiten Male zu erobern und einen guten Teil des Volkes in die „babylonische Gefangenschaft" zu führen. Ein geringerer Teil des jüdischen Volkes floh nach Ägypten, wo es seither mehrere jüdische Gemeinden gab. Von einer von ihnen, in Elephantine, wurden am Anfang dieses Jahrhunderts aramäisch geschriebene Papyri (Akten, Briefe, Geschäftsurkunden) gefunden, die zwar aus dem fünften Jahrhundert v. Chr. stammen, aber als Quelle für die Religion des vorexilischen Judentums bedeutungsvoll sind[7].

Das eben ist die Situation, in der Amasis die Herrschaft antritt: Im Inneren die bis zum offenen Krieg gesteigerte Gegensätzlichkeit zwischen libyschen Militärkolonisten und Griechen, die ihm zwar zum Thron verholfen hat, die er aber nicht durch Gewalt beseitigen kann; denn hinter den einen stehen die libyschen Stämme, das weite Hinterland bis Siwa. Und die Schlagkraft der griechischen Söldner hatte sich in allen Feldzügen der Dynastie bewiesen; zudem befand sich die Flotte in ihrer Hand. Nach außen war die Grenze im Süden fest; nach Westen hatte Amasis Verbündete, solange es ihm gelang, die libysche Partei auf seiner Seite zu halten. Im Nordosten waren die mit List und Gewalt begonnenen Vorbereitungen zu einer Auseinandersetzung mit den Babyloniern fortzusetzen. In seiner vierundvierzigjährigen Regierung hat Amasis die Vielfalt der miteinander verbundenen Schwierigkeiten gemeistert, und zwar nicht mit Gewalt, sondern durch eine vorsichtige Diplomatie, deren Mittel wir zwar nicht im einzelnen kennen; doch dürfte er in ihrer Wahl nicht eben wählerisch gewesen sein, wenn das Bild, das Herodot von ihm zeichnet, zutrifft: Er gewann die Ägypter „mit Klugheit und ohne Schärfe"; er war volkstümlich, unzeremoniell, trunkliebend. Und ein später ägyptisch-demotischer Papyrus (aus der frühen Ptolemäerzeit) bestätigt dieses Bild. Wie Amasis im einzelnen es fertiggebracht hat, nicht nur die libyschen Militärkolonisten in Ägypten für sich zu gewinnen, sondern auch in irgendeiner Form Einfluß auf die Stämme zu nehmen, wissen wir nicht. Ungewiß ist es noch, ob bereits in dieser Zeit die ursprünglich libyschen Tempel in Bahrije und Siwa (Aghurmi) ägyptisiert worden sind. Die Annahme, Amasis sei dort der als ältester nachweisbare ägyptische Bauherr, scheint sich nicht zu bestätigen. So bleibt es offen, wann der Kult des Gottes von Siwa ägyptische Formen angenommen hat. Diodor (XVII 50) hat den Tempel und den Kult des Gottes beschrieben. Das Verhältnis zu Libyen ist auch jetzt sicher nicht das zu einer Kolonie gewesen; wahrscheinlich hat der Pharao nicht mehr als eine freiwillig anerkannte Schutzherrschaft ausgeübt. Aber die Tatsache an sich ist bedeutsam genug: Jetzt ist die Einreihung Ägyptens in ein Kräftefeld, das mit breiter Front sich an der südlichen Mittelmeerküste erstreckte, endgültig verwirklicht und damit eine Entwicklung abgeschlossen, die in der 22. Dynastie begonnen hatte. Die Stellung Ägyptens in der sich anbahnenden Auseinandersetzung zwischen Europa und Asien, die in den Perserkriegen gipfelte, ist zwar noch nicht entschieden, aber durch die Einbeziehung des Westens und die traditionelle Gegnerschaft gegen die jeweilige asiatische Großmacht vorgezeichnet. Und Einzelheiten der späteren Geschichte (der Zug des Kambyses und Alexanders des Großen nach Siwa) erhalten ihren Sinn, wenn man zu der weiten Geltung des Orakelheiligtums seine wenn auch junge Verbundenheit mit Ägypten hinzunimmt und seine Bedeutung so auffaßt, daß es für das östliche Mittelmeer etwa die Geltung und Anerkennung besaß, die im vorhergehenden Jahrtausend der thebanische Amunkult für das ägyptische Weltreich besessen hatte.

Und dennoch gelang es demselben Amasis, den Namen eines „Griechenfreundes" zu erwerben. Aus seiner Innenpolitik kennen wir zwei Fakten, die seine Griechenpolitik kennzeichnen. Beide waren geeignet, auf der einen Seite die Beunruhigung durch den griechischen Einfluß zu beschwichtigen, auf der anderen die Entfaltungsmöglichkeiten der Griechen zu kontrollieren, ohne diese selbst als Parteigänger zu verlieren. Amasis verlegte die griechische Garnison von Daphnae nach Memphis; damit war sie einerseits durch die Verlegung in die alte Krönungs- und Königsstadt geehrt, andererseits inmitten des Landes der Verlockung zur Selbständigkeit und zur Verbindung mit griechischen Söldnern auf der gegnerischen Seite enthoben. Außerdem gab er den griechischen Handwerkern und Händlern die Stadt Naukratis im Delta zur Kolonie, so daß sie nun hier Gelegenheit hatten, in einer griechischen Polis zu siedeln und ihr Verkehr mit der Bevölkerung (auch im Hinblick auf Zölle und Steuern) vom Staat unmittelbar überwacht werden konnte. Damit löste Amasis nicht nur geschickt verschiedene bestehende Schwierigkeiten, sondern er trug einem Faktor Rechnung, den der Alte Orient nicht kannte und der in Ägypten erst durch Griechen, dann durch die Perser ins Leben gerufen wurde: dem Gefühl für die nationale Besonderheit. – In der Außenpolitik verdankte Amasis den Ruf seiner Griechenfreundlichkeit einer geschickten Bündnispolitik. Mit den Griechen von Kyrene verband er sich durch Heirat mit der Prinzessin Ladike aus dem Hause des Battos. Er schloß ein Bündnis mit Krösus von Lydien, der seinerseits mit Sparta und Babylonien gegen die aufstrebende Herrschaft der Perser unter Kyros verbündet war. Als nach der Mitte des Jahrhunderts dieser Bundesgenosse den Persern unterlag, unterwirft Amasis Zypern und schließt mit Polykrates von Samos ein Bündnis. Nach Athen, Sparta und Lindos (auf Rhodos) unterhält er Beziehungen und weiht Geschenke. Die klare Stellungnahme für das Abendland gegen Persien hat freilich politisch keinen Erfolg. In der kurzen Regierungszeit seines Sohnes Psametichs III. bricht das „Cauchemar des coalitions" zusammen. Wenn die Überlieferung richtig ist, verdankte Ägypten seine rasche Niederlage der Unzuverlässigkeit gerade seiner Verbündeten und Parteigänger. Als Kambyses, der Sohn und Nachfolger des Kyros, 525 v. Chr. auf dem alten Einfallsweg über die Landenge von Sinai gegen Ägypten zieht, angeblich geführt von einem Überläufer, der anfänglich in Amasis Diensten gestanden hatte, Phanes von Halikarnass, kommt es bei Pelusium zur Entscheidungsschlacht. Psametich verliert sie und zieht sich auf Memphis zurück. Während der Belagerung der Stadt trifft von den in Libyen ansässigen Griechen Botschaft ein, daß sie die Unterwerfung anbieten. Darauf muß auch Memphis übergeben werden und Psametich fällt in die Hand des Kambyses. Da er wieder neue Aufstände anzuzetteln versucht, wird er getötet. Damit endet die letzte ägyptische Dynastie, die noch einmal über eineinhalb Jahrhunderte versucht hat, die Selbständigkeit des ägyptischen Reiches in einer von neuen Kräften bewegten Welt zu behaupten.

Das übrige Ägypten fällt Kambyses unschwer zur Beute. Aber der König sucht offenbar, das volle Erbe des alten Pharaonenreiches anzutreten, auch das sagenhaft reiche Äthiopien und die geheimnisvollen Oasen bis Siwa in seine Macht zu bekommen. Der Zug nach Äthiopien muß abgebrochen werden, weil dem Heer der Proviant ausging. Die von Oberägypten nach Siwa ausgeschickte Armee erreicht offenbar die Oase el Charge (hier mischen sich bei Herodot, der darüber berichtet, mythische Vorstellungen ein: Es sei die Landschaft, die von den Griechen „Insel der Seligen“ genannt werde). Auf dem Wege zwischen el Charge und Siwa kommt aber das gesamte Heer in einem Sandsturm um. Wahrscheinlich geriet das Heer in die Dünen des „Großen Sandsees“, an dessen Ostrand Spuren einer alten Karawanenstraße mit Wegmalen gefunden wurden[8]. Nach drei Jahren stirbt Kambyses auf der Rückreise in Syrien, nachdem er Aryandes als Satrapen der neuen persischen Provinz Ägypten eingesetzt hatte.

5. Die Fremdherrschaft der Perser (27./30. Dynastie)

Fast zwei Jahrhunderte liegen zwischen der Eroberung Ägyptens durch Kambyses und der endgültigen Befreiung von der Perserherrschaft durch Alexander den Großen[1]. Die Zeit ist nicht arm an historischem Geschehen; Aufstände und Befreiungsversuche unterbrechen die Fremdherrschaft; die politische Teilnahme an den Geschehnissen der Weltpolitik (den Perserkriegen) ist offenbar größer und unmittelbarer als zu anderen Zeiten. Und doch gehört diese Epoche eigentlich nur insofern zur ägyptischen Geschichte, als sie sich auf ägyptischem Boden abspielt; sie tut es nicht in dem Sinne, daß Ägypten als Machtfaktor souverän und bestimmend in die Ereignisse eingreift. Trotzdem erweist sich auch in dieser Epoche die zählebige Kraft des ägyptischen Geschichtsbewußtseins und die assimilierende Stärke der Niltalkultur: Auch die Herrschaft der Perser und ihrer ephemeren Gegenspieler wird in das Schema der ägyptischen Geschichtsauffassung – die Dynastienfolge – einbezogen und in den offiziellen Darstellungen und Titulaturen erscheint ein Darius ebenso als legitimer Nachfolger der Pharaonen wie ein makedonischer Ptolemäer oder römischer Kaiser.

Das Bild, das die spätere Überlieferung vom Eroberer Kambyses zeichnete, ist durch Haß verzerrt. In den Untaten, die ihm zugeschrieben werden (die Tötung des Psametich dadurch, daß er ihn Stierblut trinken ließ; die Ermordung eines Apisstieres) drücken sich nationale Ressentiments aus. Eine sachliche Grundlage haben sie darin, daß er Tempelvermögen konfiszierte, und eine ideelle darin, daß Kambyses an der Spitze der Reihe wirklicher Fremdherrscher steht. Unter Darius scheint ein Wechsel in der Behandlung des unterworfenen Landes eingetreten zu sein. Er läßt angeblich die ägyptischen Gesetze sammeln und aufzeichnen; er gibt den Tempelbesitz zurück und tritt ganz im Stile eines Pharao als Bauherr in mehreren ägyptischen Tempeln auf; den großen Tempel in der Oase el Charge hat er gebaut. Den

Kanal, der den Nil mit dem Roten Meer verband und der von Necho begonnen worden war, vollendete Darius; er säumte seinen Lauf mit Stelen, auf denen die Satrapien des persischen Reiches verzeichnet waren. Im ganzen zeigen die Einzelheiten, daß Darius den Wert der neuen Provinz erkannte und sich den größtmöglichen Gewinn versprach, wenn er ihr die eigene, historisch gewordene Verwaltungs- und Lebensform beließ. Von ägyptischer Seite haben wir nur ein Denkmal, das – freilich in subjektiver Art – die Ereignisse von Amasis bis Darius darstellt[2]. Es handelt sich um die Biographie eines Udjehorresnet, der in Sais lebte, am Ende der 26. Dynastie Flottenkommandant war, sich sofort der neuen Macht der Perser zur Verfügung stellte und in seiner naturgemäß apologetischen Biographie bestrebt ist, die Wohltaten der Perser, auch des Kambyses, für Ägypten und seine Heimat Sais hervorzuheben, wobei er seinen eigenen Anteil an diesen Wohltaten gebührend betont.Er selbst habe bewirkt, daß der König die Tempeleinrichtungen in Sais wiederherstellte. Auf seine Veranlassung habe der König befohlen, daß die Fremden, die sich im Tempelgebiet niedergelassen hatten, vertrieben wurden, ihre Wohnstätten abbrachen und mit eigenen Händen ihren Unrat entfernten. Danach sei der Tempel gereinigt worden, Tempelschule und Opfer wiederhergestellt und Kambyses habe selbst Opfer dargebracht wie jeder König vor ihm. Kambyses, einmal als sinnloser Wüterich, dann als milder Herrscher, – die Diskrepanz in der Überlieferung erklärt sich aus dem verschiedenen Standpunkt der Überliefernden. Im ersten Falle ist das Bild von einem späteren Nationalismus gezeichnet und durch die Hand griechischer Geschichtsschreiber gegangen. Im zweiten Falle ist es von der Rechtfertigung suchenden Geschmeidigkeit eines persischen Parteigängers bestimmt. Im Grunde scheint der Zustand des Landes in dieser „ersten Perserzeit" nicht unerträglich gewesen zu sein.

Wenn wir trotzdem in der Folgezeit von Aufständen und kurzlebigen Dynastien hören, die zeitweise sogar das ganze Land beherrschten, so steht als treibende Kraft jedenfalls nicht eigentlich das Ägyptertum dahinter, das sich zu dieser Zeit immer weiter von einer Teilnahme am aktuellen politischen Geschehen zurückgezogen hatte und auch über keinerlei Machtmittel verfügte. Die treibenden Kräfte sind vielmehr ausschließlich in der libyschen Militärführern und Häuptlingen zu zuchen, sei es, daß sie Nachkommen des Königshauses der 26. Dynastie waren oder Stadtfürsten, sei es, daß sie in Unterägypten lebten oder als Stammeshäuptlinge in Libyen. Ihre Aufstandsversuche stehen meist im

Zusammenhang mit der griechisch-persischen Auseinandersetzung. So bricht nach der Niederlage von Marathon in Ägypten ein Aufstand aus, den Xerxes 484 v. Chr. niederschlägt. Um 460 v. Chr. versuchen Amyrtaios von Sais und ein gewisser Inaros mit Unterstützung der athenischen Flotte die Perserherrschaft abzuschütteln. Der Versuch scheiterte letzten Endes. Aber der Enkel des Amyrtaios mit gleichem Namen kann um 410 v. Chr. einen neuen Aufstand entfachen, der ihm zu einer kurzlebigen Herrschaft (28. Dynastie) über einen Teil des Landes verhilft, gerade zu der Zeit, als das Perserreich durch die Kämpfe zwischen Artaxerxes II. und seinem Bruder Kyros einer starken Hand beraubt ist. Zweifellos trug zur Vergänglichkeit aller dieser ägyptischen Herrscher entscheidend bei, daß unter den Führern der Aufstände keine Planmäßigkeit und Einigkeit herrschte. Die Regierung des Amyrtaios wird abgelöst durch die der sogenannten 29. Dynastie, die aus Mendes im Delta stammen soll. Ihre Könige gehören wahrscheinlich nicht der gleichen Familie an und verdanken ihre Herrschaft jeweils wohl nur ihrer Partnerschaft in Bündnissen mit Athen oder Sparta und können sich nur wenige Jahre gegen andere Prätendenten halten. Dasselbe gilt im Grunde auch für die 30. Dynastie. Nur ihr erster König, Nektanebos I., der aus Sebennytos stammte und auf unbekannte Weise den letzten König der 29. Dynastie Nepherites II. entthronte, hat für Ägypten einige Bedeutung. Er ist durch Denkmäler in beiden Landesteilen bezeugt und scheint sich bemüht zu haben, nochmals eine Reorganisation des Landes durchzuführen. Wir kennen von ihm einen Erlaß, durch den er Einfuhrzölle und Steuern der griechischen Stadt Naukratis dem Neithtempel von Sais überschreibt. Auch diese Zuwendung wie andere, von denen wir in der Spätzeit gelegentlich hören, darf nicht im Sinne der Stärkung irgendwelcher Priesterschaften aufgefaßt werden; sie bildeten zweifellos keinen Machtfaktor an sich, den zu stärken gelohnt hätte. Vielmehr liegt wohl ein Versuch in der Richtung vor, die alte eigenartige wirtschaftliche Struktur des Landes wiederherzustellen, also eine mittelbar staatliche Wirtschaftsinstitution zu stärken. Es gelingt Nektanebos sogar, einen persischen Angriff unter dem Satrapen von Syrien, Pharnabazos, bei Memphis abzuwehren und die Herrschaft schließlich an seinen Sohn Teos zu übergeben. Teos greift zu einem in der ägyptischen Geschichte einmaligen Mittel, um sich noch einmal griechischer Söldner zu bedienen: Er läßt, ausschließlich für ihre Entlohnung, Silbermünzen prägen, da den griechischen Söldnern mit der alten Form der Entlohnung durch Boden- und Viehbesitz nicht gedient war. So gelingt es ihm, ein ansehnliches Heer nach Syrien zu führen. Aber das Ägypten des vierten Jahrhunderts war zum eigenen Schaden unausweichlich den Rivalitätskämpfen der Dynasten hingegeben: Sein Neffe Nektanebos II. fällt mit einem Teil des Heeres ab, kehrt nach Ägypten zurück und beschließt als letzter „Pharao" eine Kette von 30 Dynastien. Teos sucht seine Zuflucht beim Perserkönig. Unter Artaxerxes III. Ochos gerät Ägypten endgültig in persische Hand (343 v. Chr.).

Es ist ein durchaus unerfreuliches Bild, das diese unzulänglichen Dynasten geben, unerfreulich nicht so sehr der Erfolglosigkeit wegen, als vielmehr wegen ihrer im Grunde unägyptischen Haltung, die zweifellos dem Lande mehr geschadet hat, als eine kontinuierliche „Fremdherrschaft" getan hätte. Geschichtlich gesehen ist das Auf und Ab der Aufstandsbewegungen für Ägypten belanglos; es gehört vielmehr als sinnvoller Bestandteil in eine Darstellung der großen griechisch-persischen Auseinandersetzung hinein; und dieser Gesichtspunkt war ja auch schon der Ansatzpunkt Herodots gewesen, des ersten Geschichtsschreibers dieser Epoche. Für Ägypten erleichterte das Wachhalten der traditionellen anti-asiatischen Politik (sei Asien repräsentiert durch Mitanni oder Hethiter, Assyrer, Babylonier oder Perser) den Übergang in das Alexanderreich, das als Befreiung von den Persern begrüßt wurde.

Die innere Geschichte dieser Zeit, gerade der politisch unbedeutenden Dynastien, hat dem ägyptischen Geschichtsbild im Sinne seiner spätzeitlichen Entwicklung die letzte abschließende Vollendung gegeben. Die seit der 21. Dynastie sich in verschiedenen Formen verwirklichende Anschauung von einem „weltlichen" Königtum als Statthalterschaft für ein göttliches ist als Kriterium für die spätzeitliche Auflösung des altorientalischen Gottkönigtums zu werten. Als nun etwa in der Mitte des letzten Jahrtausends v. Chr. in der vorderasiatischen Welt jene Bewegung um sich greift, die Eduard Meyer als „Ethisierung der Religion" bezeichnet, wird in Ägypten, als ein Ausdruck jener Bewegung neben anderen, auch das Königsdogma ihr unterstellt: Die Vorstellung von der Gebundenheit des Königs an ethische Normen löst die Vorstellung vom König als Träger einer Macht ab, und der Erfolg oder Mißerfolg seiner Regierung wird als Anzeichen seiner Übereinstimmung mit Gottes Willen oder seiner „Sündhaftigkeit" gewertet. Wenn die klassische ägyptische Anschauung den Erfolg des Pharao als eine natürliche Folge seiner göttlichen Wesenheit ansah, so sieht der Ägypter der Spätzeit im Mißerfolg der Dynasten einen Beweis für ihr „Gottlosigkeit". Ganz deutlich spricht sich diese von einem dezidiert außergeschichtlichen Standpunkt genommene Beurteilung in der sog. „Demotischen Chronik" aus[3]. Es ist das die in frühptolemäischer Zeit erfolgte Niederschrift dunkler Prophezeiungen, die unter schwer verständlichen Anspielungen auf die Zeitgeschichte den Herrschern der letzten Jahrhunderte um ihrer Gesetzlosigkeit willen Mißerfolg, jähen Tod, raschen Thronwechsel vorhersagen. Zweifellos entspricht diese Auffassung der des Ägypters (nicht des libyschen Militärkolonisten) und mag das in der Überlieferung fortlebende Bild einzelner Herrscher düster gemalt haben. Von hier aus aber wird es verständlich, daß Annahme oder Ablehnung eines „Pharao" in dieser letzten Epoche der Spätzeit nicht so sehr von seiner genealogischen Legalität abhing, als von seinem Erfolg, der allein einen Beweis für seine Legalität vor Gott darstellen konnte. Deshalb darf es nicht verwundern, daß auch die wechselnden Fremdherrschaften keine nationale Opposition ausgelöst haben: Ein erfolgreicher Darius oder Alexander war in dieser Schau „legaler" als ein Amyrtaios oder Nektanebos.

So begrüßt man den siegreichen „Pharao" Alexander, als er im Jahre nach der Schlacht von Issos nach Ägypten zieht. Für ihn mag der Zug eine doppelte Bedeutung gehabt haben: Zu den Vorbereitungen zum weiteren Krieg gegen das Perserreich und Asien war es nur natürlich, sich noch nachdrücklich der Bundesgenossenschaft des Landes zu versichern, das sich in der Vergangenheit als ein wenn auch unsicherer Gegner des Perserreiches gezeigt hatte; und die Besetzung Ägyptens bedeutete eine notwendige Sicherung der Flanke. Aber das Land Ägypten umfaßte mehr als das Niltal: Für die Alexanderzeit gehörte auch Libyen dazu. Und der Zug nach Siwa mit der Anerkennung der Gottessohnschaft durch den Orakelgott verbindet reale Politik mit schwer durchschaubarer Übernahme orientalischer Vorstellungen vom Gottkönigtum. Es berühren sich in diesem Zug Orient und Abendland, die beide in die hier anbrechende Welt des Hellenismus eingehen.

VIII. ÜBER DAS ENDE DER ÄGYPTISCHEN GESCHICHTE

Mit dem Verlust der nationalen Souveränität durch die Einbeziehung ins Alexanderreich und unter den Ptolemäern, den makedonischen Herrschern aus dem Hause des Alexander-Feldherrn Ptolemäus, Sohnes des Lagos, hört die Wirksamkeit des Ägyptertums nicht auf[1]. Man könnte im Gegenteil sagen, daß erst diese Einbeziehung des Landes in ein fremdes Kräftefeld den Nachwirkungen seiner Kultur einen aufnahmebereiten Länderkreis geboten habe. Die kulturellen Lebensäußerungen im Lande selbst setzen sich bis in die späte römische Kaiserzeit fort. Die großen Tempel des Landes, wie sie als Zeugen der Vergangenheit heute noch stehen, in Karnak und Luxor, in Dendera, Kom Ombo, Edfu und Philae, um nur einige zu nennen, sind unter Ptolemäern und Römern erweitert und vergrößert, wenn nicht überhaupt erst erbaut worden. Und die ihre Wände bedeckenden Inschriften und Darstellungen enthalten die Jahrtausende umfassende religiöse Überlieferung und uraltes kultisches Brauchtum. Bis in die Zeit Diokletians lassen sich heidnisch ägyptische Kulte in unveränderter Form nachweisen; gerade dieses Gebiet weist ja Beispiele unzerstörbarer Lebenskraft auf: Wer denkt nicht an die Barkenprozession des Gottes Amun, wenn am Ausgang seines Tempels von Luxor noch heute der dort verehrte Scheich Abu'l-Haggag zu seinem Fest in einer Barke getragen wird? Das Leben der Einheimischen in seinen alltäglichen Sitten, mit seinem geheimnisvollen Totenkult und religiösen Festen hat bis zur Christianisierung im Grunde unverändert fortgedauert; und Christentum wie Islam haben sich oft nur als eine äußere Schicht über älteres Brauchtum gelegt. Es scheint, daß auch der Verwaltungsapparat und das Steuerwesen als das dem Lande angemessene System von Ptolemäern ohne grundsätzliche Änderung übernommen worden ist. Die ägyptische Sprache hat ebenso zählebig standgehalten: Ihr Charakter wurde nicht verändert, als, nach einzelnen älteren Versuchen, die christlichen Ägypter sich des griechischen Alphabets bedienten. In dieser ihrer spätesten Form, dem Koptischen, wurde sie noch bis ins Mittelalter gesprochen und fristet heute noch als Kirchensprache ein Scheindasein.

Diese wohl beispiellose Lebensfähigkeit und Beharrlichkeit einer Kultur konnte nicht ohne weite und tiefe Einwirkung auf ihre Nachbarn bleiben. Seitdem Hekataois von Milet und Herodot das Land selbst bereist hatten und von seinen Seltsamkeiten und Wundern, dem Alter seiner Geschichte und der Reife seiner Kultur berichtet hatten, lockte es immer wieder Reisende an. Durch die intensive Berührung der altägyptischen Kultur mit der hellenistischen in der ptolemäischen Residenz Alexandrien, das nach der antiken Terminologie nicht in, sondern bei Ägypten lag, entstand hier ein Austausch von Wissen und Erfahrung, bei dem Ägypten vieles gegeben hat. Aber hier entstehen die Schwierigkeiten: Gewiß können wir ägyptische Elemente auf den verschiedensten Lebensgebieten nachweisen; von der ägyptisierenden Mode unter Hadrian bis zu ägyptischen Göttern (vor allem Isis und Osiris) in den fernsten Provinzen des römischen Reiches taucht Ägyptisches auf. Aber wie steht es mit einer wirklichen geistigen Berührung? Welche Kräfte wurden durch Berührung mit Ägyptischem wirklich ausgelöst? Schon bei einer auf ägyptischem Boden geschaffenen Gestalt wie dem Gott Serapis in Alexandrien oder der Seefahrt schützenden Göttin Isis ist die Frage, was wirklich Ägyptisches in ihnen steckt, schwer zu beantworten. Dasselbe gilt für die Naturwissenschaften und Medizin; wie weit geht das Wissen alexandrinischer Ärzte auf ägyptische Erfahrungen zurück? Und was an ägyptischem Gedankengut läßt sich etwa bei Plato nachweisen, dessen Aufenthalt in Ägypten in der antiken Tradition behauptet wird? So schwierig im Einzelfall der genaue Nachweis des Nachlebens ägyptischer Elemente in der Antike und, was nicht vergessen werden darf, im Christentum zu führen sein mag, so steht aufs Ganze gesehen fest, daß die genaue Kenntnis Ägyptens für die Formung der frühen abendländischen Kulturen von entscheidender Bedeutung war, auch dort, wo sie dazu diente, das grundsätzliche Anderssein bewußt zu machen.

Wenn aber eine zeitlich und räumlich weitreichende Wirkung von Ägypten ausging, wie schwierig auch die Abgrenzung im einzelnen sein mag, und da der Ausgangspunkt dieser Wirkung ausschließlich das Ägypten der Spätzeit war, so besteht alle Veranlassung, sich die geistige Situation der Spätzeit recht eingehend zu verdeutlichen und ihre Schichtung soweit wie möglich zu analysieren [2].

Die geistige Haltung des späten Ägypten wird gern mit dem Begriff „Archaismus“ charakterisiert. Was ist im einzelnen darunter zu verstehen, und seit wann äußert er sich? Die erste Voraussetzung zu dieser Erscheinung ist das Bewußtsein vom Alter der eigenen Kultur und die Orientierung der gegenwärtigen Lebensformen an Maßstäben der Vergangenheit. Erste Anzeichen dieser Voraussetzungen fanden sich bereits in der 18. Dynastie (s. o. S. 154), in jener Sitte der „Besucherinschriften", die erkennen ließ, daß man die Vergangenheit als etwas grundsätzlich anderes empfand. Erste Anzeichen einer archaistischen Haltung stammen aus der Ramessidenzeit und liegen in der Usurpierung einer bestimmten Auswahl von Königsbildnissen des MR (s. o. S. 193); im gleichen Sinne ist die Wiederaufnahme alter Königsnamen in der 21. Dynastie zu werten (s. o. S. 208). Das sind Einzelheiten, die als Vorläufer des Archaismus der Spätzeit zu betrachten sind. Dieser selbst setzt mit der Äthiopenzeit ein. Nun liegt auf vielen Lebensgebieten Norm und Ideal in der Vergangenheit, deren Wiederbelebung der Gegenwart den fehlenden inneren Gehalt ersetzen soll. Jetzt beginnt man, alte Texte in Gräbern und auf Denkmälern zu kopieren; in den Biographien tauchen Formulierungen auf, die oft wörtlich aus dem Formelschatz älterer Zeiten, vor allem der 6. und 11. Dynastie genommen sind. In der Plastik und im Relief sucht man die einfache, aber in ihrer Geschlossenheit eindrucksvolle Formensprache der Vergangenheit (AR und MR) nachzuahmen (Abb. 33). Bekannt ist der Fall eines gewissen Ibi, der unter der Gottesgemahlin Nitokris als ihr Verwalter in Theben bestattet wurde und sich dort eine Reliefwand aus dem Grab eines Mannes gleichen Namens kopierte, der in Deir el Gebraui in der 6. Dynastie bestattet worden war (Abb. 34)[3]. In der religiösen Literatur beginnt man, alte Texte sorgsam zu sammeln und wiederzuverwenden, und zwar in sklavischer Treue gegenüber ihrer ursprünglichen Form, nicht in freier Bearbeitung, die eine Veränderung bedeutet hätte und die Methode der Redaktoren aller anderen Epochen kennzeichnet. So finden sich die Pyramidentexte der 5./6. Dynastie in Gräbern und auf Särgen der 26. Dynastie wieder verwendet. König Schabaka ließ den Text des „Denkmals memphitischer Theologie" (s. o. S. 56), den er auf einer von Würmern zerfressenen Handschrift im Ptahtempel von Memphis fand, auf Stein kopieren. Diese Kopiertätigkeit wirkt auf die Orthographie der Zeit ein: Es gibt Texte, besonders aus der Zeit nach der 26. Dynastie, deren gewollt altertümliche Schreibweise strengere Regeln befolgt, als es zu irgendeiner Epoche auch des AR üblich war. Daß besonders die 26. Dynastie auch in der Bezeichnung ihrer Beamten eine vergangene Epoche wiedererstehen zu lassen sucht, war schon gesagt. Die Beispiele ließen sich natürlich noch vermehren; aber sie genügen, um die Art der als „Archaismus" bezeichneten Erscheinung zu kennzeichnen und ihre Verbreitung auf alle Lebensgebiete. Sie zeigen zugleich, daß man nicht wahllos auf alles Vergangene zurückgreift, sondern die Epochen bevorzugt, die schon die 18. Dynastie als „das Vergangene“ empfand: das Alte und das Mittlere Reich.

Darin drückt sich ein klares geschichtliches Wissen aus. Wenn eingangs festgestellt wurde, daß zu den Kennzeichen des Geschichtlich-Werdens in Ägypten in erster Linie das Gefühl für die geschichtliche Existenz gehört, so erweist sich eben dieses spezifisch geschichtliche Selbstbewußtsein jetzt am Ende als ein den Archaismus ermöglichender und zugleich als ein von ihm wiederum geförderter Wesenszug. Gewiß verstand der Ägypter unter „Geschichte“ etwas anderes als wir; aber gerade die seit alters gepflegte Form der Geschichtsschreibung, die Annalistik, verlieh ihm ein konkretes Wissen von den ungeheuren Zeiträumen seiner Vergangenheit und befähigte ihn, geschichtliche Erinnerungen chronologisch richtig einzuordnen. Mag uns heute das Schema der Dynastie-Einteilung als ein Prokrustesbett der historischen Zusammenhänge und ihres immer lebendigen Kräftespiels erscheinen, so hatte sich der Ägypter ein Werkzeug damit geschaffen, seiner im Grunde statischen Geschichtsauffassung Ausdruck zu verleihen und geschichtliche Überlieferungen zu bewahren. Wenn wir bei Herodot (II 100) lesen, die Priester hätten ihm aus einer Schrift die Namen von 330 Königen von Menes an aufgezählt, so können wir an Hand der erhaltenen Königslisten diese Nachricht (außer der Korrektheit der Anzahl) nur bestätigen. Und welches historische Detail am Skelett einer solchen trockenen Annalistik mit Zuverlässigkeit tradiert werden kann, lehrt die bei Herodot zusammenhängend erzählte Geschichte der 26. Dynastie, wie er sie in Sais hörte, die immerhin zweieinhalb Jahrhunderte vor seinem Besuch anhob, oder etwa die Menge an historisch richtiger Überlieferung in Diodors Sesostris-Erzählung. Dieses historische Wissen dient den Bestrebungen des „Archaismus“. Ein interessantes Beispiel für viele: In der Zeit des Darius starb ein Oberbaumeister Chnemibrê; er hat uns einen Stammbaum überliefert, der 23 Generationen von Oberbaumeistern umfaßt[4]. Ob er korrekt ist, mag offenbleiben. Er beruht aber auf historischen Forschungen: In der 13. Generation (= etwa 400 Jahre) nennt er einen angeblichen Vorfahren, der tatsächlich um 930 v. Chr. bezeugt ist; von der 20. Generation ab (= etwa 600 Jahre) kommt er in Übereinstimmung mit unserer Chronologie in die Ramessidenzeit; dann reißt für ihn die kontinuierliche Überlieferung ab: Der älteste „Vorfahr“ ist ein Vezir Rahotep aus der Zeit Ramses II. Dann heißt es: „Seine Stimme reicht bis zu dem Oberbaumeister usw. des Königs Djoser, Imhotep, dem Sohn des Kanofer und der Sat-Nefertem.“ Das ist aber kein anderer, als der „weise" Imhotep, dessen Name auf der Statue des Königs Djoser der 3. Dynastie gefunden ist und der von Chnemibrê durch mindestens 2300 Jahre getrennt ist! Wir haben daher allen Grund, dort, wo uns Reste der einheimischen Überlieferung begegnen, ihnen einen hohen Grad von Glaubwürdigkeit zuzubilligen. Um so unersetzlicher ist der Verlust des Werkes des Geschichtsschreibers Manetho aus Sebennytos, der unter Ptolemäus II. in griechischer Sprache einen Teil dieses ungeheuren historischen Wissens der Antike überliefert hat. Was an Exzerpten und verderbten Fragmenten auf uns gekommen ist, macht den Verlust nur um so fühlbarer.

Das Wissen von der eigenen Vergangenheit und ihre „archaistische" Anerkennung muß man im Auge behalten, wenn man versucht, die Haltung des Ägypters den Fremden gegenüber nachzuzeichnen. Sie ist jedenfalls nicht einheitlich. Man kann Züge des Fremdenhasses und der nationalen Abschließung neben dem Willen zur Mitteilung und zur Annahme fremden Gutes erkennen. Die Faktoren, die das Verhalten der Ägypter bestimmen, sind verschieden. Die Vielgliedrigkeit des ägyptischen Volkes in der Spätzeit nach Bildungsgrad, Nationalität und sozialer Stufe dürfte zunächst anzuführen sein. Am stärksten in der ägyptischen Tradition stehen naturgemäß die priesterlichen Kreise, deren Gebundenheit an die uralten Kultformen das Wissen von der Vergangenheit und auch der alten Sprache lebendig erhielt. Trotzdem haben wir auch aus Priesterkreisen Zeugnisse für eine unerwartete Aufnahmebereitschaft Fremden gegenüber. Anders verhielten sich die Abkömmlinge libyscher Dynasten, in denen sich am ehesten eine Art nationaler Opposition verkörperte. Unterschiedlich ist die Haltung auch an den verschiedenen Orten des Landes. Die unmittelbarsten Austauschmöglichkeiten lagen natürlich in Alexandrien, dem ad hoc geschaffenen Schmelztiegel des Ägyptischen und Hellenistischen; hier dürfte ein guter Teil der kulturellen Mischformen entstanden sein. Anders war die Situation in Memphis, der Residenz des AR, in der das griechische Element zurücktrat. Ihren alten Anspruch als Krönungsstadt hatte Memphis nicht aufgegeben und konnte ihn unter Ptolemäus V. Epiphanes wieder durchsetzen, der in Memphis gekrönt wurde. Theben hingegen sank zur fernen Provinzstadt hinab, von der mehrfach Aufstände ausgingen, ohne daß sie allerdings zum Sammelbecken nationaler Kreise werden konnte. Die politische Initiative war längst an Unterägypten übergegangen, und es ist erstaunlich, eine wie geringe Rolle Theben etwa in Herodots Reisebericht spielt.

Daß der Ägypter jeweils geneigt war, die Herrschaft von Fremden anzuerkennen und erst — bei Persern wie Makedonen — auf Grund enttäuschender Erfahrungen eine national scheinende ablehnende Haltung einnahm, lehren zwei mit dem Beginn beider Fremdherrschaften verknüpfte Legenden, die jedenfalls nicht von den Fremden erfunden sein können, sondern bestimmten Kreisen der Einheimischen entstammen. Beide haben zum Ziel, die Fremdherrschaft im Sinne des ägyptischen Königsgedankens genealogisch zu legitimieren. Eine bei Herodot (III 1/2) in verschiedenen Versionen wiedergegebene Erzählung versucht, eine genealogische Verbindung zwischen Apries, dem letzten legitimen König der 26. Dynastie vor dem Usurpator Amasis, und Kambyses herzustellen; Kyros habe durch Vermittlung des Amasis eine Tochter des Apries geheiratet und beider Sohn sei Kambyses, damit zugleich der legitime Enkel des Apries. Ähnliches erzählt man sich von Alexander[5]. Nektanebos II. sei nach der Flucht vor Ochos nach Mekedonien gekommen, habe sich in der Gestalt des Jupiter-Ammon der Olympias genähert und Alexander gezeugt. Dieser sei somit der leibliche Sohn des letzten echten Pharao, und zugleich ist damit der alte Anspruch auf die Gottessohnschaft, die Alexander selbst dann in Siwa bestätigen ließ, erfüllt, durch einen zaubrischen Trug, wie es die griechisch geschriebene Quelle (Pseudo-Kallisthenes) nicht anders ausdrücken kann. Im Grunde müssen beide Legenden, die unverkennbar typisch ägyptische Vorstellungen enthalten, aus ägyptischen Kreisen stammen, von Leuten, die eine Kompromißstellung einnahmen, wie etwa der oben genannte Udjahorresnet.

Ein Sondergebiet, auf dem die Berührung der Sphären die vielfältigsten und offensichtlichsten Mischformen hervorgebracht hat, ist die darstellende Kunst und Architektur. Es ist dabei nicht zuerst an die ägyptischen Elemente zu denken, die mit religiösen Vorstellungen ins Abendland einzogen: natürlich mußten die Kulte der Isis, des Osiris, die Gestalten des Anubis, des Harpokrates u. a. m. ebenso ägyptische Gedanken wie ägyptische Ausdrucksformen aus ihrer Heimat mit sich führen. Und es ist auch nicht an „Modeerscheinungen" des Ägyptisierens zu denken, wie sie in der Kaiserzeit, besonders unter Hadrian, blühten und den Export ägyptischer Plastik und ihre Nachahmung förderten. Sondern es ist an die Versuche zu denken, die auf ägyptischem Boden zu einer Verschmelzung führen sollten und an denen auch Ägypter beteiligt waren. Daß das Zentrum in Alexandrien zu suchen ist, leuchtet ein. Aber Erzeugnisse dieser Mischkunst finden sich auch im Inneren des Landes bis nach Oberägypten hinauf. Da finden sich

Grabreliefs, die unter archaistischer Beobachtung der alten „Regeln“ sorgfältig Überschneidungen und Verkürzungen vermeiden, Opferzüge in der Art der Gräber des AR darstellen und zugleich das gegenständlich Moderne in Tracht und Gerät übernehmen. Aber auch die weichlich-schwellenden Formen verraten ihr wahres Alter. Oder es finden sich Götter wie Anubis und Apis in römischem Panzer und Bewaffnung[6]. Wie weit zu Anfang diese Dinge nach Süden vordrangen, zeigt das Grab des Petosiris, der z. Z. des Philipp Arrhidäus in Hermopolis Hoherpriester des Thot war und aus einer alten Priesterfamilie stammte[7]. Die Reliefs im „weltlichen“ Teil seines Grabes, Darstellungen von Ernte, Handwerkern, Opferzügen, folgen dem modernen, zu Konzessionen geneigten Stil (Abb. 35); im hinteren Teil des Grabes mit rein religiösen Themen findet dagegen der moderne Stil keinen Zugang. Das, was daran von historischer Seite interessiert, ist die eindeutig klare Feststellung, daß sich auf kunstgeschichtlichem Gebiet die Haltung des Ägypters im vierten und dritten Jahrhundert v. Chr. durchaus nicht im einheitlich ablehnenden, rückwärts schauenden Archaismus erschöpft.

Freilich mag die Neigung zum Kompromiß wenig dazu beigetragen haben, die Achtung vor den Ägyptern zu vergrößern. Diese Neigung war aber in ihrem Wesen tief verwurzelt und hatte sich zu anderen Zeiten und unter anderen Bedingungen als kulturschöpferisch erwiesen. Hier übernimmt sie eine unlösbare Aufgabe, wenn sie das Unvereinbare vereinen möchte. Sie wird nicht mehr kontrolliert durch das Gefühl für das Mögliche und durch jenen das Gesamtbild bestimmenden Zug, den wir als ‚Stil‘ bezeichnen. Das hängt zweifellos mit dem Fehlen eines Sinnes für das Politische (im weitesten Sinne) zusammen. Das ist natürlich kein Zufall; sondern es wirkt sich die Geschichte der voraufgehenden Jahrhunderte aus, in der immer stärker die politische Initiative in die Hände des libyschen Elementes geglitten war.

Die wenigen Privatinschriften historischen Inhalts, die aus den kritischen Übergangszeiten erhalten sind, sprechen von einer im Grunde unpolitischen, stark persönlich gefärbten Auffassung der Ereignisse, wie das schon der oben genannte Bericht des Udjahorresnet aus der Kambyses-Zeit tat. Ein gewisser Somtutefnacht aus Herakleopolis hat die Vertreibung der Perser miterlebt und berichtet darüber nur, daß sein Gott ihn beschützt habe im Kampfe der Griechen, als er (der Gott) die Asiaten vertrieben habe. Aber im selben Atemzug dankt er dem Gott auch, daß er ihn habe beliebt sein lassen „im Herzen des Herrschers Asiens“, worunter wohl Darius III. zu verstehen ist. Und Petosiris, der etwas später lebte, betont, daß sein Gott ihn zu einem Günstling beim „Herrscher Ägyptens" (das muß Philipp Arrhidäus sein) und einem Liebling vor seinen Hofleuten gemacht habe. Derartige Äußerungen mögen die Haltung des eigentlichen Ägyptertums vor der Fremdherrschaft verdeutlichen. In ihrer Wortwahl fällt die Verwendung des Wortes „Herrscher" auf, das zu dieser Zeit recht beliebt wird. Es deutet sehr vorsichtig eine gewisse Reserviertheit an, enthält dem so Bezeichneten die letzte Anerkennung als legaler Pharao vor. In der Spätzeit ist es infolge der vielfältigen Usurpationen häufig. Amasis nennt z. B. einmal den Apries „Herrscher"; Kambyses wird als „großer Herrscher Ägyptens" bezeichnet; und auch auf die Pharaonen der 29./30. Dynastie, Alexander den Großen und seine Nachfolger wird diese zurückhaltende Bezeichnung angewendet. Da dieselben Personen aber allenthalben auf den offiziellen Denkmälern die volle ägyptische Königstitulatur führen, haben wir wohl in dieser Wahl eines an sich unauffälligen, indifferenten Wortes den Ausdruck einer sehr vorsichtigen Opposition seitens wirklicher Ägypter. Verständlich konnte er allerdings nur einem exklusiven Teil der Bevölkerung sein, jenen vorwiegend priesterlichen Kreisen, die noch die Kunst des Ausdrucks in der alten Sprache beherrschten. Sie hatten noch das alte Idealbild vor Augen, von dem die Gegenwart allzu kläglich abstach. Sie sind es auch, die aus diesem Grunde konkrete historische Angaben in ihren biographischen Inschriften tunlich vermeiden. Wir haben aus der Perser-, Ptolemäer- und Römerzeit noch Hunderte von biographischen Inschriften, die sich äußerlich dadurch auszeichnen, daß sie jede Nennung eines Königsnamens umgehen. Sie entwerfen ein vielseitiges Bild des privaten Lebens, sprechen auch gern, weil es nun einmal zum Stil der Biographie gehört, von der Macht und Gnade des Königs, vermeiden es aber fast durchgehend, einen historischen Namen zu nennen. Dieses Sich-zurück-Ziehen in ein privates Dasein unter einem idealen anonymen Königtum ist ebenso als eine spezielle Ausdrucksform des Archaismus zu werten, wie als Antwort eines engen Kreises auf das Zeitalter der Fremdherrschaften.

In diesem Sinne ist die spätzeitliche Biographie als Reaktionsform des Ägyptertums neben die politisch-militärischen Aktionen der sog. 29./30. Dynastie und die thebanischen und alexandrinischen Aufstände der späteren Ptolemäerzeit zu stellen. Weiterhin ist hier eine Fixierung des Fremdenhasses in mythischer Form festzuhalten. Das zeitlose Kampfmotiv, das im Paar Horus und Seth schon zur Ausdrucksform so vieler geschichtlich-mythischer Erlebnisinhalte geworden war (Horus und Seth als Verkörperung des ober- und unterägyptischen Königs; als Neffe und Onkel im Erbstreit des Osiris; Seth als Gott der Hyksos), dient hier nochmals, um das letzte geschichtliche Erlebnis, die Fremdherrschaft, in einer der mythischen Geschichtsdarstellung entsprechenden Weise auszudrücken[8]. In dem großen Mythus des Horus von Edfu, wie er in spätptolemäischer Zeit im Tempel von Edfu aufgezeichnet wurde, findet sich unter den verschiedenen Altersstufen entstammenden Sagen über Horus auch eine Erzählung über den ersten Zusammenstoß des Isis-Sohnes Horus mit Seth. Der Streit entzündet sich hier an einer Beschimpfung des Seth: Er bezeichnet Horus als „Meder", und Horus stellt fest, daß das eine Beleidigung für die Ägypter insgesamt sei; denn „Meder" lautete die ägyptische Bezeichnung für Perser. Im Kampf des Falkengottes gegen Seth spiegelt sich (freilich als unerfüllbarer Wunsch) eine siegreiche Vertreibung der Perser und Seth, seit der Hyksoszeit in Gefahr, zum Gott der jeweiligen Ausländer zu werden, erhält hier unter dem Eindruck der jüngsten geschichtlichen Erfahrung die Verkörperung der Perserherrschaft und wird daher logisch als der im mythischen Streit Unterlegene nicht nur ins Ausland allgemein, sondern speziell nach Asien vertrieben. Als Reaktion darauf kann er dort, wo er wirklich zu Hause ist, z. B. in den westlichen Oasen, seine verhaßte Gestalt wechseln: Im Oasentempel von el Hibe (in el Charge) hat er die schützende Gestalt eines Falken angenommen! Seit dieser Zeit aber reiht sich an die Schimpfnamen des Götterfeindes ein neuer an: der Meder!

Aber nicht nur der Archaismus in seinen vielfältigen Erscheinungsformen und die Ablehnung der Fremdherrschaften kennzeichnen die letzte Phase der ägyptischen Kultur. Unter diesen mehr äußerlichen Charakteristika rührt sich eine echte Lebendigkeit, die die Linien der geistigen Entwicklung weiter zieht und durchaus geneigt ist, sich mit neuen Gedanken auseinanderzusetzen; nur bedient sich eben dieses Neue alter Formenelemente, die seine Eigenart nicht eben leicht erkennen lassen. Quelle hierfür sind wiederum die Biographien der Zeit und in gleicher Weise die Tempelinschriften[9]. Daß erstere freilich nur einen relativ geringen Gehalt an zeitgeschichtlichen Einzelfakten erbringen und warum das so ist, war oben gesagt. Andererseits aber treffen wir in ihnen ein neues Element der „Geschichtlichkeit", nämlich genaue Daten aus dem Leben des Einzelnen, Geburts- und Todesjahr, Summe der Lebensjahre auf Monate und Tage genau. Hier mag ein nicht ägyptischer Einfluß vorliegen. Trotzdem bedeutet das aber wohl keine fremde Mode, sondern es drückt sich hierin ein sozusagen modernes Persönlichkeitsgefühl aus, wie es früheren Zeiten unbekannt gewesen ist. In einer anderen Quellengruppe — den Tempelinschriften — begegnen wir einer Vorstellung, die wohl ebenfalls nicht ägyptischen (griechischen?) Ursprungs ist, aber mit durchaus ägyptischen Bildern ausgedrückt wird, so daß sie schlechthin ägyptisch erscheint, nämlich der von einem „Goldenen Zeitalter". Daß es einmal eine glückhafte Urzeit gegeben habe, ist insofern in Ägypten etwas Neues, als eben das Moment des Glückhaften die Urzeit von der Gegenwart scheidet; hierin drückt sich natürlich auch das Geschichtserlebnis dieser Gegenwart aus. So schwierig diese Dinge im Einzelfall nachzuweisen sind, zeigen sie doch, daß auch die letzten Phasen des Ägyptischen nicht isoliert und gleichsam als Petrefakt einer grauen Vergangenheit in die Lebendigkeit der Umwelt hineinragen. In den letzten Zeugnissen über die Anschauungen von Gott, Welt und Mensch verbindet grundsätzlich Gemeinsames die Biographien und die Tempelinschriften: Neben dem Aufsummieren und dem Bewahren einer langen Tradition in einer ebenso traditionsreichen Sprache — einem künstlichen Mittelägyptisch — drücken sie die zeitgenössischen Anschauungen aus, die Unmittelbarkeit des Menschen vor Gott und seine absolute Abhängigkeit von ihm, das Wirken der Gottheit in Natur und Mensch, die Gleichnishaftigkeit aller kultischen Formen und theologischen Gestalten. Das Kennzeichnende dabei ist es, daß nirgends die alten Formen dabei aufgelöst werden oder etwa die alten Literaturgattungen wie Ritualsprüche und Totenbücher aufgegeben werden; aber zu ihrem Verständnis sind nochmals neue undogmatische Wege erschlossen worden.

Damit hat die ägyptische Kultur bis in die letzten Jahrhunderte ihre Lebendigkeit bewahrt, die ihr die Möglichkeit gab, ein reiches Erbe an Erfahrungen, Kenntnissen und Gedanken einer Nachwelt weiterzugeben. Sie erweist sich dadurch als ein Bindeglied in der Kette menschlicher Kulturen. Nicht allein dies aber begründet ihre historische Bedeutung, sondern ebenso das, daß sie als vollendetes Beispiel einer menschheitsgeschichtlich möglichen Verwirklichung historischen Werdens vor uns steht.

ZEITTAFEL UND DYNASTIENFOLGE

Die Daten entsprechen im allgemeinen denen bei Drioton-Vandier, L'Egypte. Zahlen vor Königsnamen zeigen die Reihenfolge der Herrschaft innerhalb der Dynastie an. Namen nicht regierender Familienmitglieder, soweit aufgeführt, stehen in eckigen Klammern.

VORTHINITISCHE KÖNIGE

„Skorpion"
Ka/Sechen (Reihenfolge unsicher)
Narmer

THINITENZEIT (um 2850–2650)

1. Dynastie
Horus Aha = Menes ——— [Kgn. Neith-hotep]
Djer (Chent)
Wadji (Djet) „Schlange"
Den (Udimu) ——— [Kgn. Merit-Neith]
Adjib
Semerchet
Qa

2. Dynastie
Hetep-sechemui
Nebrê (Neb-nefer)
Nineter
Uneg (Einordnung unsicher)
Senedj
Peribsen
Chasechem
Chasechemui . . . . Djadja*
(Tochter oder Gattin des Ch.)
[Kgn. Ni-Maat-Hap]

unterägypt. Nebendynastie:
Neferkarê
Neferkasokar
Hudjefa
Djadja*
Nebka

* Der Name vielleicht aus dem des Chasechemui verlesen, so daß beide Könige identisch sind.

ALTES REICH

3. Dynastie
(um 2650–2600)
Djoser
Sechem-chet (genaue Einordnung noch unsicher)
Sanacht
Chaba

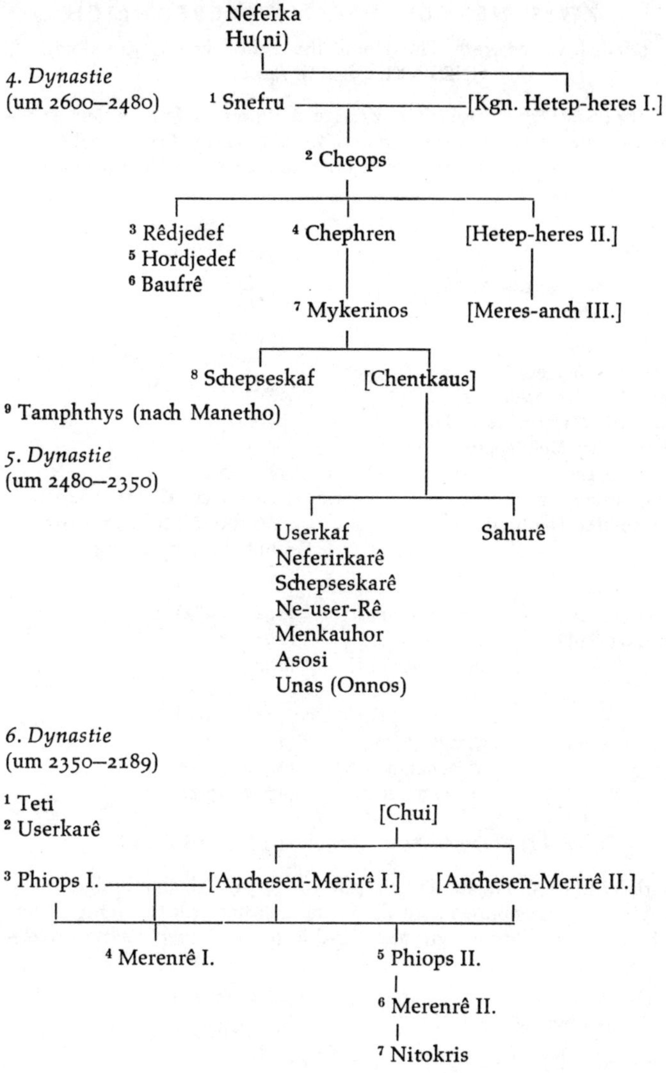
Neferka
Hu(ni)
4. Dynastie
(um 2600–2480)
1 Snefru
[Kgn. Hetep-heres I.]
2 Cheops
3 Rêdjedef
5 Hordjedef
6 Baufrê
4 Chephren
[Hetep-heres II.]
7 Mykerinos
[Meres-anch III.]
8 Schepseskaf
[Chentkaus]
9 Tamphthys (nach Manetho)
5. Dynastie
(um 2480–2350)
Userkaf
Neferirkarê
Schepseskarê
Ne-user-Rê
Menkauhor
Asosi
Unas (Onnos)
Sahurê
6. Dynastie
(um 2350–2189)
1 Teti
2 Userkarê
[Chui]
3 Phiops I.
[Anchesen-Merirê I.]
[Anchesen-Merirê II.]
4 Merenrê I.
5 Phiops II.
6 Merenrê II.
7 Nitokris

1. ZWISCHENZEIT UND MITTLERES REICH

(Nach J. v. Beckerath, The date of the end of the Old Kingdom, JNES XXI, 1962, S. 140 ff.)

7./8. Dynastie: 17 memphitische Könige, darunter: Neferkarê Nebi, Djedkarê Schemai, Neferkarê Schendu, Neferkarê Terru, Qaukarê Ibi u. a. Um 2134 zerfällt das Reich in eine ober- und eine unterägyptische Herrschaft:

Oberägypten (Theben)	Unterägypten (Herakleopolis)
Gaufürsten namens Antef als Vorläufer	*9. Dynastie*
	Achthoes I.
11. Dynastie	Setut ...
Antef I. Sehertaui	Achthoes II.
Antef II. Wah-anch	weitere 7 Könige
Antef III. Nachtnebtepnefer	*10. Dynastie*
Mentuhotep Nebhepetrê (2065–2015)	Meri ...
	Neferkarê
Mentuhotep Sanchkarê	Achthoes III. (2115–2070)
Mentuhotep Nebtuairê	Merikarê (um 2070–2041)
	unbekannter König

12. Dynastie (1991–1786)	Amenemhet I.	(1991–1962)
	Sesostris I.	(1971–1928)
	Amenemhet II.	(1929–1895)
	Sesostris II.	(1897–1879)
	Sesostris III.	(1878–1843)
	Amenemhet III.	(1842–1797)
	Amenemhet IV.	(1798–1790)
	Sebekneferurê	(1789–1786)

ENDE DES MR UND HYKSOSZEIT

(Nach William C. Hayes, The Sceptre of Egypt, I/II, Cambridge, Mass. 1953/1959). Chronologie auch des Neuen Reiches Erik Hornung, Untersuchungen zur Chronologie und Geschichte des Neuen Reiches, Wiesbaden 1964).

13. Dynastie
(1786 bis etwa 1636)

54 Könige, darunter:
Ugaf
Chendjer „der Eber"
Semenchkarê „General"
Neferhotep
Didumes
Nehesi

14. Dynastie in Xois

nach Manetho (bei Afrikanus) 76 Könige

15. Dynastie, sog. „Große Hyksos“ (um 1658 bis 1550)

Maa-ib-Rê Scheschi
Mer-user-Rê Jakub-her
Sewoser-en-Rê Chian
Aa-woser-Rê Apophis I. (1600–1560)
Aa-kenen-Rê Apophis II.
Aa-seh-Rê Chamudi

16. Dynastie, sog. „Kleine Hyksos“, darunter Anather, Semken, Cha-user-Rê u. a.

17. Dynastie, 1. Gruppe: 11 Könige in Theben, darunter mehrfach die Namen Antef und Mentuhotep, bis etwa 1580.

17. Dynastie, 2. Gruppe, etwa von 1580 bis 1552

Neb-cheper-Rê Antef VII.
Senacht-en-Rê

Sekenenrê Ta'a I. —— [Teti-scheri]

Sekenenrê Ta'a II. (um 1560) —— [Ahhotep]

Kamose | [1] Ahmose (1552–1527) | [Ahmes-Nofretere]

NEUES REICH

18. Dynastie (1552–1306)

[Seniseneb] —— [2] Amenophis I. (1527–1506) —— [Ahhotep]

[Mutnofret] —— [3] Thutmosis I. (1506–1494) —— [Ahmose]

[Haremsfrau] —— [4] Thutmosis II. (1494–1490) —— [5] Hatschepsut (1490–1468)

[6] Thutmosis III. (1490–1436) —— [Meritre]

7 Amenophis II.
(1438–1412)

[Mutemwija] — 8 Thutmosis IV.
(1412–1402)

[Teje] — 9 Amenophis III.
(1402–1364)

10 Amenophis IV. (Echnaton) — [Nofretete]
(1364–1347)

11 Semenchkarê – [Meritaton]
(1351–1348)

[Anchesenpaaton] — 12 Tutanchaton
(= Tutanchamun)
(1347–1338)

	13 Eje	(1338–1334)
	14 Haremhab	(1334–1306)
19. Dynastie (1306–1186)	Ramses I.	(1306–1304)
	Sethos I.	(1304–1290)
	Ramses II.	(1290–1224)
	Merenptah	(1224–1204)
	Amenmessu	(1204–1200)
	Sethos II.	(1200–1194)
	Siptah, Tausret	(1194–1186)

20. Dynastie
(1186–1070)

Sethnacht (1186–1184)
Ramses III. (1184–1153)
Ramses IV. – Ramses XI. (1153–1070), davon Ramses XI. mindestens 27 Jahre)

SPÄTZEIT

21. Dynastie
(1070–950)

Theben:	Tanis:
Herihor (1080–1060)	Smendes — Tentamon (1070–1044)
	Amen-em-nisut
	Neferkarê
Pianchi	Psusennes I.

Pinodjem I. —— [Makarê]

Masaharta | Mencheperrê

Amenemope
Siamun
Psusennes II.

Smendes
Psusennes

Pinodjem II.

22. *Dynastie* (Bubastiden)
(950–730)

Scheschonk I. (950–929)
Osorkon I. (929–893) —— [Makarê]
Takelotis I. (893–870)
Osorkon II. (870–847)
Scheschonk II. (847)
Takelotis II. (847–823)
Scheschonk III. (823–772)
Pemu (772–767)
Scheschonk V. (767–730)

23. *Dynastie*
(817[?]–730)
Pedubastis
Scheschonk IV.
Osorkon III.
Takelotis III.
Amonrud
Osorkon IV.

[Schepenupet I.
(Gottesgem.)]

24. *Dynastie* (Sais)
Tefnachte (730–720)
Bokchoris (720–715)

25. *Dynastie* (Äthiopen)
(751–656)

Alara | Kaschta

1 Pianchi (751–716)
2 Schabaka (716–701)
[Amenerdis (Gottesgem.)]

3 Schabataka (701–689)
4 Taharka (689–663)
[Schepenupet II. (Gottesgem.)]

5 Tanutamun (663–656)
[Amenerdis II. (Gottesgem.)]
[Nitokris]

			[Schepenupet II.]
26. Dynastie (663–525)	Psametich I.	(663–609)	
	Necho	(609–594)	Nitokris (Gottesgem.)
	Psametich II.	(594–588)	
	Apries	(588–568)	Anchnesneferibrê (Gottesgem.)
	Amasis	(568–526)	
	Psametich III.	(526–525)	

27. Dynastie (Perser)
(525–406/05)

(Nach Fr. K. Kienitz, Die politische Geschichte Ägyptens vom 7. bis zum 4. Jahrhundert v. d. Zw., Berlin 1953)

Kambyses	(525–522)
Darius I.	(521–487/6)
Xerxes	(486/5–466/5)
Artaxerxes	(465/4–425/4)
Darius II.	(424/3–406/5)

28. Dynastie
(405/4–400/399) Amyrtaios

29. Dynastie
(399/8–380/79)

Nepherites	(399/8–394/3)
Achoris	(393/2–381/0)
Psamuthis	(380/79)
Nepherites II.	(380/79)

30. Dynastie
(379/8–342/1)

Nektanebos I.	(379/8–362/1)
Teos	(361/0–360/59)
Nektanebos II.	(359/8–342/1)

31. Dynastie (2. Perserzeit)
(341–332)

Artaxerxes III. Ochos	(341–339)
Arses	(338–336)
Darius III. Kodoman	(335–332)

BIBLIOGRAPHISCHES

Die folgenden bibliographischen Bemerkungen haben den Zweck, dem Leser einige zusammenfassende Darstellungen und wichtige Einzelarbeiten aus dem Gebiet der ägyptischen Geschichte zu nennen. Beim Nachweis von Einzelquellen sind in der Regel Bearbeitungen von Texten oder Denkmälern genannt, seltener reine Textpublikationen. Als auf die wichtigste Sammlung übersetzter Texte sei besonders auf das unten genannte Werk von James H. Breasted hingewiesen.

A. Allgemeines

James Henry Breasted, Ancient Records of Egypt, I–V, Chicago 1906/07.

James B. Pritchard, Ancient Near Eastern texts relating to the Old Testament, 2. Aufl. Princeton 1955.

ders. The Ancient Near East in Pictures relating to the Old Testament, Princeton 1954.

Etienne Drioton und Jacques Vandier, L'Egypte, Clio, Les peuples de l'Orient Méditerranéen II, Paris 1962, 4. Aufl.

Hermann Kees, Ägypten. Kulturgeschichte des Alten Orients I. München 1933.

Wolfgang Helck, Die Beziehungen Ägyptens zu Vorderasien im 3. und 2. Jahrtausend v. Chr. Wiesbaden 1962.

Jacques Vandier, Manuel d'Archéologie égyptienne I–IV, Paris 1952 bis 1964.

Kurt Lange und Max Hirmer, Ägypten. 4. Aufl. München (im Druck).

Adolf Erman, Die Literatur der Ägypter, Leipzig 1923.

Walter Wolf, Die Kunst Ägyptens, Stuttgart 1957.

Wolfgang Helck und Eberhard Otto, Kleines Wörterbuch der Ägyptologie, Wiesbaden 1956.

B. Einzelnes

I. Grundlagen und Anfänge

1. Land, Volk, Sprache

[1] Hermann Kees, Das alte Ägypten, eine kleine Landeskunde, 2. Aufl. Berlin 1958.

[2] Sandford, Paleolithic men in the Nile Valley, in Upper and Middle Egypt, Chicago 1934. – Sandford and Arkell, Paleolithic men in the Nile Valley in Lower Egypt, Chicago 1939.

2. Vorgeschichtliche Kulturen

[1] Alexander Scharff, Grundzüge der ägyptischen Vorgeschichte, Morgenland 12, Leipzig 1927. – Jacques Vandier, Manuel ... s. o. – Zu den Beziehungen zu Libyen: Wilhelm Hölscher, Libyer und Ägypter, Äg.Fo. 4, 1937. – Zu den Beziehungen zu Nubien: Torgny Säve-Söderbergh, Ägypten und Nubien, Lund 1941. – Werner Kaiser, Zur inneren Chronologie der Naqadakultur, Archaeologia Geographica 6, Hamburg 1957, S. 69 ff.

[2] Alexander Scharff, Das Grab als Wohnhaus in der ägyptischen Frühzeit, SBAW 1944/46, Heft 6.

[3] Hans Alexander Winkler, Völker und Völkerbewegungen im vorgeschichtlichen Oberägypten, Stuttgart 1937. – Ders., Rock drawings in Southern Upper Egypt. London 1937/38.

[4] Alexander Scharff, Die Frühkulturen Ägyptens und Mesopotamiens, AO 41, 1941. – Ders., Wesensunterschiede ägyptischer und vorderasiatischer Kunst, AO 42, 1943.

[5] Eberhard Otto, Ein Beitrag zur Deutung der ägyptischen Vor- und Frühgeschichte, WdO 1952, S. 431 ff.

II. Thinitenzeit und AR

1. Reichseinigung bis zur Zeit Djosers

[1] Giulio Farina, Il Papiro dei Re ristaurato, Rom 1938. – Alan H. Gardiner, The royal Canon of Turin, Oxford 1959.

[2] Wolfgang Helck, Untersuchungen zu Manetho und den ägyptischen Königslisten, Berlin 1956.

[3] Werner Kaiser, Einige Bemerkungen zur ägyptischen Frühzeit III, ÄZ 91, 1964, S. 86 ff.

[4] Peter Kaplony, Sechs Königsnamen der 1. Dynastie, Orientalia Suecana VII, Uppsala 1959, S. 54 ff.

[5] Kurt Sethe, Vom Bild zum Buchstaben, Untersuchungen XII, 1939. – Alan H. Gardiner, Regnal years and civil calendar in Pharaonic Egypt, JEA 31, 1945, S. 11 ff. – Richard A. Parker, The Calendars of Ancient Egypt, SAOC 26, 1950.
Alexander Scharff, Archäologische Beiträge zu der Frage der Entstehung der Hieroglyphenschrift, SBAW 1942, Heft 3. – Siegfried Schott, Hieroglyphen, AMAW 1950, Nr. 24.

[6] Siegfried Schott, Altägyptische Festdaten, AMAW 1950, Nr. 10. –

[7] Heinrich Schäfer, Ein Bruchstück altägyptischer Annalen, APAW 1902. – Gauthier, Quatre nouveaux fragments de la Pierre de Palerme, Musée Egyptien III, S. 29 ff. – Flinders Petrie, New portions of the Annals, Ancient Egypt 1916, S. 114 ff.

[8] Peter Kaplony, Die Inschriften der ägyptischen Frühzeit, I–III, Wiesbaden 1963.

[9] Walter B. Emery, Prelim. Report on the Excavations at Buhen, Kush

XI, 1963, S. 119. – A. J. Arkell, Varia Sudanica, JEA 36, 1950, S. 28. – William Simpson, Expedition Bulletin of the University Museum, Pennsylvania, 1962, S. 38. – S. Yeivin, Israel Expedition Journal 10, 1960, S. 193 ff.

[10] Kurt Sethe, Imhotep, der Asklepios der Ägypter, Untersuchungen II, 1902. – Eberhard Otto, Gehalt und Bedeutung des ägyptischen Heroenglaubens, ÄZ 78, 1943, S. 28 ff.

[11] Herbert Ricke, Bemerkungen zur Baukunst des Alten Reiches, I Zürich 1944, II Kairo 1950.

[12] Hermann Junker, Die Götterlehre von Memphis; die politische Lehre von Memphis, APAW 1940/41.

[13] Kurt Sethe, Zur Geschichte der Einbalsamierung bei den alten Ägyptern, SPAW 1934 Nr. 13.

2. Die Pyramidenzeit

[1] Hermann Junker, Gîza I–XII, Denkschr. Wien. Ak. der Wiss. 1929 ff. (Ausgrabungsveröffentlichung mit grundlegenden Bemerkungen zur Geschichte der Zeit). – Grab des Hetepheres: George Reisner in: Bulletin of the Museum of Fine Arts XXV, Boston 1927.

[2] Ahmed Fakhry, The Monuments of Snofru at Dahshur, Kairo 1959/61.

[3] Text: Urk. I 1 ff.

[4] Kurt Sethe, Sitzb. Sächs. Gesellsch. Wiss. 1911, S. 135 ff.

[5] Aus der Zeit des Merenptah; Text: Alan H. Gardiner, Late Egytian Miscellanies, S. 86.

[6] Hermann Junker, Pyramidenzeit, Zürich 1949, S. 46 ff.

[7] Jozef Janssen, De traditioneele Egyptische autobiografie voor het Nieuwe Rijk, I/II, Leiden 1946.

[8] E. Drioton, Une liste de rois de la IVe Dynastie, Bulletin de la Société franç. d'Égyptologie, no. 16, 1954, S. 41 ff.

[9] Hermann Junker, MDI III, S. 139 ff.

[10] Übersetzt: A. Erman, Literatur, S. 64 ff.

[11] Hans Wolfgang Müller, Der gute Gott Radjedef, Sohn des Re, ÄZ 91, 1964, S. 131.

[12] Inschrift des Ra-wer; Text: Urk. I 232.

[13] Fr. W. von Bissing, Das Re-Heiligtum des Königs Ne-Woser-Re, I–III, Berlin 1905; Text: Leipzig 1923/28. – E. Edel, Zu den Inschriften ... aus dem Sonnenheiligtum, NAWG I, 1961/63.

[14] Ludwig Borchardt, Das Grabdenkmal des Königs Sa'hure', 1910/13.

[15] Pierre Montet, Mélanges Dussaud, Paris 1939, S. 191 ff.

[16] Inschriften des Herchuf: Urk. I 128/9.

[17] Joachim Spiegel, Die Idee vom Totengericht in der ägyptischen Religion, Leipz. Ägyptol. Stud. 2, Glückstadt 1935.

[18] Kurt Sethe, Die altägyptischen Pyramidentexte, 4 Bde., Leipzig 1908 ff. – Ders., Übersetzung und Kommentar (unvollendet), 4 Bde., Glückstadt 1935/39. – Samuel A. B. Mercer, The Pyramid texts (Übersetzung und Kommentar) 4 Bde., London, New York, Toronto 1952. –

Siegfried Schott, Bemerkungen zum ägyptischen Pyramidenkult, Beiträge zur ägypt. Bauforschung und Altertumskunde 5, Kairo 1950.

3. Die Wende in der 6. Dynastie

[1] Hermann Kees, Beiträge zur altägyptischen Provinzialverwaltung, I/II NGWG 1932/33.

[2] Inschriften des Uni, Text: Urk. I 98 ff.

[3] M. Alliot, Un nouvel exemple de vizir divinisé dans l'Egypte ancienne, BIFAO 37, 1937, S. 93 ff.

[4] Inschrift des Kar, Text: Urk. I 251 ff.

[5] Immunitäts-Dekrete: Raimond Weill, Le décrets royaux de l'Ancien Empire Egyptien, Paris 1912; Kurt Sethe, G.G.A. 1912, S. 705 ff.

[6] T. Säve-Söderbergh, Ägypten und Nubien, S. 11 ff.

[7] E. Edel, Inschriften des AR, Ägyptolog. Studien, hg. v. o. Firchow, Dtsch. Ak. Wiss. Berlin, Institut für Orientforschung Nr. 29, 1955, S. 50 ff.

III. Die erste Zwischenzeit

[1] Hanns Stock, Die erste Zwischenzeit Ägyptens, Analecta orientalia 31, Rom 1949.

[2] Alan H. Gardiner, The admonitions of an Egyptian sage, Leipzig 1909.

[3] Jacques Vandier, La famine dans l'Egypte Ancienne, Kairo 1936.

[4] Ders., Mo'allah, Kairo 1950.

[5] Fr. Vogelsang, Kommentar zu den Klagen des Bauern, Untersuchungen VI, 1913.

[6] A. Volten, Zwei altägyptische politische Schriften, Analecta aegyptiaca IV, Kopenhagen 1945.

[7] Herbert E. Winlock, The rise and fall of the Middle Kingdom in Thebes, New York 1947.

[8] James H. Breasted, Egyptian Servant Statues, New York 1948.

[9] Gustave Jéquier, Les frises d'objets des sarcophages du Moyen Empire, Kairo 1921.

[10] Alan H. Gardiner und Adriaan de Buck, The Egyptian Coffin texts, 7 Bde., Chicago 1935 ff. (Oriental Institute Publications).

[11] E. Otto, Der Vorwurf an Gott, Hildesheim 1951.

[12] Übersetzung: Günther Roeder, Urkunden zur Religion des Alten Ägypten, Jena 1923, S. 142 ff.

[13] Übersetzung: Hermann Kees, Ägypten, Religionsgeschichtliches Lesebuch, Tübingen 1928, S. 27 f.

IV. Das Mittlere Reich

1. Die 11. Dynastie in Theben

[1] Siehe die zusammenfassenden Darstellungen von Hanns Stock, Die erste Zwischenzeit, und Herbert E. Winlock, Rise and fall.

[2] T. Säve-Söderbergh, Ägypten und Nubien, S. 37 ff.

[3] Montet-Couyat, Les Inscriptions du Ouâdi Hammâmât, Kairo 1912/13, Inschr. Nr. 113, 114, 191, 192.

[4] Kurt Sethe, Amun und die acht Urgötter von Hermopolis, APAW 1928. – E. Otto, Topographie des thebanischen Gaues, Untersuchungen XVI, 1952.

[5] Robichon-Varille, Description sommaire du temple primitive de Médamoud, Kairo 1940.

[6] Steindorff-Wolf, Die thebanische Gräberwelt, Leipz. Ägyptol. Studien 4, Glückstadt 1936.

[7] Siegfried Schott, Das schöne Fest vom Wüstentale, AMAW 1952 Nr. 11.

2. Die 12. Dynastie

[1] Richard A. Parker, The Calendars of Ancient Egypt, S. 63 ff.

[2] A. Volten, Zwei altägyptische politische Schriften, s. o.

[3] Eine Stele Sesostris' I. über eine Gau-Neuteilung aus Karnak, Leclant, Orientalia 19, Rom 1950, Taf. 38. – Pierre Lacau und Henry Chevrier, Une Chapelle de Sésostris Ier a Karnak, Kairo 1956.

[4] H. O. Lange und Heinr. Schäfer, Grab- und Denksteine des MR, Catal. gén. Caire, Kairo 1902/25, Nr. 20 539. 20 541.

[5] Inschriften des Ameni: Urk. VII 13 ff.

[6] G. A. Reisner, The tomb of Hepzefa, nomarch of Siut, JEA 5, 1918, S. 79 ff.

[7] Texte: Urk. IV 1086 ff. Text im Grab des Rechmire: N. de Garis Davies, The tomb of Rekh-mi-re' at Thebes, New York, 1943, Taf. 116 ff. Dazu: Kurt Sethe, Die Einsetzung des Vezirs unter der 18. Dynastie. Untersuchungen V, 1902. – Wolfgang Helck, Zur Verwaltung des Mittleren und Neuen Reiches, Leiden-Köln, 1958.

[8] Stele des Chu-Sobek in Manchester. Text: Sethe, Lesestücke des MR, Leipzig 1928, S. 82/3.

[9] Lange-Schäfer, a. a. O., Nr. 20 425. J. Vercoutter, L'Égypte et le Monde Égéen Préhellénique, Kairo 1956.

[10] Walter B. Emery, Prelim. Report on the Excavations ... at Buhen, Kusch VIII, 1960, S. 7 ff.

[11] Grenztagebuch von Semne: Paul C. Smither, The Semnah despatches, JEA 31, 1945, S. 3 ff.

V. Das Ende des MR und die Hyksoszeit

[1] Hanns Stock, Studien zur Geschichte und Archäologie der 13. bis 17. Dynastie, Äg.Fo. 12, 1942.

[2] Pierre Montet, Kêmi I, 1928, S. 90 ff.

[3] Paul C. Smither, The report concerning the slave-girl Senbet, JEA 34, 1948, S. 31 ff.

[4] Wolfgang Helck, Die Beziehungen Ägyptens zu Vorderasien ..., S. 92 ff.

[5] Herbert E. Winlock, The rise and fall of the Middle Kingdom,

S. 150 ff. T. Säver-Söderbergh, The Hyksos rule in Egypt, JEA 37, 1951, S. 53 ff.

VI. Das Neue Reich

1. Die Befreiung von der Hyksosherrschaft

[1] Text: Flinders Petrie, Koptos, Taf. XII.

[2] Pierre Lacau, Une stèle juridique de Karnak, Suppl. ASAE 13, Kairo 1949.

[3] Pap. Sallier I, Übersetzung: A. Erman, Literatur S. 214 ff.

[4] Alan H. Gardiner, The defeat of the Hyksos by Kamose, JEA 3, 1916, S. 95 ff. Lacau, ASAE 39, 1939, S. 245 ff. Die Fortsetzung neuerdings gefunden: Labib Habachi, ASAE 53, S. 195 ff.

[5] Text: Urk. IV 1 ff.

[6] Hermann Kees, Orientalia 23, 1954, S. 37 ff.; Etienne Drioton, Un document sur la vie chère a Thèbes. Bull. de la Société Franç. d'Egyptologie, Februar 1953.

[7] C. E. Sander-Hansen, Das Gottesweib des Amun, Kopenhagen 1940.

[8] Text: Urk. IV 26 ff.

[9] Walter Wolf, Individuum und Gemeinschaft in der ägyptischen Kultur, Leipz. Ägyptol. Stud. 1, 1935.

2. Die 18. Dynastie bis Amenophis III.

[1] Über die Verehrung: A. Erman, SPAW 34, 1910, S. 344 ff. Jaroslav Černý, BIFAO 27, 1927, S. 159 ff.

[2] William F. Edgerton, The Thutmosid succession, SAOC 8, 1933.

[3] Text: Urk. IV 155 ff.

[4] Text: Urk. IV 216 ff. Zur Geburtslegende der Könige s. Hellmut Brunner, Die Geburt des Gottkönigs, Wiesbaden 1964.

[5] Wolfgang Helck, Das thebanische Grab 43, MDI 17, 1961, S. 99 ff.

[6] Sog. Sphinxstele; A. Erman, SPAW 1904, S. 428 ff.

[7] T. Säve-Söderbergh, Ägypten und Nubien, S. 141 ff.

[8] Wolfgang Helck, Der Einfluß der Militärführer in der 18. ägypt. Dynastie, Untersuchungen XIV, 1939. R. O. Faulkner, Egyptian Military Organization, JEA 39, 1953, S. 32 ff.

[9] Hermann Junker, Das erste Auftreten der Neger, Almanach der Wien. Ak. d. Wiss., 30. Mai 1920; ders., JEA 7, S. 121 ff.

[10] Thutmosis-Annalen, Text: Urk. IV 647 ff. Hermann Grapow, Studien zu den Annalen Thutmosis des Dritten, Abh. dtsch. Ak. d. Wiss. zu Berlin 1947, 2; zur Topographie und den Städtelisten: Anton Jirku, Die ägyptischen Listen palästinensischer und syrischer Ortsnamen, Klio, 38. Beiheft, Leipzig 1937. J. Simons, Handbook for the study of Egyptian topographical lists, Leiden 1937. Alan H. Gardiner, Ancient Egyptian Onomastica, 3 Bde., Oxford 1947.

[11] Georges Reisner, Inscribed monuments from Gebel Barkal, ÄZ 69, 1933, S. 24 ff.

[12] T. Säve-Söderbergh, The navy of the eighteenth Eg. Dynasty, Uppsala Universitets Årsskrift 1946 : 6.

[13] Robichon-Varille, Le temple du scribe Amenhotep fils de Hapu, Fouilles de l'institut Franç. XI, 1936.

[14] Wolfgang Helck, Die Bedeutung der ägyptischen Besucherinschriften, ZDMG 102, 1952, S. 39 ff.

3. Amarna und das Ende der 18. Dynastie

[1] Heinrich Schäfer, Amarna in Religion und Kunst, 7. Sendschrift der Dtsch. Orientgesellschaft, 1931. Gerhard Fecht, Amarna-Probleme, ÄZ 85, 1960, S. 83 ff.

[2] Vorläufer der Amarnazeit: Walter Wolf, ÄZ 59, 1924, S. 109 ff. Hermann Kees, Ein Sonnenheiligtum im Amontempel von Karnak, Orientalia 18, Rom 1947, S. 427 ff.

[3] Die Echtheit des Skarabäus ist bezweifelt worden; veröffentlicht von Shorter, JEA 17, S 23 ff.

[4] Herbert Ricke, Der Grundriß des Amarna-Wohnhauses, 56. Wissenschaftl. Veröffentlichung der Dtsch. Orientgesellschaft, Leipzig 1932.

[5] Rudolph Anthes, Die Maat des Echnaton von Amarna, Supplement to the American Oriental Society 14, Baltimore 1952.

[6] James Henry Breasted, Development of religion and thought in ancient Egypt, New York 1912. Gerhard Fecht, Literarische Zeugnisse zur „Persönlichen Frömmigkeit" in Ägypten, Abh. Heidelberger Ak. Wiss. phil. hist. Kl. 1965, 1.

[7] Tutanchamun-Stele: Bennett, JEA 25, S. 8 ff.

[8] Haremheb-Dekret: W. Helck, ÄZ 80, S. 109 ff.

4. Die Ramessidenzeit

[1] Jürgen von Beckerath, Tanis und Theben, Äg.Fo. 16, 1951. Rainer Stadelmann, Die 400-Jahr-Stele, Chronique d'Egypte XL, Bruxelles 1965, S. 46 ff.

[2] Pierre Montet, Tanis, Douze années de fouilles, Paris 1942; dazu: Hermann Kees, Tanis, NAWG 1944.

[3] J. von Beckerath, Queen Twosre as Guardian of Siptah, JEA 48, 1962, S. 70 ff.

[4] Wilhelm Hölscher, Libyer und Ägypter, S. 60 ff.

[5] Übersetzung: A. Erman, Literatur S. 325 ff. Dazu: Kuentz, La bataille de Qadesh, Kairo 1928/34.

[6] Übersetzung: Siegfried Schott, Altägyptische Liebeslieder, Zürich 1950, S. 96 ff.

[7] Elmar Edel, Die Rolle der Königinnen in der ägyptisch-hethitischen Korrespondenz von Bogazköy, Zeitschr. f. indogermanische Forschungen 60,1, S. 72 ff.

[8] Alan Rowe, New light on Aegypto-Cyrenaean relations, Suppl. aux ASAE 12, Kairo 1948.

[9] Übersetzung: Erman, Literatur S. 341 ff. Dazu: Wilhelm Spiegelberg, Der Aufenthalt Israels in Ägypten, Straßburg 1904.

[10] Jozef Janssen, Ramses III., Leiden 1948; A. Lucas, Ancient Egyptian materials and industries, S. 268 ft.; J. Wilson, The Burden of Egypt, S. 274.

[11] A. Erman, Literatur S. 242 ff.

[12] Alfred Hermann, Die ägyptische Königsnovelle, Leipz. Ägyptol. Stud. 10, 1938, S. 53 ff. (Übersetzung).

[13] Jaroslav Černý, Fluctuations in grain prices during the 20th Egyptian Dynasty, Archiv Orientálni VI, 1933, S. 173 ff.

[14] Eric Peet, The great tomb robberies of the 20th Dynasty, Oxford 1930.

[15] Pap. Harris: Herbert D. Schaedel, Die Listen des großen Papyrus Harris, Leipz. Ägyptol. Stud. 6, 1936. W. Erichsen, Papyrus Harris I, Bibliotheca Aegyptiaca V, Brüssel 1933 (Text). – Pap. Wilbour: Alan H. Gardiner, The Wilbour Papyrus I–III, London 1941/48.

[16] Alan H. Gardiner, Some reflections on the Nauri Decree, JEA 38, 1952, S. 24 ff. Siegfried Schott, Kanais, Der Tempel Sethos I. im Wadi Mia, NAWG I, 1961.

[17] Uvo Hölscher, Die Wiedergewinnung von Medinet Habu, Tübingen 1958.

[18] Günther Roeder, Ramses II. als Gott, ÄZ 61, 1926, S. 57 ff.

[19] Siegfried Schott, Ein Fall von Prüderie in der Ramessidenzeit, ÄZ 75, 1939, S. 100 ff.

[20] Aksel Volten, Studien zum Weisheitsbuch des Ani, Kgl. Danske Videnskabernes Selskab, Hist.-fil. Medd. 23,3, 1937.

[21] H. O. Lange, Das Weisheitsbuch des Amenemope, Kgl. Danske Vidensk. Selskap, Fil. hist. Medd. 11,2, Kopenhagen 1925.

[22] Pap. Anastasi I, Übersetzung A. Erman, Literatur S. 270 ff.

[23] Joachim Spiegel, Die Erzählung vom Streit des Horus und Seth, Leipz. Ägyptol. Stud. 9, 1937.

VII. Die Spätzeit

1. Der Gottesstaat des Amun

[1] Hermann Kees, Herihor und die Aufrichtung des thebanischen Gottesstaates, NGWG 1936; J. v. Beckerath, Tanis und Theben, S. 88 ff.; Charles F. Nims, INES 7, 1948, S. 157 ff.

[2] Wolfgang Helck, Zur Verwaltung des Mittleren und Neuen Reiches, S. 9.

[3] Eduard Meyer, Gottesstaat, Militärherrschaft und Ständewesen in Ägypten, SPAW 1928, S. 495 ff.

[4] Jaroslav Černý, BIFAO 35, 1934, S. 41 ff.

[5] Übersetzung: A. Erman, Literatur S. 225 ff.

2. Die Bubastidenzeit

[1] Hermann Kees, Die Hohenpriester des Amun von Karnak von Herihor bis zum Ende der Äthiopenzeit, Leiden 1964. – Jean Yoyotte, Le Principauté du Delta, Mélange Mapsero I, 1961, S. 121 ff.

[2] Georges Daressy, Recueil des travaux relatifs à la philologie et à l'archéologie égyptiennes et assyriennes 35, S. 124 ff.

[3] A. M. Blackman, The stela of Shoshenk, great chief of the Meshwesh, JEA 27, 1941, S. 83 ff.

[4] Alan H. Gardiner, The Dakhleh Stela, JEA 19, 1933, S. 19 ff.

[5] Georg Steindorff, Herbert Ricke, Hermann Aubin, Der Orakeltempel in der Ammonsoase, ÄZ 69, 1933, S. 17 ff. – Otto Eissfeldt, Philister und Phönizier, AO 34,3, 1936 (Zur Verbindung der Phöniker mit Siwa); Ahmed Fakhry, The Oasis of Siwa, Kairo 1950.

3. Die Äthiopenzeit

[1] Text der Aspalta-Stele: Urk. III 81 ff.

[2] Helene von Zeissl, Äthiopen und Assyrer in Ägypten, Äg.Fo 14, 1944. – Dows Dunham und Laming Macadam, Names and relationships of the royal family of Napata, JEA 35, 1949, S. 139 ff.

[3] Text: Urk. III 1 ff.

[4] Jean Leclant, Montouemhat, Inst. Franç. Arch. Or. Bibliothèque d'Études XXXV, Kairo 1961.

[5] Jean Leclant, Recherches sur les Monuments Thébains de la XXVe Dynastie, ebenda XXXVI, Kairo 1965.

4. Die Saitenzeit

[1] Herman de Meulenaere, Herodotos over de 26ste Dynastie, Bibl. de Muséon 27, Leuven 1951.

[2] Hermann Kees, Zur Innenpolitik der Saitendynastie, NGWG 1935. R. A. Caminos, The Nitocris Adoption Stela, JEA 50, 1964, S. 71 ff.

[3] Eduard Meyer, Gottesstaat, Militärherrschaft und Ständewesen in Ägypten, SPAW 1928, S. 495 ff.

[4] Heinrich Schäfer, Die Auswanderung der Krieger unter Psammetich I. und der Söldneraufstand in Elephantine unter Apries, Klio IV, 1904, S. 152 ff.

[5] Stele des Amasis aus Elephantine; der Text wird neu veröffentlicht von Prof. Elmar Edel.

[6] Yoyotte und Sauneron, BIFAO 50, 1952, S. 157 ff.

[7] Eduard Meyer, Der Papyrusfund von Elephantine, Leipzig 1912.

[8] Joachim von der Esch, Weenak – die Karawane ruft, Leipzig 1943, S. 225 ff.

5. Die Fremdherrschaft der Perser

[1] G. Posener, La première domination Perse en Egypte, Kairo 1936.

[2] Alberto Tulli, Il Naoforo Vaticano, Miscellanea Gregoriana, Rom 1941, S. 211 ff. – G. Posener, a. a. O. S. 1 ff.

[3] Eduard Meyer, Ägyptische Dokumente aus der Perserzeit, SPAW 1915, S. 287 ff.

VIII. Über das Ende der ägyptischen Geschichte

[1] Wilhelm Schubart, Ägypten von Alexander dem Großen bis auf Mohammed, Berlin 1922; ders., Verfassung und Verwaltung des Ptolemäerreiches, AO 35,4, 1937.

[2] Eberhard Otto, Die Endsituation der ägyptischen Kultur, Die Welt als Geschichte, 1951, S. 203 ff.

[3] Walter Wreszinski, Atlas zur altägyptischen Kulturgeschichte I, Taf. 132 ff.

[4] Inschrift: Posener, a.a.O. S. 98 ff.

[5] Otto Weinreich, Der Trug des Nektanebos, 1911; dazu: Martin Braun, History and Romance in Graeco-oriental literature, Oxford 1938.

[6] Friedrich W. Freiherr von Bissing, Ägyptische Kultbilder der Ptolomaier- und Römerzeit, AO 34, 1/2, 1936.

[7] Gustave Lefebvre, Le tombeau de Petosiris, Kairo 1923/24.

[8] Hermann Kees, Kultlegende und Urgeschichte, NGWG 1930, S. 345 ff. – Weitere Texte: Siegfried Schott, Urkunden mythologischen Inhalts = Urk. VI.

[9] E. Otto, Die Biographien der ägyptischen Spätzeit, Probleme der Ägyptologie II, Leiden 1954; ders., Gott und Mensch nach den äg. Tempelinschriften der griechisch-römischen Zeit, Abh. Heidelberger Ak. Wiss. phil. hist. Kl. 1964, 1.

ABKÜRZUNGEN

Äg.Fo. = Ägyptologische Forschungen, Glückstadt 1936 ff.

AMAW = Abhandlungen der Mainzer Akademie der Wissenschaften und der Literatur, Geistes- und Sozialwissensch. Klasse.

AO = Der Alte Orient, Hinrichs, Leipzig.

APAW = Abhandlungen der preußischen Akademie der Wissenschaften, Philosophisch-historische Klasse.

ASAE = Annales du Service des Antiquités de l'Egypte, Kairo 1900 ff.

ÄZ = Zeitschrift für ägyptische Sprache und Altertumskunde, Leipzig 1863 ff.

BIFAO = Bulletin de l'Institut Français d'archéologie orientale, Kairo 1901 ff.

GGA = Göttingische gelehrte Anzeigen.

JEA = Journal of Egyptian Archaeology, London 1914 ff.

INES = Journal of Near Eastern Studies, Chicago 1942 ff.

MDI = Mitteilungen des deutschen Instituts für ägyptische Altertumskunde in Kairo, Berlin 1930 ff.

NAWG = Nachrichten der Akademie der Wissenschaften zu Göttingen, Philosophisch-historische Klasse.

NGWG = Nachrichten der Gesellschaft der Wissenschaften zu Göttingen, Philosophisch-historische Klasse.

SAOC = Studies in Ancient Oriental Civilization, The Oriental Institut of the University of Chicago.

SBAW = Sitzungsberichte der Bayerischen Akademie der Wissenschaften, Philosophisch-historische Klasse.

SPAW = Sitzungsberichte der Preußischen Akademie der Wissenschaften, Philosophisch-historische Klasse.

Untersuchungen = Untersuchungen zur Geschichte und Altertumskunde Ägyptens, Leipzig, Hinrichs, ab 1896.

Urk. = Urkunden des Ägyptischen Altertums:
- I = Urkunden des AR, hg. von Kurt Sethe.
- IV = Urkunden der 18. Dynastie, hg. von Kurt Sethe.
- VI = Urkunden mythologischen Inhalts, hg. von Siegfried Schott.
- VII = Urkunden des MR, hg. von Kurt Sethe (†).

WdO = Die Welt des Orients, hg. von E. Michel, Wuppertal.

ZDMG = Zeitschrift der Deutschen Morgenländischen Gesellschaft.

AR, MR, NR = Altes, Mittleres, Neues Reich

NACHWEIS DER ABBILDUNGEN

1. Schiffszeichnungen auf einem Felsbild im Wadi Hammâmât, Hans A. Winkler, Völker und Völkerbewegungen, Stuttgart 1937, Abb. 2.
2. Schminkpalette in Oxford, Galassi, Tehenu, Rom 1942, fig. 73/74.
3. Palette des Königs Narmer in Kairo, Galassi, a. a. O. fig. 9/10.
4. Statue des Königs Djoser, Phot. Lehnert und Landrock, Kairo.
5. Kannelierte Halbpfeiler von Djoserbauten in Saqqara, Phot. Prof. Dr. W. Helck, Hamburg.
6. Halbsäulen von Djoserbauten in Saqqara, Phot. Prof. Dr. W. Helck, Hamburg.
7. Relief aus dem Sonnenheiligtum des Ne-user-Rê. Phot. Berlin.
8. Beduinenstamm. Block vom Aufweg der Unas-Pyramide, Etienne Drioton. Bull. Inst. d'Égypte 25, 1943, 49.
9. Fischerstechen aus dem Grab des Ti, Phot. Marburg 86915.
10. Modell eines Schiffes aus dem Grab des Mekti-Rê, Metropolitan Museum of Art.
11. Statue des Königs Mentuhotep, Evers, Staat aus dem Stein I, München 1929, Taf. 12.
12. a) Sitzbild Amenemhets III. Evers, a. a. O. Taf. 103.
    b) Kopf Amenemhets III., Evers, a. a. O. Taf. 112.
13. Tempel der 18. Dyn. in Deir el Bahri. Phot. Prof. Dr. W. Helck, Hamburg.
14. Löwenrelief in Deir el Bahri, Phot. Prof. Dr. W. Helck, Hamburg.
15. a) Königin Hatschepsut, Berlin, Phot. Marburg 67593.
    b) König Thutmosis III., Kairo, Phot. Marburg 86527.
16. a) Schmücken eines Vornehmen, Grab des Chaemhet, Theben Nr. 57. Phot. Prof. Dr. S. Schott, Göttingen.
    b) Damen und Dienerinnen beim Festmahl, Grab des Rechmire, Theben Nr. 100. Phot. Prof. S. Schott, Göttingen.
17. Nubische Erzeugnisse und Neger aus dem Zug des Vizekönigs von Kusch, Grab des Hui, Theben Nr. 40. Phot. Prof. Dr. S. Schott, Göttingen.
18. Alabasterstatuette Amenophis' IV., Berlin, Heinrich Schäfer, Amarna in Religion und Kunst, Leipzig 1931, Taf. 18.
19. Körper einer Mädchenstatuette, Heinrich Schäfer, a. a. O. Taf. 23.
20. Sog. Totenmaske Amenophis' III. Phot. Berlin.
21. Tonmodell aus einer Bildhauerwerkstatt in Amarna, Phot. Berlin.
22. Seitenwand einer Truhe Tutanchamuns, Phot. Marburg 86554.
23. Schlachtrelief Ramses' II. in Karnak, Phot. Lehnert und Landrock, Kairo.
24. Pfeiler mit Osirisfiguren und Säulenhalle im Ramesseum, Phot. Prof. Dr. W. Helck, Hamburg.
25. Eingang zum großen Felsentempel Ramses' II. in Abu Simbel, Georg Steindorff, Kunst der Ägypter, Leipzig 1928, S. 141.
26. Vorhof des Tempels von Medinet Habu, Phot. Prof. Dr. W. Helck, Hamburg.

27. Östliches „Hohes Tor" von Medinet Habu, Oriental Institut Publications, The Excavations of Medinet Habu IV, 1951, Taf. 15.
28. a) Ostrakon mit Zeichnung eines Pferdes. Metropolitan Museum of Art, Dorothy W. Philipps, Anc. Egyptian Animals, 2. Aufl. 1948, fig. 36 (26. Dyn.).
    b) Hölzerner Griff in Gestalt eines Pferdes. Dorothy W. Philipps, a. a. O., fig. 39.
    c) Pferd und Wagen, Grab des Menna, Theben Nr. 69. Phot. Prof. Dr. S. Schott, Göttingen.
29. Ramessidische Ostraka, Phot. Lehnert und Landrock, Kairo.
30. Satirischer Papyrus in Turin, Lepsius, Auswahl, Taf. 23.
31. Landkarte einer Goldminengegend auf einem Turiner Papyrus, Lepsius, Auswahl, Taf. 24, vgl. Goyon, ASAE 49, 1949, S. 337 ff.
32. Kopf des Gouverneurs Montemhet, Kairo, Phot. Marburg 86564.
33. Vezir Nespakaschuti, Kairo, Phot. Marburg 86567.
34. Lederarbeiten im Grabe des Ibi in Theben nach Vorbildern des AR. Wreszinski, Atlas zur ägyptischen Kulturgeschichte I, Tal. 132.
35. Opferzug aus dem Grab des Petosiris, Lefebvre, Le tombeau de Petosiris, Kairo 1923.

REGISTER

(Abkürzungen: G = Gott; Gn = Göttin; Kg = König; Kgn = Königin; Gr = geographische Bezeichnung)

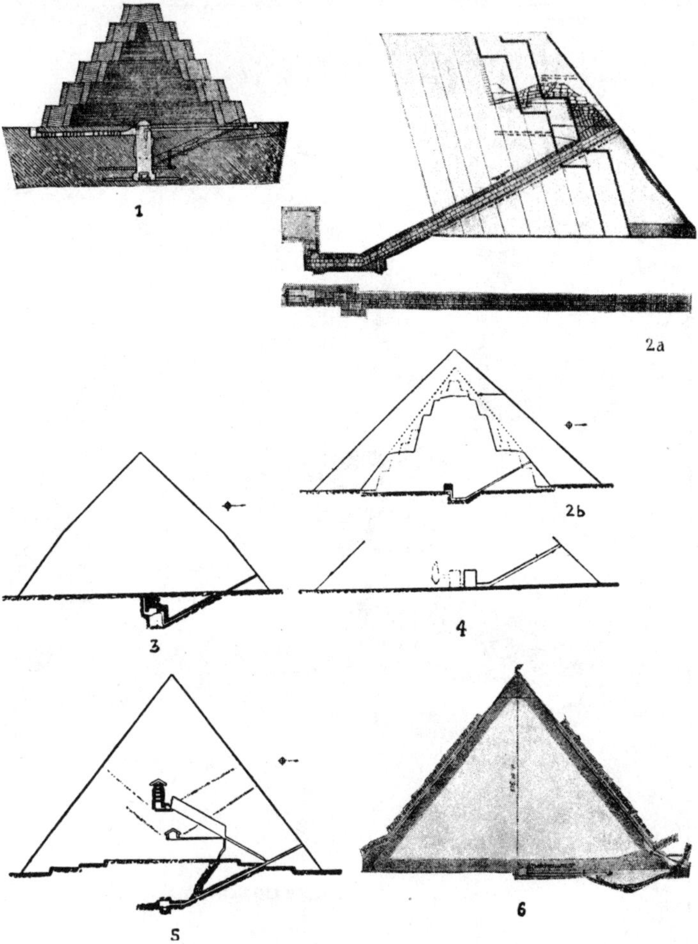

ENTWICKLUNG DER PYRAMIDE IM ALTEN REICH

1. Stufenpyramide von Saqqara
2. Pyramide von Medum
3. Knickpyramide von Dahschur
4. „Rote" Pyramide von Dahschur
5. Cheopspyramide von Gise
6. Chephrenpyramide von Gise

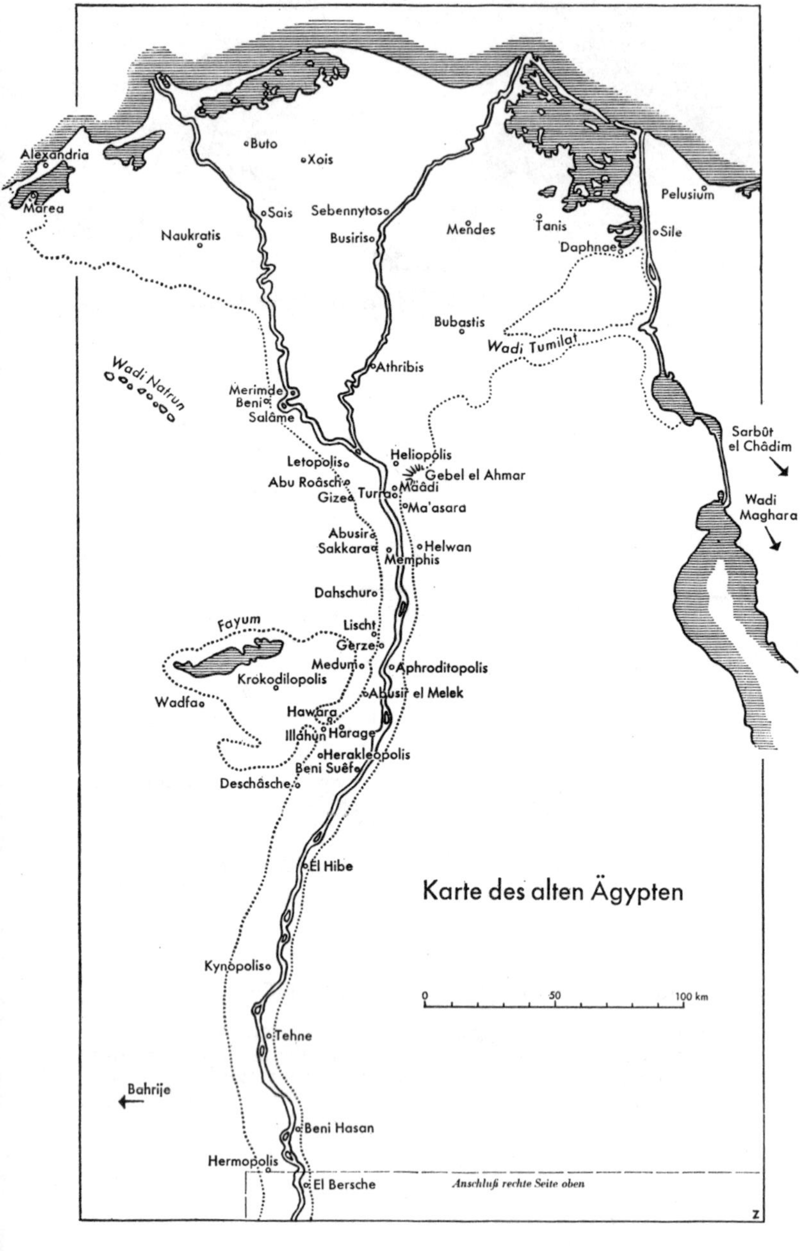

Alexandria
Marea
Buto
Xois
Sais
Sebennytos
Naukratis
Busiris
Mendes
Tanis
Pelusium
Sile
Daphnae
Bubastis
Wadi Tumilat
Athribis
Wadi Natrun
Merimde
Beni
Salâme
Sarbût el Châdim
Letopolis
Heliopolis
Gebel el Ahmar
Abu Roâsch
Mâadi
Gize
Turra
Ma'asara
Wadi Maghara
Abusir
Sakkara
Helwan
Memphis
Dahschur
Fayum
Lischt
Gerze
Medum
Aphroditopolis
Krokodilopolis
Abusir el Melek
Wadfa
Hawara
Illahûn
Harage
Herakleopolis
Beni Suêf
Deschâsche
El Hibe
Karte des alten Ägypten
Kynopolis
0
50
100 km
Tehne
Bahrije
Beni Hasan
Hermopolis
El Bersche
Anschluß rechte Seite oben

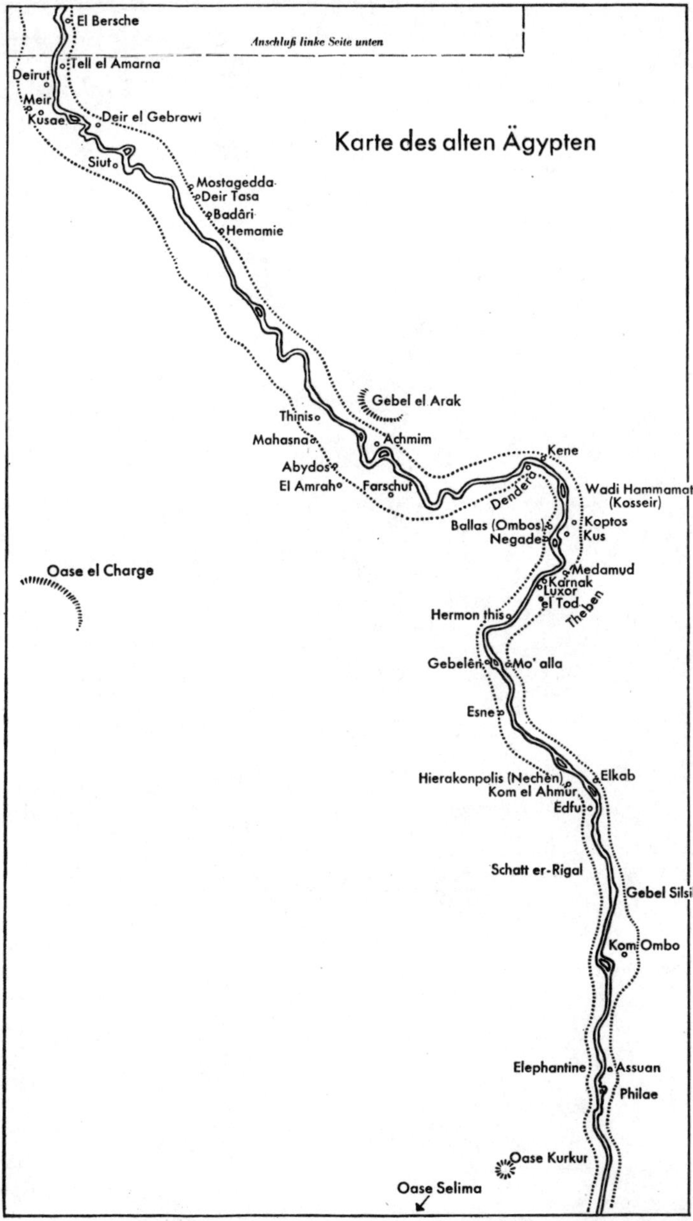

Karte des alten Ägypten
El Bersche
Anschluß linke Seite unten
Tell el Amarna
Deirut
Meir
Kusae
Deir el Gebrawi
Siut
Mostagedda
Deir Tasa
Badâri
Hemamie
Gebel el Arak
Thinis
Mahasna
Achmim
Abydos
El Amrah
Farschut
Kene
Dendera
Wadi Hammamat
(Kosseir)
Ballas (Ombos)
Negade
Koptos
Kus
Oase el Charge
Medamud
Karnak
Luxor
el Tod
Theben
Hermon this
Gebelên
Mo' alla
Esne
Hierakonpolis (Nechen)
Kom el Ahmur
Elkab
Edfu
Schatt er-Rigal
Gebel Silsile
Kom Ombo
Elephantine
Assuan
Philae
Oase Kurkur
Oase Selima

1 SPÄT-VORGESCHICHTLICHE SCHIFFE auf einem Felsbild im Wadi Hammâmât

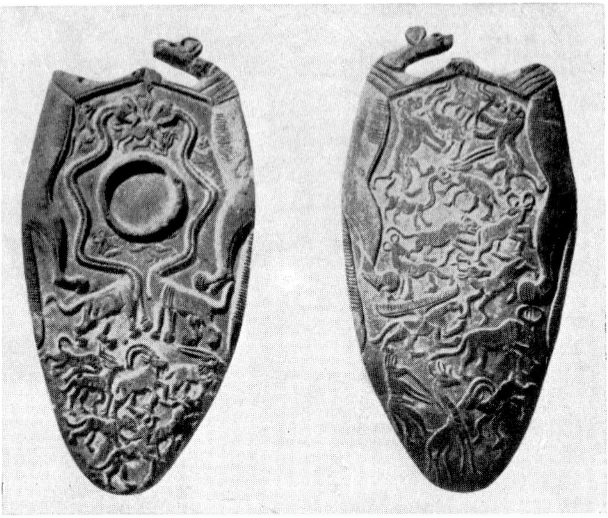

2 SCHMINKPALETTE in Oxford

3 PALETTE DES KÖNIGS NARMER in Kairo

4 SITZBILD DES KÖNIGS DJOSER aus dem Totentempel bei der Stufenpyramide

6

5

5 und 6 BAUTEN UM DIE STUFENPYRAMIDE VON SAQQARA;
Kannelierte Halbpfeiler und Halbsäulen mit Pflanzenkapitell

7 RELIEF AUS DEM SONNENHEILIGTUM DES NE-USER,RÊ in Berlin
Oben: Pelikane im Geflügelhof – Mitte: Zusammenbinden von Papyrusschilf
Unten: Tiere in der Wüste

8 RELIEFBLOCK VOM AUFWEG DER PYRAMIDE DES UNAS: Hungersnot bei einem Beduinenstamm

9 RELIEF AUS DEM GRAB DES TI IN SAQQARA: Fischerstechen

10 MODELL EINES SCHIFFES aus einem thebanischen Grab der 11. Dynastie

11

12a

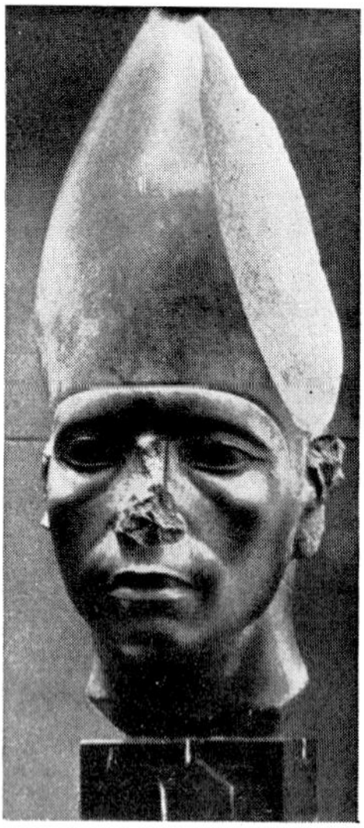

12b

11 SITZBILD DES MENTUHOTEP aus Deir el Bahri
12 KÖNIG AMENEMHET III.
a: Sitzstatue aus Hawâra
b: Alterskopf in Kopenhagen

13 TEMPEL DER 18. DYNASTIE VON DEIR EL BAHRI

14 LÖWENRELIEF IN DEIR EL BAHRI

15a KÖNIGIN HATSCHEPSUT (Berlin)

15 b KÖNIG THUTMOSIS III. (Kairo)

16 a GRAB DES CHAEMHET, Theben. Schmücken eines Vornehmen

16 b GRAB DES RECHMIRE, Theben. Damen und Dienerinnen beim Festmahl

17 GRAB DES VIZEKÖNIGS HUI, Theben. Nubische Erzeugnisse und Neger

18 ALABASTERFIGUR AMENOPHIS' IV. (Berlin)

19 MÄDCHENSTATUETTE AUS AMARNA (London)

21

20

20 SOG. TOTENMASKE AMENOPHIS' III.
21 PORTRÄT EINES HOFMANNES AMENOPHIS' IV. Tonmodelle aus Amarna

22 TRUHE IM GRAB TUTANCHAMUNS (Kairo). Der König im Streitwagen

23 RAMSES II. IM KAMPF, Karnak

24 PFEILER MIT OSIRISFIGUREN UND SÄULENHALLE im Ramesseum

25 EINGANG ZUM FELSENTEMPEL VON ABU SIMBEL

26 PFEILER UND SÄULEN IM VORHOF DES TEMPELS VON MEDINET HABU

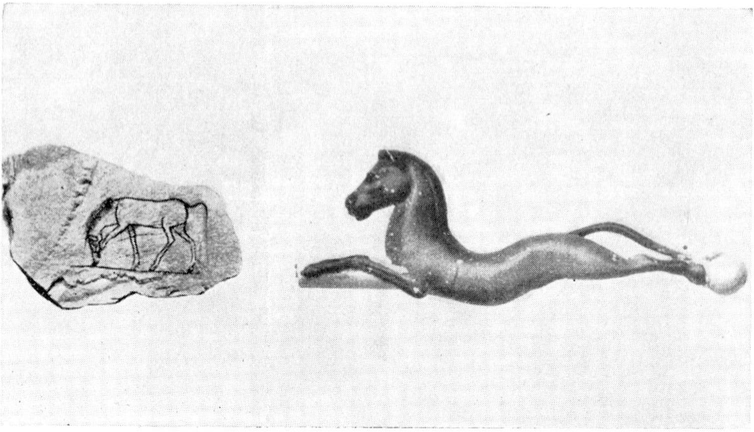

28a 28b

28 PFERDEFIGUREN
a: Zeichnung eines weidenden Pferdes auf einem ramessidischen Ostrakon
b: Hölzerner Griff in Gestalt eines Pferdes

27 DAS ÖSTLICHE „HOHE TOR" VON MEDINET HABU

28 c PFERD UND WAGEN. Darstellung im Grab des Menna, Theben

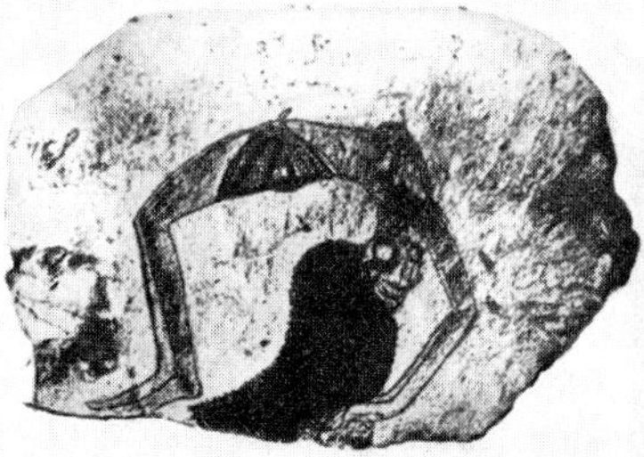

29 a

29 b

29 RAMESSIDISCHE OSTRAKA a: Akrobatische Tänzerin b: Ringergruppe

30 a

30 b

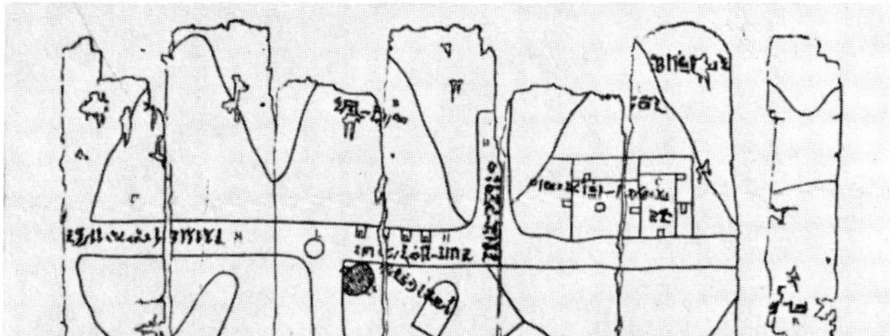

31

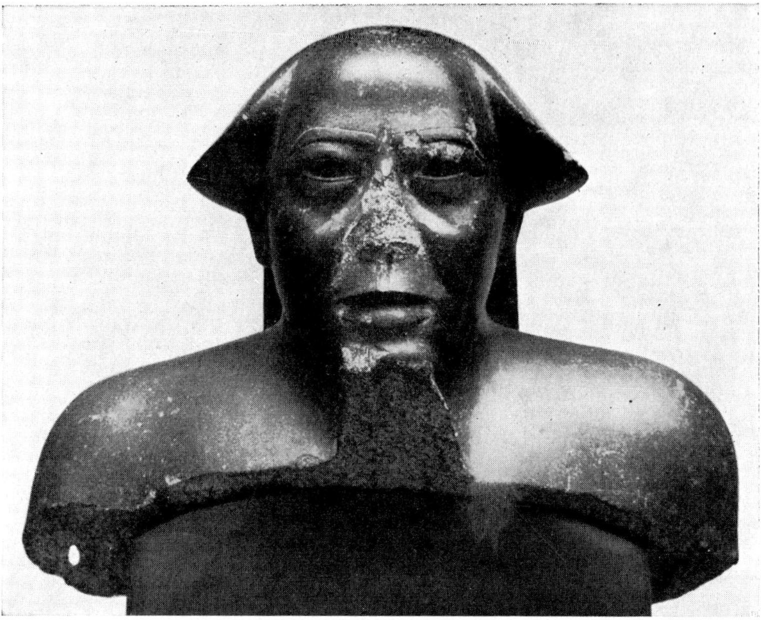

32 KOPF DES GOUVERNEURS MONTEMHET (Kairo)

30 a KATZEN- UND MÄUSEKRIEG. Nach einem satyrischen Papyrus von Turin

30 b Entsprechende Darstellung nach einem Relief Ramses' III.

31 RAMESSIDISCHE KARTE einer Goldminengegend auf einem Papyrus in Turin

33 VEZIR NESPAKASCHUTI (Kairo)

34 a

34 b

34 Lederarbeiten im Grab des Ibi in Theben (26. Dn.) nach Vorbildern des AR

35 OPFERZUG AUS DEM GRAB DES PETOSIRIS